Zu diesem Buch

Alle Menschen halluzinieren unter bestimmten Bedingungen: Neben visionären Drogen wie Marihuana und LSD eröffnen uns Extremsituationen wie Todesangst, Entbehrungen, Folter oder totale Isolation Dimensionen der Erfahrung, die unter alltäglichen Umständen nicht auftreten. Harmlose Varianten halluzinatorischer Phänomene sind uns allen dagegen bekannt und vertraut: Kinder pflegen häufig Kontakt zu imaginären Gefährten ihrer Vorstellungswelt, Erwachsene haben Alpträume, religiöse Menschen Zugang zu spirituellen Welten.

In unzähligen Gesprächen und spektakulären Selbstversuchen hat Ronald K. Siegel versucht, der Vielfalt, den Gesetzmäßigkeiten und Ausdrucksformen von Halluzinationen systematisch auf die Spur zu kommen. Dabei bestätigte sich einmal mehr, daß es eine objektive Form der Wahrnehmung nicht gibt. Siegels meisterhaft erzähltes Werk gibt uns verblüffende Aufschlüsse über die Nachtseite des menschlichen Geistes, die Grundstrukturen und Funktionen des Gehirns und die Archetypen menschlichen Erlebens.

Der Autor

Dr. Ronald K. Siegel ist Professor an der Universität von Los Angeles (UCLA). Er arbeitete für zwei Kommissionen des Präsidenten und der Weltgesundheitsorganisation als Berater und wurde in vielen Kriminalfällen als Experte angehört.

Der weltweit hoch angesehene Psychopharmakologe und Autor zahlreicher Artikel über die Wirkung von Drogen veröffentlicht in den Zeitschriften *Omni*, *Psychology Today* und *Scientific American*.

Ronald K. Siegel

Halluzinationen

Expeditionen in
eine andere Wirklichkeit

Deutsch von
Günther Panske

Rowohlt

«Für Jane, meinen Traum, meine Liebe»

Veröffentlicht im Rowohlt Taschenbuch Verlag GmbH,
Reinbek bei Hamburg, Oktober 1998
Titel der Originalausgabe: *Fire in the brain*
Copyright © Ronald K. Siegel, Ph. D., Inc., 1992
Published by arrangement with Dutton, an Imprint of
New American Library, a division of Penguin Books USA Inc.
© für die deutsche Ausgabe: Vito von Eichborn GmbH & Co.
Verlag KG, Frankfurt am Main 1995
Umschlaggestaltung Ingrid Albrecht
(Foto: Beat Presser)
Satz Minion (PageOne)
Gesamtherstellung Clausen & Bosse, Leck
Printed in Germany
ISBN 3 499 603 322

Inhalt

Vorwort 7
Einleitung 11

Teil I
Visionäre Drogen

Der Psychonaut und der Schamane 22
Gespräche mit Gott in cis-Moll 44
Vergewaltigung in einer Dalí-Landschaft 62
Flashback und Deadball 83

Teil II
Träume

Der Sukkubus 108
UFO 118
Tagmahr 144
Sheila und die Hakenkreuze 151

Teil III
Imaginäre Gefährten

Das Mädchen mit den Drachenaugen 176
Channeling 200
Allein 211

Macht ein Foto 231
Sergeant Tommy 250

Teil IV
Lebensbedrohende Gefahr
Der Käfig 262
Doppelgänger 285
Der Schrei 294
Der Tod 305

Nachwort 319
Bibliographie 320
Dank 333

Vorwort

Als Promotionsstudent an der Dalhousie-Universität bekam ich von den sechziger Jahren nicht sehr viel mit. Ich verbrachte meine Tage in einem Labor und führte Experimente mit Tieren durch. Abends legte ich eine Matratze auf den Fußboden des Labors und verwandelte den Raum in ein Privattheater für meine Freunde, die abwechselnd Versuchskaninchen spielten. Sie nahmen Drogen wie etwa Marihuana oder LSD, streckten sich auf der Matratze aus und beschrieben dann die farbenprächtigen Halluzinationen, die ihnen in dem verdunkelten Labor erschienen.

Zuerst kamen einfache geometrische Formen, die durch die Luft blitzten und tanzten. Trotz individueller Unterschiede berichteten all meine Versuchspersonen von den *gleichen* geometrischen Grundstrukturen. Diesen einfachen Formen folgten komplexe Szenen: Cartoons, Bilder von vertrauten Menschen und Orten und Erscheinungen von solcher Phantastik, daß die Versuchspersonen vor Erschütterung weinten.

Wenn die Halluzinationen aufhörten, begleitete ich die Versuchspersonen nach Hause. Die Straßen waren so dunkel wie das Labor. Doch die Fenster der Häuser, an denen wir vorbeikamen, wurden oft vom schwachbläulichen Schein der Fernsehapparate erhellt. Wenn wir TV-Stimmen vernahmen, spielten wir manchmal ein Ratespiel: Was für eine Bilderfolge mochte gleichzeitig ablaufen? Es wäre ein leichtes gewesen, durch die Fenster zu spähen, um zu sehen, was gesendet wurde. Wie jedoch konnte ich durch die Fenster der Augen meiner Versuchspersonen blicken? Wie konnte ich ihre Halluzinationen sehen? Ihre Wörter beschrieben die Bilder, doch zwischen Radio und Television besteht ein himmelweiter Unterschied.

Ich ging zur Bibliothek und wanderte auf der Suche nach Antworten zwischen den Regalen umher. Verborgen zwischen dicken

Bänden fand ich ein rotes Büchlein, das etwa so groß wie eine Tonbandkassette war, *Mescal: The ‹Divine› Plant and Its Psychological Effects*. (Der Peyote-Kaktus: Die göttliche Pflanze und ihre psychologischen Wirkungen.) Es stammte aus dem Jahr 1928, und sein Autor war Heinrich Klüver, ein Experimentalpsychologe an der Universität von Chicago. Klüver hatte den halluzinogenen Peyote-Kaktus – auch Mescal genannt – erforscht und herausgefunden, daß alle Mescal-Visionen die *gleichen* geometrischen Formen aufwiesen. Diese Formen bestanden aus Tunneln, Spiralen, spinnwebartigen Netzen und Schachbrettmustern.

«Ich fand die gleichen geometrischen Formen bei Marihuana und LSD», schrieb ich Klüver in einem Brief. Es war der erste einer Reihe von Briefen und Telefonaten, die sich über viele Jahre hinziehen sollten.

Klüver antwortete mit einem langen, freundlichen Brief, dem er mehrere Exemplare seiner anderen Werke über Halluzinationen beifügte. Daß Marihuana und LSD identische geometrische Muster hervorriefen, überraschte ihn nicht weiter. Er meinte sogar, viele Drogen würden das gleiche bewirken. Selbst bei Halluzinationen infolge von Paranoia oder Schizophrenie könne man möglicherweise solche Formen finden, desgleichen auch bei Zuständen wie Fieberdelirien, Hunger, Durst, Erschöpfung oder anderen Formen von Traumata. Er meinte, die Erforschung dieser halluzinatorischen Formen könne gleichsam ein Fenster zum Hinterland des Verstandes selbst öffnen. Dieser Gedanke war in den kommenden Jahren das Leitmotiv für meine Forschungsarbeit.

Jetzt jedoch wollte ich wissen, ob ich auf das vertrauen konnte, was meine Versuchspersonen mir berichteten. Wie konnte ich mich – da sie doch halluzinierten und also in ihrer Wahrnehmungsfähigkeit beeinträchtigt waren – auf ihre Beschreibungen der Halluzinationen verlassen? Waren die Berichte korrekt? Waren sie vollständig? Wie sahen diese Tunnel und die anderen Strukturen tatsächlich aus? Und was war mit den anderen komplexen Visionen, mit jenen also, die sie zum Verstummen brachten oder aber vor Erschütterung und Staunen zu Tränen bewegten? Besaßen auch diese eine gemeinsame Struktur? Wenn ich doch nur eine Möglichkeit finden könnte, eine Kamera hinter ihren Augen zu postieren, um so sehen zu können, was sie sahen.

Ich schrieb Klüver und bat ihn um Hilfe. Ich wußte von einem Experiment aus der Zeit der Jahrhundertwende, mit dem ein Wissenschaftler verstehen wollte, wie eine Fliege die Welt sieht, indem er durch ihre gleichsam entkörperlichten Augen blickte. Wie, fragte ich, können wir durch die Augen unserer menschlichen Versuchsobjekte schauen?

Klüvers Antwort war lakonisch: «Werden Sie zur Fliege!»

Und so wurde ich zu einem Versuchsobjekt in meinen eigenen Experimenten. Indem ich selbst Drogen nahm, konnte ich die halluzinatorische Welt aus erster Hand betrachten und dann Experimente entwerfen, um sie zu kartographieren und zu vermessen. Als ich später Halluzinationen unter den anderen von Klüver genannten Bedingungen studierte, benutzte ich dieselbe Methode des Selbstexperiments. Gemeinsam mit meinen Versuchspersonen und Forschungspatienten unterzog ich mich Fastenzeiten, strapaziösen physischen Ausdauertests, dem Aufenthalt in Isolationskammern ohne normale sinnliche Wahrnehmungsmöglichkeiten oder den Wirkungen verschiedener psychologischer Traumata.

Während ich durch das Fenster in die Welt der Halluzinationen sprang, behielt ich mit Hilfe von kontrollierten Laborexperimenten und Studien einen Fuß fest auf dem Boden der Wirklichkeit. Die Resultate halfen bei der Erklärung der mysteriösen und verblüffenden Halluzinationen, die ich sowohl bei meinen Patienten als auch bei mir selbst fand. Die Kartographie jener halluzinatorischen Welt, die sich in den in diesem Buch geschilderten Fällen enthüllt, beweist, daß die mentale Landschaft selbst in unseren wildesten und verrücktesten Halluzinationen für uns alle dieselbe ist.

Einleitung

Ich warte darauf, daß *sie* mich davontragen. *Sie*, das sind natürlich die Außerirdischen oder die E.T.s. Seit ich ein kleiner Junge war, hatte ich die Sterne beobachtet und von möglichen Begegnungen geträumt. Jetzt tat ich etwas dafür: Ich verbrachte meinen Sonntag in schwebendem Zustand in einem Tank mit der Erwartung, *ihnen* zu begegnen.

Der Tank hatte die Größe und die Form eines großen Sarges und war bis zu einer Höhe von knapp dreißig Zentimetern mit Wasser gefüllt, das eine wohltuende Temperatur von circa vierunddreißig Grad hatte und ausreichend Epsom-Salz enthielt, um meinen Körper an der Oberfläche leicht schaukelnd in der Schwebe zu halten. Mein Mund, meine Nase und meine Augen befanden sich über Wasser, und obwohl es stockfinster war, konnte ich die Decke des Tanks wenige Zentimeter vor meinem Gesicht entfernt spüren. Anfangs beunruhigte mich die Vorstellung zu ersticken. Doch nach vielen Stunden in diesem Schwebezustand entspannte ich mich und dachte darüber nach, wie ich hierher gelangt war.

Der Tag hatte viele Stunden früher begonnen, als ich vom UCLA-Campus, wo ich ein Forschungslabor im Neuropsychiatrischen Institut hatte, mit dem Auto in nördlicher Richtung zu einer Ranch in den fernen Hügeln von Malibu fuhr. Die Ranch gehörte Dr. John C. Lilly, dem umstrittenen Wissenschaftler, der vor allem wegen seiner Arbeit mit Delphinen bekannt ist. Das Hobby von Dr. Lilly, dem die größte Aufmerksamkeit geschenkt wurde, war die Verwendung dieses Tanks zur Neutralisierung sinnlicher Wahrnehmungen, um E.T.s zu sehen. Lilly behauptete, er habe in dem Tank mit Wesen aus dem Weltall kommuniziert, die direkt in sein Gehirn Botschaften gesendet hätten. Lilly zufolge brauchte ich mich nur für ein paar Stunden im Tank aufzuhalten – wobei die Einnahme einer Dosis des Halluzinogens Ketamin hilfreich sein mochte –, um mich sodann in das Sendernetz der Außerirdischen einzuschalten und die Botschaften selbst zu hören.

Und so befand ich mich hier im Tank. Im Zustand der Wärme und Ruhe hatte ich jetzt das Gefühl, daß ich mich von meinem Körper zu trennen begann – ich spürte sogar, wie mein «Geist» ein wenig über meinem physischen Selbst schwebte. In diesem entkörperlichten Zustand, so hatte Lilly mich instruiert, seien die E.T.s zu erwarten. In der Tat war Nacktheit nicht genug. Ich mußte auch meine körperliche Hülle abwerfen, meinen Geist von allen körperlichen Empfindungen befreien, um die Besucher zu empfangen. Das könne nahezu einen Tag dauern, hatte Lilly mir versichert. Aber was war schon ein Tag, selbst ein nasser, wenn man sich sein Leben lang eine unmittelbare Begegnung ersehnt hat.

Jetzt tauchten im Tank kleine Objekte vor meinen Augen auf, sonderbare Formen mit leuchtenden Rändern. Geometrische Gebilde, wie Wolkenkratzer aus Licht, füllten mein Blickfeld mit einer futuristischen Architektur. Direkt vor mir entströmte einem Tunnel pulsierendes blaues Licht. Die Kamera meines inneren Auges wurde aktiv und richtete sich auf die nächste Bühne, eine mentale Landschaft, in der meine Gedanken und Erinnerungen vorgeführt wurden wie bei einer Dia-Show.

Ich verscheuchte die Erinnerungsbilder an die schöne Autofahrt nach Malibu über den Pacific Coast Highway und an die Menschen, denen ich auf der Ranch begegnet war. Ich wartete auf mehr ... Fremdartiges.

Dann versetzte mich eine unwiderstehliche Macht wie mit einem Stoß in ein Meer aus Nichts. Dies war, wie Lilly mir erzählt hatte, der Zustand, in dem er jenen Wesen begegnete. Und ich konnte sehen, daß auch ich eine Begegnung haben würde. In der Ferne tauchte eine winzige rosafarbene Perle auf. Während ich mich näherte, sah ich, daß die Perle ein Miniatur-Buddha war – nicht der heilige Buddha der Hindus, sondern eher eine Figur aus einem Zeichentrickfilm, ähnlich dem Pillsbury Dough Boy. Der Buddha war nackt und hatte übergroße Micky-Maus-Ohren. Er hielt einen rosafarbenen Ballon, auf dem stand: «*Ich bin sie.*» Der Buddha begann mich auszulachen, wobei er sich die Seiten hielt, die sich bei jedem Atemstoß und Glucksen aufblähten. Dann zauberte er mit einer kurzen Handbewegung hinter seinem Ohr eine glänzende goldene Nadel hervor, stach sie sich in den Bauchnabel und explodierte in einer Wolke aus grellweißem Licht.

Ich hustete und spuckte Salzwasser. Rasch stieß ich den Deckel hoch und kletterte aus dem Tank in die kühle Abendluft. Offenbar hatte ich mich im Wasser gedreht und war mit dem Gesicht unter die Oberfläche geraten. Ich kehrte zum Wohnhaus zurück, duschte mich und hielt nach Lilly Ausschau. Wir verglichen unsere Erfahrungen. Lillys E.T.s unterschieden sich zweifellos von meinem Buddha-Spaß-vogel. Doch *ich* wußte, daß beide die Produkte derselben Gehirn-mechanismen waren. Es handelte sich einfach um gespeicherte vi-suelle Vorstellungen, bestehend aus Elementen von Erinnerungen und Phantasien, die auf das innere Auge projiziert wurden. Der Iso-lationstank hatte es mir möglich gemacht, diese Bilder zu sehen.

Mein Buddha hatte so lebendig und real gewirkt, als könne man ihn berühren, und doch erkannte ich ihn als Sinnestäuschung oder Halluzination. Wenn Halluzinationen Menschen nicht narren kön-nen, spricht man von *Pseudo*halluzinationen. Lilly andererseits war nicht bereit, diese Analyse zu akzeptieren. Sein Glaube an die wirk-liche Existenz seiner E.T.s war unerschütterlich. Und er glaubte nicht nur an die Existenz dieser Wesen, sondern ließ es auch zu, daß sie einen guten Teil seiner täglichen Gedanken außerhalb des Tanks beherrschten. Lillys E.T.s narrten ihn augenscheinlich – sie waren *echte* Halluzinationen.

Im Laufe der Geschichte haben viele Menschen unter dem Einfluß solch starker halluzinatorischer Erlebnisse gestanden. Sokrates, die heilige Johanna, die heilige Theresa und andere sind durch halluzi-natorische Stimmen oder Visionen zum Handeln bewegt worden. In vielen dieser Fälle, genau wie bei Lilly, waren die Halluzinationen von so großer Intensität, daß die betreffende Person den Schein leicht für die Wahrheit halten konnte. Jeder kann zum Opfer der

Täuschung werden, sofern die Halluzination nur wirklich genug erscheint. Schließlich weisen manche Halluzinationen sämtliche sinnlichen Eigenschaften tatsächlicher Wahrnehmungen auf, optische ebenso wie Geräusche, Gerüche, Geschmack. Sie wirken genauso konkret und existent wie reale Dinge. Verbindet sich mit diesen Halluzinationen der Wille, an sie zu glauben, beginnen Menschen so zu handeln, als ob es sie tatsächlich gäbe. Lilly fühlte sich gedrängt, mit seinen Wesen in ähnlicher Weise zu sprechen, wie die heilige Johanna seinerzeit auf «ihre» Stimmen gelauscht hatte.

Bei diesen Phänomenen handelte es sich keineswegs mit Notwendigkeit um Erzeugnisse von Gehirnen, die unter dem Einfluß von Drogen standen oder durch Schizophrenie gespalten waren. Es bedarf weder der Heiligkeit noch wissenschaftlicher Hexerei, um sie zu erleben. Wahrnehmungen dieser Art können sich einstellen, auch wenn ganz gewöhnliche Menschen außergewöhnlichen Zuständen ausgesetzt sind. Dazu gehören unter anderem Hunger, Durst, Schlafmangel, Todesgefahr, selbst Einsamkeit. Forschungsreisende, allein in Höhlen, verloren in der Polarnacht oder steuerlos auf offener See dahintreibend, haben oft solche projizierten Imaginationen erlebt. Desgleichen Menschen, deren Sinne durch grelles Licht überreizt wurden; Mönche in der Zurückgezogenheit ihrer Meditation; auch Kinder, die an Hyperventilation, also übermäßiger Atmung, leiden; oder die Opfer von Unfällen mit beinahe tödlichem Ausgang.

Halluzinationen können auch in vertrauter Umgebung vorkommen. Fieberdelirium, verursacht durch Influenza, Angina oder Malaria, kann Vorstellungsbilder von einer Eindringlichkeit erzeugen, daß sich die Patienten aus ihren Betten erheben, um mit ihren halluzinierten Besuchern zu sprechen. Todkranke Patienten, ganz allein auf ihrem Sterbebett, sprechen oft mit den Halluzinationen längst vergessener Jugendfreunde. Und die meisten von uns haben intensive Einbildungen während jener Phase der Halbbewußtheit unmittelbar vor dem Einschlafen (dem hypnagogischen Zustand) erlebt oder direkt vor dem Aufwachen (dem hypnopompischen Zustand) – Bilder, die von Halluzinationen begleitet sein können.

Eine Reihe von Untersuchungen hat nicht nur ergeben, daß Halluzinationen bei der normalen Bevölkerung weit verbreitet sind, sondern daß überdies die Zahl der Menschen wächst, die davon berichten. Bei einer Umfrage im Jahr 1894 bekannten sich rund 10 Prozent der Bevölkerung zu halluzinatorischen Erlebnissen der einen oder anderen Art. 1957 fand der berühmte britische Psychologe Peter McKellar in einer Studie mit normalen Menschen heraus, daß 25 Prozent der Befragten wenigstens ein halluzinatorisches Erlebnis gehabt hatten. Mein eigener internationaler Fragebogen, 1988 von *Omni* verbreitet, enthüllte eine verblüffende Steigerung. Genau 79 Prozent der Antwortenden berichteten von Halluzinationen. Überdies erklärte über ein Drittel, sie hätten sich von ihren Halluzinationen narren lassen, sie also für Realität gehalten. Das Durchschnittsalter der Auskunftgebenden, zu je 50 Prozent Männer und Frauen, betrug 33 Jahre, und in der Mehrzahl waren es gebildete Menschen mit mehr als vierjährigem College-Studium. Während sich diese Erhebungen hinsichtlich ihrer Methoden sowie den befragten Bevölkerungsgruppen voneinander unterschieden, ergab eine Umfrage von 1990, deren Methoden und Bevölkerungsauswahl jenen der 1894er Umfrage weitgehend entsprach, eine 50prozentige Zunahme der Halluzinationserlebnisse.

Halluzinationen haben mich seit jeher fasziniert. Während meines Studiums an der Brandeis University hatte ich angefangen, die philosophische und psychologische Literatur zu dem Thema zu lesen, und meine Freizeit verbrachte ich damit, halluzinierende Patienten in den diversen Krankenhäusern zu beobachten, die der Harvard Medical School angegliedert waren. An der Dalhousie-Universität und dem Albert Einstein College für Medizin, wo ich eine Ausbildung in experimenteller Psychologie und Psychopharmakologie erhielt, begann ich mit meinen ersten Forschungen. Ich entwickelte Methoden, um Labortauben und -affen zu trainieren, die ein ähnliches visuelles System besitzen wie wir, damit sie uns «sagen» konnten, welche Halluzinationen sie unter der Wirkung verschiedener Drogen sahen. In das Gehirn, den «Geist», anderer

Wesen zu blicken, war zwar eine faszinierende, jedoch auch frustrierende Arbeit, denn natürlich konnten die Tiere nicht sprechen (sie konnten nur auf Reaktionstasten drücken, die eine begrenzte Anzahl von Bildern zeigten). Als ich die Berichte von Freunden zu sammeln begann, die die gleichen Drogen nahmen, begriff ich, daß an Halluzinationen sehr viel mehr dran war als nur die geometrischen Formen, welche die Tiere melden konnten. Um mehr zu erfahren, erweiterte ich meine Studien auf Menschen.

In meiner Position als Forschungsprofessor an der Abteilung für Psychiatrie und Verhaltensforschung der University of California in Los Angeles (UCLA) führte ich extensive klinische Forschungen durch, wobei ich Drogen ebenso einsetzte wie Isolationsräume zur Abschirmung von Sinneseindrücken und weitere Methoden, um bei freiwilligen Versuchspersonen Halluzinationen hervorzurufen. Ich war Mitherausgeber eines medizinischen Textes über Halluzinationen, schrieb dann eine Reihe von Artikeln für verschiedene populäre Magazine. Bald zog es Menschen scharenweise zu meinem Laboratorium, die mir von ihren Halluzinationserlebnissen berichteten. Ich verbrachte viele Jahre damit, ihre Berichte zu sammeln und zu studieren. Und ich reiste um die Welt zur Erforschung besonders seltener Fälle von Halluzinationen, bei Bergsteigern, die höchste Höhen erklommen hatten, oder bei religiösen Mystikern, selbst bei Opfern von Geiselnahmen. An der UCLA arbeitete ich mit psychiatrischen Patienten, fand jedoch auch viele andere, die Halluzinationen erlebt hatten, darunter einen Patienten, der sich vom Operationstisch erhoben hatte, um ein Gespenst zu jagen, eine berühmte Hollywood-Schauspielerin, die jedesmal, wenn für eine Filmszene die Beleuchtung aufflammte, Voodoo-Leute erblickte, die mit Pfeilen auf sie warfen, und eine Kollegin aus meiner Abteilung, die mir gestand, daß sie seit 25 Jahren mit zwei imaginären Forschungsassistenten arbeite. Bei meiner privaten forensischen Tätigkeit, aufgrund deren man mich auf der ganzen Welt bei Kriminalprozessen als Experte zu Rate zog, konnte ich Menschen studieren, die in Situationen wie Kidnapping, Vergewaltigung und Folterung Halluzinationen erlebt hatten.

Als erstes bat ich die Menschen immer, ihre Erlebnisse zu beschreiben, mir mitzuteilen, welche Sinneseindrücke die Kamera ihres inneren Auges und ihre anderen Sinne aufgenommen hatten. Mit anderen Worten: Ich bat sie, mich auf ihren Trip mitzunehmen.

In den in diesem Buch gesammelten Fällen werden die halluzinatorischen Welten durch die Augen und Sinne jener, die die Trips gemacht haben, betrachtet. Doch sind die von mir ausgewählten Fälle mehr als bloße Beschreibungen; sie veranschaulichen die zugrundeliegenden Ursachen und Mechanismen für diese erstaunlichen Wahrnehmungen. Um noch besser zu verstehen, wie das halluzinierende Gehirn das Verhalten beherrschen kann, unterzog ich jeden einer Reihe psychologischer und physischer Tests, interviewte Freunde und Familienangehörige und beobachtete die Versuchsperson über Wochen und Monate hinweg. Mitunter war es notwendig, mit den Patienten in ihren Wohnungen oder in Krankenhauszimmern zusammenzuleben oder sie mit meinem transportablen Gerät bei gefährlichen Unternehmungen zu begleiten, um dabeizusein, wenn sie halluzinierten.

In den meisten Fällen konnte ich bei meinen Beobachtungen auf die umfangreiche medizinische Literatur über Halluzinationen zurückgreifen. Manchmal waren die Phänomene jedoch so einzigartig, daß ich mich ungewöhnlicher diagnostischer Methoden bedienen und den Trip selbst machen mußte, um sie zu verstehen. Als mir beispielsweise ein ehemaliger Kriegsgefangener von besonders eigenartigen Visionen berichtete, die er gehabt hatte, als er in Vietnam in einen Tigerkäfig gesperrt gewesen war, ließ ich mich für mehrere Tage in einen ähnlichen Käfig einschließen, um zu verstehen, was ihm genau widerfahren war.

All diesen Fällen gemeinsam ist die wahrgenommene *Realität* der Halluzinationen, die die Macht besitzt, das Leben der betreffenden Patienten und Versuchspersonen zu beeinflussen. Im Unterschied zu Menschen, die ähnliche Erfahrungen gemacht, sie jedoch für unwirklich gehalten haben, glaubten alle die hier porträtierten Personen, was sie sahen und hörten. Ihr Verhalten änderte sich, während sie die fremdartigen Wahrnehmungen zu verarbeiten versuchten. Zwar entstammten die Halluzinationen ihren eigenen Gehirnen, doch sobald sie freigesetzt waren, brachten sie die Menschen dazu, sich so zu verhalten, als ob solche Dinge tatsächlich in der Außenwelt existierten. Sie sprachen und spielten, lebten und liebten mit ihren Halluzinationen. In einem gewissen Sinne erwachten die Halluzinationen zum Leben, wurden zu Wachträumen. Wenn wir ihren Schilderungen folgen, können wir vieles nachvollziehen. Und die Darlegungen verraten uns, daß unter bestimmten Umständen jeder von uns Halluzinationen haben kann. In der Region des Geistes ist es leicht, die Grenze zwischen Halluzinationen und Wirklichkeit zu überqueren.

Wir beginnen unsere Reise in Teil I mit den visionären Drogen, den gebräuchlichsten Fahrkarten ins Land der Halluzinationen. In meinem Labor finden wir eine Gruppe von erfahrenen Reisenden (Psychonauten), die ausnahmslos von ein und derselben verstörenden Marihuanavision berichten: einem schwarzen Vorhang, bedeckt mit Augen. Selbst wenn sie nüchtern sind, fällt dieser Vorhang vor ihren Augen. Diese ungebetene Vision wird auf einmal auch von anderen Versuchspersonen aus Indien, Japan und England gemeldet. Haben meine Laborexperimente diese alptraumhaften Halluzinationen irgendwie freigesetzt? Sind jetzt Millionen Entspannung suchender Marihuanaraucher in Gefahr? Mit Hilfe eines mexikanischen indianischen Schamanen mache ich einen Trip, um den Vorhang zu durchdringen, seine wahre Natur zu enthüllen, und ihn dann für immer zu zerstören. In anderen Kapiteln begegnen wir einer Musiklehrerin, die «unter Einfluß», also unter Drogenwirkung, die Stimme Gottes vernimmt; zwei Frauen, die während ihrer Halluzinationen tatsächlich vergewaltigt werden; und einem Billardspieler, der von der Erinnerung an einen früheren LSD-Trip heimgesucht wird.

Nicht durch Drogen erzeugte Halluzinationen stellen sich am häufigsten in Träumen ein, wovon Teil II handelt. Aber für manche Menschen bleibt das Tor zu ihnen auch offen, wenn sie sich im

Wachzustand befinden. Viele sind aus einem tiefen Traum hochgeschreckt, bloß um zu entdecken, daß ein Inkubus, ein Teufel oder Dämon, neben ihnen auf dem Bett hockte. Manchmal geschieht es mitten an einem sonnenhellen Tag, und die Menschen sind hellwach, wenn sie sich mit einer entsetzlichen Vision konfrontiert finden, so wie es der jungen Studentin in dem Kapitel «Tagmahr» widerfuhr. Ähnlich erging es einem Vater und einem Sohn in «UFO», und sie behaupteten, sie seien von der Vision zu einer wilden Fahrt im Raumschiff entführt worden. Aber die Szenerie, durch die sie dahinjagten, war die gleiche halluzinatorische Landschaft, die auch erdgebundene Träumer gesehen hatten. Und als Sheila, eine Nachtschwester, das Tor geschlossen hielt, indem sie sich um den Schlaf brachte, begann ihr Gehirn zu träumen, während sie wach war. Ihr Wachtraum: Hakenkreuze auf der Bettwäsche ihrer Patienten.

In der Jugendzeit sind Halluzinationen von imaginären Gefährten, womit sich Teil III befaßt, nicht nur üblich, sondern normal. 31 Prozent aller Antwortenden in meinen Fragebogenstudien hatten als Kinder imaginäre Spielgefährten; andere Wissenschaftler berichten sogar, das sei bei etwa 50 bis 70 Prozent der Kinder der Fall. Kinder brauchen nur eine lebhafte Phantasie, um diese halluzinatorische Welt zu betreten, in der Einbildung und Wirklichkeit sich mischen. Allerdings gibt es Kinder, die niemals von ihren imaginären Freunden lassen und als Erwachsene in einer Welt mit Riesendrachen und unsichtbaren Kaninchen leben. Aber selbst wenn ein Erwachsener in seiner Jugend nie einen imaginären Freund hatte, kann sich in außergewöhnlichen Situationen einer einstellen. Wir beobachten, wie diese «kompakten Geister» einem sich nach seiner Tochter sehnenden Vater erscheinen, genauso wie einem einsamen Seemann, der im Bermuda-Dreieck in einen Sturm gerät. In dem Kapitel «Macht ein Foto» wird ein liebeskranker junger Mann so sehr vom Gesicht seiner ersten Freundin heimgesucht, daß er keine Kontrolle darüber hat, wann und wo es ihm erscheinen wird. Henry hingegen, ein gelangweilter Schüler, der einen unsichtbaren Meuchelmörder mit zur Schule nimmt, wartet nur auf den Aushilfslehrer, damit er seinen tödlichen Gefährten «Sergeant Tommy» vor aller Augen loslassen kann.

Während imaginäre Gefährten in Situationen ohne ausreichende Stimulation entstehen können, bringt auch ein Übermaß falscher Stimulation das Gehirn zum Halluzinieren. Dies geschieht in Teil IV, wo normale Menschen einer lebensbedrohlichen Gefahr ausgesetzt sind. Hier begegnen wir einem Kriegsgefangenen, der schlimme physische und psychische Mißhandlungen zu ertragen hat; einer Großmutter, die von einem Einbrecher in einen Wandschrank eingesperrt wird, der unablässig droht, sie umzubringen; und dem Opfer einer Folterung, einem Mann, der ein geheimes Wort erfährt, das er herausschreien muß: das Lösungswort, um in das Paradies in einer Region seines eigenen Geistes eingelassen zu werden, wo es keinen Schmerz gibt. Zwar finden sich in all diesen Halluzinationen die bekannten Muster geometrischer und komplexer Bilder, am deutlichsten zeigen sie sich jedoch in den Visionen jenseitigen Lebens, von denen ein älterer Professor berichtet, der den «Tod» überlebte.

Früher hat man Halluzinationen oft als die ausschließliche Domäne von Wahnsinnigen angesehen. Durch die in diesem Buch geschilderte Forschungsarbeit und die beschriebenen Fälle beginnen wir zu begreifen, daß jeder solche Halluzinationen haben kann. Das erklärt sich aus den gemeinsamen Strukturen im Gehirn und im Nervensystem, den gemeinsamen biologischen Erfahrungen und den gleichartigen Reaktionen des Gehirns auf Stimulation oder Deprivation. Die resultierenden Bilder mögen bizarr sein, sie sind jedoch nicht unbedingt verrückt. Sie beruhen ganz einfach auf gespeicherten Eindrücken in unserem Gehirn. Gleich einer Fata Morgana, die inmitten der Öde des Meeres oder der Wüste eine prachtvolle Stadt erscheinen läßt, sind die halluzinatorischen Bilder eigentlich reflektierte Bilder von realen Objekten, die anderswo existieren. Die Stadt ist nicht weniger wirklich und nicht weniger wert, erforscht zu werden, weil sie sich nicht dort befindet, wo wir glauben. Dieses Buch ist eine Reise zu jenen faszinierenden Städten des Geistes.

Teil I

Visionäre
Drogen

Der Psychonaut
und der Schamane

William Shakespeare zwinkerte mir zu. Ich trat näher. Er knurrte wie eine Bulldogge. Sein Gesicht verwandelte sich in das Gesicht eines Indianers. Der Indianer zwinkerte mir zu. Dann war er wieder Shakespeare. Dann der Indianer. Blitzartig bewegten sich die Gestalten auf einer schwarzen Bühne hin und her, tanzende Paare in meinem berauschten Gehirn.

Die Bühne explodierte in einem Regen aus goldenem Licht. An ihrer Stelle stand ein gigantisches Gerüst aus fluoreszierendem Gebälk. Das Gebälk verbog sich zu einem langen, spiralförmigen Tunnel voller Polygone und anderer geometrischer Gebilde. Die maulähnliche Öffnung des Tunnels drehte sich mir zu, während sich der Tunnel selbst wie eine euklidische Schlange pulsierend wand, trächtig mit Licht und Form. Plötzlich spie sie einen Schwall von Bildern aus: Sterne, Feuerräder, Schneeflocken, Mosaike und Fächer. Die Fächer rotierten, verwandelten sich dann in Schallplatten, die sich auf einem Plattenteller drehten. Die Schallplatten verwandelten sich in einen Reifen und dieser in ein Riesenrad mit Speichen aus bunten, blinkenden Lichtern. Die Lichter verschmolzen zu einem Regenbogen. Der Regenbogen erstreckte sich über einen blauen Himmel. Darunter waren Pyramiden, Sphinxe, sogar die Skyline einer modernen Stadt. Moses fuhr auf einem Fahrrad, winkte, verließ dann die Bühne auf der linken Seite. Ihm folgte eine Meute von neunundneunzig kleinen Moses-Gestalten auf Dreirädern, die mit blinkenden Lampen ausgerüstet waren.

Augenblicke später spie der Tunnel wieder. Und wieder. Schließlich verblaßten die Formen und Bilder. In einer letzten Eruption schoß auf der Bühne ein Berg in die Höhe, und Schweinchen Dick sprang aus dem Gipfel heraus und stotterte: «Das war's, Leute!» Ein schwarzer Vorhang fiel. Es war ein Vorhang mit Dutzenden mich anstarrender Augen!

Schwer atmend setzte ich mich auf der Labormatratze auf und versuchte angestrengt, mehr vom Vorhang zu erkennen. Schließlich war dies genau die Halluzination, die ich einfangen wollte. Ich spähte in den dunklen Raum. Geblieben jedoch war nur ein vages Nachbild. Während es verblich, überkam mich ein nachhaltiges Gefühl des Verlustes. Die Beschreibung der Erscheinung in *Macbeth* fiel mir ein: «Erscheint dem Aug und quält den Sinn; wie Schatten kommt und fahrt dahin.»

Zwar hatte ich nicht das Hexengebräu aus Molchesaug und Unkenzehe getrunken, doch genügte die starke Dosis Marihuana, die ich geraucht hatte, um diese Visionen zu verursachen. Ich hielt den gleichen Versuchsablauf ein wie bei meinen Versuchspersonen. Diese, Psychonauten genannt, waren erfahrene Drogenbenutzer, die im Laufe vieler Stunden ihre Halluzinationen geschildert hatten. Sie waren darauf trainiert, präzise psychophysische Angaben über die Formen, Farben und Bewegungen zu machen. Beispielsweise hatten sie gelernt, Formen zu klassifizieren, indem sie sie auf einfache Strukturen wie Tunnel oder Spiralen zurückführten. Sie konnten die genaue spektrale Wellenlänge von Licht identifizieren. Und bekannte Menschen, Lokalitäten und Dinge wurden mit einer praktischen verbalen «Kurzschrift» bezeichnet. Um den rasch wechselnden Bildern auf der Spur zu bleiben, waren sie überdies darauf trainiert, ein Bild auch dann zu registrieren und zu beschreiben, wenn es nur einen Sekundenbruchteil lang währte.

Die Berichte ermöglichten es mir, eine Art Landkarte anzufertigen: von der Welt durch Drogen erzeugter Halluzinationen, einer Welt, die sich in einfache und komplexe Formen teilte. Die einfachen Formen bestehen aus Tunneln, Gittern und anderen geometrischen Gebilden. Diese Formen entstammen unsichtbaren Strukturen innerhalb des visuellen Systems, die unter der Einwirkung der Drogen sozusagen illuminiert werden. Tanzende Punkte entstehen beispielsweise, wenn rote Blutkörperchen durch Netzhautkapillaren fließen und dabei einen Schatten auf die darunterliegenden Stäbchen- und Zapfenzellen werfen. Andere Formen werden erzeugt, wenn Drogen bewirken, daß sich Neutronen in die Netzhaut und den Sehnerv entladen. Dies ruft Ketten heller Lichter hervor, die Phosphene genannt werden. Phosphene können alle möglichen Formen annehmen: Flecken, konzentrische Kreise, Spiralen, Tunnel, Gitter, sogar Schachbrettmuster. Wieder andere Formen werden vom Sehzentrum des Gehirns erzeugt, wo die Stimulierung organisierter Zellengruppen sich wiederholende Polygone, Mosaike und symmetrische Anordnungen produziert.

Die komplexen Formen werden aus Bildern konstruiert, die im Gedächtnis gespeichert sind, dem «Hüter des Gehirns», wie Shakespeare es genannt hat. Manchmal werden diese erinnerten Bilder gegen einfache geometrische Anordnungen projiziert, so daß sich einzigartige Kombinationen und Arrangements ergeben. Viele komplexe Bilder sind wiedererkennbar, viele aber auch nicht. Komplexe Bilder können mehr sein als bildhafte Darstellungen von Dingen, die im Gehirn gespeichert sind. Wie Träume sind auch halluzinierte Bilder oft sehr verwickelt und zu phantastischen Szenen ausgeschmückt. Sie können zu hochkreativen und imaginativen Variationen von wiedergewonnenen Erinnerungsbildern werden, so stark verwandelt, daß sie nicht wiedererkennbar scheinen.

Bei allen den Psychonauten erscheinenden Halluzinationen handelt es sich um Variationen dieser beiden Grundthemen. Mochten die geometrischen Formen auch auf einmalige Weise kombiniert sein, so ließen sie sich doch stets auf gemeinsame Elemente zurückführen. Szenen aus der Erinnerung der Versuchsperson konnten höchst individuelle Bilder enthalten, ein spezielles Riesenrad vielleicht oder ein Gesicht, doch gehorchten diese festen Regeln und Verhaltensmustern. Möglicherweise war ich der einzige Mensch auf der Welt, der Moses sah und seine kleinen Kopien, die auf Fahrrädern über die Bühne fuhren, doch die Sequenz als solche entsprach durchaus jenen neuartigen Kombinationen und Reproduktionen von Vorstellungsbildern, von denen alle Psychonauten berichteten.

Das Drama ihrer Halluzinationen mochte andere Schauspieler und Kulissen haben, doch richteten sich alle nach der gleichen Grundstory.

Wie aber konnten wir – die Psychonauten und ich selbst – auf dem Vorhang *genau* dieselbe Szene mit den Dutzenden von Augen sehen? Bei jedem Rauschzustand zeigten sich Hunderttausende von Imaginationen. Die Chancen, daß wir die identische Halluzination erleben würden, mußten unendlich gering sein. Doch jeder Psychonaut beschrieb dasselbe Bild: einen schwarzes, gazeartigen Vorhang mit einem großen menschlichen Auge in der Mitte, rings umgeben von einer symmetrischen Anordnung kleinerer Augen – lebendige, tückisch blickende Augen. Ich bat die Psychonauten, sie zu zählen. Jedesmal ergab sich dieselbe Summe: dreißig, plus oder minus ein oder zwei.

Terry war der erste, der den Vorhang sah. Unter der Wirkung einer rauschauslösenden Dosis Marihuana berichtete er von hellen und bunten geometrischen Mustern, die nach einiger Zeit das Aussehen reich ornamentierter Teppiche und Mosaike annahmen. Diese machten bald erkennbaren Szenen Platz: ein Eichhörnchen hier, ein Löwenzahn dort, alles in spielerischer Zurschaustellung. Das Ganze glich einer Art Dia-Schau. Rund einen halben Meter vor seinen Augen erschienen die Bilder, doch wirkten sie kompakt und dreidimensional, fast lebendig. Terry lachte. «Ich bin sehr high. Meine Bilderwelt ist phantastisch ... Ich werde buchstäblich hineingezogen.»

Der Tunnel spie aus und ergoß seine Bilder; dann atmete er ein und zog Terry bis in das Urzentrum des Lichts. Jetzt betrat er jene Bühne, die Aldous Huxley die «Andere Welt» nannte – die ferne Region unseres Geistes, welche das Rohmaterial unserer Wahrnehmungen birgt. Terry flog durch eine Aurora Borealis, unter Mandalas, über Gebäude, Berge und Riesenlutscher. Er sah viele sich wiederholende und vervielfältigende Bilder, ein Festmahl aus identischen Bonbons, die in Formation über das schwarze Tischtuch seines Gesichtsfeldes marschierten. «Oh, mein Gott», rief Terry aus, «dort ist ein Haufen Augäpfel, die mich beobachten!» Das Bild wurde rasch von anderen abgelöst. Einige Minuten später erreichte die Wirkung der Droge in Terrys Gehirn ihren Höhepunkt, und die Bilderflut intensivierte sich.

«Dort ist ein realistischer Tunnel, der zu einer Gasse wird. Die Gasse wird zu einer Straße. Eine, die ich noch nie gesehen habe. Am Ende der Straße ist es sehr dunkel. Dort ist irgend etwas.» Terrys Stimme klang ängstlich, wie von fern. «Vielleicht kann ich versuchen, es zu verscheuchen», wimmerte er.

«Lassen Sie's laufen», flüsterte ich durch die Sprechanlage des Labors. «Vertrauen Sie auf Ihr Nervensystem.»

«Oh! Wieder diese Augäpfel ... vielleicht ... vielleicht ... dreißig davon. Aus der Mitte glotzt mich ein großes an und rundherum sind kleinere. Sie bilden fast so etwas wie eine Spirale ...»

Eine lange Pause trat ein. «Berichten Sie!» forderte ich ihn auf. Das sagte ich immer, wenn das Schweigen eine Minute oder länger dauerte. Terry nahm seinen Bericht über die Flut neuer Bilder wieder auf.

An die Augäpfel dachte ich erst wieder, als Anne, die erste Psychonautin, mehrere Wochen später eine unserer «amtlichen» Marihuanazigaretten rauchte und von demselben Bild berichtete. Anne sah die Augäpfel, alle dreißig, auf einem schwarzen Feld. Als Jim, ein graduierter Student der Literatur, das Bild sah, nannte er es den Dämon, nach der Vision, wie sie in Edgar Allen Poes «Grube und Pendel» beschrieben wird:

Dämonenaugen von wilder und geisterhafter Lebendigkeit funkelten mich an in tausend Richtungen, wo zuvor keine sichtbar gewesen waren, und glänzten mit dem gespenstischen Schein eines Feuers, das als nichtwirklich zu betrachten ich meine Phantasie nicht zwingen konnte.

Alle zeigten sich verstört von der Vision. Terry sah sie auf nahezu jedem Trip, auch unter der Wirkung anderer Drogen wie etwa Psilocybin, einem Halluzinogen, das in dem sogenannten «Zauberpilz» vorkommt. Anne erblickte das Bild einmal, als sie nach einer die ganze Nacht dauernden Session im Labor über den UCLA-Campus ging. Jim unterzog sich der Wirkung von LSD und versuchte den Vorhang zu öffnen. Große Übelkeit überwältigte ihn, er mußte sich erbrechen und konnte sich später an nichts mehr erinnern.

Terry, Anne und Jim gehörten alle zum ersten von mir trainierten Psychonautenteam. Mit ihnen testete ich die Prozeduren, bevor ich mit einer neuen Gruppe von Testpersonen eine Reihe von Untersuchungen begann. Als auch ihnen die Augäpfel erschienen, beschloß ich, die Ausbildung des zweiten Teams zu verschieben, bis ich den Grund für dieses ungebetene Bild gefunden hatte.

Ich zog diverse Erklärungen in Betracht. Möglicherweise handelte es sich bei dem Bild um ein Produkt, gleichsam ein Artefakt, aus einer früheren kulturellen Erfahrung. Schließlich waren sämtliche Psychonauten weiße nordamerikanische Collegestudenten, die der Mittelklasse entstammten und während der sechziger Jahre viele gemeinsame Erfahrungen mit Drogen gemacht hatten. Vielleicht hatte das Bild seinen Ursprung in etwas, das sie früher gelesen oder gehört oder gesehen hatten. Möglich, daß der Vorhang mit den Augen auf dem Cover einer Schallplattenhülle erschienen war oder auf einem Poster oder in einem Film. Ich verwarf diesen Gedanken, als Rajiv, ein Austauschstudent aus einem fernen Dorf in Indien, und Hiroshi, ein Gastmediziner aus Japan, sich für eine Pilotstudie zur Verfügung stellten und den Vorhang mit dreißig *kaukasischen* Augen sahen. Jetzt war ich perplex.

Die Verwirrung verwandelte sich in Erschrecken, als Nick, der sein Leben lang in England Marihuana geraucht und noch nie eine Halluzination gehabt hatte, während seines allerersten Marihuana-trips in meinem Labor den Dämon sah. Ich ließ meine Paranoia mit mir durchgehen. Lösten auf irgendeine Weise meine Drogenexperimente diese alptraumhafte Halluzination aus? Schwebte das Image jetzt im Äther in meinem Labor umher, wo es von jeglicher Versuchsperson in einem veränderten Zustand aufgenommen werden konnte? Spukte es womöglich im Labor? In dem Film *Close Encoun-*

ter («Die unheimliche Begegnung der dritten Art») schockiert eine außerirdische Macht die Menschen mit dem mentalen Bild einer Felsformation mit dem Namen Devil's Tower, Teufelsturm. Konnte eine feindliche Macht meine Versuchspersonen mit diesen Teufelsaugen schockieren?

Manche Parapsychologen glauben, daß Marihuana und andere psychedelische Drogen die Pforten der Wahrnehmung für Formen von Über- und Außersinnlichem wie etwa Telepathie öffnen. Dieser Überzeugung zufolge sind Menschen «unter dem Einfluß», also unter Drogenwirkung, empfänglicher für die projizierten Gedanken und mentalen Bilder anderer. Es wird berichtet, daß beispielsweise nach der Einnahme von Meskalin die Versuchspersonen imstande seien, ein bestimmtes Bild oder Gemälde zu «sehen», das von einer anderen Person «gesendet» wird, die das Bild in einem anderen Raum intensiv betrachtet. Um die emotionale Kraft solcher Übermittlungen zu steigern, blickt die «sendende» Person oft auf Fotos von Opfern aus Nazi-Konzentrationslagern oder auf andere Schreckensbilder, während sie gleichzeitig traurige Musik hört. Zu meiner Verblüffung entdeckte ich, daß diese Experimente mit emotionaler Telepathie wahrhaftig in einem Nachbarlabor im Neuropsychiatrischen Institut (NPI) der UCLA stattfanden!

Dr. Thelma Moss, Parapsychologin, ehemalige Schauspielerin, Verfasserin eines Buches über LSD und befreundet mit Uri Geller, arbeitete in dem Labor gleich neben dem meinen. Dort befand sich eine schall- und lichtdichte Isolationskammer, wo ihre Versuchspersonen – die «Sender» – Emotionen berührende Dias betrachteten und über Kopfhörer die Begleitmusik dazu hörten. Die Senderperson versuchte die Bilder an eine Empfängerperson zu übermitteln, die in einem anderen Raum saß, ein Stück weiter den Korridor hinunter. Zwischen dem Sender und dem Empfänger befand sich mein Laboratorium mit einer identischen Isolationskammer, wo die Psychonauten ihre Drogentrips erlebten. Sie waren in einer direkten Linie mit den sogenannten telepathischen Übertragungen! Vor Zorn und Frustration, meine Experimente abbrechen zu müssen, hielt ich es durchaus für möglich, daß Dr. Moss' Labor für den Dämon verantwortlich war.

Ich rannte zur Nachbartür, um Thelma zur Rede zu stellen. Ihr Forschungsassistent, ein schmieriger kleiner Mann, der sich als «Psychic», also eine Art Medium, ausgab, hatte keine Ahnung, wer ich war oder warum ich dort war. Ich ließ ihn raten. Er kam nicht drauf. Rasch erläuterte ich ihm mein Interesse an den telepathischen Experimenten und bat ihn, die dabei verwendeten Dias sehen zu dürfen. Er führte mich zu Kästen, die mit Hunderten von Dias gefüllt waren.

Ich verbrachte Tage damit, die Dias durchzugehen, wobei ich jedes einzelne in einem Diabetrachter prüfte. Der Assistent unterhielt mich mit einer Aufzählung seiner psychischen Fähigkeiten. Ich unterdrückte ein Lachen, als er mir erzählte, daß Fotos von seinen Fingern nur dann gelangen, wenn er sich in Trance befand, und daß jede Uhr, die er je besessen hatte, jeden Tag zehn Minuten schneller ging. Er behauptete, seine bloße Anwesenheit könne eine Zimmerpflanze auf eine Entfernung von fünf Metern töten, die einzige Behauptung, die ich ihm aufs Wort glaubte. Immerhin stimmte seine Versicherung, daß auf den Dias keine Dämonen zu finden seien. Weder entdeckte ich einen einzigen großen Augapfel noch irgend etwas wie einen Vorhang mit dreißig Augen. Ich hatte fast eine Woche vergeudet und kam mir nun ziemlich albern vor.

Das Zwischenspiel in Dr. Moss' Laboratorium gab mir einen anderen Gedanken ein. Viele Parapsychologen hängen der Hypothese an, daß Menschen mit echten mystischen Visionen zu jenen Bereichen des Gehirns Zugang finden, die der Psychoanalytiker C. G. Jung das kollektive Unbewußte genannt hat. Dort befinden sich Archetypen, mentale Urbilder, die angeboren und universell zu sein scheinen. Ein solcher Jungscher Archetyp ist das Mandala, ein Bild, von dem alle Psychonauten berichteten. Mandalas «erscheinen als psychologisches Phänomen spontan in Träumen, in bestimmten Konfliktzuständen und in Fällen von Schizophrenie», schrieb Jung. Seine Anhänger fügten dieser Liste noch Rauschzustände hinzu.

Typische Mandalas sind kreisförmige Muster, die symmetrische Quadrate, Kreuze, Sterne und andere geometrische Gebilde enthalten. Es kann sich dabei aber auch um symmetrische Anordnungen komplexer Figuren handeln, wie etwa Gottheiten, Menschen oder Tiere. Es gibt auch spiralförmige Anordnungen. Psychoanalytiker der Jungschen Schule glauben, daß bestimmte Mandalas die archetypischen Motive von Geburt und Tod, Himmel und Hölle, Gut und Böse darstellen. Sie sind ein inhärenter Teil unserer Geschichte, unserer Mythologie, unserer Seele.

Ich meinerseits neigte allerdings zu der Annahme, daß es sich bei Mandalas um einfache geometrische Formen handelt, die ihren Ursprung in den Strukturen des optischen Systems haben und dann mit Erinnerungsbildern aufgefüllt werden. Doch dieses spezielle Dämonenmandala mit den dreißig Augen wußte ich mir nicht zu erklären. Konnte es sich bei dem Dämon um ein Urbild handeln? Dann allerdings hätte dieses schon früher erscheinen müssen. Ich beschloß, mit den Augen auf die Jagd zu gehen.

Ich begann mit Jungs Sammlung von Mandalas, die von seinen Patienten gemalt worden waren. Viele zeigten ein einziges Auge, bestehend aus einem einfachen Kreis oder Oval mit einem Punkt in der Mitte. Keines enthielt die Augäpfel, die Lider oder Wimpern, die den Dämon charakterisierten. Nach Durchsicht dieser Zeichnungen wies ich meine Mitarbeiter an, weitere Beispiele aus der Kunst und der Architektur zu sammeln. Noch immer hoffte ich, den Ursprung für die Halluzinationen der Psychonauten zu finden. «Bringt mir Augen!» brüllte ich in gespieltem Wahnsinn.

Auf meinem Schreibtisch begannen sich die Augen zu vermehren. Ein Gemälde des Schweizer Malers Peter Birkhauser stellte vier furchteinflößende Augen dar, die aus einem dunklen, gazeartigen Hintergrund starrten. Auf einer alptraumhaften Lithographie des britischen Künstlers John Spencer zählte ich vierzehn leere Augen. Ähnliche Augen mit Lidern und Wimpern gab es auf alten ägyptischen und etruskischen Amuletten als Verkörperung des bösen Auges oder Blicks. Zwar ließen sich Elemente der Psychonautenvision in all diesen Kunstwerken finden, doch wies keines die starre symmetrische Anordnung der dreißig Dämonenaugen auf. Da symmetrische Muster als konstante Merkmale drogenerzeugter Halluzinationen auftreten, handelte es sich bei dem Dämon vielleicht um ein archetypisches mentales Bild, das nur Personen in einem veränderten Bewußtseinszustand erschien. War es ein uraltes, lange im Unterbewußtsein begrabenes Symbol, so wurde es möglicherweise auch von den Angehörigen anderer Rauschdrogen verwendender Kulturen gesehen.

Meine Vermutungen verstärkten sich, als mich der Dichter Allen Ginsberg nach einem Vortrag auf dem Campus in meinem Büro besuchte. Er sah die Anhäufung von Augen auf meinem Schreibtisch und erzählte mir, er habe einmal etwas Ähnliches gesehen, und zwar in Peru nach der Einnahme von *yaje*, einem von den Tukano-Indianern im Amazonasgebiet verwendeten Halluzinogen. Ginsberg berichtete, er habe ein «Großes Wesen» erblickt, ein geheimnisvolles schwarzes Loch mit einem großen Auge in der Mitte. Diesem Großmeister der verbalen Bildwelt mangelte es an Worten, um dieses Wesen zu beschreiben. Statt dessen zeichnete er seine Vision. Das Bild zeigte ein großes Auge in der Mitte, umgeben von einer völlig symmetrischen Anordnung kleinerer Augen! Obwohl sich auf der Zeichnung nur zwanzig Augen fanden, zusammen mit zahlreichen Schlangen und anderen Kreaturen, erklärten meine Psychonauten, daß dies ihrem Bild des Dämons sehr nahekäme.

«Werden Augen auch von anderen Benutzern von Halluzinogenen gesehen?» fragte ich den inzwischen verstorbenen R. Gordon Wasson, einen Forscher, der besonders wegen seiner Arbeit über halluzinogene Pilze in Erinnerung ist. Wasson, der erste Außenstehende, der an einem mexikanischen Pilzritual teilgenommen hatte, war fasziniert von meiner Geschichte des Vorhangs mit den dreißig Augen. Im Rauschzustand hatte er von sich selbst eine Vision als «körperloses» Auge gehabt. Wenn Wasson auch keine Erklärung für die spezielle Psychonautenhalluzination von den dreißig körperlosen Augen hatte, so stand für ihn jedoch fest, daß solche Visionen von innen kamen. «Irgendwo in uns», meinte er, «muß es eine Art Speicher geben, wo diese Visionen ruhen, bis sie abgerufen werden.» Aber handelte es sich bei Halluzinationen wie der vom Dämonen um Umwandlungen von Gelesenem, Gesehenem, Eingebildetem, bis zur Unkenntlichkeit verändert, oder um Visionen, die aus größeren, unbekannten Tiefen rührten? Darauf hatte Wasson keine Antwort. Doch er regte mich dazu an, mich mit meinen Fragen an die erfahrensten Seher zu wenden, die er kannte – die Schamanen von Mexiko.

Meinen nächsten Urlaub verbrachte ich in Mexiko. Als ich keinen Schamanen ausfindig machen konnte, nutzte ich die noch verbleibenden Tage, um in Bibliotheken und Museen nach weiteren Augen zu suchen. Es gab sie dort, zweifellos, doch aus irgendeinem unerfindlichen Grund konnte ich sie nicht sehen. Im Nationalmuseum für Anthropologie in Mexiko City ging ich offenbar direkt an mehreren Wandgemälden mit Motiven körperloser Augen vorüber. Bei einer Besichtigungstour zu den Ruinen von Teotihuacan streifte ich prachtvolle Säulen aus dem 6. Jahrhundert, ohne zu ahnen, daß in sie Reihen körperloser Augen mit eingelegten Pupillen aus Obsidian eingemeißelt waren, die den Blick auf mich gerichtet hielten. Befand ich mich in irgendeinem zweitklassigen Horrorfilm, dauernd mit dem Dämon konfrontiert, ohne es zu wissen? Es bedurfte einer zweiten Reise nach Mexiko und der Begegnung mit einem hundertjährigen Schamanen, um mich «sehend» zu machen.

Ich schloß mich einer Expedition an, die von Oscar Janiger, einem forschenden Psychiater, organisiert wurde, der die Wirkung von Halluzinogenen auf menschliche Chromosomen studierte. Anfang der siebziger Jahre gab es die Befürchtung (unbegründet, wie man inzwischen weiß), daß der Langzeitkonsum von halluzinogenen Drogen genetische Defekte nach sich ziehen könne. Aufgabe des Teams war es, bei einer Gruppe von Huichol-Indianern Blutproben zu sammeln. Falls es irgendwo Chromosomenschäden und seit langem bestehende genetische Anomalitäten gab, so am ehesten bei den Huichols, die seit den Zeiten der Azteken Peyote genommen haben. Peyote enthält das rauschauslösende Meskalin, dessen Wirkung stärker und toxischer ist als selbst LSD.

Die Huichols widmen ihr Leben der Erforschung von Peyote-Visionen in der Abgeschiedenheit der Sierra Madre Occidental. In einer solchen Umgebung waren sie unberührt von den kulturellen Bildern und spezifischen Erfahrungen der Psychonauten. Sahen sie unter dem Einfluß von Peyote den Dämon, so *mußte* es ein archetypisches Bild sein. Während es Janiger darum ging, Proben ihres Blutes zu sammeln, wollte ich ihre Bilderwelt einfangen.

Unser Team erreichte Tepic, eine Kleinstadt, die Ausgangspunkt für alle Expeditionen zu den Sierras war. Ich stöberte ein wenig in den Läden herum, wo Huichol-Künstler gegen Pesos sogenannte Yarn Paintings verkauften. Dabei handelt es sich um flache, mit Bienenwachs bestrichene Holzstücke, in das reizvolle Muster aus bunten Fäden eingelegt sind. Die Bilder, die Peyote-Visionen darstellen, zeigten die gleichen Polygone, Tunnel und geometrischen Formen, von denen die Psychonauten berichteten. Das war ein weiterer Beweis für die universelle Natur dieser vom Gehirn diktierten Halluzinationen. Die komplexe Bilderwelt der Yarn Paintings bestand aus Bergen, Wolken, Hirschen, Schlangen, Skorpionen und anderen vertrauten Objekten aus der Umwelt der Indianer.

Ich fragte einen der Ladenbesitzer nach Augen, wobei ich das Huichol-Wort *tsikuri* gebrauchte. Er zeigte mir ein Kreuz aus Bambusstäbchen, die mit Hilfe von bunten Fäden zu einem diamantenförmigen Gebilde verwoben waren. Der mittlere Teil war weiß, die äußeren Partien blau und rot. «Es ist ein Gottesauge», erklärte er. «Die Huichols bieten sie den Göttern dar, damit ihre Gebete erhört werden. Gottesaugen sind Symbole der Macht, zu sehen und unbekannte Dinge zu verstehen.» Ich erstand ein Exemplar und steckte es in die Tasche.

Am folgenden Tag flog das Team in die unwirtlichen Sierras. Auf unserer Karte fand sich eine beunruhigende Anmerkung, der zufolge man bis zu 700 Metern mit abweichenden Höhenangaben rechnen müsse; sie seien mit Vorsicht zu genießen. Mit Mühe gelang es dem Piloten, die zweimotorige Beechcraft auf einer winzigen Mesa (einem Flachstück) außerhalb des Dorfes San Juan Peyotan zu landen. Nachdem wir die Geräte ausgeladen hatten, stand ich auf der heißen Oberfläche der Mesa und begann zu filmen: Ich schwenkte die Kamera über kahle Felsen und gelbe, in der Mittagshitze flirrende Grashalme – und erfaßte dann das Wrack eines kleinen Flugzeugs. Im Schatten der einen noch vorhandenen Tragfläche hockte unser Huichol-Führer. Das Kameraobjektiv zeigte ein jugendlich wirkendes Gesicht. Der Mann rührte sich nicht, kniff nicht einmal die Augen in dem scharfen, böigen Wind zusammen, der über die Mesa fegte. Plötzlich verdeckte eine aufgewirbelte Staubwolke meinen Blick, und ich schwenkte die Kamera herum, um unser Flugzeug beim Abflug zu filmen. Vereinbarungsgemäß sollte es uns in einigen Wochen wieder abholen.

Zu Fuß machten wir uns auf den Weg zu einem weiter entfernten Dorf, das den geographischen Mittelpunkt für eine Anzahl von Huichol-Bauern bildete, die in den Bergen auf verstreuten Ranchos lebten. Als wir ankamen, dunkelte es bereits, und das Dorf schien aus lauter Grautönen zu bestehen. Ein kleiner Hund mit hervorquellenden Augen und mageren Rippen bellte uns ein paarmal an und fuhr dann fort, auf Steinen herumzukauen. Hier und dort flatterte eine Vampirfledermaus durch die Luft. Irgendwo stieß ein Esel einen irren Schrei aus. Ein paar Huichol-Männer halfen uns mit dem Gerät und führten uns dann zu unserer Hütte, wo sie uns beim Auspacken zusahen. Frauen und Kinder waren nirgends zu sehen, doch zweifellos beobachteten sie uns. Ich ließ mich auf meinen Schlafsack fallen, viel zu erschöpft, um mir Gedanken darüber zu machen, ob mich nicht auch der Dämon beobachtete.

Bei Tagesanbruch war noch immer alles grau. Das Grau ergoß sich aus den Schatten der das Dorf umgebenden Berge und aus dem Rauch der Kochstellen. Es flutete über steinerne Umfriedungen und um strohgedeckte Hütten. Es lebte in dem wirbelnden Staub und auch in der düsteren Gemessenheit, mit der die Indianer sich bewegten. Während Janigers Leute für die Untersuchungen und die

Entnahme von Blutproben eine Feldklinik aufbauten, wanderte ich durch diese öde Szenerie.

Die einzigen Farbtupfer fanden sich in der Kleidung der Männer: weiße Hosen und Hemden, die mit gestickten geometrischen Mustern verziert waren. Es handelte sich dabei um Variationen der sogenannten Kreuzstichstickerei, einer Technik, die Details der Muster und ihre satten Farben betont. Trotz vielfältiger Farbtöne schienen Blau und Rot zu dominieren. Auch auf den Webgürteln und Schultertaschen fanden sich die gleichen Muster. Da die meisten davon Peyote-Visionen wiedergaben, konnte es nicht überraschen, symmetrische, mandalaartige Formen zu finden, darunter auch Tunnel, Polygone, Gitter.

Meine Befragung der Indianer zeigte mir, daß sehr viel mehr an ihren Peyote-Visionen war als diese simplen Muster. Ich befragte sie über erkennbare Bilder; die Antworten, durch verschiedene Huichol- und Spanischdolmetscher gefiltert, kamen in abgehackten Wörtern: der Mond, die Sterne, die Sonne, Regenbögen, Adler, Hirsche, Rinder, Schlangen. Ich fragte nach Augen. Die einzigen Augen, die sie jemals sahen, waren die von Tieren. Wie viele? Zwei, erwiderten sie und kicherten über die Dummheit meiner Frage. Mühevoll versuchte ich mich zu vergewissern, daß meine Frage richtig übersetzt worden war. Ich deutete auf meine eigenen Augen. Habt ihr jemals mehr als zwei Augen in einer Peyote-Vision gesehen? Viele Augen, überall? Ich zeigte auf meine Augen und auf andere Stellen meines Gesichts. Man hat nur zwei Augen, erwiderten die Indianer höflich. Unverkennbar unterdrückten sie ein Lachen. Habt ihr jemals Augen ohne Tiere oder menschliche Körper gesehen? Die Indianer platzten laut heraus. Ich war total frustriert und zog einen US-Dollar hervor. Ich deutete auf die große Abbildung auf der Rückseite. «*Tsikuri*», rief ich und zeigte auf das entkörperlichte Auge in einem von Sonnenstrahlen umgebenen Dreieck. Ich zog noch ein paar Dollarscheine hervor und reichte sie herum. Noch immer lachend, gingen die Indianer mit meinem Geld davon.

Ich beschloß, zum etwa achtzig Meter unterhalb des Dorfes gelegenen Fluß hinunterzuklettern und mich abzukühlen. Nach einem erfrischenden Bad wanderte ich am Ufer zu einer heiligen Höhle. Huichols haben sehr viele heilige Höhlen, wo sie den Göttern Götzenbilder und andere Gaben darbieten. Findet sich in den Höhlen eine Quelle oder ein Tümpel, so wird das Wasser für heilige Zwecke benutzt. Jedoch darf nichts sonst den Höhlen entnommen werden. Wenige Kilometer vom Dorf entfernt fand ich eine solche Höhle. Ich wußte, daß ich sie eigentlich nicht betreten oder gar die Artefakte anrühren durfte, doch hatte ich das Gefühl, meinen Eintrittspreis entrichtet zu haben.

Es handelte sich um eine kleine Höhle, und ich mußte auf dem Bauch hineinkriechen. Ich hatte eine Klapperschlange gesehen, die auf den Flußfelsen unterhalb der Höhle ein Sonnenbad nahm. Hatten Schlangen hier ihren Unterschlupf? Ich unterdrückte den Gedanken und schob mich weiter vor. In der Höhle knipste ich meine Taschenlampe an und nahm das Innere in Augenschein. Es gab mehrere Gottesaugen, zahlreiche Gebetspfeile, an denen Falkenfedern befestigt waren, und einen Stapel mit Tierblut bedeckter Kerzen. Ich bemerkte mehrere dunkle, runde Scheiben, die auf den Kerzen ruhten und offenbar vom oberen Teil von Kürbissen oder Kürbisflaschen abgeschnitten worden waren. Ich richtete den Strahl meiner Taschenlampe auf eine der Scheiben. Tausend Augen leuchteten auf!

Die «Augen» waren in Wirklichkeit winzige weiße Glasperlen. Man hatte sie in das Bienenwachs gepreßt, das die Scheiben bedeckte. Diese Scheiben, *nearikas* genannt, wurden als Gebetsgaben zurückgelassen. Sosehr es mich auch danach verlangte, in den Perlen Augen zu erkennen, sie verkörperten nichts Bestimmtes, sondern dienten wohl ganz einfach dem Zweck, die Scheiben für die Götter attraktiver zu machen. Es heißt, daß eine als Gabe hinterlassene *nearika* einen Pakt zwischen einem bestimmten Menschen und einer speziellen Gottheit symbolisiere. Ich zog das Mini-Gottesauge aus meiner Tasche und legte es neben den *nearikas* auf den Kerzenstapel. Beim Verlassen der Höhle schürfte ich mir an den Felsen die

Haut ab, stieß mir den Kopf, zerkratzte mir die Brille und zerriß meine Jeans. Ich fluchte zurück in die Dunkelheit.

Etliche Nächte später wurde im Dorf eine Peyote-Zeremonie gefeiert. Es begann schon früh damit, daß trockener Peyotekaktus zu feinem, beigefarbenem Pulver zermahlen wurde. Das Pulver wurde mit einem süßen Maisbier und Scheiben von frischem grünem Peyote gemischt, so daß ein dicker Schleim entstand, der zu später Stunde von allen getrunken werden sollte, doch würde das Geschenk der Peyote-Visionen nur jenen zuteil werden, die die Götter für würdig erachteten.

Die Zeremonie würde der Schamane – oder *mara'akame* – leiten. Er traf nach einer mehrtägigen Fußwanderung von seinem abgelegenen Rancho in den Bergen am Nachmittag im Dorf ein. Man sagte mir, er sei über einhundert Jahre alt, und die Runzeln in seinem Gesicht schienen das zu bestätigen. Von den lehmverkrusteten Sandalen an seinen Füßen bis zu der zerschlissenen grauen Wolldecke über seinen Schultern war der Schamane völlig farblos. Er hatte nicht einmal die traditionellen Stickereien an seiner Kleidung. Doch seine schwarzen Augen besaßen jenes Funkeln, das dann auftritt, wenn jemand alle Peyote-Visionen gesehen hat, die es zu sehen gibt.

Im allgemeinen zeigen sich *mara'akames* wenig geeignet, mit Außenstehenden über ihre Visionen zu sprechen. Aber dieser Schamane hatte noch nie ein Tonbandgerät gesehen, und das nutzte ich zu meinem Vorteil. Der Apparat faszinierte ihn. Kaum hatte er etwas gesagt, spielte ich es ihm vor. Er liebte das! Ich stellte eine Frage, er gab eine Antwort und verharrte dann in stoischer Entschlossenheit, bis ich ihm seine Antwort vorspielte. Er sagte, bei geschlossenen Augen sehe er viele Farben und Muster gleich jenen der Stickereien oder der Yarn Paintings. Öffne er sodann die Augen, könne er diese Muster gegen den nächtlichen Himmel oder was immer sonst er anschaue projiziert sehen. Zunächst erschienen ihm die Visionen in Schwarz und Weiß, um sich dann jedoch, je mehr sich das Erleben steigerte, in Blau und später in Rot zu verwandeln. Dieser Ablauf schien die beiden dominanten Farben bei den Stickereien der Huichols zu erklären.

Er sah Sequenzen komplexer Bilder, die wichtige Geschichten lebendig werden ließen. Es waren Geschichten, die alle *mara'akames* kannten: die Geburt der Welt, die heilige Peyote-Jagd und andere mehr. Er äußerte die Überzeugung, daß diese Peyote-Visionen Geschenke der Götter seien, aber er war auch ehrlich genug zuzugeben, daß er niemals ein einzelnes Element sah, das völlig neu gewesen wäre. All die komplexen Bilder blieben für ihn wiedererkennbar, auch wenn sie auf ungewöhnliche Weise zusammengefügt erschienen. Manchmal waren sie absolut bizarr, zum Beispiel, als er sah, wie sich ein Ochse auf einem Berg in einen Gott verwandelte. Doch hatte er schon früher von diesem Gott gehört und wußte deshalb sofort, wer er war. Und jeder normale Huichol wußte, wie ein Ochse aussah, mochte er auch durch geometrische Muster dargestellt sein.

Ich wollte ihn gerade wegen des Dämons befragen, als er zum Rand der zeremoniellen Stätte schritt. Er entzündete eine selbstgedrehte Zigarette und begann mit jenen Liedern und Gesängen, die die Festivitäten eröffneten. Musikanten spielten auf selbstgebauten Geigen und Gitarren. Tänzer hüpften auf einem liegenden Baumstamm und stampften mit ihren Sandalen auf, um die Aufmerksamkeit der Götter zu erregen. Ich nahm meine Kamera und mein Tonbandgerät in Betrieb. Nach ein paar Stunden setzte sich der Schamane vor ein Lagerfeuer. Ich nahm neben ihm Platz, während weitere Huichols rund um das Feuer einen Kreis bildeten. Zwölf Stunden lang sollte ich dort verharren. Da ich den Schamanen nicht ablenken wollte, legte ich Tonbandgerät und Filmkamera beiseite, obwohl mir erlaubt worden war, sie zu benutzen. Statt dessen verließ ich mich auf eine Minox-Spy-Kamera ohne Blitzlicht. Das Licht des Lagerfeuers, so hoffte ich, würde für Schnappschüsse genügen.

Der Schamane nahm ein paar Schlucke aus einer Flasche mit einem starken Agavenschnaps, die er dann mir reichte. Ich hielt Schluck für Schlucke mit ihm mit. Jetzt griff er nach der Schale mit dem Peyote-Gemisch und nahm einen langen Zug. Ich zählte jeden Schluck mit und trank dann die gleiche Menge. So ging es die ganze Nacht hindurch.

Am klaren Nachthimmel war jedes Sternbild zu sehen. Unser Lagerfeuer war klein, doch durch meine geweiteten Pupillen erschien es hell genug, um die Berge rings um die Mesa in eine feurige Aura zu hüllen. Wir saßen in einer Kathedrale aus Licht. Die Götter konnten uns nicht übersehen.

Wellen von Übelkeit ließen mich die Augen schließen. Die Übelkeit verschwand, und ich öffnete meine Augen. Der Himmel war der Erde viel näher. Dann kamen die Sterne herab. Sie jagten um die Mesa und zeichneten gepunktete Linien in die Luft. Ich streckte die Hand aus, um einen zu fangen, doch ich verfehlte ihn, während sich hinter meiner vorschnellenden Hand ein Regenbogen bildete. Ich schloß meine Augen wieder.

Weitere Muster. Yarn Paintings, bestickte Kleidung, gewebte Beutel und allerlei Tand zogen an meinen Augenlidern vorbei. Auf diese Weise vergingen Stunden, und die Bilder waren so scharf und so grell, daß ich stechende Kopfschmerzen bekam. *Ich will diesen Touristenplunder nicht.* Ich öffnete die Augen und blickte zum Schamanen. Als er seinen Arm um mich legte und zu singen begann, beschloß ich, ihn wegen des Dämons zu befragen.

«Hat schon mal jemand irgendwann einen Peyote-Traum von Augen, vielen in der Luft schwebenden Augen gehabt?» fragte ich. Der Schamane hörte sich ruhig die Übersetzung an und schüttelte dann den Kopf. Er sprach nicht. Er lachte nicht. Er beschränkte sich auf diese eine Geste, die ein absolutes, endgültiges Nein bedeutete. *Was will ich hier überhaupt?*

Wieder eine Welle von Übelkeit. Ich drehte mich herum und erbrach mich. Aus dem Erbrochenen kroch eine Eidechse hervor, gefolgt von Tausenden von Ameisensoldaten, die Partyhütchen trugen. *Aufhören! Ich will Antworten, keine Karikaturen!*

Der Schamane starrte durch mich hindurch. «*Mara'akame*», bat ich, «all meine Freunde sehen dieselbe Halluzination von *treinta tsi-*

kuri.» Des Nachdrucks wegen benutzte ich ein spanisches und ein Huichol-Wort. «Warum?»

Er nahm einen kleinen Spiegel aus seiner Schultertasche, den er in seiner Hand vor das Feuer hielt. Er blickte in den Spiegel. «Es gibt keine Halluzinationen bei Peyote. Es gibt nur Wahrheiten.» Dann erhob sich der große *mara'akame*, um sich zu erbrechen. Es schien endlos weiterzugehen. Genau wie meine Visionen von Huichol-Mustern und -Bildern, auf die sich so viele Tage lang mein Interesse konzentriert hatte. Ich sah andere Erinnerungen aus der letzten Zeit, darunter Bilder des Flugzeugs, vom Treck zum Dorf, von der heiligen Höhle und vom Schlachten des Stiers, den wir dann als Mahl zu uns genommen hatten.

Nach zwölf Stunden begannen mich meine Halluzinationen zu langweilen. Der Schamane wirkte wie versteinert, er glich einer sitzenden Statue mit offenen Augen. Die wenigen Huichols, die noch immer am Feuer saßen, hatten den gleichen starren, wie entleerten Ausdruck, ihre Gesichter waren gefangen in den Träumen eines zeitlosen Rituals. Ich verließ den Kreis und kehrte zur Hütte zurück. Dort streckte ich mich auf dem Boden aus, schaltete mein Tonbandgerät ein und versuchte die Bilder zu beschreiben, die noch immer vor meinen geöffneten Augen blitzten.

Hier, abseits der rituellen Stätte und mit einem an meinem Hemd befestigten Minimikrofon, hatte ich das Gefühl, mich in der vertrauten Umgebung meines Labors zu befinden. Ich begann meinen Bericht: «Rotierende Kaleidoskope …, horizontal bewegte Kaleidoskope …, Kräuter, Massen gelber Kräuter, von Farben verschönt …» Es machte mir richtig Spaß, wieder Psychonaut zu sein. «Es gibt ein prachtvolles Lagerfeuer, ganz wunderschön … rotes Gitterwerk …, rötliche Berge …»

Die Luft erzitterte unter einem scharfen «Ping!». Die Welt wurde still. Ich blickte zum Dach der Hütte, und dort oben, zwischen den Bambusstützen schwebend, war der *mara'akame*! Zumindest sah es aus wie der *mara'akame*. Doch seine Kleidung war mit üppigsten Stickereien bedeckt, und die Farben fluoreszierten wie bei einem

Glitzerposter. Anstelle seiner Sandalen trug er ein nagelneues Paar Wanderstiefel. Zwar lächelte er, doch seine Augen, seine beiden schwarzen Augen, hatten sich zu vielen auf seinem Gesicht schwimmenden Augen vermehrt.

Wieder ein «Ping!». Meine Haut prickelte vor Elektrizität. Irgend etwas packte mich und hob mich vom Boden empor. Abermals sah ich den *mara'akame*. Sein Gesicht war ein einziges schwarzes Loch, und genau dort befand sich der Dämon. Ja, da war er: ein schwarzer Vorhang, das große Auge und die dreißig kleineren! Aus Sorge, er könne verschwinden, sprach ich nicht und bewegte mich nicht. Er verschwand nicht. Weil ich die ganze Nacht hindurch Peyote getrunken hatte, befand sich eine nahezu toxische Dosis Meskalin in meinem Körper, die den Dämon viele Sekunden lang am Leben hielt, lange genug, um zu «sehen». Die Augen glichen Bildern, die aus Magazinen herausgeschnitten und von einem verrückten Künstler zu einer Collage zusammengefügt worden waren. In der unteren rechten Ecke sah ich die Buchstaben ES, gefolgt von einer Anzahl Ziffern. Der Dämon verblich, bevor ich es lesen konnte.

Aber ich hatte genug gesehen. Die Buchstaben und die Ziffern gehörten zu einem Code, mit dem ich die in den Psychonauten-Trainingskursen benutzten Dias jeweils am Rand gekennzeichnet hatte. Die Versuchspersonen bekamen die Codenummern nie zu Gesicht, mir jedoch dienten sie zur Identifizierung der jeweiligen Aufnahmen. Die Dias wurden auf ein an der Laborwand befestigtes schwarzes Stück Pappe (den schwarzen Vorhang) projiziert. Diese Trainingsdias zeigten sämtlich schwarz-weiße Zeichnungen einfacher geometrischer Formen wie Tunnel oder Gitter.

Mit der ES-Serie verhielt es sich ganz anders. Sie bestand aus wild kolorierten «psychedelischen» Szenen, die von Künstlern für Hollywoodfilme, Lichtshows und andere kommerzielle Produktionen angefertigt worden waren. Ich hatte eine Kollektion dieser Dias über ein Versandhaus erhalten, Edmund Scientific in New Jersey. Im Training hatte ich die Serien jedoch nicht verwendet. Ich wollte sie den Psychonauten *nach* Abschluß der Experimente zeigen, damit sie Bilder heraussuchen könnten, die ihren eigenen Halluzinationen ähnelten. Irgendwie mußte eines der ES-Dias in den Haufen der Trainingsdias geraten sein und sich dem Gedächtnis der Psychonauten eingeprägt haben. Zweifellos würde ich es nach meiner Rückkehr in meinem Labor finden.

Bei dem Dämon handelte es sich um nichts anderes als um ein beunruhigendes Bild, das sich spontan aus der Erinnerung eingestellt hatte. Statt darüber enttäuscht zu sein, daß der «wirkliche» Dämon nicht existierte, empfand ich eine Art demütiges Erstaunen darüber, daß innere Bilder so machtvoll sein können, daß man sie für äußere halten kann. Beunruhigende Bilder vermögen sich tief in unser Gedächtnis einzugraben, selbst wenn man sie nur einmal kurz zu Gesicht bekommen hat. In Luis Buñuels surrealistischem Film «Der andalusische Hund» aus dem Jahr 1928 wetzt ein Mann langsam und sorgfältig sein Rasiermesser. Währenddessen blickt er zum Mond, über den gerade ein Wolkenstreifen gleiten will. Dann schlitzt er das Auge eines jungen Mädchens auf. In dem Moment, in dem der Augapfel zerschnitten wird, zeigt der Film, wie eine Wolke die Mondscheibe zerteilt. Unmittelbar danach sehen wir, wie das Rasiermesser sein Werk vollendet und das Innere des Auges herausquillt. Es ist das Auge, nicht der Mond, woran wir uns erinnern. Dieses alptraumhafte Bild erscheint im Film nur kurz, dennoch verstört und schockiert es noch immer Menschen, die den Film ein Menschenalter zuvor gesehen haben. Diese Bilder können durch Erinnern wiedererweckt werden; sie können aber auch eruptionsartig aufbrechen, trotz bewußter Versuche, sie zu meiden. Bei Halluzinationen, zumal solchen, die durch Drogen verursacht werden, treten solche Eruptionen häufig auf. Sie bilden einen Typus unwillkürlichen Erinnerns, bei dem in höchstem Maße viele jener Gefühle und Emotionen wie beim ursprünglichen Gewahrwerden des Bildes vorhanden sind.

Meine eigenen Peyote-Erlebnisse illustrierten diesen Prozeß. Nicht nur, daß das Meskalin das scheinbar längst vergessene Dämon-Dia evoziert hatte, auch die jüngeren Erinnerungen an

Huichol-Kunsterzeugnisse hatten meine Bildvorstellungen dominiert, sosehr ich mich auch bemühte, sie zu verdrängen. Das Meskalin bewirkte überall in meinem Gehirn kortikale Reizungen, wobei alle möglichen alten und neuen Erinnerungen aktiviert wurden.

Am folgenden Morgen erwachte ich schweißgebadet. Meine Kleidung war besudelt mit Erbrochenem und Peyotestückchen. Ich eilte hinunter zum Fluß, um ein Bad zu nehmen. Der *mara'akame* stand nackt im seichten Wasser. Er sah sehr gewöhnlich aus.

«*Que pitu hay nu?*» fragte ich. Auch ohne die Hilfe meines Dolmetschers kannte ich diese Worte. Es war dieselbe Frage, mit der ich alle Huichols nach ihren Peyote-Visionen gefragt hatte: Was hast du geträumt?

Er lachte und gestikulierte wild mit seinem ganzen Körper. Seine Finger zeichneten die Linien rechteckiger Kästen nach. Er beugte sich in die imaginären Kästen hinein und öffnete und schloß mit schnellen Bewegungen den Mund. Nun lauschte er angespannt, deutete dann in alle Richtungen. *Tonbandgeräte. Er sah überall Tonbandgeräte!* Ich stimmte in sein Lachen ein.

«*Que pitu hay nu?*» fragte der nackte Mann.

Wie erklärst du einem Schamanen, daß du auf der Suche nach deinem persönlichen Dämon zu einem verlassenen Winkel der Erde gereist bist, nur um zu entdecken, daß es sich um ein billiges, über ein Versandhaus erstandenes Bild handelt? Wie erklärst du diesem heiligen Mann, der an seine Macht glaubt, die Götter zu sehen, daß es Götter oder Dämonen ebensowenig gibt wie Urbilder von solchen Wesen im Gehirn? Wie sagt man einem armen, nackten Bauern, der nur seine Peyote-Träume hat, daß unsere Traumwelt ausschließlich in unserem eigenen Kopf stattfindet?

«Es gibt keine Halluzinationen. Es gibt nur Wahrheiten», sagte ich in einem Gemisch aus Huichol und Spanisch. Aber er verstand. Schließlich hatte er das ja selbst erst gestern gesagt.

Wochen später war ich wieder in meinem Labor. Ich fand den Dämon: ein Dia, wie vermutet. Zufällig war es zwischen die Trainingsdias geraten. Ich fertigte eine Kopie davon an und schickte sie einem Freund in Mexiko, der sie dem Schamanen geben sollte. «Sag dem *mara'akame*», schrieb ich, «daß dies ein Bild meines Traums ist.» Ich fügte ein Foto bei, das ich mit meiner Minox vom peyote-trinkenden Schamanen gemacht hatte. Es war ein schlechtes Foto: Das Gesicht des Schamanen war völlig schwarz.

Gespräche mit Gott
in cis-Moll

Ich habe niemals einen Kaktus singen gehört. Doch viele Indianer behaupten, daß Peyote ihnen ihre Lieder liefert. Ich habe nie gefunden, daß der Kaktus eine besonders «geräuschvolle» Pflanze ist. Doch manche Indianer klagen darüber, daß sie nicht in der Nähe von Peyote schlafen können, weil die Geräusche sie wach halten. Ich habe niemals mit meinem verstorbenen Cousin Harvey gesprochen, doch Indianer sprechen oft mit ihren toten Ahnen mit Hilfe der Macht von Peyote.

Ich besaß ein hervorragendes Hörvermögen, bevor ich Peyote nahm. «Unter dem Einfluß» schien es sogar noch besser zu sein. Geflüster von der anderen Seite der Mesa war zu verstehen. Die Geräusche, die eine Frau fern auf einem Rancho beim Herstellen von Tortillas machte, knallten gegen meine Ohren. Das leise Dröhnen eines unsichtbaren Flugzeugs erschütterte den Himmel. Diese und ähnliche Wahrnehmungen waren typisch für die veränderten Hörqualitäten, die durch Peyote und andere Halluzinogene bewirkt werden.

Halluzinogene können Geräusche leiser, näher, weiter entfernt oder in vielfacher Weise entstellt erscheinen lassen. Die, die ich vernahm, erschienen lauter, als sie in Wirklichkeit waren. Manchmal hören Leute Dinge, die sie normalerweise ignorieren. Beispielsweise wurden den Psychonauten Hintergrundgeräusche bewußt, die vom Lüftungssystem im Labor stammten; oder sie nahmen die Luft wahr, die sie durch die Nase atmeten; ja, sogar das verräterische Pochen ihres eigenen Herzens.

Auch normalerweise unhörbare Geräusche können unter Drogeneinfluß wahrgenommen werden. Diese Geräusche – die akustischen Äquivalente von Phosphenen und anderen unsichtbaren Strukturen im visuellen System – rühren von den Bewegungen der Muskeln her, die die Mittelohrfunktionen bestimmen. Vibrationen dieser Muskeln oder benachbarter Strukturen wie etwa der sogenannten Ohrtrompete, werden als Klick- oder Knattergeräusche gehört. Flattern oder Knallen kann entstehen, wenn die für das Trommelfell «zuständigen» Muskeln sich zusammenziehen und dadurch Klangqualität und -stärke verändern. Leichtere Kontraktionen erzeugen verwischte Geräusche, die dem Blasen oder Rauschen des Windes ähneln. Jähe Reflexkontraktionen bewirken laute Geräusche wie Schüsse oder Klopfen.

Um solche Geräusche wahrzunehmen, bedarf es keiner Drogenwirkung. Millionen Menschen, die an Tinnitus leiden, hören sie. Die häufigste Wahrnehmung ist dabei ein Ohrenklingen oder -sausen, das in der Tonhöhe von tiefem Dröhnen bis zum hohen Quietschen oder Heulen reichen kann. Ist das Geräusch auch für eine andere Person außer dem Patienten hörbar, so spricht man von «objektivem» Tinnitus, weil das Geräusch bestätigt werden kann. Die meisten Fälle von objektivem Tinnitus werden durch Muskelkrämpfe verursacht, aber auch Deformationen in den Blutgefäßen um das Ohr können die Ursache sein. Im Gegensatz dazu kann «subjektiver» Tinnitus nur vom Patienten gehört werden, obwohl es auch dabei physische Ursachen für das Geräusch gibt. Außer durch Drogen kann subjektiver Tinnitus auch durch Allergien, hohen oder niedrigen Blutdruck, einen Tumor, Diabetes, Schilddrüsenprobleme sowie durch eine Vielfalt weiterer Ursachen hervorgerufen werden.

Diese Geräusche bilden eine Klasse von akustischen Phänomenen, die man elementare oder ungeformte Halluzinationen nennt. Doch Halluzinogene rufen nicht nur diese Art von Geräuschen hervor. Die Drogen fördern auch ihre Fehlinterpretation und falsches Hören. Die Geräusche werden zu «Grundmustern», auf denen das Gehirn leichter identifizierbare Lautstrukturen errichtet. Klickgeräusche werden zu «jemand klopft auf eine Blechdose», «eine Frau geht auf Stöckelabsätzen» oder «Wasser tropft». Flattern verwandelt sich in «flüsternde Leute» oder «Druckluftbohren». Die verwischten Geräusche sind das «Schschschtt!», «Ffffffttt!» vorbeifahrender Autos oder Laster. Und schußartige Laute schließlich werden gedeutet als «eine zuknallende Tür» oder «ein zu Boden fallender Gegenstand».

Elementare Halluzinationen unterscheiden sich sehr stark von «Stimmen», bei denen es sich um komplexe oder geformte akustische Halluzinationen handelt wie etwa gesprochene Worte, Gelächter und Singen. Diese Stimmen entstehen aus normalen verbalen Gedanken: einer Art von Denken in Worten, das man am besten als «inneres Reden» begreift. Es gibt überzeugendes experimentales Beweismaterial dafür, daß verbales Denken bei manchen Menschen von eindeutigen Bewegungen der Sprechmuskeln begleitet wird. Bei schizophrener Gestörtheit oder Psychosen können diese Subvokalisationen fälschlicherweise als Stimmen, die ihren Ursprung in der Außenwelt haben, interpretiert werden. Bei solchen Patienten ist es keineswegs ungewöhnlich, wirkliche Bewegungen von Lippen und Kehlkopf zu sehen, während sie behaupten, daß «ihre Stimmen» zu ihnen sprächen. Oft äußern die Stimmen Beleidigungen oder Drohungen, aber es kann auch sein, daß sie Rat oder Unterweisung anbieten. Luther wurde von der Stimme des Teufels heimgesucht. Sokrates wurde von einer mahnenden Stimme geleitet – seinem «Dämon» – so wie die heilige Johanna, die Stimmen aus himmlischeren Gefilden lauschte. Alle drei unterhielten sich entweder mit ihren Stimmen oder verkündeten deren Worte.

Natürlich bewegt nicht jeder beim Denken die Lippen oder die

Stimmbänder. Das Denken der meisten Menschen läuft in einer Folge von mentalen Bildern ab. Diese bildliche Vorstellungskraft gestattet uns Sinnesvorstellungen jedweder Art, wenngleich optische Vorstellungen im allgemeinen dominanter sind als akustische. Denken wir beispielsweise an eine weiße Katze, so können wir in der Regel vor unserem inneren Auge ein deutliches Bild einer weißen Katze sehen. Versuchen wir jedoch, das Miauen der Katze zu hören, so kann unser inneres Ohr die akustische Entsprechung vielleicht hören, aber sicher nicht so deutlich.

Halluzinogene haben die Tendenz, mentale Bilder akustischer oder visueller Art zu intensivieren. «Unter dem Einfluß» verliert ein Mensch die willensmäßige Kontrolle über das Gesehene und Gehörte, indes die Bilderwelt ein eigenes Leben annimmt. Wörter und Sätze werden, gleich visuellen Bildern, aus der Erinnerung heraufbefördert und zu überaus komplexen Produktionen umgewandelt. Bei akustischen Wahrnehmungen können solche Konstruktionen Stimmen hervorbringen, die genausoviel auszusagen haben, wie die sie begleitenden bildhaften Konstruktionen zeigen. Je lebendiger und konkreter die Bilderwelt und je stärker die Drogenintoxikation, desto mehr geschieht «dort draußen». Die Götter befanden sich bereits im Kopf des *mara'akame*, als er Peyote nahm, doch die Droge bewirkte, daß ihre Stimmen direkt vom Himmel herab zu singen schienen. Jedoch allein er konnte das hören. Als Gott mit Mrs. Constance Temple sprach, ersann sie eine Möglichkeit, damit wir alle dem Gespräch lauschen konnten.

Es war Samstag, und es gab keinen Schulunterricht. Constance Temple, eine attraktive Frau mittleren Alters, Musiklehrerin an einer Grundschule, konnte sich entspannen. Der Samstag war für sie der Tag, an dem sie an ihrem Steinway üben und auch privaten Klavierunterricht erteilen konnte. Zwar machte ihr das mit Schülern, die zum Üben zu faul waren, wenig Spaß, aber sie hatte den Steinway noch nicht abbezahlt und konnte die Extraeinnahmen gut gebrauchen. Das Klavier war der einzige Gegenstand, den sie je auf

Kredit erworben hatte, mit Ausnahme ihres VW-Käfers, der 1964 ihr Eigentum geworden war. Damals hatte sie auf die Vorderhaube eine Blume gemalt. Von der Blume war nur noch ein kleiner Teil zu sehen, ein um so größerer Teil von Mrs. Temple befand sich noch in den Sechzigern.

Der VW roch noch nagelneu, als Connie damit nach Millbrook fuhr, jenem berüchtigten Ort in Dutchess County, New York, wo Timothy Leary und seine Anhänger mit Halluzinogenen experimentierten. Dort lernte sie DMT (Dimethyltryptamin) kennen, ein gesetzlich zugelassenes Psychedelikum von kurzer Wirkungsdauer, das als «das High des Geschäftsmanns» bekannt war, weil man innerhalb einer halben Stunde hoch- und auch wieder runterkam und es während der Mittagspause nehmen konnte. Regierungsbeamte, die die Droge schließlich verboten, gaben ihr den Spitznamen «Terror-Droge».

DMT-Trips gehören zu den intensivsten Drogenerlebnissen auf der Welt, und nur ihre Kürze macht sie erträglich. Das Rauschgift findet sich in mehreren bewußtseinsverändernden Pflanzen, die von südamerikanischen Indianern verwendet werden, um sich an «ferne Orte» zu versetzen, wo sie mit Geistermächten kommunizieren. Auch in jedem menschlichen Gehirn kommt DMT normalerweise vor. Warum? Was hat diese starke Droge dort zu suchen? Warum erhöht Streß die Menge von DMT, die in die zerebrospinale Flüssigkeit – die Rückenmarksflüssigkeit – geschüttet wird? Verfügen Schizophrene, die in ihrem Gehirn in irgendeinem «fernen Ort» eingesperrt sind, über ein Übermaß an DMT, wie manche Forscher glauben? Faszinierende Fragen, die jedoch unbeantwortet bleiben müssen, bis man mehr darüber weiß. Connie jedoch genügte das halbstündige Erlebnis der puren Ekstase, um zu wissen, daß DMT für sie *die* Droge war. Sie verließ Millbrook mit einem riesigen Vorrat im Kofferraum unter der Blume.

Connie beendete die High-School, heiratete, studierte an der Musikhochschule, begann dann zu unterrichten und spielte außerdem halbprofessionell Klavier als Constance Temple. Obwohl sie jetzt geschieden war, behielt sie das «Mrs.» bei, weil ihr das, wie sie sagte, bei ihren Schülern Respekt verschaffte. Ihre Karriere hatte ihr für DMT keine Zeit gelassen, und an diesem speziellen Samstag dachte sie sehnsüchtig an ihre Millbrook-Trips.

Nachdem der letzte Schüler gegangen war, ließ sich Mrs. Temple auf einem großen Berg prallgefüllter Samtkissen nieder. Mit Ausnahme des schwarzen Steinway war ihr gesamtes Wohnzimmer in Weiß gehalten. Das weiße viktorianische Mobiliar, der Marmortisch und die italienischen Seidenvorhänge verliehen dem Raum einen religiösen Anstrich, eine überaus passende Atmosphäre für die von Mrs. Temple ausgewählte Hintergrundmusik, die aus den gigantischen Yamaha-Lautsprechern tönte: Beethovens *Missa solemnis*.

Sie öffnete einen Ziploc-Beutel, der mit einer petersilienähnlichen Pflanze vermischtes DMT-Pulver enthielt. Eine kleine Dosis dieser Mixtur stopfte sie in eine Glaspfeife und entzündete sie. Es roch nach brennendem Plastik. Hastig rauchte sie. Ihr Blutdruck stieg. Ihre Pupillen weiteten sich. Dann vernahm sie ein leises, fast unhörbares Pfeifgeräusch.

Das Wohnzimmer verwandelte sich in einen Fahrstuhl, der mit ihr zur Spitze eines Wolkenkratzers hinaufsauste. Wind rauschte, und der Fahrstuhl raste durch das Dach. Sie ignorierte den «retinalen Zirkus», wie Timothy Leary es genannt hatte, wenn visuelle Bilder durcheinanderwirbelten und -taumelten, und blickte empor, um zu sehen, wie der mit Seide drapierte Fahrstuhl mit dem weißen Licht des Schöpfers verschmolz. Constances Freude war unvorstellbar.

Das Pfeifen verwandelte sich in harmonische Klänge, die dem Tönen ferner Glöckchen im Wind ähnelten. Constance lauschte der Sequenz und prägte sie ihrem musikalischen Gedächtnis ein. Dann kam, von jenseits dieses Glockenspiels, die Stimme des allmächtigen Gottes. Während Gott sprach, vibrierten die Glöckchen in Resonanz zu seiner Stimme. Constance zitterte. Gott sprach zu ihr über das Wesen der Liebe, der Schönheit und der Unsterblichkeit.

Die Glöckchen sangen. Während sie lauschte, füllten sich Constances Augen mit Tränen.

Der Fahrstuhl verwandelte sich in den Wagen einer Achterbahn, der von der Höhe des Wolkenkratzers in die Tiefe sauste und wieder im Wohnzimmer ankam, bevor Constance auch nur Amen sagen konnte. Sie ging zum Klavier und schlug die harmonischen Klänge des Glöckchens an. *Interessant*, dachte sie, *wie graziöse musikalische Verzierungen.*

Constance unternahm noch viele Fahrten mit dem Fahrstuhl, und jedesmal vernahm sie ein neues Arrangement der Töne. Es waren wunderbare Klänge. Problematisch wurde es jedoch, als sie die Glöckchen auch dann zu hören begann, wenn sie nüchtern war. Es geschah oft genug, um sie zu ängstigen. Sie konnte nicht spielen, während Gott ihr ins Ohr flüsterte – das war zu verwirrend. Sie hörte auf zu spielen. Dann hörte sie auf zu unterrichten. Als man ihr den Steinway wieder wegnehmen wollte, kam sie zu mir und bat mich um Hilfe.

Mrs. Temple trug ein altmodisches weißes Spitzenkleid. Später erfuhr ich, daß sie es selbst genäht hatte aus Dutzenden von feinen Taschentüchern, wie Lehrerinnen sie immer wieder von ihren Schülern als Geschenke erhalten. Ihr blondes Haar war nach hinten straff zu einem langen Pferdeschwanz zusammengebunden, der ihr fast bis zur Taille reichte. Sie hatte ein reizendes Lächeln, trug eine Hornbrille und keinen BH. Ich fragte, was ich für sie tun könne.

«Sagen Sie mir nur, Doktor, ob ich jemals wieder Klavier spielen werde», stotterte sie nervös. Ich mochte sie auf Anhieb.

Constance erzählte mir, wie sie mit Hilfe von DMT die Stimme Gottes gehört hatte. Obwohl sie seit Monaten nicht mehr rauchte, vernahm sie die Stimme noch immer. Sie war begierig, mehr darüber zu erfahren, und bot sich als Forschungspatientin an. Ich vermutete, daß sie sich von mir erhoffte, ich könnte die göttliche Einmischung in ihr Leben beenden.

«Woher wissen Sie, daß es wirklich die Stimme Gottes ist?» fragte ich. Wer war ich denn, um Gott zum Schweigen aufzufordern?

«Nun, er klingt nicht wie Charlton Heston in seiner Rolle als Moses in *Die Zehn Gebote*», sagte sie. «Er singt mit hoher Stimme, so wie Engel singen, nehme ich an. Es klingt wie Windglöckchen. Ich fühle überall ein Prickeln, und mein Herz sagt mir, daß es Gott ist.»

Sie beschrieb die Glöckchen als reine Harmonien, wobei sie erklärte, daß damit jene Obertöne gemeint seien, welche Bestandteile eines jeden musikalischen Klanges sind, wenngleich man sie nicht deutlich hören kann. Da ich jahrelang Violine studiert hatte – bis ich entdeckte, daß ich die Töne nicht richtig treffen konnte –, war ich darüber einigermaßen im Bilde. Wenn ich die Geigensaite an einer bestimmten Stelle nur leicht berührte, statt sie fest gegen das Griffbrett zu drücken, konnte ich einen hohen, flötenartigen Klang erzeugen. Es hatte mir immer Spaß gemacht, diese Harmonien zu produzieren, und ich erinnerte mich, daß ein leichtes Prickeln damit verbunden war. Constance behauptete, mit solchen Klängen spreche Gott zu ihr.

Just in diesem Augenblick ließ sich Gott vernehmen. Constance neigte ihren Kopf zur linken Seite und legte einen Finger auf ihre schmalen Lippen. Schweigend betrachtete ich ihr Gesicht. Es hatte weder den leeren, leblosen Ausdruck eines drogenbetäubten Kataleptikers noch das glasige Aussehen eines halluzinierenden Schizophrenen. Es hatte eher den Anschein, als lausche Constance *tatsächlich* auf etwas. «Cis ... a ... e ... fis», flüsterte sie mir zu. «Wenn ich genau darauf achte, kann ich ihn fast ununterbrochen hören.»

«Was sagt er?» fragte ich und schob das Tonbandgerät näher zu ihr.

«Er spricht zu mir von der Natur der Realität, von der letztendlichen Natur aller Dinge im Universum», erwiderte sie mit ernstem Gesicht.

«All dies sagt er in nur vier Noten?» fragte ich ungläubig.

Ich mußte Constance dazu bringen, daß sie begriff, daß es sich bei den Glöckchen um Geräusche in ihrem Kopf handelte und um nichts sonst. Ich mußte ihren Gott gleichsam als Pfeifgeräusch in ihren Ohren entlarven. Ich mußte sie mit ihren Halluzinationen konfrontieren und sie bremsen, bevor sie sich zu einer vollen Psychose auswachsen konnten.

Sie ignorierte meine Frage. «Der Geist Gottes ist die einzige Realität. Alles andere existiert in seinem Geist als eine Idee», sagte sie.

«Wie erklärt dies die Glöckchen oder die Stimme?»

«Sie denken wahrscheinlich, es handle sich einfach um Halluzinationen in meinem Kopf. Ich räume ein, daß sie mentale Phänomene sind, aber die Realität ist wesenhaft mental oder spirituell», sagte sie. «Deshalb sind die Glöckchen und die Stimme Gottes real.»

Diese metaphysische Diskussion behagte mir nicht. Trotzdem entschied ich mich, ihr nicht auszuweichen. Außerdem hatte ich an der Brandeis University Philosophie studiert und hatte das Gefühl, mit Constance mithalten zu können. Ich wies sie darauf hin, daß ihre Argumentation auf einen längst überholten Solipsismus hinauslief, und daß kein Philosoph diese Position vertritt. Sie erwiderte, Gott könne jede beliebige Position einnehmen. Ich konterte mit dem Argument des Materialismus: Alle Dinge sind Formen oder Funktionen physischer Materie; alle Wissenschaft ist letztlich zurückführbar auf die Physik. Der Klang ihrer Windglöckchen beruhe auf physikalischen und nicht spirituellen Geschehnissen. Ich zitierte Lucretius. Sie konterte mit Kant, Leibniz und Hegel. Sie war gut. Unwillkürlich gerieten wir in eine Szene wie aus einem Woody-Allen-Film und brachen beide in hysterisches Gelächter aus.

Nachdem wir wieder zu Atem gekommen waren und uns die Tränen aus den Augen gewischt hatten, gab Constance zu, daß sie mich zum besten gehalten und für das Tonbandgerät agiert hatte. Das war mir inzwischen schon klargeworden, doch es machte Spaß. Constance war intelligent, witzig und eine gute Beobachterin ihrer Erlebnisse. Sie gestand, keine philosophischen Debatten zu hören. Alles, was sie hörte, waren die Glöckchen, aber die höre sie *wirklich*. Sie zeigte sich genauso begierig wie ich, die Ursache dafür zu ergründen.

Bevor ich irgendwelche eigenen Schritte unternahm, sorgte ich dafür, daß Constance einer kompletten medizinischen Untersuchung unterzogen wurde. Die Prüfung einer Urinprobe ergab keinerlei Anhaltspunkte für Drogenkonsum in letzter Zeit. Allerdings war kein spezieller Test für DMT verfügbar. Ich mußte mich auf Constances Wort verlassen, sie habe damit aufgehört. Keinerlei Hinweis auf die Einnahme von Antibiotika oder anderen Medikamente, durch die Hörprobleme hätten entstehen können. Die neurologischen und physischen Untersuchungen, auch von Ohren, Nase und Kehle, ergaben keinerlei relevante Abnormitäten. Die Ergebnisse der routinemäßigen Labortests waren normal. Körperlich war sie bei guter Gesundheit. Die Ergebnisse audiometrischer Tests fielen unterschiedlich aus. Wurde Constance an einem Tag getestet, an dem die Glöckchen schwiegen, so war ihr Hörvermögen unbeeinträchtigt. Klangen die Glöckchen jedoch, so wurde Constance dadurch so gestört, daß das Hörvermögen unverkennbar darunter litt, besonders auf dem rechten Ohr.

Zweifellos hatte Constance musikalische Halluzinationen, doch eine physische Ursache ließ sich dafür nicht finden. In der medizinischen Literatur sind Fälle verzeichnet, die zeigen, daß musikalische Halluzinationen durch Hirntumore oder Nervenerkrankungen verursacht wurden, die sich meist nicht behandeln ließen. Doch bei Constance fanden sich keine solchen pathologischen Anzeichen.

«Ein physisches Problem besteht nicht», sagte ich zu ihr. «Deshalb möchte ich, daß Sie sich einigen psychometrischen Tests unterziehen, einem Elektroenzephalogramm (EEG), und mit einem unserer Psychiater sprechen. Dann können wir entscheiden, welche Behandlung wir anwenden sollten.» Sie weigerte sich mit der Bemerkung, durch ein EEG-Kurvenbild lasse sich die Existenz Gottes nicht beweisen und sie habe keine Verwendung für einen Seelenklempner, der nicht an Gott glaube und ihr weismachen wolle, daß Gott nicht zu Menschen spreche. Glöckchenklänge in der Tonart cis-Moll seien alles an Beweis, was sie brauche.

«Ich ... halluziniere ... nicht», beharrte Constance, jedes einzelne Wort betonend. «Die Glöckchen gibt es wirklich.» Das klang keineswegs verrückt. Und hatte der *mara'akame* nicht gesagt, es gebe keine Halluzinationen, nur Wahrheiten? Für Constance bestand die Wahrheit darin, daß sie diese Glöckchen hörte, irgendwo und irgendwie, und daß das Erlebnis intensiv genug war, um als real wahrgenommen zu werden.

Ich wußte, daß die Glöckchenklänge ursprünglich durch das DMT hervorgerufen worden waren. Andere DMT-Konsumenten haben ähnliche Geräusche beschrieben. Eine Frau vernahm eine Stimme, die wie ein sich steigerndes metallenes Winseln klang. Eine andere Person hörte ein hohes, stakkatoartiges Klingen, wie wenn man mit dem Finger über den Rand eines Champagnerglases streicht. Eine dritte vernahm «ein überaus leises, soeben noch hörbares Geräusch, das an das Tönen ferner Windglöckchen erinnern konnte».

Diese Geräusche waren mit ungeheuer starken Emotionen verbunden, die durch die Droge erzeugt wurden. Constance fühlte eine Ekstase, genau wie ihre Freunde in Millbrook, die die Droge sogar «Ekstase» taufen wollten, um dem Empfinden Ausdruck zu verleihen, an einen göttlichen Ort entrückt zu werden. Einige von ihnen erblickten das Angesicht Gottes, wandelten in seinem Garten oder nahmen an einer göttlichen sexuellen Vereinigung teil.

Alle jedoch kehrten von ihren Trips wieder zurück. Nun ja, fast alle. Falls Constance eine Borderline-Persönlichkeit besaß, also ein Grenzfall war, so konnte es sein, daß das DMT sie über die Grenze zu irgendeinem fernen Ort gestoßen hatte. In solchen mentalen Kerkern gibt es musikalische Halluzinationen zuhauf. Patienten berichten davon, alles gehört zu haben, von Bach-Chorälen bis zu Beatles-Songs. Ein junger Mann hörte Gabriels Trompeten und wagte nicht, sich zu bewegen, aus Angst, sie würden aufhören zu spielen. Im Laufe der Jahre atrophierten seine Beine und wurden nutzlos. Bei Constance sah ich jedoch keinerlei Anzeichen für eine solche Psychose oder Schizophrenie. Und als sie sich schließlich doch einem EEG unterzog, fand ich nichts Außergewöhnliches, das die Halluzinationen hätte erklären können.

Was ich sah, war eine ungewöhnlich talentierte Musikerin mit absolutem Gehör und einer lebhaften akustischen Phantasie. Als ich sie aufforderte, sich Geräusche vorzustellen wie etwa das Ertönen einer Autohupe oder das Klatschen applaudierender Hände, da stufte sie den erweckten Eindruck als absolut klar und ebenso eindringlich ein wie die tatsächliche Erfahrung. Überdies demonstrierte sie eine erstaunliche Kontrolle über ihre Bilderwelt. Als ich sie bat, an das Miauen einer Katze zu denken und diesen Eindruck sodann zu manipulieren, verwandelte Constance es in einen nervenzerfetzenden mentalen Schrei, der sie zusammenzucken ließ. Vielleicht lag die Ursache der Windglöckchen in Constances intensiver akustischer Vorstellungskraft: in einem überaus starken akustischen Eindruck, der noch immer in ihrer Erinnerung widerhallte. Falls dem so war, so hätte dies doch wohl kontrollierbar sein müssen. Ich versuchte, Constance dazu zu bringen, den akustischen Eindruck der Windglöckchen zu manipulieren, doch sie versagte bei jedem Versuch. Wenn die Glöckchen klangen, konnte sie nichts tun als innehalten und innen lauschen.

Die Prognose war wenig ermutigend. Hörhalluzinationen, die ihre Ursachen in körperlichen, nervlichen oder mentalen Krankheiten hatten, ließen sich bis zu einem gewissen Grade behandeln. Fälle gutartiger musikalischer Halluzinationen wie bei Constance waren gegen Behandlungsversuche außerordentlich resistent. Gibt es keinen klaren Ansatzpunkt für eine Behandlung, so bagatellisieren manche Kliniker die Phänomene für die Patienten, indem sie von «musikalischen Erinnerungen» sprechen. Doch ungebetene Klänge bleiben ein Ärgernis, wie immer man sie nennt.

Möglicherweise würde Constance lernen müssen, genauso mit ihrem Glockenspiel zu leben wie andere Patienten, die jahrzehntelang ein ganzes Sammelsurium von Wiegenliedern, irischer Tanzmusik und Reklamemelodien ertragen mußten. Eine achtzigjährige Nonne mit fortschreitender Schwerhörigkeit hörte über elf Jahre lang Klingeln, Surren und eine Stimme, die «Jingle Bells» sang. Die Nonne hatte sich damit abgefunden, aber konnte Constance sich jemals mit dem Verlust ihrer Karriere abfinden? Psychotrope Drogen können mitunter Halluzinationen zum Verschwinden bringen, doch haben die Medikationen unangenehme Nebenwirkungen und schaffen oft zusätzliche Probleme. Ich erinnerte mich an den Fall einer neunundachtzigjährigen Frau mit einer langjährigen Hörstörung. Die in ihrem Kopf erklingenden Gospelgesänge hielten sie wach. Zwar fand sie mit Hilfe von Medikamenten nachts ihren Schlaf, doch die Gospelmusik dauerte den ganzen Tag über an, und außerdem summte eine fremde männliche Stimme mit, meistens falsch.

Flüchtig sah ich in meiner Phantasie eine greisenhafte Constance in einem Pflegeheim liegen, durch Medikamente viel zu betäubt, um sich darüber zu beklagen, daß weder die Zeit noch die Tabletten die Windglöckchen zum Verstummen gebracht hätten. Nach wie vor lebten in ihrem arthritischen Körper die Stimme Gottes und die von ihm geschaffene Musik, doch waren ihre Finger viel zu knotig, um diese Melodien spielen zu können. Irgend jemand klimperte auf dem Klavier im Tagesraum «Happy Birthday». Der Körper, der einmal Constance Temple gewesen war, erkannte nicht einmal das Instrument.

Diese Phantasievorstellung illustrierte meine Verzweiflung über diesen Fall. Keinerlei Therapie war in Sicht. Alles deutete auf eine andauernde Nachwirkung von DMT hin. Obwohl diese Droge normalerweise nur eine kurze Wirkung hat, bestand die Möglichkeit, daß Constances Körper sie nicht restlos ausgeschieden hatte. Tatsächlich sind nur winzige Mengen von DMT, respektive den entsprechenden Stoffwechselprodukten, im Blut oder im Urin nachweisbar, und niemand weiß genau, wie der Abbau erfolgt. Vielleicht hatte Constances Körper zu wenig von solchen Enzymen produziert, die er braucht, um sich der Droge zu entledigen. Denkbar schien auch, daß irgendeine Unregelmäßigkeit bei den chemischen Vorgängen in ihrem Gehirn dafür verantwortlich war, daß ein unbekanntes DMT-Nebenprodukt in ihrer Großhirnrinde sein Unwesen trieb. Eine weitere mögliche Erklärung bestand darin, daß der Streß der Belästigung durch die Glöckchenklänge dazu führte, daß in Constances Gehirn noch mehr endogenes DMT erzeugt wurde, welches die Glöckchen in Gang hielt. Existierten solche metabolischen Pfade, so wäre das eine Erklärung dafür, weshalb manche DMT-Konsumenten niemals wieder völlig hergestellt wurden, sondern immer weiter abrutschten bis zur Schizophrenie.

Möglicherweise würde durch körpereigene Kräfte alles wieder von selbst ins Lot kommen, doch wie lange sollte ich warten? Zwar verschlechterte sich Constances Zustand nicht, aber es gab auch kein Anzeichen dafür, daß er sich besserte. Sie hatte ihre guten Tage, wenn die Glöckchen sich nicht meldeten, und sie hatte genauso viele schlechte Tage, wenn sie wieder erklangen. Wartete ich darauf, daß sie endgültig von selbst verschwanden, so ging ich das Risiko ein, daß sich bei Constance ernstere emotionale Probleme entwickelten, bis hin zur Schizophrenie. Ich dachte an die Tragödien, die durch Hörprobleme im Leben anderer Musiker verursacht worden waren. Taubheit hatte Beethoven immer mehr isoliert, seine Persönlichkeitsprobleme verschlimmert und seine Werke zunehmend introspektiv werden lassen. Der tschechische Komponist Smetana kämpfte jahrelang gegen Tinnitus und fortschreitende Ertaubung an, indem er sich zur Arbeit zwang. Schließlich wurde er wahnsinnig und starb in einer Heilanstalt. Was Constance betraf, so lag ihre Karriere bereits in Trümmern. Würde als nächstes ihr Fenster zur Realität an die Reihe kommen?

Auch Constance selbst war verzweifelt. Sie wollte einfach nicht mehr länger warten. Und so nahm sie die Dinge in ihre eigenen Hände. Als sie das nächste Mal zu mir kam, berichtete sie davon.

«Ich muß Ihnen etwas zeigen», erklärte sie mit einem koketten Lächeln. Sie trat zum Stuhl und stellte ihren linken Fuß auf die Sitzfläche. Dann raffte sie ihren Rock hoch und ließ ihren nackten Oberschenkel sehen. Ich erkannte ein paar winzige Einstiche. Einer davon war frisch.

Sie habe sich, sagte sie, mehrmals DMT injiziert, um herauszufinden, ob sie nicht im Rauschzustand etwas gegen die Glöckchen unternehmen könne. Intramuskuläre Injektionen wirken zwar nicht so schnell wie das Inhalieren beim Rauchen, aber die Wirkung hält länger an: eine bis zum Äußersten getriebene Fahrstuhlfahrt zum Himmel. Constance hatte die intensiven Wirkungen nahezu eine Stunde lang erleben können, lange genug, wie sie meinte, um an sich selbst ein wenig psychedelische Psychotherapie auszuprobieren. Doch es hatte nicht funktioniert. Dennoch war sie unverzagt. Sie wollte es erneut versuchen, diesmal sogar mit einer Kombination von DMT und Amphetaminen.

Ich war niedergeschlagen. Nicht, weil Constances Experiment nicht geklappt hatte, sondern weil jener Prozeß zwischen Therapeut und Patient, den man Übertragung nennt, nun in beide Richtungen wirkte. Ich wußte, daß Constance von mir abhängig geworden war. Die kleinen Geschenke, die sie in meine Praxis brachte, und die Telefonanrufe mitten in der Nacht machten das sehr klar. Und ich meinerseits begann mich sehr um diese Frau zu sorgen. Jetzt ließ sie sich in ebenso tollkühne wie verzweifelte panische Experimente mit derselben Droge ein, die das Problem ja erst verursacht hatte. Die Vorstellung von Constance im Pflegeheim rückte näher denn je.

Ihre Verzweiflung war verständlich. Constance fühlte sich mit ihren Glöckchen allein gelassen. Trotz der Übertragung gibt es zwischen Patient und Arzt eine schwer zu beschreibende Kluft. Diese Kluft versuchte ich zu überbrücken, indem ich auf meine Erfahrungen als Psychonaut zurückgriff. Vom UCLA-Campus spazierten wir zum Westwood Village, wo wir in einem Straßencafé zu Mittag aßen. Ich sprach von den Dämon-Visionen, von dem «Ping», das ich auf der Mesa gehört hatte, und von Mandals und mara'akames. Aber Constance wußte, daß ich keine Glöckchen hörte.

«Lassen Sie mich hören», bat ich. «Spielen Sie für mich.»

«Ich kann nicht.»

«Ich meine nicht ein vollständiges Stück», erklärte ich. «Versuchen Sie einfach, die gleichen Klänge zu erzeugen, die Sie hören. Denken Sie an Tartinis Teufelstriller», sagte ich und bezog mich dabei auf jene Sonate dieses Komponisten, die auf Musik basierte, die ihm der Teufel in einem Traum vorgespielt hatte.

Constance willigte ein, und bevor sie es sich anders überlegen konnte, begleitete ich sie zu einem Piano-Übungsraum in der Musikfakultät. Auf dem Weg dorthin ging ich kurz in eine Apotheke, wo ich eine Kleinigkeit einkaufte.

Constance trat an das Klavier und ließ ihre Finger arpeggierend über die Tasten gleiten. Dann spielte sie die Glöckchenklänge. In der akustischen Isolation des Übungsraums tönten die Glöckchen lauter denn je. Ich redete Constance zu, sie auf der Klaviatur zu reproduzieren. Sie schlug ein hohes C an und trillerte darauf. Ein weiterer Triller. Ein Triller auf Cis, gefolgt von C. Ein Anschlag auf E, dann Triller auf C. *Gut so.* Aber sie konnte nicht weiter.

Ich öffnete die Tüte aus der Apotheke und zog ein Schächtelchen hervor. Es enthielt mehrere rosafarbene Ohrstöpsel aus Wachs. Einen davon schob ich in ihr linkes Ohr, auf dem sie die Glöckchen besonders laut hörte. «*Spiel! Spiel!*» rief ich auf deutsch bei der Erinnerung an meinen alten deutschen Geigenlehrer. Constance tastete mit den Fingern nach dem Ohrstöpsel und sah sich wie fragend im Übungsraum um. Ich nahm ihr die Brille ab und legte sie aufs Klavier. «*Spiel!*»

Wieder arpeggierte sie, schlug ein paar Akkorde an und begann dann eine mir unbekannte Passage. Es klang ein wenig eingerostet, doch sie spielte weiter. Dann ein höchst schwieriges Chopin-Nocturne. Das Tempo war unterstützt, die Noten ein wenig unsicher, doch Constance spielte mehrere wunderbare Minuten lang. Es hatte zauberhafte Farben, ein sinnliches Rubato und subtile Nuancen.

Als sie fertig war, schwiegen wir beide. Schließlich sagte sie, der Stöpsel habe die Glöckchen sofort zum Verstummen gebracht. Sie zog ihn heraus, wartete ein paar Sekunden und sagte dann, sie könne die Glöckchen wieder hören. Ich beugte mich vor, schloß ihre Hand um das Schächtelchen mit den Stöpseln, küßte sie sanft und ging hinaus.

Die Idee mit dem Ohrstöpsel war nicht so spontan, wie es den Anschein haben mag. Wochenlang hatte ich Kollegen darüber befragt, was für neue Mittel bei der Behandlung von sowohl Tinnitus als auch akustischen Halluzinationen eingesetzt wurden. Tinnitus-Patienten hilft man oft mit Geräten, die das Klingen und Rauschen in ihren Ohren mit elektronischen oder ähnlichen Geräuschen überdecken. Ein solches Gerät gibt es sogar zu kaufen: einen kleinen elektronischen Geräusch-Generator, der in einen Hörapparat eingebaut ist. Nur überdecken solche Geräte auch viele der leisen Klänge, die für einen Musiker wesentlich sind. Eine andere Methode besteht darin, die Patienten Kopfhörer tragen zu lassen, die mit Kassettenrecordern oder einem Radio verbunden sind. Ein Patient hört Hardrock-Musik und meldet einen Rückgang seiner Halluzinationen. Ich konnte mir aber nicht vorstellen, daß Constance Chopin spielte, während sie sich Pink Floyd anhörte.

Der größte Erfolg war durch die Beschränkung auf monaurales Hören erzielt worden – nur ein Ohr wurde mit einem Ohrstöpsel verstopft. Warum das funktioniert, weiß niemand, doch bei vielen Schizophrenen, die an akustischen Halluzinationen litten, haben sich die Ohrstöpsel als promptes Heilmittel erwiesen. Wenn alles andere versagt, wenn Patienten nicht auf intensive medikamentöse Behandlung und/oder Psychotherapie reagieren, so stecken Psychiater ihnen Stöpsel in die Ohren. Ich sah keinen Grund, das nicht auch bei Constance zu versuchen.

Nach dem Tag in der Musikfakultät sah ich Constance nicht sehr oft. Wir blieben telefonisch in Kontakt. Der Ohrstöpsel tat weiterhin sein Werk, berichtete sie immer wieder voll Dank. Dann begann sie wieder als Teilzeitlehrerin zu arbeiten. Ich lieh ihr das Geld, damit sie ihren Steinway zurückbekam, und bald unterrichtete sie auch wieder ihre Privatschüler. Scherzend erklärte sie, daß sie sich zwar noch immer nicht auf ihre Stunden vorbereiteten, aber jetzt könne sie ihr Spielen ja ertragen, indem sie zwei Ohrstöpsel benutze. Was ihr eigenes Spiel betraf, so nahm es damit eine besondere Wendung. Sie nannte es eine neue Interpretation und behauptete, sie spiele besser denn je. Ich vermutete, daß es nichts weiter war als der «Heiligenschein-Effekt», wie er sich oft bei Patienten zeigt, nachdem sie eine schwere Krankheit oder Sucht überwunden haben.

Monate später lud Constance mich zu einem Konzertabend ein. Ihr Programm sollte ausschließlich Klaviermusik von Beethoven enthalten, unter anderem auch die «Mondscheinsonate». In cis-Moll, erinnerte sie mich. Ich versprach zu kommen.

Sie hatte dasselbe weiße Kleid an, das sie damals in meinem Sprechzimmer getragen hatte. Ihr Haar, locker über ihre Schultern fallend, verbarg ihre Ohren, so daß ich nicht wußte, ob sie den Stöpsel benutzte. Doch sobald sie zu spielen begann, war das unwichtig. Sie begann mit der Mondscheinsonate. Im ausgedruckten Programm wurde darauf hingewiesen, daß Beethoven dieses Werk eine *Sonata quasi una fantasia* genannt hatte, eine Sonate in der Art einer Fantasie. Mrs. Temple werde eine ganz eigene Interpretation darbieten.

Der erste Satz, das Adagio, begann mit so feinen Tönen, daß man ein Boot vor sich sah, das im Mondschein über den Vierwaldstättersee dahinglitt. Ihr Tempo war wie fließendes Wasser, und der sachteste Pedaldruck ließ Ruderblätter über die Oberfläche streichen. Dann erschien, im Mondschein, die erste Verzierungsnote. Dann eine weitere. Wie Mondtropfen fielen sie auf den See und entschwanden sogleich. Dies war ein Beethoven, wie ich ihn noch nie gehört hatte. Und ich begriff auch, warum: Es waren die Begleitklänge göttlicher Glöckchen. Ein Prickeln überlief mich, und ich erinnerte mich an einen Satz aus *Amadeus*, wo Salieri, als er Mozarts Musik hörte, sagte: «Es schien mir, als hörte ich die Stimme Gottes.»

Das Allegretto begann mit einem Triller hier, einem Doppelschlag dort. Die Milde des Ausdrucks erzeugte Constance durch den ganz leisen Anklang eines Glöckchens im abschließenden Dis. Das Trio klang munter, makellos. Nun das Presto. Kühner, triumphaler, purer Beethoven. Dort, beim gis-Triller, das Echo eines Glöckchens. Schwebend schien es mehrere wunderbare Takte lang zu verharren, es weckte die Sehnsucht nach mehr. Dann ein sich stark steigerndes Crescendo, ein gipfelndes Finale. Salieri sprach: «Es war unglaublich.»

Das Publikum war begeistert und belohnte Constance mit einem herzlichen, langanhaltenden Beifall. Mir wurde bewußt, daß ich der einzige war, der sich erhoben hatte. Vielleicht wußte nur ich, daß Gott durch diese Frau zur ganzen Welt sprach.

Vergewaltigung in einer Dalí-Landschaft

Der Künstler zielte mit der Waffe und feuerte. Eine Salve farbgefüllter Darts klatschte spritzend gegen die Leinwand. Die Waffe, ein Cap-Chur-Projektor, wurde sonst dazu benutzt, um mit Hilfe von drogengefüllten Pfeilen wilde Tiere zu betäuben und einzufangen. Der Künstler, Salvador Dalí, der das Gewehr zur Schaffung eines abstrakten Gemäldes verwendete, war besser als Schöpfer surrealer Gemälde von einer realen Welt bekannt, die er in schmelzende Uhren und andere traumartige Bilder umwandelte.

Visionäre Drogen bewirken mehr, als Augen und Ohren mit nicht-existenten Dingen zu bombardieren; sie verwandeln die reale Welt der uns präsenten Bilder und Geräusche in eine surrealistische Landschaft. Unter dem Einfluß von Halluzinogenen konnten die Psychonauten die Augen schließen und tanzende Dämonen sehen. Bei geöffneten Augen war es das Mobiliar, das tanzte, während die Wände atmeten und die Wanduhr schmolz. DMT ließ für Constance halluzinatorische Windglöckchen erklingen, aber die Droge konnte auch reale Stimmen verzerren. Entstellte Bilder und Geräusche sind Beispiele für Illusionen, Fehlwahrnehmungen von realen äußeren Stimuli. Dies kann bei jedem unserer Sinne vorkommen.
  Die stärkste Illusionswirkung, von der die Benutzer halluzinoge-

ner Drogen berichten, besteht darin, daß Dinge anders aussehen. Es gibt eine andersartige Perspektive, eine neue Interpretation. Ein Beispiel hierfür bietet Dalís Gemälde aus dem Jahr 1936, *Der große Paranoiker*, mit einem einzigen ehrgeizigen Motiv, das auf zwei völlig verschiedene Weisen betrachtet werden kann. Man kann es entweder als ein großes, sorgenvolles Gesicht sehen oder als eine Ansammlung gequälter Gestalten. Die Wirkung ist verblüffend. Anfänglich waren die Psychonauten verwirrt durch derart überraschende Veränderungen in ihrem Gesichtsfeld, doch sie stellten sich darauf ein und konnten die Illusionen schon bald beschreiben.

Farben waren leuchtender und stärker gesättigt als normal. Kontraste wurden betont, und die Konturen von Objekten zeigten sich schärfer umrissen. Das Ergebnis besteht in einer mehr dreidimensionalen Sicht, die etwas Hyperrealistisches hat: Objekte springen aus dem Gesichtsfeld hervor. Sie beginnen zu oszillieren und zu undulieren. In gewisser Weise werden tote Objekte lebendig und scheinen zu «atmen». Dann fangen sie an, sich an Größe ebenso wie an Zahl zu verändern, sie verwandeln sich in ein Wunderland aus liliputanerhaften Wesen und gigantischen Türen mit so großen Schlüssellöchern, daß man hindurchkriechen kann. Der Körper des Psychonauten schrumpft zur Größe einer Maus oder dehnt sich bis zum Dach. Blickt man in einen Spiegel, so kann man sehen, wie sich die eigenen Gesichtszüge zu einer grotesken Karikatur entstellen.

Überall wimmelt es von Nachbildern, während Menschen sich auf stroboskopische, quasi phasenartige Weise bewegen, von dort verschwinden, unmittelbar hier wieder erscheinen – all dies in einem winzigen Augenblick. Jetzt gibt es zwei Bilder. Plötzlich gibt es Dutzende im flackernden Schein des Lagerfeuers. Als Peyote mein Hirn entzündete, sah ich, wie sich *mara'akame* teilte: in zwei, in vier, in sechzehn identische *mara'akames*, die sämtlich darauf erpicht waren, mir mein Tonbandgerät zu stehlen.

Es gibt auffallende Parallelen zwischen Veränderungen bei wirklichen Stimuli, wie sie mit offenen Augen gesehen werden, und solchen, wie sie sich in Berichten über mentale Bilder finden, die mit geschlossenen Augen wahrgenommen werden. Wahrscheinlich sind die gleichen Mechanismen im Gehirn verantwortlich für das Verdoppeln von Bildern von Polygonen oder *mara'akames*. Ebenso mühelos können diese Prozesse auch mentale Bilder oder Strukturen der realen Welt zu zufälligen und manchmal alptraumhaften Arrangements verwirren, gleich den auf den Fußboden geworfenen Teilen eines Puzzlespiels. Der Fußboden wird zu einer daliesken Landschaft schwebender Körperteile, ein Kopf ohne ein Gesicht, auch unvollständige Bäume tauchen auf.

Dieses wilde Universum befindet sich in unaufhörlicher Bewegung. Aus noch immer unbekannten Gründen scheinen sich schwere Objekte jedoch nicht so stark zu bewegen wie leichte. Berge wirken fast reglos, während Streichhölzer umherhüpfen. Eine Schüssel voll Spaghetti kann aussehen wie ein Knäuel sich windender Würmer, wogegen der Tisch, auf dem sie steht, bewegungslos bleibt. Das Verwirrspiel wird noch gesteigert durch stakkatoartige «Schnitte» von Erinnerungsbildern, die reale visuelle Objekte gleichsam überlagern. Dalí, der bei *Der andalusische Hund* mit Luis Buñuel zusammenarbeitete, benutzte den Film, um die unlogische Natur dieser abrupten Transformationen zu illustrieren. Eine Frau im Film sieht Ameisen, die aus ihrer Hand hervorkrabbeln. Überblenden zur Achselhöhle einer Frau, Umwandlung in einen Seeigel, dann das Schädeldach eines androgynen Kopfes. Geräusche werden verstärkt, sind jedoch nicht immer klar zu erkennen. Ein simples Schlucken kann beispielsweise so klingen wie das Krachen der Brandung, doch woher stammt es? Da *Der andalusische Hund* ein Stummfilm war, fragt man sich unwillkürlich, was für einen Soundtrack Dalí und Buñuel wohl gewählt haben würden, um entsprechende Hörillusionen zu vermitteln. Wie klingt es, wenn ein Rasiermesser ein Auge aufschlitzt? Da wiederholter Echohall genauso häufig auftritt wie visuelle Nachbilder: wie oft könnten wir die Schlitzgeräusche des Rasiermessers ertragen? Man kann sich leicht vorstellen, wie der psychedelische Himmel, den Aldous Huxley besuchte, sich im Handumdrehen in eine surrealistische Hölle verwandeln kann.

Diese Hölle hat sogar einen fremdartigen Geruch, weil auch der Geruchssinn geschärft ist, wenngleich das Erkennen spezieller Gerüche beeinträchtigt sein mag. So kann beispielsweise der schwache Duft einer Seife noch Stunden nach der morgendlichen Dusche auf dem Körper spürbar sein, nur *was* für ein Geruch ist das jetzt? Auch läßt sich ein Geschmack schwer bestimmen, und manchmal ist der Geschmack einer Nahrung völlig vage. Auf langen Trips begnügen sich erfahrene «Reisende» meist mit ein wenig Obst und mildem Tee, doch besteht die Gefahr, allzu intensiv von exotischen Gerichten zu probieren. So wie es wiederkehrende Nachbilder von Rasiermessern gibt, gibt es auch den beharrlichen Nachgeschmack von Gewürzen, der den Rest des Schmauses ruinieren kann.

Das Berühren von Objekten löst Empfindungen aus, die zugleich fremd und vertraut sind. Die Schmutz- und Rußfleckchen auf der eigenen Haut fühlen sich an wie Sandpapier. Man streicht mit den Fingern über das Gewebe der Kleidung, die man anhat, und verliert sich in den Hügeln und Tälern des Fadengeflechts. Wenn sich der Boden wie Zuckerwatte anfühlt, dann deshalb, weil die Gesetze der Schwerkraft aufgehoben sind. Wie sonst ließe sich erklären, daß man schwebt? Der französische Schriftsteller und Meskalin-Benutzer Henri Michaux spricht davon, daß sich der Konsument in einem «sensorischen Turm von Babel» befinde, wo in einem ständigen Bombardement Tausende von unübersetzbaren Informationen eintreffen.

Die Sinne verschmelzen gleichsam miteinander. Farben haben Geräusche, und Geräusche besitzen physische Gestalt. Herbstlaub fällt zu Boden in einem Regen deutlicher Glöckchenklänge. Ein Telefon läutet, und winzige fluoreszierende Bänder kräuseln sich in der Luft. Jeder Takt der Huichol-Trommel sprüht Farbe auf die nächtlichen Rituale. Diese synästhetischen Wahrnehmungen sind nicht immer so vergnüglich, wie es zunächst den Anschein hat. Der Bildschirm des Fernsehers wirft einen eisigen bläulichen Schein ins Zimmer, der einen bis auf die Knochen frösteln läßt. Das Radio ist nichts anderes als körperlose Stimmen, die ein Spektrum geisterhafter Eindrücke und paranoider Gefühle erzeugen. Dann der Alptraum eines Installateurs: Man betätigt die Toilettenspülung, und die Lichter gehen an.

Der Grund für dieses sensorische Chaos ist die elektrische Konfusion im Gehirn selbst. Halluzinogene erzeugen im zentralen Nervensystem ein Kontinuum elektrischer Aktivität, das sich von leichter Erregung bis zu Anfällen steigert. In der Anfangsphase empfinden die Menschen Aufgeregtheit und Euphorie. Im weiteren Verlauf des Prozesses wird die Gehirnaktivität durch intermittierende Salven sychroner Wellen, den Vorboten von Halluzinationen, charakterisiert. Diese gesteigerte Reizung überlastet jenen Teil des Gehirns, der eintreffende Stimuli reguliert. Das Gehirn wird daraufhin unfähig, die eintreffenden Signale zu modulieren, und läßt zu, daß sämtliche Signale mit voller Kraft eindringen. Die Tore des sensorischen Systems des Gehirns schwingen gewissermaßen ganz auf, und wir erhalten Zugang zu weitaus mehr Inputs, als wir verarbeiten können. Dies bewirkt die sensorische Konfusion. Während die elektrischen Wellen durch das Gehirn jagen, fluktuieren die Personen zwischen Zuständen relativ klarer Wahrnehmung und solchen, die durch Halluzinationen und Illusionen gekennzeichnet sind.

LSD ist typisch für Halluzinogene, die intermittierende Veränderungen in der Perzeption erzeugen. Doch einige Halluzinogene, wie beispielsweise Meskalin, rufen im Gehirn kontinuierliche synchrone Wellen hervor, wodurch länger andauernde Halluzinationen entstehen. Ein Halluzinogen, Ketamin, treibt die elektrischen Aktivitäten im Gehirn zu solch extremen Erregungszuständen, daß es eine Kategorie für sich bildet. Außer Halluzinationen bringt ein Trip noch eine Fülle sensorischer Verzerrungen. Aber Ketamin macht Konsumenten auch kataleptisch und bewegungsunfähig. Das Gehirn ist lebendig und wach, scheint jedoch eigentümlich vom Körper getrennt. Es gibt kein Tastgefühl, keinen Schmerz und keine Möglichkeit zum Widerstand. Die Menschen sind so willfährig, daß sie alles über sich ergehen lassen, selbst einen chirurgischen Eingriff.

Zelda schritt angespannt auf und ab. Sie spürte instinktiv, daß etwas geschehen würde. Ich füllte den Pfeil mit Vetalar, schob ihn in die Kammer des Cap-Chur-Gewehrs, zielte und schoß. Der Pfeil hakte für eine kurze Sekunde im Schenkel der Löwin fest und fiel dann herab. Zelda brüllte.

Das Vetalar, eine Handelsbezeichnung für Ketamin, begann sofort zu wirken. Die Droge wurde Tierärzten zur Betäubung von Katzen und nichtmenschlichen Primaten empfohlen. Ich benutzte sie, um Zelda einzufangen. Ich wollte das Weibchen routinemäßig untersuchen. Es war eines der vielen Löwen, die ich in einem Wildreservat studierte. Innerhalb von fünf Minuten war Zelda betäubt. Ich trat zu dem Tier und begann mit meiner Untersuchung. Ich stützte ihr Hinterteil hoch und führte rektal ein Thermometer ein. Zelda schien es nichts auszumachen. Später hob ich ihren Kopf und öffnete ihr Maul, damit der Veterinär ihre Zähne nachsehen konnte. Fünfzehn Minuten nachdem der Pfeil sie getroffen hatte, begann Zelda zu grollen und versuchte mehrmals aufzustehen und wegzukriechen. Ich zog sie an ihrem Schwanz zurück. Schließlich mußte ich ihr noch eine Dosis Ketamin verpassen, um meine Arbeit abzuschließen.

Weit entfernt, im Dschungel der Single-Bars von New York City, war ein kaum als Mensch zu bezeichnender Primat namens Richard Esposito dabei, sich an seine Beute heranzupirschen. Sein Köder war ein großer Plastikbeutel, gefüllt mit sogenanntem pharmazeutischem Kokain – ein an sich harmloses weißes Pulver, das jedoch mit Ketamin versetzt war. Den jungen Frauen, die von den funkelnden Kristallen angelockt wurden, versicherte er, dergleichen hätten sie noch nie probiert. Dann nahm er das hohle Röhrchen eines Kugelschreibers und schob es in den Beutel, bis es ganz mit Pulver gefüllt war. Die Frauen beim Kinn packend, immer eine nach der anderen, schob er das Röhrchen jeweils in die Nasenlöcher und blies dann. Später erinnerten sich die Frauen, daß sie zu schwanken begannen, an weiter nichts.

Angelo, einer von Espositos Freunden, beschrieb, was typischerweise mit den Frauen passierte, nachdem sie die Ladung aus dem Röhrchen erhalten hatten. Da sie sich nicht richtig bewegen konnten, mußte Richie sie zum Auto oder zu einem Motelzimmer tragen. Dort entkleidete er sie, meistens nur von der Taille abwärts, und vergewaltigte sie dann, vaginal und anal, wie auch immer. «Los doch», pflegte er zu Angelo und anderen Freunden zu sagen, «habt auch euren Spaß.» Es kam zu gemeinschaftlichen Vergewaltigungen. Die Opfer waren stets gefügig. Notfalls verabreichte man ihnen eine weitere Dosis Ketamin und arrangierte dann Stellungen für oralen oder analen Sex. Kamen die Frauen danach wieder zu sich, so fanden sie sich neben Richie auf einem Bett sitzend, ohne irgendeine Erinnerung an das, was geschehen war.

Richie protzte damit, daß Ketamin das Beste sei, was er jemals entdeckt habe, ein wahres Wunder. Er begann, einen kleinen Beutel mit dem Pulver in seiner Brieftasche zu tragen, so wie manche Männer es mit Kondomen machen. Mindestens ein- oder zweimal pro Tag kam es zu chemischen Vergewaltigungen. Drei Jahre lang ging das so. Es gab über eintausend Opfer, die das jedoch nicht einmal wußten. Die Überdosen Ketamin hatten eine totale Amnesie bewirkt. Richie konnte nicht aufhören zu lachen.

An einem Juliabend, 1984, amüsierte er sich im Valentine's, einer Disco im Sheraton Hotel beim New Yorker LaGuardia Airport. Als Donna und Barbara, zwei junge, attraktive und gutgekleidete Frauen, erschienen und Drinks bestellten, konnte Richie seine Augen nicht von ihnen lösen. Donna bezeichnete ihn als Hai, weil er unaufhörlich den Tisch der beiden jungen Damen umkreiste und sich schließlich selbst bei ihnen einlud. In seinem Kielwasser folgten Angelo und Patsy, ein weiterer Freund. Richie bot Kokain an, doch die Frauen lehnten ab. Das zwang zu einem Wechsel in der Taktik. Wie wär's mit einem Drink? Wieder sagten die Frauen nein, doch Richie beharrte: «Na, kommt schon, Mädchen, einen Drink, bloß einen.» Schließlich gab Barbara nach, und Richie bestellte einen Screwdriver für sie. Die Frauen standen auf, um zu tanzen.

Als erste kam Donna zurück zum Tisch, auf dem, unerkennbar mit Ketamin versetzt, Barbaras Drink stand. Donna war durstig, und so kippte sie das halbe Glas in sich hinein. Richie und die Haie glotzten. Sie glotzten und warteten. Donna empfand eine aufsteigende Nervosität. Der Alkohol beschleunigte die Absorption von Ketamin in ihrem Blut. Innerhalb weniger Minuten verwandelte sich ihre Nervosität in Unwohlsein. Da sie fürchtete, sich erbrechen zu müssen, sagte Donna, sie müsse zur Toilette. Als sie aufstand, hatte sie das Gefühl, ihr Körper werde sich immer weiter erheben, bis er gegen die Decke prallte. Dann begann sie zu schwanken.

«Ihnen ist übel», erklärte Richie. Er erbot sich, sie zur Toilette zu begleiten. In Donnas Ketamin-Augen wirkte der zur Toilette führende Gang wie ein meilenlanger Tunnel. Was die Sache noch schlimmer machte, war die Tatsache, daß Donna das Gefühl hatte, nur einen halben Meter groß zu sein, so daß die Tunneldurchquerung ewig dauern würde.

«Schließlich», erzählte Donna später, «konnte ich nicht einmal mehr den Boden unter den Füßen spüren. Ich wußte zwar, daß ich Schritte machte, weil ich registrierte, daß ich mich bewegte, wenn ich zur Seite sah. Doch den Boden konnte ich nicht spüren, und ich mußte mich gegen die Wand stützen, um mich aufrechtzuhalten … Und ich hatte solche Angst, solche Angst.»

Richie führte sie an der Toilette vorbei, aus dem Gebäude hinaus, dann über den Parkplatz. Sie beugte sich über ein Geländer und erbrach sich. Richie packte ihren Arm und führte sie weiter. Donna spürte keinen Boden unter ihren Füßen. Sie ging auf einer Wolke. «Oh, mein Gott. Was ist denn los?» rief Donna wieder und wieder. Richie setzte sie in sein Auto, schloß dann die Türen ab. *Ich muß hier raus*, dachte Donna. Aber sie war hilflos. Ihre Hände gehorchten nicht den Anweisungen ihres Gehirns. Es war, als habe jemand über ihren ganzen Körper Wachs gegossen, das allmählich hart wurde. Sie saß in der Falle.

Im Club hatte inzwischen Barbara ihren Tanz beendet. Sie kehrte zum Tisch zurück und trank den Rest des Screwdrivers. Richie erschien und teilte ihr mit, Donna fühle sich unwohl und warte draußen beim Auto auf sie. Barbara stand auf. Ein Schwindelgefühl überkam sie. Nur mit Mühe konnte sie atmen. Während sie zum Parkplatz ging, wuchs ihre Unruhe von Schritt zu Schritt. Richie stieß sie in ihr Auto. Mit geübten Bewegungen packte er ihr Kinn, zog ein Bic-Röhrchen heraus und blies ihr dann in jedes Nasenloch eine volle Ladung Ketamin. Barbara erinnerte sich an ein scharfes, brennendes Gefühl in ihrer Nase und hinten in der Kehle. Dann verlor sie das Bewußtsein.

Richie ging zu seinem eigenen Auto, wo Donna noch immer die Kontrolle über sich zurückzugewinnen versuchte. Er verpaßte ihr die Bic-Behandlung. Donna versuchte sich dagegen zu wehren. Die Arme konnte sie zwar nicht heben, doch brachte sie es fertig, den Kopf zu drehen, als Richie blies, so daß die erste Ladung Ketamin auf ihr Gesicht fiel. «Du blödes Luder», fauchte Richie, während er das Röhrchen wieder füllte.

«Oh, mein Gott!» rief Donna. *Heb deine Arme. Schlag ihn,* befahl sie sich, doch ihr Körper gehorchte dem Gehirn nicht. *Steig aus dem Auto.* Das Ketamin brannte, als es schließlich in sie hineinschoß, so daß sie würgte und hustete. Das Bewußtsein verlor sie jedoch nicht. Statt dessen flog ihr Kopf von ihrem Körper fort. Aus einiger Entfernung, von irgendeinem unwirklichen Ort, beobachtete sie, was geschah. Sie bemerkte das HERTZ-Emblem auf dem Armaturenbrett, einen Lichtreflex auf Richies Gesicht, dann wieder das Röhrchen. «O mein Gott. O mein Gott. Was ist nur los?»

Donna sah die Welt durch das verkehrte Ende eines Teleskops. Es war eine Art Liliputanerversion. Alles wirkte klein und weit entfernt. Sie hatte kein Zeitgefühl. Menschen sprachen, doch waren keine klaren Laute zu vernehmen, nur ein sonderbares Summen in Donnas Ohren. Streifen farbigen Lichts füllten das Auto. Draußen war die Luft voller Konfetti. Geometrische Formen überlagerten reale Objekte. Alles bewegte sich und hinterließ hinterherschwappende Nachbilder. Immer wieder sprang Richies lachendes Gesicht aus dem Teleskop hervor, wie ein sadistisches Schachtelmännchen.

In stummem Entsetzen sah Donna zu, wie sie vergewaltigt wurde. Es war, als sei es eine andere, der dies geschah. Richie und die Haie liefen dauernd hinüber zum anderen Auto, wo sie es mit Barbara genauso trieben. Einmal gelang es Donnas Freundin, die Tür zu öffnen, und sie fiel hinaus auf den Parkplatz. Sie sah einen Tunnel und versuchte fortzulaufen. Aber da sie nur einen halben Meter groß war, kam sie nicht weit. Außerdem war der Tunnel ein Labyrinth aus geometrischen Rätseln und Rissen. Dann befahl Patsy ihr, wieder einzusteigen. «Ich tat, was er sagte», berichtete sie mir später. «Warum tat ich das?»

Der Grund dafür ist, daß es sich bei Ketamin um ein starkes abreaktives Mittel handelt – es bricht den Widerstandswillen. Als erste nutzten iranische Psychiater 1973 diese Wirkung, und seither ist Ketamin bei Geiselnahmen und terroristischen Operationen verwendet worden. Bei bestimmten Dosierungen können Menschen dazu gebracht werden, ihren Widerstand aufzugeben, weil ihnen bewußt wird, daß sie machtlos sind. Dies ist nicht ganz das gleiche wie Gehirnwäsche, doch kann der Einsatz von Ketamin bei der Zähmung von Widerspenstigkeit ähnlichen Zwecken dienen. Man hat es sogar benutzt, um leichter mit Kidnapping-Opfern fertig zu werden, so wie Alfred Hitchcock es in seinem 1976 gedrehten Film *Family Plot* (Familiengrab) geschildert hat.

Mit Barbara fertig zu werden war leicht. An das, was jetzt geschah, erinnerte sie sich später praktisch überhaupt nicht mehr. Einer der Haie, der Dürre, befahl ihr, auf den Rücksitz zu kriechen. Sie zwängte sich zwischen den beiden vorderen Einzelsitzen nach hinten. Irgend etwas stimmte ganz und gar nicht. Sie wußte nicht, daß sich der Dürre hinter ihr befand und sie vergewaltigte. *Ich muß vom Hintersitz weg*, dachte sie und krabbelte nach vorn, wo sie sich auf den Boden kauerte. Der Dürre lachte: «Wo willst du hin, Barbara? Was tust du?»

Sie kroch wieder nach hinten. Der Dürre war fort, seinen Platz nahm jetzt ein muskulöser Kerl ein. Er vergewaltigte sie brutal, sie spürte heftige Beckenstöße und sah ihr eigenes schmerzverzerrtes

Gesicht. Sie schrie, doch kein Laut kam aus ihrem Mund. *Gott, ich bin tot. Das ist es, ich bin tot*, dachte sie. Dann war sie wieder ohne Bewußtsein.

Angelo fuhr sie nach Hause, während Richie im anderen Auto mit Donna und Patsy folgte. Richie sah, daß Donna sich wieder wehrte. Bei der nächsten Verkehrsampel beugte er sich zu ihr und gab ihr wieder eine Ladung. Er befummelte ihre Schenkel und Brüste, küßte ihren Arm und ihre Hand und sagte ihr, wie hübsch sie sei. Er konnte es gar nicht erwarten, noch mehr Spaß mit ihr zu haben.

Die beiden Autos erreichten Barbaras Haus. Richie und Angelo trugen sie hinein in ihr Schlafzimmer. Barbaras Mutter wachte auf, öffnete ihre Schlafzimmertür und sah die beiden Männer in der Küche. «Was ist los?» fragte sie. Richie erwiderte, Barbara fühle sich nicht wohl, man habe sie nach Hause gebracht. Die Mutter lief zu Barbaras Zimmer.

Inzwischen bewachte Patsy im anderen Auto Donna. *Gott, ich muß raus aus diesem Auto*, dachte Donna. *Im Haus ist Barbaras Mom. Dort werde ich sicher sein. Muß hier raus.* Aber sie konnte sich nicht bewegen, was nicht nur an der Drogenwirkung lag: Patsy hatte sicherheitshalber die Arme um sie geschlungen. Ein paar Minuten später kamen Richie und Angelo mit einem Armband, mehreren Ringen und einer Armbanduhr zurück. «Wir haben hier eine Menge gutes Zeug», erklärte Richie. Donna erkannte Barbaras Schmuck.

Hilflos mußte Donna es zulassen, daß die Männer auch ihren einkassierten: Halskette, Silberringe, eine alte goldene Armbanduhr. Dann fuhren sie mit ihr zu einem nahegelegenen Motel. Für Donna verwandelte sich das Auto in ein Raumschiff, und die Fahrt zum Motel wurde zu einer Reise durch eine Dalí-Landschaft. Verkehrslichter bluteten gelbe und rote Spuren in die Luft. Teile von Hinweisschildern hingen schief und quer. Die Triboro-Brücke schwebte in einem Meer aus funkelnden weißen Lichtern. Liliputanerhafte Visionen (Mikropsie) wechselten ab mit Gigantovisionen

(Makropsie), die die Objekte vergrößert erscheinen lassen. Alles wirkte bald verschwommen, bald scharf fokussiert. Das Raumschiff jagte durch einen weißen Tunnel. Donna konnte noch immer sehen, jedoch nichts mehr fühlen. Teile ihres Körpers waren abgetrennt und schwebten im Raum. Sie steckte die Finger in den Mund, konnte sie aber noch immer nicht fühlen. Ein sonderbares Geräusch, *wuu-wuu*, füllte ihren Kopf. Dann ein unheilvolles Gefühl, während Bruchstücke ihres vergangenen Lebens vor ihren Augen vorüberblitzten. Die Bilder formten ein Mosaik aus bunten Kristallen, zersplitterten dann und fielen auseinander.

Das Raumschiff parkte vor einem Hotel. Angelo öffnete die Tür zu einem Zimmer, in das Donna von Richie und Patsy geschleppt wurde. Das Ketamin machte Donna noch immer willenlos. Die Männer konsumierten Kokain, um sich in Gang zu halten. Richie schob sich zwischen Donnas Schenkel, während Patsy und Angelo ihren Mund bearbeiteten. Donna erinnerte sich, wie Penisse gegen ihr Gesicht klatschten. Alle wechselten die Stellungen. Das Trio vergewaltigte sie wieder und wieder. Patsy drehte Donna herum zum Analverkehr. Sie wurde ohnmächtig. Nach zwei Stunden schleppten die Männer Donna zurück zum Mietwagen und setzten sie auf den Beifahrersitz. Richie fuhr zur Bronx, wo er Angelo und Patsy zu ihren Wohnungen brachte. Donna, mit hellwachem Gehirn im paralysierten Körper, sah genügend Zeichen und Anhaltspunkte, um zu wissen, wo sie sich befanden. Als sie auf dem Rasen vor einem Haus abgeladen wurde, wußte sie, daß sie daheim war.

«Ich fiel auf meine Knie und Hände», sagte Donna. «Das Auto fuhr weg, und als ich dann zu meinem Haus blickte, ich schwör's, da hatte ich das Gefühl, einen Tempel zu sehen. Ich hatte geglaubt, daß ich das Haus niemals wiedersehen würde. Und dann kroch ich die Treppe hinauf. Gehen konnte ich nicht, und so kroch ich. Ich erinnere mich, wie meine Mutter die Tür öffnete. Sie sah aus wie eine Heilige ...»

«Oh, mein Gott, Mutter ... Oh, mein Gott. Es ist vorbei ... ich bin zu Hause», rief Donna. Als ihre Mutter sich vorbeugte, um ihr auf die Beine zu helfen, bemerkte sie auf Donnas Gesicht ein seltsames weißes Pulver. Dann erbrach sich Donna in die Hände ihrer Mutter.

Einige Stunden später wurden Donna und Barbara von ihren Familien zum Polizeirevier gebracht. Donnas Erinnerung war viel klarer als Barbaras, doch erklärten beide Frauen, ihnen sei von dem Drink übel geworden und man habe sie ihres Schmucks beraubt. Sie beschrieben den Schmuck, und Donna beschrieb auch die Männer, den blauen Leihwagen und konnte sogar die ersten drei Buchstaben des Nummernschilds nennen. Weder Donna noch Barbara erwähnten sexuelle Gewalttätigkeiten. Die Polizei verbuchte die Anzeige unter schwerem Diebstahl.

Wiederkehrende Phantasien der Vergewaltigung ließen Donna keine Ruhe. Sie waren zu eindringlich, um Überbleibsel eines Traums zu sein. Gleich den posttraumatischen Rückblendungen, wie Kriegsveteranen sie erleben, wurden die Erinnerungen an die Vergewaltigung im Laufe der Zeit sogar immer intensiver und detaillierter. Dauernd tauchte jetzt in Donnas Gehirn Richies Jack-in-the-box-Gesicht auf, und sie konnte nichts dagegen tun. Zusammen mit Barbara suchte sie ein Krankenhaus auf, um sich untersuchen zu lassen.

Die Untersuchungen ergaben unverkennbare Anzeichen für vaginale und rektale Penetration: starke Gewebereizungen und weißliche Flüssigkeit. Barbara hatte außerdem Abschürfungen und Kratzer an beiden Knien sowie einen häßlichen Riß im Rektum. Bei Donna gab es Prellungen und Quetschungen an den Schenkeln und einen Einriß im Vaginalgewebe. Die Penetrationen waren brutal gewesen. Die Frauen suchten abermals die Polizei auf, und der Fall wurde jetzt unter der Kategorie «Vergewaltigung» verbucht. Die Jagd nach Richie und den Haien wurde verschärft.

Viele Wochen später stoppte man Richie in Yonkers, New York, wegen Geschwindigkeitsüberschreitung. In seiner Brieftasche befand sich ein kleiner Plastikbeutel mit weißem Pulver. Der Polizeibeamte hielt es für Heroin. Richie erklärte ihm, es handle sich um eine Veterinärdroge namens Ketamin. Es war keine verbotene Substanz, und ihr Besitz stand nicht unter Strafe. Die Polizei verhaftete ihn denn auch wegen eines anderen Delikts: Er war im Besitz einer 357er-Magnum-Pistole. Im Yonkers-Gefängnis glaubte Richie noch immer, die Wunderwirkung von Ketamin werde ihm schwerer wiegende Anklagepunkte ersparen.

Als die New Yorker Kriminalisten, die an dem Vergewaltigungsfall arbeiteten, die lokalen Gefängnisse durchkämmten, entdeckten sie, daß Richie in Yonkers verhaftet worden war. Er wurde zum Verhör nach New York City gebracht. Richie lachte. Er wußte, daß Ketamin Erinnerungen auslöschte: Für die Opfer würde es unmöglich sein, ihn zu identifizieren. «Beweist es», bellte er die Detektive an. «Glaubt ihr, ihr habt mich? Glaubt ihr, ihr habt die anderen beiden Burschen? Beweist es.»

Beweisen – genau das war's, was die Detektive wollten. Man arrangierte zur Gegenüberstellung ein sogenanntes Line-up: Neben Richie standen fünf andere Männer, jeder mit einem numerierten Schild. Richie wählte für sich die Zahl vier.

«Oh, mein Gott», rief Barbara, als sie die aufgestellten Männer sah. «Nummer vier. Das ist der Kerl.» Sie rannte hinaus.

Ein neues Line-up wurde gebildet, und diesmal wechselte Richie zur Ziffer sechs. Barbaras Mutter wurde hereingeführt. «Oh, Gott», sagte sie stockend. «Nummer sechs. Es war in meiner Küche.»

Ein leicht nervöser Richter entschied sich, beim letzten Line-up die Position zu wechseln. Er wählte die Nummer zwei. Es half nichts. Donna hatte seit Wochen mit seinem Gesicht gelebt. Sie kannte es buchstäblich im Schlaf. Ihre Reaktion war fast klinisch.

«Erkennen Sie jemanden?» fragte die Polizei.

«Nummer zwei.»

«Woher kennen Sie diese Person?»

«Er hat mich vergewaltigt.»

Zwar hatten alle Richie identifiziert, doch jeder, der diesen Mann sieht, muß einräumen, daß sein dunkles, fast affenartiges Aussehen ihn in jeder Menge auffallen läßt. Manche sagen, er sähe gemein aus. Ein Zeuge, der Richie an jenem Abend im Valentine's gesehen hatte, meinte sogar, er bewege sich schon «wie so ein unheimlicher Kerl». Hatten die Zeuginnen vielleicht ganz einfach auf den am gemeinsten aussehenden Typ in der Reihe gedeutet? Hatte die Polizei tatsächlich einen Fall?

Richie glaubte es nicht, selbst als er wegen Vergewaltigung angeklagt wurde. Natürlich erkannten ihn die Frauen wieder. Sie hatten ihn im Valentine's gesehen. Diese Erinnerung hatte sich gebildet, bevor sie den Screwdriver mit der Droge tranken, und mußte deshalb relativ intakt geblieben sein. Hingegen waren jene Erinnerungen, die ihn als Vergewaltiger zeigten, vermutlich wirr und verschwommen oder durch das Ketamin völlig ausgelöscht. In der Tat war es so, daß Barbara ihn zwar erkannte, jedoch nicht mit absoluter Sicherheit als Vergewaltiger identifizieren konnte. Sie war nicht einmal imstande, sich an die Details dessen zu erinnern, was Richies Anwalt «die angebliche Vergewaltigung» nannte. Allerdings mußte es Richie doch beunruhigen, daß bei Donnas Ketamin-Behandlung etwas schiefgegangen war. Ohne die von Donna gelieferten Details hätte er wahrscheinlich nicht einmal gefaßt werden können. Ihr Erinnerungsvermögen zeigte wenig Anzeichen jener Amnesie, wie Richie sie sich durch die Ketaminwirkung versprach. Warum?

Das war die erste Frage, die mir Ann Mary Rost stellte, die stellvertretende Staatsanwältin, die die Anklage vertrat. Ihr Büro hatte mich als Berater und potentiellen Gutachter engagiert. Ich hatte nicht gleich eine Antwort auf das, was mir eine akademische Frage zu sein schien. Für mich gab es weitaus dringlichere Fragen. Wenn die Ketamindosis ausgereicht hatte, um als Sedativ zu wirken, so mußte sie auch Halluzinationen und Illusionen verursacht haben. Was an den Berichten der Frauen war halluzinatorisch, und was war real? Wie konnten wir das feststellen? Die Tatsache, daß Donna sich mehr erinnerte als Barbara, war im Augenblick unerheblich. Wenn ein geschickter Verteidiger herausfand, daß Ketamin ein Superhalluzinogen war, so konnte es ihm gelingen, die Aussagen der beiden Opfer über die Zeit, wo sie unter Drogenwirkung gestanden hatten, ernsthaft in Zweifel zu ziehen. Und wenn die Geschworenen erfuhren, daß mit Ketamin anästhesierte Patienten mitunter von Vergewaltigungsphantasien berichteten, so bestand die Möglichkeit, daß der Fall für die Anklage verloren war. Die einzige glaubwürdige Zeugin, Barbaras Mutter, konnte nur aussagen, daß sie Richie in ihrer Küche gesehen hatte. Welche Strafe erhielt man für den unerlaubten Aufenthalt in einer fremden Küche? Ich konnte Richie geradezu lachen hören. Um auf meine Fragen Antworten zu finden, flog ich nach New York.

Dort informierten mich die Detektive Thomas Sullivan und Joseph Sofia über die Ermittlungen. Hatten sie herausgefunden, woher Richie die Droge bezogen hatte? Sullivan reichte mir ein Röhrchen mit Vetalar, das er von demselben Veterinär bezogen hatte, der auch Richie damit versorgte. Es war in der Tat Ketamin, und die Menge reichte für ein Dutzend Vergewaltigungen. Unglaublicherweise gab es jedoch keine physischen Beweise dafür, daß Richie das Ketamin bei den Frauen gebraucht hatte! Niemand hatte sich die Mühe gemacht, das Pulver in dem kleinen Plastikbeutel aus seiner Brieftasche zu analysieren. Und die Opfer waren keinerlei toxikologischen Tests unterzogen worden. Niemand hatte daran gedacht, etwas vom weißen Pulver auf Donnas Gesicht aufzubewahren. Ich konnte wieder Richie hören: «Beweist es. Beweist es.»

Ich konnte auch schon ein klassisches Verteidigungsargument hören – die sogenannte Kokainhuren-Verteidigung –, das in vielen Vergewaltigungsprozessen erfolgreich vorgebracht worden war. Gemäß diesem Argument handelte es sich bei dem weißen Pulver um genau das, was Richie behauptet hatte: pharmazeutisches Kokain. Er hatte es den Frauen angeboten. Sie hatten es angenommen. Man feierte gemeinsam eine Fete. Barbara und Donna waren keine Notzuchtopfer, sondern Kokainhuren, die sich für kostenloses Kokain freiwillig hingaben. Weder die Polizei noch die Anklage konnten beweisen, daß das Pulver *kein* Kokain gewesen war. Um dieses Argument entkräften zu können, sagte die Staatsanwältin zu mir, müßte ich nachweisen, daß es sich bei der Droge um Ketamin gehandelt habe. Ich ratterte eine Liste von Untersuchungen und Tests herunter, die ich durchführen wollte. Keine Zeit, erklärte die Staatsanwältin. Mir blieben nicht einmal vierundzwanzig Stunden bis zu meiner Aussage.

Aber noch Zeit genug, um die Opfer zu befragen. Als erste erschien Barbara, deren langes Haar mich sofort anzog. Im Haar, das ja täglich wächst, lagern sich Spuren von Drogen und ihren Metaboliten dauerhaft ab. Barbaras Haar war lang genug, um eine ganze Drogengeschichte zu enthalten, selbst wenn diese über fünfundzwanzig Monate zurückreichte. Ich nahm ein paar Proben für spätere Analysen. Obwohl die Laborarbeit mehrere Wochen in Anspruch nehmen würde – zu lange, um sie beim Prozeß zu gebrauchen – und es zudem keinen bekannten Test für Ketamin im Haar gab, war ich davon überzeugt, die Haaranalyse werde meine ärztliche Meinung bestätigen, daß Barbara keine Drogenkonsumentin war. (Das tat sie auch.) Von einem gelegentlichen Drink in Gesellschaft abgesehen, war die einzige drogenähnliche Substanz, die Barbara zu sich genommen hatte, Novokain von ihrem Zahnarzt.

Barbara gab mir einen detaillierten Bericht über das, was sie an jenem Abend im Valentine's an Nahrung und Getränken konsumiert hatte. Ich kalkulierte, daß jede beliebige Droge, die sie mit dem Screwdriver zu sich nahm, innerhalb weniger Minuten hätte wirken müssen. Kokain, beispielsweise, würde sie sofort stimuliert und in Euphorie versetzt haben. Aber Barbara berichtete von einem plötzlichen Schwindelgefühl und Atmungsschwierigkeiten, den klassischen Initialzeichen für eine anästhetische Droge. Zwar konnte sie sich kaum erinnern, was dann geschehen war, doch genügte das, was sie sich zurückrief, um die diagnostischen Kriterien für eine Ketamin-Intoxikation zu erfüllen. Zu diesem Erleben gehören veränderte eigenkörperliche Perzeptionen (sie hatte das Gefühl, nur einen halben Meter groß zu sein); eine außerkörperliche Erfahrung (sie sah ihr eigenes Gesicht); und, gottlob, der Verlust von Schmerz und Erinnerung.

Die Veränderungen in der eigenkörperlichen Perzeption waren

durch die Drogen verursachte Entstellungen realer Dinge, nicht Halluzinationen von nicht vorhandenen Dingen. Ihre Beschreibung der drei Männer im Valentine's, des Weges zum Auto, sogar des Ketamintrips selbst paßte jeweils zu ihren realen Entsprechungen. Die Vergewaltigung wies keine der Charakteristika einer halluzinatorischen Geschichte mit imaginären Menschen und Objekten auf. Ihr Bericht schilderte eher das Erlebnis einer Sinnestäuschung. Was sie erzählte, entsprach in seiner Art und Weise der Beschreibung, wie sie eine nüchterne Person von einer gewöhnlichen Wahrnehmungstäuschung liefert. Man stelle sich ein Auto auf einer Landstraße vor, in der wabernden Hitze eines Sommertages. Die Form des Autos scheint sich leicht zu verändern; scheinbar fließen die Farben ineinander; vielleicht bewegt sich sogar das Fahrzeug sonderbar. Doch es bleibt zweifellos ein Auto. Und die Straße bleibt eine Straße. Barbaras Körper stand unter dem Einfluß von Ketamin, und die elektrische Reizung durch die Droge ließ visuelle Objekte ihre Größe verändern, sich perspektivisch verschieben, sogar aus Barbaras Gedächtnis verschwinden. Aber wenn sie sich auch nur an wenig erinnerte, ignorieren konnte man das wenige dennoch nicht. Eine Vergewaltigung in einer Dalí-Landschaft blieb eine Vergewaltigung.

Donnas Erfahrung war schwieriger zu erklären. Sie hatte weitaus mehr Dosen erhalten, konnte sich aber dennoch an fast alles erinnern. Einen physischen Grund für den Unterschied schien es nicht zu geben: In Alter, Körpergröße und -gewicht lagen die beiden Frauen nahe beieinander. Vielleicht war Donna eine erfahrene Konsumentin psychedelischer Drogen und daran gewöhnt, in einem veränderten Bewußtseinszustand zu agieren, daher das gute Erinnerungsvermögen. Doch erklärte sie, genau wie Barbara, sich nur einen gelegentlichen Drink in Gesellschaft zu genehmigen. (Die spätere Haaranalyse ergab, daß sie zumindest während der letzten dreißig Monate keine Drogen genommen hatte.)

Es mußte eine andere Erklärung für Donnas ungewöhnliche Reaktion auf Ketamin geben. Ohne diese Erklärung war die Argumentationsbasis für die Staatsanwaltschaft mangelhaft. Es ließ sich nicht ausschließen, daß die Jury glauben würde, daß Donna – im Unterschied zu Barbara, die während der Vergewaltigung zumeist ohne Bewußtsein gewesen war – weder physisch noch mit Hilfe von Drogen gezwungen worden sei. Vielleicht würde das für Richie in einigen Anklagepunkten, die Donna betrafen, Freispruch bedeuten.

Ich erkundigte mich nach Donnas sonstigen Gewohnheiten. Sie war Vegetarierin, nahm Vitamine, trank Kräutertees und trieb täglich Sport. Bevor sie und Barbara damals zum Valentine's gefahren waren, hatten die beiden Frauen gemeinsam Pasta gegessen. Ich fragte Donna, ob sie an jenem Abend sonst noch etwas zu sich genommen habe. «Preiselbeersaft», erwiderte sie sachlich. Sie hatte vor dem Abendessen ein riesiges Glas davon geleert.

Ich sprang auf. «Ich kann nicht glauben, daß Sie das gesagt haben! Ich kann nicht glauben, daß Sie Preiselbeersaft gesagt haben!» Im Zimmer hin und her laufend, wiederholte ich diese Sätze. «Ich kann nicht glauben, daß Sie das gesagt haben!» Donna hatte gerade das geheime Wort ausgesprochen, ähnlich wie in dem alten Fernsehquiz von Groucho Marx, wo dann eine Ente von der Decke fiel und den verdutzten Gast, der das geheime Wort gesagt hatte, mit einem 50-Dollar-Schein belohnte. Die Ente in meiner Phantasie hielt statt dessen eine Karte mit dem in großen Lettern gedruckten Urteilsspruch: SCHULDIG.

Der Grund für meine kindliche Aufregung war der Umstand, daß Preiselbeersaft ein partielles Antidot ist. Der Saft azidifiziert Urin sehr rasch und hilft, das Ketamin aus dem Organismus zu «ziehen». Dies reduziert die Heftigkeit der psychologischen Reaktionen und beschleunigt die Wiederherstellung. Und Donna war praktisch so etwas wie ein Reservoir dieses Saftes. Sie hatte über Wochen hinweg eine Preiselbeersaftdiät gemacht und das Zeug literweise getrunken. Das erklärte, warum sie sich trotz der wiederholten Ketaminbehandlungen an so vieles erinnerte.

Donna war zwar paralysiert gewesen, doch fähig, Geschehnisse zu beobachten und zu registrieren. Als sie sich zu wehren versucht hatte, war sie von der Droge gleichsam aufgespießt worden wie ein

Frosch auf einem Seziertablett. «Sie machten mit mir alles, was sie wollten», sagte Donna schluchzend. «Und ich konnte nichts dagegen tun, absolut nichts, denn – Gott verdammt noch mal – hätte ich was tun können, so hätte ich's auch getan.»

Bei ihr zeigten sich dieselben klassischen Ketamin-Symptome wie bei Barbara, jedoch ohne die Amnesie. Für Donna spielte sich das Schreckliche außerhalb jeglicher Zeitgrenzen ab: Es dauerte gewissermaßen ewig an. Manchmal vernahm sie verworrene Stimmen, konnte sich jedoch nur an das erinnern, was direkt zu ihr gesagt worden war. Das entsprach meiner eigenen Erfahrung, als mir mein Zahnarzt Lachgas (ein dissoziatives Narkosemittel wie Ketamin) verabreicht hatte. Was er und seine Helferin miteinander sprachen, konnte ich nicht verstehen, während ich seine Anweisungen «Mund weit öffnen» oder «Ausspucken» ganz deutlich hörte. Obwohl ich keine Schmerzen fühlte, wußte ich, was geschah, als ich sah, wie der Bohrer in meinen Mund eindrang. Ich hatte dann immer ein wenig Angst. Mir schauderte bei der Vorstellung, was Donna empfunden haben mußte.

Nach dem Gespräch mit Donna traf ich mich mit der Staatsanwältin und legte ihr meine Auffassung dar: Bei der Droge habe es sich nicht um Kokain, sondern um Ketamin gehandelt; und die Vergewaltigungen seien keine Halluzinationen gewesen. Die Staatsanwältin riet mir, mich auszuschlafen; mein Erscheinen vor Gericht war für den folgenden Vormittag festgesetzt.

Ich konnte nicht schlafen. Mich unruhig im Bett wälzend, rief ich mir mein Gespräch mit Donna zurück. Immer wieder dachte ich darüber nach, was für eine Erfahrung es für sie gewesen sein mußte, während eines Drogentrips vergewaltigt zu werden. Vielleicht war es ähnlich wie in jener Szene in dem Film *Rosemaries Baby* aus dem Jahr 1968, wo Mia Farrow im Rauschzustand halluziniert, sie werde vom Teufel vergewaltigt. Die Traumsequenz zerreißt, als Mia Farrow begreift, daß die Vergewaltigung echt ist, und schreit: «Dies ist kein Traum! Dies geschieht wirklich!»

Der Gedanke ließ mir keine Ruhe. Ich sprang aus dem Bett, zog mich an und verließ das Hotel. Mit einem Taxi fuhr ich zum Valentine's und von dort zum Andrea Motel, wohin man Donna gebracht hatte. Richie und seine Freunde benutzten diese Absteige so häufig für ihre Zwecke, daß sie davon sprachen wie von einem Familienmitglied – Cousine Andrea. Während der Fahrt sah ich die Lichter und Brücken, die Donna so gut beschrieben hatte. Allerdings sah sie die Welt als verschwommene Ketaminvision. Ich nahm meine Brille ab (ich bin kurzsichtig) und sah, wie die Lichter fluteten und Fährten in die Luft zeichneten. Dann versuchte ich, mich auf den Rücksitz zu legen, um eine Vorstellung davon zu bekommen, was für ein Gefühl das gewesen sein mußte. Offenbar nickte ich dabei kurz ein, denn als nächstes tauchte urplötzlich das Gesicht des Taxifahrers vor meinen Augen auf. Ich sah es genauso deutlich, wie Donna Richies Jack-in-the-box-Gesicht gesehen hatte. «Andrea Motel», verkündete der Fahrer. Nach einer kurzen Besichtigung fuhr ich zu meinem Hotel zurück und fand noch ein paar Stunden Schlaf.

Bei meiner Aussage vor Gericht ging alles gut. Die Geschworenen hörten mir aufmerksam zu; überraschenderweise tat dies auch der Verteidiger. Alle schienen begierig, etwas über Ketamin zu erfahren. Richie grinste. Er war der wirkliche Experte. Glücklicherweise befragte mich niemand über Flashbacks (Rückblenden) bei Ketamin. Noch Jahre später kann es zur spontanen Wiederkehr von Ketamintrips kommen, und ich wollte die Opfer nicht beunruhigen. Und Richie keinen weiteren Grund zum Grinsen geben.

Nach der Verhandlung verabschiedete ich mich von allen. Unter vier Augen versicherte ich der Staatsanwältin, daß die Opfer am Ende wahrscheinlich auch von allen Flashbacks befreit sein würden. Was mich selbst betraf, so war ich nicht sicher, daß ich jemals die Erinnerung an Barbaras und Donnas schreckensvolle Schreie loswerden konnte. Als ich mich von Detektiv Sofia verabschiedete, zog er seine Anstecknadel aus dem Revers und drückte sie mir in die Hand. Das Abzeichen bestand aus einem roten Apfel aus Emaille mit eingelegtem goldenen Detektiv-Emblem. Er wußte, wie sehr ich es bewunderte. Ich war vor Dankbarkeit fast sprachlos.

Als ich zum Flugplatz fuhr, steckte ich mir die Nadel an. Die Polizei und die Sicherheitsleute schienen sie zu erkennen, und einer nickte mir sogar kollegial zu. Ich ging in die Airport-Bar, um dort auf meinen Flug zu warten. Irgendwie gab mir die Nadel ein Gefühl der Sicherheit. Und ich bestellte mir ein Glas von dem, was in New Yorker Bars mein Lieblingsdrink geworden ist: einen Preiselbeersaft-Cocktail.

Nachtrag

Richie wurde wegen Vergewaltigung beider Frauen verurteilt. Angelo und Patsy bekannten sich schuldig. Alle drei wurden zu Gefängnis verurteilt. Richie zu insgesamt einhundertundvierzig Jahren. 1990 wurde endlich ein Test für Ketamin im Haar entwickelt. Doch schon im Juli 1984 konnten in Teilen von Donnas und Barbaras Haar Spuren der Drogen nachgewiesen werden.

Zelda, die Löwin, hatte einen Wurf von vier gesunden Jungen.

Dalís Pfeil-Gewehr-Gemälde erzielte einen Preis von fünfunddreißigtausend Dollar.

Flashback
und Deadball

Zwei Saufbrüder, die in einer Urinlache hockten, markierten den schmalen Eingang zum Hotel. «Willkommen im feinsten Elendsquartier», murmelte ich vor mich hin, während ich über das Pärchen hinwegkletterte. Nur wenige Kilometer entfernt, in Hollywood, zierten Filmsternchen die Trottoirs. Hier, in der brutalen Realität von Los Angeles, gab es nur die Sternchen, die die Säufer sahen, bevor sie draußen auf den Straßen in ihren Vollrausch sanken.

Es war ein später Nachmittag im Oktober, der Himmel war bereits dunkel, und das blendende Neonlicht der Bars und billigen Hotels lockte diejenigen an, die sich noch auf den Beinen halten konnten. Ich öffnete die Tür zum Hotel und stieg die Treppe hinauf. Die Treppe war so dunkel wie die Straßen. Auf dem ersten Treppenpodest konnte ich auch sehen, warum: Offenbar aus Sparsamkeitsgründen brannte hier statt zwei großen Glühbirnen nur eine kleine, die aus einem Kühlschrank zu stammen schien. Die Birne auf dem nächsten Treppenpodest kam mir noch winziger vor, und auf dem dritten Podest waren dem Hotel die Birnen ausgegangen. Ich stolperte weiter.

Doughnuts! Der süße Duft dieses herrlichen Krapfengebäcks füllte meine Nase. Der Geruch war unverkennbar. Irgendwer machte Doughnuts! Als Kind hatte ich jeden Samstag Doughnuts gerochen, wenn ich die endlose dunkle Treppe zu den Unterrichtsräumen emporgestiegen war, in denen Professor Edgar Alderwick Geigenstunden gab. Das Studio befand sich im obersten Stockwerk eines alten Ziegelgebäudes. Die Haustür aus Holz und Glas war stets so schmutzig, daß ich sie mit einem Taschentuch öffnen mußte, um mir die Finger nicht vor der Unterrichtsstunde zu beschmieren. Der Professor legte auf saubere Hände und Fingernägel fast genausoviel Wert wie auf tadellose Intonation. Sauber war ich, nur mit der Intonation haperte es. Bis zum ersten Podest war die Treppe dreckig, und ich mußte jede Berührung des Geländers vermeiden. In der ersten Etage gab es eine einzige Tür, die verschlossen war. Eines Tages stand sie jedoch einen Spaltbreit offen, und ich spähte hinein und sah, daß dort Leute Doughnuts für die Bäckerei nebenan backten. Während ich zum nächsten Stockwerk emporstieg, umfingen mich betäubende Düfte, die meine Sinne so verwirrten, daß ich auf dem Podest eine kurze Pause einlegte, bevor ich weiterging.

Zum Unterricht erschien ich stets sehr früh – und unvorbereitet. Mein zeitiges Eintreffen gestattete mir, das Badezimmer aufzusuchen und etwas von meiner Nervosität loszuwerden. Das sogenannte Badezimmer befand sich in einem höhlenartigen Lagerraum neben dem Studio. Im Schutz der Geräuschkulisse, die von den quietschenden Geigenklängen eines noch übenden Schülers herrührte, schlich ich mich auf Zehenspitzen ins Bad, hob den Klodeckel und knipste das Licht an. Unmengen von Kakerlaken stoben in alle Richtungen davon. Dort, in jenem Bad, sah ich meine erste Kakerlake. Und meine letzte. Nirgendwo sonst stieß ich jemals wieder auf Kakerlaken, und es schien mir, als sei Alderwicks Badezimmer die Brutstätte für die gesamte Spezies. Wenn die Kakerlaken das Weite gesucht hatten, erledigte ich rasch mein Geschäft und nahm dann im Warteraum Platz. Inzwischen war der andere Schüler für gewöhnlich fort, und ich wurde wieder nervös. Selbst nach elf Jahren Unterricht bei dem Professor wurde ich noch immer nervös. *Ich bin so schlecht vorbereitet. Warum habe ich nicht mehr geübt?* Statt Doughnuts hing der Geruch von Angst in der Luft. Und doch – ganz wie in einem schlechten Traum – zwang mich irgend etwas, an die Tür zu klopfen.

Rudy öffnete die Tür. «Warum, zum Teufel, haben Sie so lange gebraucht?» schrie er.

«Rush-hour», erklärte ich. «Ich mußte fast einen Kilometer von hier parken.» Das war die Wahrheit, doch Rudy hörte nicht zu. Tief in seine eigenen Probleme versunken, lief er im Zimmer hin und her.

«Doc, ich weiß, daß was passieren wird.» Aus seiner Stimme klang panische Angst. Er steckte sich eine Zigarette an. Ich sah, daß im übervollen Aschenbecher noch eine brannte. «Vielleicht sollten Sie mich heute abend ins Krankenhaus schaffen?» fragte er. Er paffte ein paarmal und drückte die Zigarette dann in das Kippenhäufchen.

«Sagen Sie mir, was passieren wird», fragte ich mit all der klinischen Gelassenheit, die ich aufzubringen vermochte. Es fiel mir schwer, weil ich so aufgeregt war. Rudy hatte mir zuvor am Telefon erzählt, daß er vor Jahren LSD-Konsument gewesen war und noch immer unter gelegentlichen Flashbacks (Rückblenden) litt. Als er am Telefon geflüstert hatte, er spüre, daß ein Flashback im Anzug sei, hatte ich den Hörer fallen lassen und war hierher geeilt. Die Gelegenheit, einen tatsächlichen Flashback mitzuerleben, wollte ich mir nicht entgehen lassen. *Was soll ich tun, wenn er einen Flashback hat? Ich bin darauf gar nicht vorbereitet.*

Rudy sagte, ein schwarzes Loch wolle ihn verschlucken. Von all seinen LSD-Flashbacks fürchtete er das Loch am meisten. Die anderen Flashbacks, erklärte er, seien relativ gutartig. Manchmal sah er in einem Abstand von etwa einem halben Meter winzige pulsierende Farbtupfer. Sie blieben mehrere Minuten sichtbar und ließen sich auch nicht wegzwinkern. Es kam auch vor, daß kleine amöbenartige Punkte von den Ecken her auf ihn zustürzten und genauso schnell wieder verschwanden. Die Tupfer und die Punkte beunruhigten ihn. Das schwarze Loch aber erfüllte ihn mit Entsetzen.

Das schwarze Loch erschien ein- oder zweimal pro Monat an den unerwartetsten Orten: auf der Straße, im Park, und einmal tauchte es sogar plötzlich in einer Zeitung auf. Ich wußte, wie unberechenbar und machtvoll solche Erlebnisse sein konnten. Mein eigener Flashback – die Erinnerung daran, wie ich zu Alderwicks Violinstudio hinaufgeklettert war – hatte mich urplötzlich überfallen, als ich auf einer ähnlichen Treppe zu Rudys Zimmer emporstieg. Das Erleben war so intensiv, daß ich sogar Doughnuts gerochen hatte, wenngleich ich sicher war, daß der Geruch in meinem Gehirn steckte und nicht in meiner Nase. Auf jeden Fall hatte ich die Wahl, bei dieser angenehmen Erinnerung zu verweilen oder sie aber zu ignorieren. Rudy dagegen hatte keine Wahl. Anders als meine Doughnuts und ihr verlockender Duft benötigte Rudys schwarzes Loch keine persönliche Einladung zum Bleiben, wenn es erst einmal losgelassen war. Es rollte vielmehr auf der Straße hinter ihm her, ein gigantisches Krapfenloch aus dem Reich der Dunkelheit. Und dann rannte Rudy hilfesuchend zum nächsten Polizeirevier oder Krankenhaus. Bei der Polizei lachte man, und die Ärzte gaben ihm Tranquilizer.

«Ich habe heute abend, bevor Sie eingetroffen sind, ein paar von den Pillen genommen», sagte Rudy.

«Welche haben Sie genommen?» fragte ich. Rudy reichte mir eine Flasche, die einmal 100 Valium-Tabletten je 5 mg enthalten hatte. Die Flasche war leer. «Wie viele genau haben Sie genommen und wann?» wollte ich wissen. Ich blickte mich nach dem Telefon um und entdeckte es auf dem Fußboden neben dem Bett. Falls nötig, konnte ich einen Krankenwagen anrufen, allerdings wußte ich nicht, wie schnell er hier sein konnte. «Wie viele?» wiederholte ich.

«Vier, vor ungefähr zwanzig Minuten», gestand Rudy kleinlaut. «Der Rest ist in der Toilette.»

Ich lief ins Bad. In der Kloschüssel schwappten Dutzende gelber Valiumtabletten. Auf dem Wasser bildeten weitere Tabletten einen Regenbogen: rote und weiße Nembutal, orangefarbene Thorazin, grüne Librium, blaue Stelazin sowie eine hübsche violette Kapsel, die ich nicht identifizieren konnte. Ich spülte sie alle runter.

Rudy erklärte, daß die Tabletten ihn verwirrten und seine Bewegungen verlangsamten. Sie standen ihm buchstäblich bis oben hin, und er gelobte, niemals wieder eine zu schlucken. Außerdem vertraue er fest darauf, daß ich ihn heilen würde. *Wie denn? Ich habe das noch nie gemacht!* Rudy behauptete, seit meinem Eintreffen fühle er sich schon besser.

Ich wußte, daß seine Entspannung auf das Valium zurückzuführen war, dessen Wirkung gerade einzusetzen begann. Wenigstens rannte er jetzt nicht mehr hin und her. Zwanzig Milligramm würden ihn wahrscheinlich in Schlaf lullen, umbringen würden sie ihn sicher nicht. Ich atmete auf und beschloß, ihn zu befragen, solange er noch wach war. Und so nahm ich auf einem Schreibtischstuhl in der Nähe des Telefons Platz. Rudy, der auf dem Rand des Bettes saß, faltete die Hände wie ein braver Schüler. Er versuchte stillzusitzen, doch sein massiger Körper brachte das Bett unaufhörlich zum Wakkeln. Seit seiner Kindheit war er fettsüchtig, und sein Übergewicht wie auch sein jungenhaftes Aussehen waren ihm erhalten geblieben. Mit seinem krausen Rotschopf, seinen Sommersprossen, seinem Cowboyhemd und seinen Stiefeln sah er aus wie ein fetter Clown.

Während seiner High-School-Zeit hatte Rudy etwa ein Dutzend LSD-Trips genommen. Er beschrieb die typischen Wahrnehmungen, zu denen auch geometrische Bilder und Verzerrungen im Gesichtsfeld gehörten. Diese Trips waren immer angenehm und unterhaltsam. Sein letzter Trip allerdings wurde zum Horrortrip. Zunehmend war in seiner Schule ein neuer Typ von LSD in Gebrauch: White Lightning. Und eine einzige Dosis von White Lightning enthielt mehr LSD, als Rudy bei all seinen vorherigen Trips insgesamt konsumiert hatte, was er allerdings nicht wußte.

Daß der Trip unheimlich stark war, spürte er jedoch sofort, nachdem er ihn während des Algebraunterrichts genommen hatte. Die Schule schien jetzt nicht der richtige Aufenthaltsort zu sein, und Rudy ging hinaus. Er hatte das Gefühl, eine völlig neue Welt zu betreten. Er streckte sich im Gras aus und fühlte, wie grüne Wellen durch seinen Körper wogten. Die Wellen trugen ihn empor zum Himmel und höher und immer höher. Zu hoch, dachte Rudy, viel zu hoch. Plötzlich fürchtete er, sterben zu müssen. Er rannte zu seinem Auto und versuchte, sich auf den Sitz zu legen. Dann sah er, wie eine Hand durchs Fenster hereingestreckt wurde und die Zündung in Gang setzte. Das Auto fuhr mit einem Ruck los und legte rasch an Tempo zu. Entsetzt beobachtete Rudy, wie die Tachometernadel sich schnell bis zum Anschlag drehte und dort verharrte. Er griff nach dem Lenkrad und hatte das Gefühl, gegen eine Mauer zu fahren.

Das Auto prallte *tatsächlich* gegen eine Mauer, doch Rudy stieg aus und lief davon. Er fand ein paar Freunde, denen er sagte, er sei voll Acid und im Begriff, völlig durchzudrehen. «Bringt mich zu einem Krankenhaus», flehte er stotternd.

«Du bist hinüber», bemerkte einer, als Rudy zu Boden glitt. Alle lachten über den Clown auf Trip.

«Ich habe Angst, nie mehr zurückzukommen», rief Rudy.

«Nie mehr zurück. Nie mehr zurück», spotteten seine Freunde.

Die Wellen von White Lightning, die in seinem Körper tobten, trugen ihn bis zum Rand des Vakuums. Verzweifelt kämpfte Rudy darum, die Verbindung zur Wirklichkeit nicht zu verlieren, am Leben zu bleiben. Mit Armen und Beinen rudernd wehrte er sich wie ein Schwimmer gegen die reißende Strömung. Schließlich traf die Polizei ein und brachte Rudy zu einem Krankenhaus, wo er wegen LSD-Vergiftung behandelt und dann entlassen wurde. Es war der erste von vielen Besuchen bei der Notaufnahme in Krankenhäusern.

Zwar nahm Rudy niemals wieder LSD oder irgendwelche anderen Halluzinogene, doch die Flashbacks von seinem letzten Trip suchten ihn immer wieder heim. Er erzählte mir, daß die Flashbacks für gewöhnlich mit dem gleichen Übelkeitsgefühl einsetzten, das er damals nach dem Schlucken von White Lightning empfunden hatte. Wenn er spürte, daß die Flashbacks im Anmarsch waren, machte er sich sofort auf den Weg zum nächsten Krankenhaus. Bald kamen die visuellen Eindrücke. Da sie jedoch nie länger als eine Viertelstunde anhielten, waren sie wieder verschwunden, wenn er das Krankenhaus erreichte. Rudy beschrieb mir, wie er dann in der Krankenhaushalle zu sitzen pflegte, bis auch die Angst und das Gefühl bevorstehenden Unheils verschwunden waren – meist innerhalb einer weiteren halben Stunde. Wollte die Angst nicht aufhören, suchte er ärztliche Hilfe. *Es sind also die visuellen Eindrücke, die die Angst auslösen! Was löste aber diese Bilder aus? Doch nicht so etwas Simples wie ein übersäuerter Magen?*

In letzter Zeit erschien das schwarze Loch fast jede Nacht. *Warum kommt es ausschließlich nachts?* Rudy verbrachte den größten Teil des Tages in angstvoller Erwartung. «Nachts tauchen die Flashbacks auf», sagte er. Ich wollte wissen, ob es nachts auch bestimmte Phasen gab, in denen die Flashbacks nicht auftraten. «Ja, zwei», sagte er mit einem Gähnen. «Wenn ich schlafe, oder wenn ich unterwegs bin, um Billard zu spielen.»

Es war schon spät, und Rudys Augenlider wurden schwer. Da er sie kaum noch lange genug offenhalten konnte, um einen Flashback zu sehen, sagte ich ihm, er solle sich hinlegen. Morgen würden wir zusammen eine Runde Billard spielen. Das konnte ich weitaus besser als Geige.

Am nächsten Tag beschäftigte ich mich mit der wissenschaftlichen Literatur über Flashbacks. Nach der vorherrschenden Meinung handelt es sich bei Flashbacks um spontane Erinnerungen. Im übrigen bleiben nur Erinnerungsfragmente an LSD-Trips zurück, das allermeiste wird vergessen. Manchmal kehren allerdings vollständige Erinnerungen spontan wieder, und zwar mit Bildern und allen damaligen Gefühlen oder Empfindungen. Die Erinnerungen können als eine Folge von Einzelbildern erscheinen, wie Schnappschüsse von einer Urlaubsreise, manchmal ähneln sie eher einem Film und zeigen eine ganze Sequenz von Ereignissen. Die Schnappschüsse sind fast immer kurz, sie dauern nur ein bis zwei Sekunden. Die «Filme» laufen mitunter eine ganze Stunde lang. Im Laufe der Zeit nehmen die Flashbacks an Dauer und Häufigkeit ab und bleiben schließlich ganz fort. Sie stellen sich meist während der ersten paar Tage nach einem Trip ein, aber es kommt auch vor, daß sie noch Wochen oder Monate nach einem besonders intensiven Drogenerlebnis wiederkehren.

Für minutenlange Flashbacks, die noch nach fünf Jahren wieder auftauchen wie bei Rudy, fand ich in den medizinischen Berichten keinen einzigen Präzedenzfall. Doch besaßen die Flashbacks die gleichen klassischen Merkmale wie alle anderen: Sie waren zumeist visuell, beängstigend, und er konnte ihnen nicht entrinnen. Die Punkte und Tupfer bildeten oft einfache geometrische Anordnungen, die identisch waren mit den halluzinatorischen Formkonstanten, wie Klüver sie beschrieb. Ich nahm an, daß es sich bei dem schwarzen Loch um eine Variation der elementaren Tunnelform handelte.

Die bei Flashbacks wiederauftauchenden Bilder haben mit der pharmakologischen Wirkung der Droge nichts zu tun. Es gibt keine im Gehirn zurückbleibenden Stoffwechselprodukte, schon gar nicht nach jahrelanger Abstinenz. Und niemand hat auf Drogen zurückzuführende Gehirnschädigungen oder neurologische Funktionsstörungen festgestellt, die für solche Wahrnehmungen verantwortlich sein könnten. Die Literatur besagte eindeutig, daß Flashbacks ihrer Natur nach nicht pathologisch, sondern psychologisch sind. Am besten erklärt man sie sich als eine Art nachempfindende Erinnerung vergangener Erlebnisse, buchstäblich unvergeßlicher Trips.

Immer wieder erzwangen sich die Flashbacks Zugang zu Rudys Leben; sie forderten seine volle Aufmerksamkeit und ließen sich nicht verscheuchen. Es ist – so kann man es sich vorstellen –, als schleiche sich jemand heran, packe einen beim Kopf und zwinge einen, sich wieder und wieder ein paar alte Videoaufnahmen anzusehen. Man kann sich nicht abwenden und man kann den Projektor nicht ausschalten. Man muß zusehen und zuhören und alles wiedererleben, bis der Film zu Ende ist. Ich wußte, daß solche ungebeten wiederkehrenden Bilder bei sensiblen Menschen Angst, neurotische Hysterie, ja sogar psychotische Reaktionen hervorrufen können. Es war kein Wunder, daß Menschen, die unter Flashbacks litten, zum Mißbrauch von Alkohol und anderen Beruhigungsdrogen neigten, weil sie damit den Projektor abstellen wollten. Rudys Medikamentenmißbrauch machte da keinen Unterschied. Aber anstatt den Projektor anzuhalten, benebelten die Tabletten nur Rudys Wahrnehmungsvermögen und schürten seine Angst. Ich bemerkte auch Anzeichen von psychotischem Denken: Er sagte zu mir, das schwarze Loch besitze einen eigenen Willen.

Das schwarze Loch drohte, Rudy zu verschlingen. Ich fürchtete, daß Rudy für immer verloren wäre, falls es nicht gelang, diese Flashbacks zu beseitigen. Doch um sie zu vernichten, mußten die sie auslösenden Stimuli identifiziert werden. Manche Auslöser sind leicht zu finden, und die Patienten wissen auf Anhieb, welches Musikstück, welcher Film und welche anderen Stimuli sie an ihre Trips erinnern und die Flashbacks entzünden. Ein Patient war außerstande, sich eine bestimmte Beatles-Schallplatte anzuhören, ohne die gleiche Entpersönlichung wiederzuerleben, die er empfunden hatte, als er der Platte unter dem Einfluß von LSD lauschte. Patienten, die solche Auslöser meiden, können eine nahezu vollkommene Kontrolle über die Flashbacks ausüben. Ein Patient zum Beispiel fand heraus, daß der Genuß von Marihuana bei ihm einen LSD-Flashback auflöste. Als er mit dem Rauchen von Marihuana aufhörte, verschwanden auch die Flashbacks.

Was die Auslöser für Rudys Flashbacks betraf, so tappten wir allerdings beide im dunkeln. Marihuana rauchte er nicht, und zu dem physischen und kulturellen Umfeld seiner High-School-Zeit samt LSD-Trips hatte er überhaupt keinen Kontakt mehr. Möglicherweise war der Auslöser eher subjektiver als objektiver Natur. Vielleicht handelte es sich um ein spezielles Gefühl, das bei seinem ersten Drogentrip dominiert hatte. Mitunter genügt eine bestimmte Erregungsintensität, etwa der Streß einer Situation oder ein angstvoller Gedanke, um einen Flashback auszulösen. Praktisch konnte alles in Rudys Alltagsleben der – oder die – Auslöser sein. Da die Flashbacks bei ihm nur abends oder nachts auftraten, mußte ich um diese Zeit mit ihm zusammensein, um den Auslöser zu finden.

Am Abend ging ich mit Rudy zum Essen. Während ich einen Salat aß, verkonsumierte Rudy zwei Steaks und ein Päckchen Zigaretten. Er erzählte mir von seiner Kindheit, von der ihn langweilenden Schule, von Gelegenheitsjobs und davon, wie er den Spitznamen «Deadball» (Stopball) bekommen hatte. Beim Poolbillard ist der Stopball ein Stoß, bei dem der Spielball nach der Berührung mit einem Zielball stoppt, respektive «tot» liegenbleibt. Um einen Deadball-Stoß auszuführen, muß der Spieler den Spielball so treffen, daß dieser den Zielball berührt, ohne einen Vorwärts- oder Rückwärtseffekt auszulösen. Stopbälle sind ein gutes Mittel, um auf dem Billardtisch günstige Stellungen zu erzielen, und Rudys Meisterschaft in dieser Technik hatte ihm den Spitznamen eingetragen. Rudy erbot sich, sie mir beizubringen.

In einer nahegelegenen Billardkneipe plazierte Rudy den Achter-Ball an den Rand einer Kopftasche und legte den Spielball dann ganz ans andere Ende des Billardtischs. Sein Stoß bewirkte, daß der Spielball den Achter-Ball in die Tasche beförderte, selber jedoch unmittelbar am Rand der Tasche «tot» liegenblieb. Makellos. Er baute dieselbe Stellung für mich auf. Ich hielt mich zwar für einen guten Spieler, war aber doch überrascht, als es mir jetzt gelang, den besten Stopball meines Lebens zu produzieren. Rudy starrte mich an. «Auf geht's», sagte er.

Gleich beim Anstoß lochte er einen Ball ein, und ich hatte überhaupt keine Chance, bei dieser Partie mitzuspielen. Ohne einen einzigen Fehlstoß räumte er den Tisch ab. Sein Spiel war schnell und selbstsicher. Bei der nächsten Partie versenkte ich ein paar Bälle, und bei der vierten schaffte ich dann eine Serie von elf Bällen. Doch ich ließ mir Zeit und pirschte, vor jedem Stoß alle theoretischen Möglichkeiten bedenkend, um den Tisch herum. Ich war völlig in diese grüne Filzwelt versunken. Rudy schien sich mit meinem schleppenden Tempo abgefunden zu haben, denn er hatte aufgehört, mir für den nächsten Stoß Tips zu geben. Als ich einen komplizierten Stoß verpatzte, drehte ich mich zu ihm um.

Der erste, was mir auffiel, war seine Zigarette. Sie befand sich noch zwischen seinen Lippen – zumindest der Filter befand sich dort –, doch der Rest war zu Asche verbrannt, ohne indes seine Form zu verlieren. Ich hatte dies früher bei Professor Alderwick gesehen, wenn er meine Geige nahm, um mir zu zeigen, wie ein bestimmtes Stück gespielt werden sollte. Versunken in die Traumwelt der Musik, ignorierte der Professor die ewig von seinen Lippen baumelnde Zigarette, bis er mit dem Spielen fertig war. Ich fürchtete immer, sie werde herabfallen und Brandspuren auf meiner Geige hinterlassen. Aber das geschah niemals. Alderwicks statuenhafte Haltung, fast bewegungslos bis auf die Finger und den bogenführenden Arm, sorgte dafür, daß die Zigarette genauso wenig ins Schwanken geriet, als hätte er sie auf einem Aschenbecher abgelegt. Und ebenso starr konnte sie auch der Mund eines Flashbackers halten.

Während ich am Pooltisch eine meiner großen Glücksserien

spielte, hatte Rudy einen Flashback. Er schien erstarrt und bewegte sich erst, als ich zu ihm ging und seinen Namen rief. Dann erzählte er mir, mehrere orangefarbene Tupfer hätten ihn im Gesicht getroffen. Während er ihren Angriff beobachtete, kroch ein Prickeln seinen Rücken hinauf. Er hatte Angst, sich zu bewegen, ein klassisches Symptom.

Ich fühlte seinen jagenden Puls. Schweißperlen bedeckten seine Stirn. Ich wußte nicht, was ich tun sollte. Rudy bestellte zwei Bier und trank sie aus. *Der Flashback passierte, während ich spielte, aber Rudy hat doch gesagt, daß es niemals passiert, wenn er Billard spielt. Vielleicht muß er einfach was zu tun haben.* Ich versuchte ihn abzulenken, indem ich ihn zum Spielen ermunterte. Er solle mir demonstrieren, was er alles so draufhabe. «Bringen Sie mich zum Krankenhaus», erwiderte er. Ich sagte, es sei zu spät, und brachte ihn dann zurück zum Hotel. Dort bat ich ihn, mich gleich morgen früh in meinem Büro im Krankenhaus aufzusuchen.

Während der Heimfahrt überlegte ich, welche Tests ich mit Rudy im Krankenhaus durchführen sollte. Sein Flashback im Billardraum ließ auf eine bestimmte Art von Anfällen schließen, die von offenkundiger Katatonie, visuellen Komponenten, ja sogar kinästhetischen Empfindungen wie etwa Prickeln begleitet wurden. Ich würde eine komplette neurologische Überprüfung vornehmen, inklusive EEG. Ich hatte schon viele durch Epilepsie oder übermäßigen Drogenkonsum verursachte Anfälle miterlebt. Irgendwie schien sich Rudys Erfahrung davon zu unterscheiden. Er war bei Bewußtsein geblieben und hatte alles, was geschah, mit voller Aufmerksamkeit verfolgt. Und mit Nachdruck erklärte er, er sei keineswegs bewegungsunfähig gewesen, sondern habe sich nur aus Angst nicht gerührt. Angst hatte das den Rücken heraufkriechende Prickeln hervorgerufen und ihn so reglos verharren lassen wie einen Deadball. Dies war kein Anfall gewesen. Rudys Erfahrung erinnerte eher an meine eigene Erfahrung mit *The Tingler* (Schrei, wenn der Tingler kommt).

1959 hatte ich die Uraufführung von William Castles Horrorfilm

Schrei, wenn der Tingler kommt gesehen. Ich ließ nie einen Castle-Film aus. Um seinem Publikum Angst und Schrecken einzujagen, ließ er sich immer wieder neue Tricks einfallen. Vor dem Ende von *Homicidal* (Mörderisch) unterbrach der Filmvorführer die Vorstellung. Dann erklärte ein Ansager, es stehe dem Publikum frei, sich in die «Memmenecke» zu begeben; dort erhalte jeder Zuschauer, der zu große Angst habe, um den Rest des Films zu sehen, eine volle Rückvergütung. Außerdem befand sich dort eine uniformierte Krankenschwester, die bei jedem, der sich nicht sicher war, ob er's überleben würde, kostenlos den Blutdruck maß.

Bei *The Tingler* war der Gag sogar noch besser. In dem Film spielt Vincent Price einen wahnsinnigen Wissenschaftler, der einen Tingler – oder Prickler – zu fangen versucht, ein hummerartiges Wesen, das auf der Wirbelsäule von Menschen wächst, wenn sie sich fürchten. Stoppen kann man den Tingler nur, indem man schreit. Einer Stummen verabreicht er LSD. Sie bekommt Angst, kann aber natürlich nicht schreien. Während ihr Trip immer schlimmer wird, wächst der Tingler zu einer Stärke heran, die es ihm ermöglicht, das Rückgrat der Frau mit lähmendem Todesgriff zu umklammern. Nachdem der Wissenschaftler den Tingler von ihrem Körper entfernt hat, entkommt dieser aus dem Laboratorium. In genau diesem Augenblick wird die Filmleinwand dunkel, und der Vorführer betätigt einen speziellen «Percepto»-Schalter. Der Schalter aktiviert im Kino unter ausgewählten Sitzen kleine Motoren, die bei den betreffenden Zuschauern einen prickelnden leichten Elektroschock verursachen.

Ich erinnere mich, wie ich damals dort in der elektrifizierten Stille saß und dann zusammen mit den übrigen Zuschauern kreischte. Alle liebten den Film, und ich sah ihn mir im Laufe der Jahre mehrmals an. Die «Percepto»-Dinger hatte man nach den ersten Aufführungen entfernt, aber das spielte keine Rolle. Jedesmal, wenn die Leinwand dunkel wurde, ging bei mir das Prickeln los. Das Prickeln war zu einer konditionierten Reaktion auf die dunkle Leinwand geworden.

Ich vermutete, daß Rudys Flashback auf einem ähnlichen Mechanismus beruhte. Während seines letzten LSD-Trips hatte ihn wilde Panik gepackt. Und jetzt konnte ihn praktisch jeder visuelle Eindruck, der auch bei diesem Trip aufgetreten war, in Angst und Panik versetzen. Die übliche Behandlung für eine solche panische Reaktion bestand in einer Desensibilisierung. Dies konnte erreicht werden, indem man die betroffene Person zunehmend den visuellen Stimuli aussetzte, während man ihr gleichzeitig beibrachte, sich zu entspannen. Aber für eine solch langsame Methode erschien Rudy zu ungeduldig. Die einzige realistische Möglichkeit, Tupfen, Tropfen oder andere Bilder wachzurufen, hätte darin bestanden, ihn noch einmal auf einen Trip zu schicken. Doch obwohl ich berechtigt war, ihm LSD zu geben, erschien mir das zu riskant. Dazu würde ich nur im äußersten Fall greifen. Eine ungefährlichere Methode bestand darin, den Auslöser zu isolieren und zu vernichten. Nur wüßte ich noch immer nicht, was dieser Auslöser war.

Als Rudy in meinem Büro im Neuropsychiatrischen Institut erschien, zitterte er. Das Loch, schrie er, warte direkt vor der Eingangstür auf ihn. Wir schlüpften durch einen Seitenausgang hinaus, und ich fuhr ihn nach Hause. Wie sich herausstellte, hatte er das schwarze Loch nicht tatsächlich gesehen; er hatte nur seine Anwesenheit gespürt. Es gelang mir, ihn zu beruhigen und dazu zu überreden, sich im Institut in den nächsten Tagen einer Reihe von physischen und psychischen Untersuchungen zu unterziehen. Alle Testergebnisse blieben innerhalb der normalen Grenzen. Und für eine Übersäuerung des Magens fand sich kein Anhaltspunkt. Auch die neurologische Untersuchung erbrachte keinerlei Hinweise auf Funktionsstörungen. Ich bat einen meiner Kollegen, Dr. Frank Erwin, einen Spezialisten für Anfallsleiden, um sein Urteil über Rudy. Sein Befund: Rudy habe «absolute echte Flashbacks». Ein weiterer Kollege, der inzwischen verstorbene Dr. Sidney Cohen, der mehrere Bücher über LSD geschrieben hatte, war derselben Ansicht. Sid nannte es den ungewöhnlichsten Fall von Flashbacks, der ihm je untergekommen sei.

Nachdem ich mich davon überzeugt hatte, daß Rudys Flashbacks echt waren, nahm ich ihn als sogenannten Forschungspatienten im NPI auf. Er sollte in einem Privatzimmer in der geschlossenen Abteilung in der Nähe meines Labors untergebracht werden. Der Zweck bestand darin, seine Aktivitäten lückenlos zu überwachen und zu registrieren, bis er mehrere Flashbacks gehabt hatte. Dann müßte es möglich sein, die Aufzeichnungen über sein Verhalten vor jedem Anfall miteinander zu vergleichen und den gemeinsamen Auslöser zu finden. Falls er einen seiner längeren Flashbacks hatte, konnte man ihn rasch zum Labor bringen, um dort sofort physiologische und neurologische Messungen vorzunehmen, auch ein EEG konnte durchgeführt werden. Noch nie war es gelungen, einen Flashback in einem Labor «einzufangen», und ich empfand eine merkwürdige Gemeinsamkeit mit Vincent Price, der den Tingler gejagt hatte. Die Tatsache, daß der Tingler aus dem Labor entkommen und der Wissenschaftler sein erstes Opfer geworden war, ignorierte ich.

Ich unterrichtete das Personal der geschlossenen Abteilung über Rudy. Wirklich *alles*, was er tat, sollte registriert werden, und beim leisesten Anzeichen eines Flashbacks wollte ich umgehend verständigt werden. «Ich wohne nur ein paar Blocks vom NPI entfernt, Sie können mich also jederzeit anrufen», sagte ich.

Kaum war ich am Abend nach Hause gekommen, als auch schon das Telefon läutete. Rudy hatte einen Angstanfall. Ich stürzte zur Abteilung, wo Rudy in seinem Zimmer unruhig hin- und herlief. Er hatte ferngesehen und währenddessen auf einmal Punkte wahrgenommen. «Die Punkte», erklärte er, «befanden sich einen halben Meter von meinem Gesicht entfernt, zwischen mir und dem Fußboden.» Der Flashback hatte zehn Minuten gedauert, aber ich hatte mindestens ebensolange gebraucht, um zum NPI zu rennen. Geblieben war nur Rudys Angstzustand. Ich ließ ihm eine Placebo-Injektion geben und wartete, bis er sich beruhigt hatte. Bevor ich die Abteilung verließ, warf ich noch einen Blick in den Tagesraum, wo Rudy ferngesehen hatte. Keinem der anwesenden Patienten war an

Rudy etwas Ungewöhnliches aufgefallen, während er seinen Flashback hatte. Als ich den Raum verließ, sah ich, daß das TV-Bild unruhig war, sich bald nach oben, bald nach unten bewegte. Den Patienten schien das nichts auszumachen.

Mehrere Nächte lang schlief ich im Labor. Überflüssigerweise. Denn Rudy meldete keine weiteren Flashbacks. Die ihm zuteil werdende Aufmerksamkeit schien ihm sehr zu behagen und das Gratislogis samt Verpflegung nicht minder. Das Personal allerdings war über sein rüdes Benehmen verärgert. Er weigerte sich, an der nachmittäglichen Gruppentherapie teilzunehmen, und nannte die anderen Patienten einen Haufen Leichen und Deadballs. Mit gefalteten Händen saß er stur wie eine Wand da und ließ nur ein gelegentliches Glucksen hören, wenn einer der Patienten der Gruppe sein Herz ausschüttete. Der Psychiater, der die Gruppe leitete, sagte zu Rudy, er müsse versuchen, sich mit seinen Problemen auseinanderzusetzen und sich von der Gruppe helfen zu lassen. «Sie kommen nicht voran, weil Sie sich uns verweigern», sagte der Psychiater. Er kritisierte Rudys Verhalten auch weiterhin scharf. Rudy hatte das gleiche Gefühl wie damals, als er von seinen High-School-Freunden verspottet worden war.

«Sie schmieren zuviel Kreide auf Ihren Schwanz [dick]», schrie Rudy den entgeisterten Doktor schließlich an. Der Psychiater beschwerte sich umgehend bei mir über Rudys Unverschämtheit. Ich erklärte, Rudy gebrauche dauernd Billardslang und seine Bemerkung beziehe sich auf das Einkreiden des Queues oder Stocks, damit dessen Spitze die Spielkugel sicherer treffe. Bestimmt habe Rudy «Stock» [stick] gesagt, doch der Psychiater beharrte auf «Schwanz» [dick] und fand das gar nicht komisch.

Und so ging ich mit Rudy jeden Nachmittag zum Billardraum im Gebäude der UCLA-Studentenvereinigung, wo er mir endlich sein Können demonstrierte. Er war nicht nur ein Turnierspieler von nationaler Klasse, sondern auch ein Meister von Trickstößen. Er zeigte mir eine ganze Reihe davon, und verblüfft beobachtete ich, wie der Spielball hüpfte und sprang und stoppte, wie er im Zickzack oder auch rückwärts lief. Bei einem bestimmten Stoß traf Rudy eine Gruppe von fünf Kugeln genau so, daß er alle gleichzeitig einlochte. Die Stöße wirkten bei ihm so natürlich, daß ich beinahe bereit war, ihm sein Gefasel abzukaufen, wonach ihn seine Mutter auf einem Billardtisch zur Welt gebracht hätte. Er behauptete auch, sie habe ihn nach Minnesota Fats, dem Vater der «Billardhaie», genannt, dessen wirklicher Name Rudolph Wanderone war.

Rudy zeigte mir ein paar Stöße, bei denen er gerne Wetten abschloß. Er legte zwei Kugeln Seite an Seite gegen die Bande. Dann setzte er die Achter-Kugel so auf die Bande, daß sie die beiden unteren Kugeln berührte. Die Spielkugel legte er an das andere Ende des Tischs. «Ich wette, daß ich's fertigbringe, mit der Spielkugel zuerst die Achter-Kugel zu treffen», sagte Rudy.

«Wette angenommen», rief ich. Der Stoß schien absolut unmöglich zu sein.

Rudy feuerte den Spielball direkt zwischen die beiden unteren Kugeln; gleichzeitig stieß er mit seinem mächtigen Bauch geschickt gegen den Billardtisch. Die beiden unteren Kugeln rollten beiseite, und die Achter-Kugel fiel gerade rechtzeitig auf den Tisch, um vom Spielball getroffen zu werden.

Für seinen nächsten Trick legte Rudy die Achter-Kugel auf den Punkt in der unteren Hälfte des Tischs, wo die Zielbälle zu Beginn des Spiels mit Hilfe einer Dreiecksform aufgebaut werden. Er bedeckte die Achter-Kugel mit einem Taschentuch und plazierte den Spielball ans andere Ende des Tischs. «Achter-Ball in die Kopftasche», kündigte Rudy an und traf den Spielball mit einem sachten Stoß genau in der Mitte. Der Spielball rollte in das Taschentuch, und der Achter-Ball rollte heraus und fiel in die Ecktasche am Fußende des Tischs. «Nicht zu verachten», sagte Rudy, ohne eine Miene zu verziehen.

Diese nachmittäglichen Billardstunden boten während der folgenden Wochen die einzig wirklich interessante Abwechslung. Mein Spiel verbesserte sich, und ein paarmal gelang es mir sogar, Rudy zu schlagen. Das passierte allerdings nur, weil er nicht mit vollem Einsatz spielte. Er war nur dann wirklich am Gewinnen interessiert, wenn es um Geld ging; und ich weigerte mich, mit ihm zu wetten.

Rudy gewöhnte sich an sein Leben im NPI. Er fand in der Abteilung sogar eine Freundin. Als sie dann aber vom Personal in einer kompromittierenden Situation erwischt wurden, war mir klar, daß Rudy nicht länger bleiben konnte. Außerdem hatte er seit jenem ersten Abend keine Flashbacks mehr gehabt, und «Deadball» war begierig zurückzukehren in jene Welt, in der gewettet wurde.

Sein bevorzugtes Jagdrevier waren die Pooltische in Bars oder kleinen Billardlokalen in der Nähe des Busbahnhofs. Seine Strategie bestand darin, zwar unter seinem Normalniveau, jedoch immer ein wenig besser als sein Gegner zu spielen. Trotz des scheinbar minimalen Unterschieds protzte er provozierend mit seiner Überlegenheit und verpatzte immer wieder mal einen leichten Stoß. Wenn Rudy einen Fünf- oder Zehn-Dollar-Schein auf den Tisch warf, sahen die Dummköpfe eine Chance, dem Großmaul den Mund zu stopfen. Ich war an so manchem Abend Zeuge, wie Rudy auf diese Weise hundert Dollar oder mehr abkassierte.

Eines Abends nahm ich ihn zu einem piekfeinen Pool-Club auf der Westseite mit, in dem das wohlhabende Publikum verkehrte. Da ich meinte, mich angemessen kleiden zu müssen, trug ich einen etwas knapp sitzenden Anzug und meine Lieblingskrawatte. Rudy kannte mich nur in Jeans und blauen Arbeitshemden. Er sagte, ich sähe aus wie ein Clown. Vielleicht stimmte das, doch als ich eintrat, war ich froh, daß ich meine Jeans zu Hause gelassen hatte. Ich erkannte mehrere Kollegen und einen Dekan der Universität.

Rudy und ich übten an einem der Tische, während er die übrigen Spieler taxierte. Keiner war sehr gut, doch wir sahen, daß eine Menge großer Scheine die Besitzer wechselte. Rudy forderte einen leidlich guten Spieler vom Nebentisch zu einem sogenannten One-Pocket-Spiel heraus. Billardhaie können beim One-Pocket gewinnen, ohne einen einzigen herausragenden Stoß zu machen. Die Dummköpfe ahnen nicht einmal, in was für einer Falle sie sitzen, weil die Strategie wichtiger ist als die Stoßtechnik. Beim One-Pocket werden die Zielbälle zu Beginn wie gewöhnlich mit Hilfe einer Dreiecksform am Fußpunkt aufgebaut. Vor dem Anstoß wählt jeder Spieler eine der beiden Ecktaschen am Fußende des Tisches aus. Es gewinnt der Spieler, der als erster in seiner Tasche acht Kugeln versenkt hat. Unerfahrene Spieler «versammeln» oft die Kugeln um ihre Tasche, um den Gegner zu veranlassen, Zeit mit dem Wegschießen dieser Kugeln zu verplempern. Experten wie Rudy scheuen nicht davor zurück, ein oder auch zwei Bälle zugunsten des Gegners einzulochen, um für sich auf Ablage zu spielen und die Bälle dann am laufenden Band in ihrer Tasche zu versenken. «Deadball» gewann eine Partie nach der anderen. Trotzdem verloren seine Gegner den Mut nicht, weil Rudy klugerweise immer für knappe Ergebnisse sorgte. Das stachelte sie immer wieder von neuem an. Ich beobachtete Rudy, der mehr als sieben Stunden lang spielte und jede Partie gewann.

Um ein Uhr früh verließen wir den Club und gingen auf dem Trottoir nebeneinanderher. Ich wollte nach Hause und endlich aus meinem Clownsanzug schlüpfen. Rudy wollte auch nach Hause, weil seine Taschen mit Bargeld vollgestopft waren. Ein leichter Regen fiel. Rudy hatte Mühe, sich eine Zigarette anzuzünden, seine zehnte während der letzten dreißig Minuten. Da ich ihn nie in meinem Auto rauchen ließ, schlug ich vor, einen Spaziergang um den Block zu machen. Nach einigen Minuten hörten wir über uns ein Knistern. Wir blickten beide hoch und sahen, daß im Regen ein Neonlicht kurz vor dem Verlöschen war. Es flackerte und zuckte. Ich ging weiter. Dann hörte ich Rudys schweren Atem, und als ich mich umdrehte, sah ich sein schreckensstarres Gesicht.

«Es ist hier!» flüsterte er und rannte wie besessen davon. Von seiner Panik angesteckt, jagte ich hinterher. Da liefen wir nun beide: zwei Angsthasen, die nach einer schützenden «Memmenecke» suchten. Schließlich wagte ich, einen Blick zurückzuwerfen, halb in der Erwartung, einen Straßenräuber zu sehen, der hinter Rudys Geld her war. Doch die Straße war leer.

Ich packte Rudy. «Rudy! Stehenbleiben und hinschauen!» Ich zwang ihn, sich umzudrehen.

Er wurde katatonisch, steif wie eine Statue. Wieder und wieder rief ich seinen Namen und forderte ihn auf zu beschreiben, was er sah. Nach fünf Minuten konnte er wieder sprechen. Das schwarze Loch sei jetzt verschwunden, keuchte er, doch habe er es zum erstenmal deutlich gesehen: einen gigantischen Trichter mit einem Durchmesser von etwa fünf Metern. Das Äußere bestand aus schwarzem Filigran, das Innere aus geometrisch angeordneten Streben. Genau im Zentrum des Lochs befand sich ein helles Licht.

Als Rudy «Licht» sagte, merkte ich auf. Endlich dämmerte mir, worum es sich bei dem Auslöser handeln könnte! Unmittelbar vor dem Flashback hatte Rudy in das flackernde Neonlicht gestarrt. Und im Aufenthaltsraum hatte unmittelbar vor seinem Flashback der Fernseher geflackert. *Flackerndes Licht konnte der Auslöser sein!*

Aber was hatte den ersten Anfall verursacht, jenen, als Rudy die brennende Zigarette zwischen seinen erstarrten Lippen hielt? Rudy rauchte dauernd Zigaretten. Das Nikotin! Die Stimulation des zentralen Nervensystems! Einen kritischen Punkt erreichte die Stimulation nur bei exzessivem Konsum, oder wenn gleichzeitig ein Flackern auftrat. Bei dem ersten Anfall war kein Flackern im Spiel gewesen, doch Rudy hatte Kette geraucht, genau wie heute nacht. Mein Gefühl sagte mir, daß Nikotin ein weiterer Auslöser war.

Aber wenn es sich so verhielt – wenn Flackern und Nikotin Auslöser waren –, warum erlebte Rudy dann nicht dauernd Flashbacks? Schließlich war er fast immer von pulsierenden Neonlichtern umgeben, und er rauchte ständig. Ich wußte, daß unter den richtigen Bedingungen flackerndes Licht oder Nikotin die elektrische Aktivität in seinem Gehirn genauso erregen konnte wie das LSD Jahre zuvor. Aber was für Bedingungen waren das? In jeder Situation, die zu einem Flashback führte, hatte Rudy sich unverkennbar unbehaglich gefühlt. Beim ersten Anfall war es eine lange Fahrt durch dichten Verkehr zu einem fremden Billardlokal, die das Unbehagen bewirkte. Der nächste Flashback ereignete sich während seines ersten

Abends in einer psychiatrischen Abteilung, für beinahe jeden eine beklemmende Situation. An diesem Abend kam der Flashback nach einem nervösen Spaziergang im Regen auf einer verlassenen Straße mitten in der Nacht – und dazu mit einem Haufen Geld in der Tasche. Ich mußte zugeben, daß auch ich nervös war. Und als Rudy mich zum erstenmal in meinem Büro aufgesucht hatte, voller Entsetzen über das schwarze Loch, hatte er fast zwei Stunden lang mit verschiedenen Bussen durch fremde Stadtteile fahren müssen. Ich wurde nervös, wenn ich bloß daran dachte, im Bus durch manche Gegenden von Los Angeles zu fahren. Bei Rudy war es mehr als Nervosität; neue oder bedrohliche Situationen verursachten jene stressigen Umstände, in denen die Auslöser wirksam werden konnten.

Am folgenden Tag holte ich Rudy ins Labor, um meine Vermutungen zu überprüfen. Als erstes wurde er an ein EEG-Gerät angeschlossen, das ständig seine Gehirnwellen überwachen würde. Dann forderte ich ihn auf, auf einem Stuhl vor einem lichtdurchlässigen Schirm Platz zu nehmen. Hinter dem Schirm befand sich ein optischer Stimulator, eine Art regulierbarer Röhrenblitz. Im Grunde unterschied er sich nicht von flackerndem Neonlicht, nur daß ich Häufigkeit, Intensität und Dauer des Flackerns variieren konnte. Wenn Versuchspersonen auf den Schirm blicken, sehen sie nicht einfach blitzendes Licht. Sie neigen vielmehr dazu, spezielle geometrische Formen wahrzunehmen, wie etwa Sterne, Schneeflocken, Kreuze, Spiralen, sogar Tunnel. Da diese Formen stark denen ähneln, die durch LSD hervorgerufen werden, nahm ich an, daß sie bei Rudy einen Flashback verursachen konnten.

Ich erklärte Rudy die Prozedur und fragte ihn, ob er etwas Derartiges schon einmal gemacht habe. Nein, sagte er, und die Sache gefalle ihm nicht. Seine Hände seien feucht, setzte er hinzu, und ich konnte sehen, daß er sie gegeneinander rieb.

«Also irgendwie ist dies ... ich weiß nicht ... hier zu sein und zu warten ... ich kann spüren, wie die Anspannung steigt», sagte Rudy. Die ihm fremde Testsituation machte ihn nervös. Ich sagte ihm, er solle sich entspannen. *Hoffentlich tut er's nicht.*

Ich bat ihn, auf den Schirm zu schauen und mir zu sagen, was er sehe. «Nichts», sagte er. Die EEG-Werte waren normal.

Jetzt schaltete ich das Licht ein und variierte langsam die Häufigkeit des Flackerns.

«Es beginnt an einer Stelle und geht rein, herum und herum», sagte er. «Das Zentrum ... ist ... dunkel ... es rotiert.» Seine Stimme klang immer leiser, doch von Panik keine Spur.

Rudy blickte direkt in ein schwarzes Loch. Als ich jetzt die EEG-Werte betrachtete, konnte ich das gleiche Erregungsmuster erkennen, das sich bei einer LSD-Intoxikation ergab. Mir war klar, daß Rudy bei einer Fortführung der visuellen Stimulation einen Anfall bekommen konnte. Deshalb brach ich den Test sofort ab.

Eigentlich hätte ich hochzufrieden sein sollen, doch der Flashback, den ich im Labor ausgelöst hatte, war enttäuschend. Er unterschied sich allzusehr von jenem, den Rudy auf der Straße erlebt hatte. Über sieben Minuten visuelle Stimulation waren vonnöten gewesen, weitaus mehr als die paar Sekunden, die Rudy den Neonlichtern ausgesetzt gewesen war. Zwar hatte Rudy schließlich ein schwarzes Loch gesehen, aber es war nicht *das* schwarze Loch mit den Ornamenten und dem weißen Licht und all seinem Grauen gewesen. Irgend etwas fehlte. Aber was?

Mir wurde bewußt, daß es ja noch früh am Morgen war. Rudy war erst seit einigen Stunden auf, und er hatte, auf meine Bitte hin, nichts gegessen und nichts getrunken. Visuelle Stimulation erzeugt manchmal Brechreiz, und ich wollte nicht, daß Rudy mir mein ganzes Labor verschmutzte. Über Zigaretten hatte ich zwar nichts gesagt, doch Rudy hatte sich so gut er konnte eingeschränkt und nur zwei geraucht! Das war weitaus weniger als seine normale Nikotinzufuhr. Bis zum Eintritt der Dunkelheit würde Rudy allerdings mehr als vierzig Zigaretten geraucht haben. *Das ist der Grund dafür, daß sich seine Anfälle nachts ereignen!* Also wollte ich die visuelle Stimulation am Abend wiederholen.

Rudy stöhnte, als ich ihm sagte, er müsse bis zum Abendessen weiter fasten.

Ich erlaubte ihm jedoch, koffeinfreie Getränke zu sich zu nehmen und beliebig viele Zigaretten zu rauchen. Den Rest des Tages verbrachten wir damit, bei der Studentenvereinigung Poolbillard zu spielen. Ich hatte ein Zählwerk in der Tasche, auf das ich jedesmal drückte, wenn Rudy sich eine Zigarette ansteckte. Um 17.30 Uhr stand der Zähler bei einundsechzig, und ich brachte Rudy zurück zum Labor. Dort stellte ich den Stimulator so ein, daß er das gleiche rhythmische Blitzen erzeugte, das am Morgen den Flashback ausgelöst hatte. Rudy riß die Augen auf.

«Dort ist es», rief er. «Das Loch, das Loch.»

Der Tingler kroch Rudys Wirbelsäule hinauf. Innerhalb weniger Sekunden war er katatonisch. Er konnte oder wollte nicht sprechen. Ich stellte den Stimulator ab. Rudy rührte sich nicht. Ich schüttelte ihn heftig, zu heftig wahrscheinlich. Rudys Faust traf meine Schulter. Es schmerzte. Er stieß mich beiseite, warf den Stuhl um und stürzte aus dem Labor.

Draußen vor dem NPI holte ich ihn ein. Rudy sagte, das schwarze Loch sei *genauso* wie jenes, das er seinerzeit unter LSD-Wirkung gesehen hatte. «Ich fühlte, wie die Panik in mir stieg und stieg und stieg», erklärte er. Er hatte gefürchtet, genauso gewalttätig zu reagieren wie fünf Jahre zuvor, als ihn die Polizei ins Krankenhaus brachte. Im Polizeiwagen hatte Rudy wild um sich geschlagen und zwei Fenster eingetreten. Rudy wollte mir nicht weh tun.

Er wollte auch kein Forschungspatient mehr sein. Ich versuchte ihm klarzumachen, daß er jetzt, wo wir die Auslöser kannten, diese ja nur noch zu meiden brauchte. Das heiß: keine hellen Lichter, keine großen Städte, keine Zigaretten. Für Rudy bedeutete es außerdem, beim Billard nicht mehr abzusahnen. Darauf wolle er nicht verzichten. Er dankte mir und entschwand in die Nacht.

Einige Wochen später rief Rudy mich an. Er war in eine andere Stadt gezogen, wo er neue Mitspieler fand. Es war fest entschlossen, in Bewegung zu bleiben und niemals wieder «hinter einen Achter-Ball» (mit das Schlimmste für einen Poolspieler) oder vor ein schwarzes Loch zu geraten.

Am Ende holte das schwarze Loch Rudy jedoch ein. Er gab es auf davonzurennen und bat mich telefonisch um Hilfe, nunmehr bereit, alles zu tun, was getan werden mußte. Ich arrangierte für ihn die Zusammenarbeit mit einem mir bekannten Verhaltenstherapeuten. Gemeinsam gelang es uns, Rudy das Rauchen abzugewöhnen und seine Ängste mit Hilfe einer Entspannungstherapie zu kontrollieren. Danach kam es noch zu ein paar leichteren Flashbacks, aber das schwarze Loch begegnete ihm niemals wieder.

Später besuchte ich Rudys alte Abteilung im NPI. Ich wollte dem Personal für die Kooperation und Hilfe danken. Im Tagesraum sprach mich Jerry, einer der Patienten, an. Er war ein sympathischer junger Mann, der sich selbst für einen Künstler hielt. Die Psychiater hielten ihn für schizophren.

«Es hat einen furchtbaren Irrtum gegeben», flüsterte er. «Ich gehöre nicht hierher. Niemand glaubt mir. Aber es ist wirklich da.»

«Was ist wirklich da?» fragte ich. Ich hatte wahrhaftig keine Lust, mich mit ihm auf eine metaphysische Diskussion einzulassen.

«Es folgt mir den ganzen Tag überallhin.»

«Wovon reden Sie?» fragte ich unwillig.

Jerry reichte mir ein mit Fingerfarben gemaltes Bild vom schwarzen Loch.

Teil II

Träume

Der Sukkubus

Das Geräusch der sich öffnenden Schlafzimmertür weckte mich. Ich lag auf der Seite und konnte das Leuchtzifferblatt meines Weckers sehen. Es war 4.20 Uhr in der Frühe. Ich hörte, wie sich Schritte meinem Bett näherten, dann ein schweres Atmen. Etwas Düsteres schien anwesend zu sein. Ich versuchte, die Bettdecke wegzuschieben und aufzustehen, war jedoch wie ans Bett genagelt. Auf meiner Brust fühlte ich ein Gewicht. Je mehr ich mich bemühte, deso weniger konnte ich mich bewegen. Mein Herz hämmerte. Ich rang nach Luft.

Das Etwas kam näher, und in meine Nase drang ein modriger Geruch. Es roch alt, wie etwas, das allzulange auf einem Dachboden aufbewahrt worden ist. Die Luft selbst war trocken und kühl und erinnerte mich an das Innere einer Höhle.

Plötzlich fiel ein Schatten auf die Uhr. *Oh, mein Gott! Dies ist kein Scherz.* Irgend etwas berührte meinen Hals und meinen Arm. Eine Stimme flüsterte mir ins Ohr. Die Worte quollen aus einem Mund, der übel nach Tabak roch. Die Sprache klang sonderbar, fast wie ein rückwärts gesprochenes Englisch. Es ergab keinen Sinn. Irgendwie riefen die Worte in meinem Kopf Bilder hervor. Ich sah faulende Sümpfe voller Kröten, grauenvoller Reptilien und anderer teuflischer Schrecken. In meinem Schlafzimmer konnte ich nur einen über mein Bett gebeugten Schatten sehen. Ich war entsetzt.

Doch ich bin Wissenschaftler. Ich muß sehen, was es ist. Vermutlich handelte es sich um eine Halluzination, und zwar entweder eine, wie sie im Dämmerzustand unmittelbar vor dem Einschlafen auftreten kann (hypnagogische Halluzination), oder eine, die sich kurz vor dem Aufwachen einstellt (hypnopompische Halluzination). Ich bräuchte nichts weiter zu tun, als das Bild anzusehen oder es zu berühren, dann müßte es eigentlich verschwinden.

Ich signalisierte meinen Muskeln, sich zu bewegen, doch jenes

Etwas konzentrierte sofort sein volles Gewicht auf meine Brust. Der Druck legte sich auf meinen ganzen Körper und preßte mich auf das Bett. Ich war paralysiert. Noch immer auf der Seite liegend, war ich außerstande, den Kopf zu drehen, um zu sehen, was da auf mir hockte. Ich blickte zur Uhr auf dem Nachttisch. Nach wie vor tickte sie vernehmlich. Neben der Uhr befand sich das Buch, das ich gelesen hatte. Ein Bibliotheksausweis – mein Ausweis voller Kaffeeflekken – steckte als Lesezeichen zwischen den Seiten. Meine Augen glitten über die Wand. Ich sah eine Stelle, die ich hatte streichen wollen, weil dort die Farbe abgeblättert war. In der Ecke stand ein Kaktus, den ich schon seit Jahren hatte. Dies war ohne jeden Zweifel mein Schlafzimmer, und es sah ganz normal aus. Ich war mir meiner Umgebung bewußt, besaß mein Orientierungsvermögen, war wach. *Dies ist kein Traum! Dies geschieht wirklich!*

Eine Hand packte meinen Arm und hielt ihn mit festem Griff. Der Eindringling unterzog mich dem Wirklichkeitstest! Die Hand fühlte sich kalt und tot an. Jetzt begriff ich, was Ishmael, der Erzähler von Melvilles *Moby Dick*, empfunden hatte, als er beim Aufwachen eine übernatürliche Hand in seiner eigenen gespürt hatte: «Ich lag dort, erstarrt in den grauenvollsten Ängsten, und wagte nicht, meine Hand fortzuziehen; doch unausgesetzt daran denkend, daß, wenn ich mich auch nur einen Zollbreit bewegen könnte, der grauenhafte Bann gebrochen sein würde.» Genau wie Ishmael war ich jedoch zu keiner Bewegung fähig.

Dann spürte ich, unmittelbar neben mir, einen gewaltigen Druck auf die Matratze. Irgend etwas kletterte aufs Bett! Dieses Fremde verlagerte nun sein Gewicht, schmiegte sich eng an die Krümmungen meines Rückens, spreizte sich um meinen Körper. Ich hörte, wie das Bett zu quietschen begann. Das Zimmer schien erfüllt von einer Mischung aus sexuellem Rausch und Terror.

Während all dies geschah, mußte ich gezwungenermaßen mitanhören, was dieses Fremde unaufhörlich flüsterte. Die Stimme klang weiblich. Ich *wußte*, daß sie etwas Böses war. Sie sagte etwas, das so klang wie «Deelanor ... Deelanor». Später wurde mir bewußt, daß dies nichts anderes war als «Ronald», rückwärts gesprochen. Jetzt hatte ich jedoch nur einen Gedanken: aus dem Bett rauszukommen.

Angestrengt versuchte ich, mich auf meinen kraftvollsten *kiai* zu konzentrieren, einen Schrei, den ich beim jahrelangen Kampfsporttraining entwickelt hatte. Doch ich konnte meine Lunge nicht füllen. Der schwere, gallertartige Körper des Eindringlings quetschte das Leben aus mir heraus. Es war, als atmete ich durch einen Strohhalm.

Die Angst rief eine verschüttete Erinnerung in mir wach. Als Zehnjähriger hatte ich mir zusammen mit einem Freund einen Film angesehen, in dem der Held den Schurken entkommen konnte, weil er in einem Sumpf unter Wasser tauchte und durch ein Schilfrohr atmete. Wir beschlossen, das auch zu probieren, und gingen mit einem Vorrat von Strohhalmen zu einem nahen See. Ich erinnere mich, wie ich unter Wasser kauernd an einem Halm saugte und durch die Oberfläche hinaufblickte. Ich beobachtete die tanzenden Sonnenstrahlen in den Kräuselwellen und staunte darüber, wie einfach dieser Trick doch war. Plötzlich bekam ich jedoch nicht mehr genügend Luft. Irgend etwas drückte auf meine Schultern. Jemand schrie, doch die Geräusche klangen verzerrt. Ich verlor das Bewußtsein. Als ich wieder zu mir kam, lag ich am Ufer und spuckte Wasser. Mein Freund lachte, in der Hand hielt er noch den zusammengequetschten Strohhalm.

Jetzt quetschte der Eindringling mich wie einen Halm. Meine Kindheitsangst vor dem Ersticken kehrte zurück. Mein Bewußtsein begann zu schwinden. Plötzlich verstummte die Stimme. Ich spürte, wie sich der Eindringling langsam aus dem Raum bewegte. Allmählich ließ der Druck auf meiner Brust nach. Es war 4.30 Uhr.

Ich sprang aus dem Bett, griff nach einer Taschenlampe und blickte zur Schlafzimmertür. Dort war nichts. *Vielleicht ist es ins Nachbarzimmer gegangen.*

«Wer ist dort?» rief ich. Mir zitterten die Lippen.

Keine Antwort. Ich ging zur Schlafzimmertür und blieb stehen.

Hinter der Ecke konnte etwas Gräßliches lauern, bereit, sich auf mich zu stürzen. «Hallo?» Ich versuchte, meiner Stimme einen möglichst freundlichen Klang zu geben. «Ist dort wer?» Die Wörter schienen genauso zu zittern wie meine Lippen. Wieder keine Antwort.

Nach einigen Sekunden stürzte ich im Polizeistil hinaus durch die Tür, preßte mich dicht an die Wand und streckte die Taschenlampe, die ich mit beiden Händen hielt, nach vorn. Ein dünner Lichtstrahl erhellte die Decke. Noch nie hatte ich mein Appartement auf diese eigentümliche Weise gesehen, nur vom Lichtkegel beleuchtet. Es wirkte völlig fremd. Der Schein der Taschenlampe erzeugte überall Schatten, und diese Schatten bewegten sich, während der Lichtstrahl wanderte. Aus dem Augenwinkel sah ich, wie der Schaukelstuhl schaukelte, wie die Vorhänge wehten und die Teppiche krochen. Als der Strahl auf den Badezimmerspiegel traf, erschrak ich vor der Reflexion. Ich durchsuchte den Rest der Wohnung, jedes Zimmer, fast jeden Schrank. Nirgends eine Spur von einem Eindringling.

Sobald die Panik wich, wurde mir meine Erschöpfung bewußt. Ich brauchte Schlaf, wollte jedoch einen möglichen nochmaligen Besuch des Eindringlings nicht versäumen. In der Küche machte ich mir eine Kanne Kaffee, die ich ins Schlafzimmer mitnahm. Aber nichts geschah. Als die Sonne aufging, zog ich mich an und fuhr zum Büro.

Meine Arbeit erledigte ich an diesem Tag wie ein Automat. Nach einer hastigen Mahlzeit in der Cafeteria des Krankenhauses eilte ich zu meinem allwöchentlichen Seminar, das an diesem Abend in meinem Appartement abgehalten wurde.

Die Studenten führten die Diskussion praktisch allein. Ich war ungewöhnlich schweigsam, die Erinnerung an das sonderbare nächtliche Erlebnis ließ mir keine Ruhe. Aber dann sprach jemand von der Wahrnehmung von Traumrealitäten und wie klar sie sich doch von Wachwahrnehmungen unterschied. Ich erklärte, daß es beim Prozeß des Einschlafens ebenso wie bei dem des Erwachens recht schwierig sein könne zu erkennen, ob es sich bei einem Geschehen um etwas Wirkliches oder um einen Traum handle. Und dann platzte ich mit meinem nächtlichen Erlebnis heraus. Da ich, als es einsetzte, bereits wach gewesen war, mochte es sich ja um eine hypnopompische Halluzination handeln. Obwohl ich die Geschichte quasi redigierte und Einzelheiten über meine panische Reaktion ausließ, räumte ich doch ein, daß ich sehr verwirrt war. Da meine Wahrnehmung der Uhr und der anderen Gegenstände im Schlafzimmer die Wahrnehmung realer Objekte gewesen war, könne das Fremde womöglich doch *irgend etwas Reales* gewesen sein, das mich attackiert hatte. Die Klasse starrte mich ungläubig an. Ich spürte, daß ich ihre Achtung verloren hatte.

Nach dem Seminar bemühte ich mich zu verstehen, was mir widerfahren war. Hatte ich bloß einen schlechten Traum gehabt? Ich wußte, daß intensive Alpträume, wie sie in der sogenannten REM-Schlafphase (REM = *rapid eye movement:* schnelle Augenbewegung) vorkommen, zu spontanem Erwachen führen können. Solche Alpträume sind als Angstträume bekannt und können bis zu zwanzig Minuten dauern, bevor das Erwachen einsetzt. Erwacht ein Mensch endlich aus einem Alptraum, so kann es geschehen, daß er, scheinbar bewegungsunfähig, im Bett liegt, während in seinem Gehirn der ganze Schreckensfilm noch einmal abläuft. Doch bot dies keine Erklärung für meine tatsächliche Paralyse oder die Tatsache, daß mein Erlebnis ja erst *nach* dem Erwachen begann.

Aber wenn ich keinen Alptraum gehabt hatte, dann vielleicht das, was man Nacht-Terror nennt. Dabei handelt es sich um ein spontanes Erwachen aus dem Schlaf, gefolgt von physiologischen Symptomen extremer Angst: jagender Puls, hastiges Atmen und starke Perspiration. Aber da endete auch die Ähnlichkeit mit meiner Erfahrung. Während ein aus einem Nacht-Terror erwachender Schläfer in Panik schreit und verzweifelte Versuche unternimmt, aus dem Schlafzimmer zu flüchten, ob nun mit langsamen oder schnellen Schritten, war ich völlig bewegungsunfähig. Außerdem erinnern sich die Betreffenden nur selten an ihre nächtlichen Schrecken, und wenn sie es tun, dann können sie kein spezifisches Ereignis beschreiben, das sie in Angst versetzt hat. Das ist begreiflich, weil es sich bei diesen Nacht-Terrorerfahrungen, die im Nicht-REM-Schlaf vorkommen, also in traumlosen Phasen, logischerweise nicht um Träume im üblichen Sinn handelt. Vielmehr scheint es, daß nach einem jähen Erwachen aus tiefem Schlaf die Kontrolle über Angstgefühle versagt. Nein, ein Nacht-Terror war das bei mir gewiß nicht gewesen. Überdies kam so etwas fast ausschließlich bei Kindern vor; ich war jedoch ein Erwachsener, ein Psychologe und ein Universitätsprofessor. Ich wollte nicht wahrhaben, wie kindisch ich mich in der Nacht verhalten hatte.

Erst Tage später, nachdem ich dem Phänomen in der medizinischen Literatur nachgespürt hatte, wußte ich, daß ich nicht als erster von einem solchen schreckensvollen Erlebnis heimgesucht worden war. Im Laufe der Geschichte haben viele Menschen über Attacken desselben Eindringlings berichtet. Oder genauer: des weiblichen Eindringlings. Ich hatte recht gehabt, als ich sagte, daß sie alt roch. Die Babylonier nannten sie Lilitu, die Dämonin des Windes, die des Nachts Männer verführte. Die Juden nannten sie Lilith, die haarige Nachtkreatur. Sie war der Sukkubus des alten Rom, der auf den Schläfer sprang und ihn zur Liebe oder zum Tode ritt. Dann, im Mittelalter, wurde sie die Hexe Lamia. Im Deutschland früherer Zeiten schließlich kannte man sie als die *Mare*, das alte, häßliche Weib, das auf der Brust des Schläfers hockte und die bösen Träume verursachte. *Nachtmahr* genannt, daher das englische Wort *nightmare*. Auch in männlicher Gestalt gab es diesen «Nachtreiter», in vielen Kulturen bekannt unter dem lateinischen Namen Inkubus. In Psalm 91 wird es bezeichnet als das, was es wirklich ist: «der Schrecken der Nacht».

Obwohl in den Berichten über die Attacken die Verführung ein ständig wiederkehrendes Thema war, entsprang der angeblich stattfindende Geschlechtsverkehr genauso der Phantasie wie die Gestalt des Zauberers Merlin, von dem es heißt, er entstamme der Vereinigung eines Inkubus mit einer Nonne. Während des Mittelalters lehrte die Kirche, Inkubi seien Buhlteufel, höllische Kreaturen also, deren Aufgabe es sei, die Schwachen in Versuchung zu führen. In Klöstern mit wahrhaft Glaubenden erlitten gottesfürchtige Jungfrauen und Nonnen ganze Epidemien solcher Attacken. Allerdings waren nicht alle Attacken völlig imaginär. Oft verkleidete der Klerus sich als Inkubi. Als im 15. Jahrhundert eine junge Dame wegen eines Inkubus um Hilfe schrie, fanden ihre Retter einen ortsansässigen Bischof unter ihrem Bett. Der Bischof überzeugte alle, auch das Opfer, davon, daß ein Inkubus seine Gestalt angenommen habe!

Einige physische Aspekte des Phänomens sind allerdings zweifellos faktischer und nicht eingebildeter Natur. Ich vermutete, daß die «Anwesenheit» insofern real ist, als im Körper reale physische Veränderungen vor sich gehen. Von neutralen Beobachtern dieser Attacken gibt es Berichte über offene Augen, Muskelparalyse und Atemschwierigkeiten. Danach sind die Opfer oft blaß und zittern. Ungeachtet der begleitenden erotischen Empfindungen zeigen sie Beklemmung und Angst. Dies hat viel gemeinsam mit einem Zustand, der als Schlafparalyse bekannt ist und beim Einschlafen wie auch beim Erwachen vorkommen kann. Charakteristisch für die Schlafparalyse ist die Unfähigkeit, sich trotz aller Anstrengung zu bewegen. Dabei ist die betreffende Person durchaus bei Bewußtsein, und ebendieses Gewahrsein bewirkt das Gefühl des Horrors. Später kann man sich vollständig an das Erlebnis erinnern.

Die Schlafparalyse bildet einen fruchtbaren Boden für hypnopompische Halluzinationen. Im hypnopompischen Zustand kann das Gehirn nicht unverzüglich von der Traumphase auf das Wachsein umschalten, und der Traum dauert in der Wachperiode noch an. Die während der Träume tätigen Gehirnaktivitäten senden dann Signale – wie etwa die Imagination des Sukkubus – an die Großhirnrinde, wo sie so verarbeitet werden, als ob sie von der Außenwelt kämen. Auf diese Weise erstrecken sich Traumbilder in den Wachzustand, und der Schläfer erlebt – in Verbindung mit der Umgebung des realen Schlafzimmers – visuelle Eindrücke (oder hat Empfindungen in anderen Modalitäten).

In welchem Zustand es sich befindet, weiß unser Gehirn nur aufgrund des es umgebenden Kontextes. In Träumen ist der Kontext charakterisiert durch verworrene Bilder, wodurch das Gehirn weiß, daß es schläft. In der Kombination von Schlafparalyse und hypnopompischem Zustand scheint der Kontext der von geordneten Wahrnehmungen zu sein, und das Gehirn meint, wach zu sein trotz der ganz andersartigen Natur des Erlebens. Auf diese Weise wird das Gehirn durch solche Traumhalluzinationen genarrt.

Die beste Erklärung für mein Sukkubus-Erlebnis war, daß ich mich in einem Zustand von Schlafparalyse befunden *und* eine hypnopompische Halluzination gehabt hatte. Die Tatsache, daß ich beim Erwachen Bilder von faulenden Sümpfen sah, war ein starkes Indiz dafür, daß eine REM-Aktivität während der hypnopompischen Periode weiter andauerte. Warum aber die spezifische Sukkubus- oder Inkubus-Imagination? Jung glaubte, es handle sich um eine Ur-Erinnerung, die unseren Genen eingeprägt worden sei, als unsere Vorfahren vor Urzeiten in dunklen Höhlen erwachten und die Anwesenheit eines Todfeindes oder Raubtiers witterten. Heute glauben manche Psychiater, es handle sich um ein Wiederauftauchen der bedrohlichen, furchterregenden Erscheinungen aus frühester Kindheit. Solche Theorien mögen zwar erklären, warum es dieses Phänomen praktisch überall geben kann; was jedoch die allgemeinen Erscheinungsformen des Sukkubus betrifft, so ist zu vermuten, daß sie beim Schlafenden durch spezifische physiologische Empfindungen ausgelöst werden. Das Gehirn versucht, aus diesem Material eine sinnvolle Erklärung zusammenzufügen.

Um welche Elementarempfindungen handelt es sich, und wie entstehen sie? Das Erwachen in einem Zustand von Schlafparalyse kann bei dem Betreffenden zur Hyperventilation, also übermäßiger Atmung, führen, so daß er in der Brust ein Gefühl von Beengung oder Schwere hat. Hyperventilation, und sei es in der Form von Preßatmung, vermindert überdies die Sauerstoffversorgung des Gehirns. Dies kann Hyperakusie bewirken, eine übermäßige Hörschärfe. Einfache Hintergrundgeräusche, etwa das Ticken einer

Uhr, ja sogar das eigene mühsame Atmen können quasi die Samenkörner bilden, aus denen komplexere akustische Halluzinationen sprießen wie z. B. Türöffnen, Schritte und Stimmengewirr. Ist die Sauerstoffversorgung stark reduziert, so können, bei Männern wie bei Frauen, im Gehirn sexuelle Lustzentren stimuliert werden. Diese Wirkung wird bei autoerotischer Asphyxie genutzt, einer bizarren Praktik, wobei jemand, der masturbiert, ein Seil oder einen Schal eng um seinen Hals geschlungen hat, um den Orgasmus zu intensivieren. Mitunter mag sexuelle Erregung noch ein Überbleibsel aus dem REM-Schlaf sein, was bei Männern eine Erektion als Begleiterscheinung hat.

Je mehr man sich gegen die Paralyse zu wehren versucht, desto stärker wird man sich des eigenen hilflosen Zustands bewußt; der wie verkrampften Muskeln des unter der Bettdecke liegenden Körpers und der perspirierenden Haut. Im hypnopompischen Gehirn können sich diese Symptome in andersartige Wahrnehmungen verwandeln; die Anspannung wird zum Druck einer zugreifenden Hand, die Bettdecke zu einem fremden Körper, der sich über den Schläfer senkt, und der Schweiß verursacht ein gelatineartiges Gefühl samt entsprechenden Gerüchen. Selbst die Bewegung der Matratze und das Quietschen des Betts waren vermutlich die Folgen meiner eigenen Anstrengungen, nichts sonst. Durch das vegetative Nervensystem bewirkte Veränderungen der Herztätigkeit, auch Hauttemperatur sowie Hautwiderstand können ihrerseits zum Prickelgefühl, zur Kälteempfindung und zu starken emotionalen Reaktionen beitragen.

Während ich mich in meinem Schlafzimmer in diesen paralytischen Terror eingekerkert fühlte, achtete mein Gehirn hellwach auf die leisesten Stimuli. Ich konnte mich nicht bewegen, doch mein Gehirn nutzte alle sensorischen Fähigkeiten, um die Umgebung mit intensivster Sorgfalt zu überprüfen. Geringe, für gewöhnlich unbemerkt bleibende Stimuli wurden mit solcher Eindringlichkeit wahrgenommen, daß das Gehirn ihnen große Bedeutung beimaß. Beispielsweise gibt es in meinem Schlafzimmer kaum bemerkbare

Schatten, weil von draußen der schwache Lichtschein einer Straßenlaterne einfällt. Durch angstgeweitete Pupillen gesehen, konnten sich diese amorphen Schatten, gleich Tintenklecksen, leicht in bedrohliche Gestalten verwandeln. Und der Geruch von Zigarettenrauch, der regelmäßig von einem der unteren Appartements in mein Schlafzimmer drang, bot zweifellos die Erklärung für die Wahrnehmung von Tabakatem. Der Rauch kam für gewöhnlich durch das Schlafzimmerfenster herein, das ich wegen der Luftzirkulation einen Spaltbreit geöffnet ließ; und den kalten Luftstrom hatte ich für eine Begleiterscheinung der bedrohlichen Erscheinung gehalten.

Es bedarf keineswegs eines mittelalterlichen Gemüts, um sich aus all diesen Faktoren einen Sukkubus zusammenzubrauen. Eine der plausibelsten «Deutungen», die das Gehirn diesen sensorischen Daten abgewinnen kann, ist die, daß irgend jemand auf dem Körper hockt oder liegt. Doch selbst wenn man all dies weiß, beseitigt das noch nicht unbedingt die wahrgenommene Realität des Sukkubus oder den gleichzeitigen Schrecken. Nur wenige Menschen, die, ganz auf sich gestellt, mit solch schattenhaften und paralysierenden Imaginationen konfrontiert werden, dürften völlig frei sein von der Vorstellung, daß es eine Unterwelt gibt, eine dunkle Seite der Seele, wo Hypnos, der griechische Gott des Schlafes, und sein Bruder Thanatos, der Gott des Todes, regieren. Es ist kein Wunder, daß sich im Mittelalter manche Träumer, unter dem Einfluß des Sukkubus, buchstäblich zu Tode fürchteten.

Kindern erzählt man, daß ihnen der Sandmann Zaubersand in die Augen streuen wird, damit sie einschlafen und schöne Träume haben. Die Tatsache, daß träumende Gehirne Kreaturen wie den Sukkubus zu erzeugen vermögen, könnte dergleichen sehr in Frage stellen. Keineswegs immer schlüpfen wir sanft hinüber in jene gute Nacht.

UFO

1

Ich saß mit Sherlock Holmes in meiner Wohnung. Da mir noch mehrere Stunden blieben, bis an diesem Abend die Seminarteilnehmer eintreffen würden, beschloß ich, wieder einmal die Geschichten über diesen berühmten Detektiv zu lesen, der mich während meiner Studienzeit immer wieder unterhalten und beeinflußt hatte. Holmes war eine Schöpfung von Sir Arthur Conan Doyle, und er hatte diese Gestalt einem Edinburgher Chirurgen nachgebildet, der für sein diagnostisches Genie bekannt gewesen war. Der erfundene Detektiv, ein Meister der Deduktion, besaß ein außerordentliches Talent für die Beobachtung winzigster Details. Immer wieder gelang es ihm, Verbrechen aufzudecken, indem er Fakten kombinierte und Rückschlüsse von der Wirkung auf die Ursache zog. Einmal sagte er zu Dr. Watson, seinem guten Freund und Helfer: «Ausgehend von einem Tropfen Wasser ... könnte ein Logiker rückschließen auf die Möglichkeit eines Atlantik oder eines Niagara-Falls, ohne den einen oder den anderen je gesehen oder davon gehört zu haben.» Als Verhaltensforscher hatte ich immer das Gefühl gehabt, daß das Verhalten einer Detektivgeschichte glich, bei der ich der Detektiv war, der sich einem Niagara von Ursachen gegenübersah. Es war leicht, den großen Sherlock Holmes zu bewundern.

Er war ein mutiger und furchtloser Mann, der sich über mein Verhalten während des Sukkubus-Erlebnisses lustig gemacht hätte. Bei Konfrontationen mit seinem eigenen Dämon, dem bösen Professor Moriarty, zeigte Holmes sich unerschütterlich. Ich konnte ihn geradezu vor mir sehen, seine Pfeife schmauchend, während er mich lauthals auslachte. Er rauchte unglaubliche Mengen von Tabak, als Gedankennahrung für einen neuen Fall. Vielleicht war es schade, daß ich nicht rauchte, denn das Dilemma, dem ich mich gegenübersah, war eines von jenen, die Holmes ein «Drei-Pfeifen-Problem» genannt hätte.

Meine Studenten hatten nicht begriffen, wie real das Sukkubus-Erlebnis für mich gewesen war. Wie konnte ich ihnen deutlich machen, daß auch sie von ihren Sinnen leicht genarrt werden konnten? Dies war der entscheidende Punkt bei einer echten Halluzination, und es war die wichtigste Lektion, die ich ihnen erteilen konnte. Sie mußten begreifen, daß bei entsprechenden Gegebenheiten (Erwartungen und Einstellungen) sowie Umständen (physischer und psychologischer Natur) eine falsche Wahrnehmung die gleiche volle Kraft und Wirkung besitzen konnte wie die entsprechende echte Wahrnehmung. Holmes würde irgendeinen überzeugenden, wohldurchdachten Beweis geliefert haben. Ich beschloß, eine Demonstration durchzuführen, die ich bereits bei anderen Studentengruppen mit spektakulärem Erfolg eingesetzt hatte. Sie war so eindrucksvoll, daß sie selbst den lieben, skeptischen Dr. Watson überzeugt hätte.

Ich machte eine Liste von Gegenständen, die ich dafür benötigte:

2 große, durchsichtige Plastikbeutel

1 Rolle Klebeband

1 Schachtel Trinkhalme

26 Geburtstagskerzen

Dann erledigte ich zwei Telefonanrufe und wartete in aller Ruhe auf das Eintreffen der Studenten.

Mit Ausnahme von Carol erschien die Klasse pünktlich. Wir fingen an. Eine halbe Stunde später platzte Carol herein. «Sie haben sich verspätet», sagte ich mit untypischem Zorn. Sie wurde rot, entschuldigte sich und erklärte dann, sie sei durch eine Menschenmenge aufgehalten worden, die einen über meinem Appartementhaus schwebenden Hubschrauber beobachte. Da ich nichts hörte, sagte ich zu ihr in unhöflichem Ton, sie solle keine Ausreden erfinden und Platz nehmen. «Überzeugen Sie sich doch mit eigenen Augen, wenn Sie mir nicht glauben», sagte sie mit überlauter, feindseliger Stimme.

Widerstrebend trat ich ans Fenster und spähte durch die Gardine. Unten im Hof sah ich eine Ansammlung von Menschen, die, teils mit erhobenen Händen, in Richtung Himmel starrten.

«Sie hat recht», sagte ich zur Klasse. «Ich werde hinuntergehen, um zu sehen, was da los ist. Kommt mit, wenn ihr wollt.» Als ich die Treppe zum Hof hinabstieg, folgte mir die gesamte Klasse.

Wir blickten empor und sahen in einer Höhe von ungefähr einhundert Metern Carols sogenannten Helikopter.

«Sehen Sie? Ich hatte recht, ich hatte recht», rief Carol triumphierend.

Es ist immer ein Ereignis, am smogverschleierten Himmel über Los Angeles irgend etwas erkennen zu können, dennoch geschieht es nur selten, daß Menschen stehenbleiben und starren. Selbst in der klarsten Nacht sieht man nur ein oder zwei blasse Sterne oder gelegentlich die Lichter von Flugzeugen, die kilometerhoch über der Stadt ihren schnurgeraden Kurs fliegen. Manchmal kreuzen Polizeihubschrauber am Himmel oder schweben über Unfallstellen. Mit diesem Helikopter war das anders. Er verhielt sich nicht so wie normale irdische Hubschrauber.

«Was ist das?» fragte ich in die Menge.

«Keine Ahnung», erwiderte jemand. «Das Ding bewegt sich im rechten Winkel. Schwebt eine Zeitlang auf der Stelle und saust dann höher oder tiefer. Das geht schon etwa zehn Minuten so.»

Wir beobachteten, wie das Objekt am Himmel umherflitzte und jeweils präzise rechtwinklige Wendungen ausführte. Natürlich wußte insgeheim jeder, daß normale Helikopter derartige Manöver bei gleichbleibend hoher Geschwindigkeit nicht ausführen können.

«Flugzeuge machen so was nicht», sagte einer der Studenten. «Und schaut nur, wie es glüht. Es hat keine Positionslichter.»

«Und es macht auch keine Geräusche», fügte jemand hinzu.

«Was ist es?» fragte ich wieder.

«Sieht aus wie ein großes Ei», lautete die erste von vielen Antworten der Studenten.

«Ein Riesenrhombus.»

«Eine Goodyear-Leuchtreklame.»

«Es ist Superman», witzelte jemand. Ringsum hörte ich nervöses Gelächter. Dann sagte jemand das geheime Wort.

«Es ist ein UFO!»

Nur Sekunden später tauchte aus dem Dunst ein zweites UFO auf. Es schien sich in weitaus größerer Höhe zu befinden als das erste.

«Seht nur!» schrie jemand. «Sie jagen einander!» Er hatte recht. Das untere UFO folgte dem höheren, und beide vollführten die gleichen jähen Wendungen und Richtungsänderungen, während sie gemeinsam höher kurvten wie Riesenleuchtkäfer bei einem geheimen Paarungstanz.

Das Erscheinen des zweiten UFOs löste eine Reihe weiterer Spekulationen aus. Wetterballons und kommerzielle Flugkörper wurden rasch ausgeschlossen. Da die parallelen Manöver der beiden Flugobjekte so gewollt und präzise berechnet wirkten, gebrauchten die Studenten jetzt Bezeichnungen wie «fliegende Untertassen» und «intelligente Schiffe». Ich sah, daß die Phantasie mit ihnen durchging. Mehrmals fiel das Wort «Okkupant». Dann geschah etwas wirklich Verrücktes. Jemand behauptete, in einem der glühenden Eier sich bewegende Schatten gesehen zu haben!

Alle waren wie elektrisiert. Noch mehrere Minuten lang beobachteten wir die Luftakrobatik, bis dann urplötzlich die UFO-Lichter ausgingen. Die UFOs entschwanden! Ich bat die Studenten, in mein Arbeitszimmer zurückzukehren, und lud zwei weitere Personen, einen Mann und eine Frau, zum Mitkommen ein.

Oben in meiner Wohnung hatte sich ein Student bereits ans Telefon gehängt, um die UFOs der Polizei zu melden und beim Flughafen nachzufragen, ob irgendwelche ungewöhnlichen Radarmeldungen vorlägen. Alle waren aufgeregt, und die meisten waren davon überzeugt, unidentifizierte fliegende Objekte, eben UFOs, gesehen zu haben. Einige Studenten glaubten, die Objekte seien von intelligenten Kreaturen oder Maschinen gelenkt worden. Einer sagte, bei den Schatten könne es sich um lebende Gestalten gehandelt haben, vielleicht um außerirdische Liliputaner. Es wurde Zeit, die beiden Gäste vom Hof vorzustellen.

Ray und Erin waren Labortechniker aus dem Krankenhaus. Außerdem waren sie meine Verbündeten. Ich hatte sie zuvor angerufen und gebeten, nach Seminarbeginn auf dem Hof aufzutauchen. Der andere Anruf hatte Carol gegolten. Rays Aufgabe bestand zunächst darin, die Strohhalme und die Kerzen zusammenzubasteln und alles zu tun, um unsere selbstgefertigten UFOs startklar zu machen. Das Prinzip war einfach. Die Strohhalme wurden so zusammengefügt, daß sie ein Kreuz formten, das den Boden der UFOs bildete. Sodann wurden die Geburtstagskerzen in Löcher gesteckt, die in das Strohgebilde gedrückt worden waren, und zwar so, daß die Kerzen – drei in jedem Arm des Kreuzes und eine in der Mitte – aufrecht standen. Nun wurde das offene Ende eines Plastikbeutels (ein dünner Sack, wie er von chemischen Reinigungen als Kleiderschutz verwendet wird) mit Klebeband an den Enden des Strohkreuzes befestigt. Nach dem Anzünden der Kerzen füllte sich der Beutel mit heißer Luft und stieg langsam gen Himmel.

Hatten die beiden UFOs erst einmal an Höhe gewonnen, erzeugten die flackernden Kerzen ein unheimliches, pulsierendes Glühen. Am ehesten ähnelten sie wohl großen, glühenden Eiern. Die UFOs schienen einander zu «jagen», weil Luftströmungen und Wind sie auf die gleiche Weise bewegten, genau wie zwei ganz gewöhnliche Ballons. Carol war absichtlich zu spät gekommen, um die abgesprochene Szene zu spielen. Die Klasse rannte dann nach unten auf den Hof, wo Ray, bereits von einer Schar neugieriger Nachbarn umringt, auf die Objekte hinwies und dafür sorgte, daß ihr sonderbares Verhalten nicht unbemerkt blieb. Erin, in der Rolle einer Zuschauerin, die an UFOs glaubt, verkündete ihre Ansicht mit lauter Stimme. Als die Kerzen schließlich abgebrannt waren, befanden sich die UFOs in ausreichender Höhe, um spurlos zu verschwinden.

Obwohl alle dieselben Stimuli gesehen hatten, sah doch keiner, was es tatsächlich war – Heißluftballons. Mindestens die Hälfte der Klasse glaubte, echte fliegende Untertassen gesehen zu haben. Sie waren von der Demonstration genauso genarrt worden wie ich von meinem Erlebnis mit dem Sukkubus. Selbst jetzt muß ich noch lächeln, wenn ich an den hektischen Studenten denke, der die Polizei anrief und zu beschreiben versuchte, was er gerade gesehen hatte. Er wirkte ziemlich frustriert, als ihn die Polizei nicht ernst nahm. Es war eine Szene wie aus einem Science-fiction-Film der fünfziger Jahre. Jetzt wußten die Studenten, was für ein Gefühl es ist, einer falschen Wahrnehmung aufgesessen zu sein.

Die Ballons hatten allen Beobachtern die gleichen sensorischen Eindrücke vermittelt. Doch die Interpretation dieser «Daten» wurde durch Umstände und Umfeld beeinflußt, die ich so inszeniert hatte, daß Falsch- oder Fehlwahrnehmungen praktisch garantiert waren. Wenngleich die Demonstration ein gutes Beispiel dafür war, wie ein Stimulus als etwas wahrgenommen werden kann, was er nicht ist, so handelte es sich hierbei doch eher um eine komplexe Illusion als um eine Halluzination, die sich im allgemeinen ohne irgendeinen realen externen Stimulus ereignet.

Ich erklärte der Klasse, daß das, was an diesem Abend geschehen sei, mit einer Illusion wandernden Lichts verglichen werden könne, die entsteht, wenn man einen einzelnen Stern oder irgendeinen anderen stationären Lichtpunkt am nächtlichen Himmel anstarrt. Diese Illusion läßt sich auch demonstrieren, wenn man in größerer Entfernung in einem völlig dunklen Zimmer eine glühende Zigarette auf einen Aschenbecher legt. Fixiert man das Licht, so wird man nach einigen Sekunden sehen, wie es sich bewegt. Scheinbar ziellos wandert es umher, schwenkt in verschiedene Richtungen oder schwingt hin und her. Die Bewegungsmuster können bei Beobachtern weitere Deutungen auslösen. Bei entsprechender Suggestion kann der Eindruck entstehen, daß sich das Licht einen Meter weit bewegt. Dennoch kehrt das Licht immer wieder zu seinem Ausgangspunkt zurück. Ursache für diese Illusion ist die Ermüdung der Muskeln des auf das Objekt fixierten Auges, was leichte Fluktuationen zur Folge hat.

Unsere Augen können uns aber auch am hellichten Tage täuschen. Ein besonders verblüffender Effekt ist das visuelle Phantom. Bewegen sich reale Objekte in einem ansonsten leeren Gesichtsfeld, so scheinen sich, in ebendem leeren Raum, deutliche Phantome dieser Objekte zu bewegen. Diese Phantome entstehen im Gehirn, das die normale Tendenz zeigt, leere Räume zu füllen. Genau wie die wandernden Lichter sind die Phantome Teil der normalen Vorgänge des optischen Systems. Die Wahrnehmung eines visuellen Phantoms ist eine adäquate Reaktion auf die sich bewegenden Konturen. Obwohl es sich um eine falsche Wahrnehmung handelt, ist es dennoch nur eine Illusion, weil ein realer äußerer Stimulus (etwas, das sich in der leeren Region bewegt) vorhanden ist. Im Fall eines UFOs ist die Wahrnehmung wegen des realen äußeren Stimulus, dem Ballon, gleichfalls eine Illusion. Unter solchen Umständen ein visuelles Phantom oder ein UFO zu sehen, bedeutet eine irrige Identifikation der tatsächlichen Stimuli. Ähnliche Illusionen können auch bei anderen Sinneswahrnehmungen auftreten.

Außerdem können Illusionen durch reale *innere* Stimuli hervorgerufen werden. Obwohl solche Perzeptionen mitunter als Halluzinationen eingestuft werden (weil es ja keine äußeren Stimuli gibt), sind sie genauso normal wie wandernde Lichter. Man denke auch an visuelle Phänomene, die durch Fließkörperchen und Phosphene verursacht werden. Bei ersteren handelt es sich um winzige Partikel, die sich im sogenannten Kammerwasser (Humor aqueus) der vorderen Augenkammer bewegen. Phosphene, jene Lichtpünktchen, die man sieht, wenn man die Augen schließt oder in den völlig dunklen Himmel blickt, sind eine weitere Quelle für innere Stimuli. Beim Zwinkern verschwinden diese Pünktchen nicht, sondern vollführen schnelle, rechtwinklige Bewegungen. Deutet man die Partikel oder die Pünktchen als UFOs, so ist diese Wahrnehmung dennoch eine Illusion, weil reale Stimuli vorhanden sind.

Halluzinationen können zwar auch von solchen inneren oder äußeren Stimuli beeinflußt werden, doch bedürfen sie keinerlei sensorischer Information. Echte Halluzinationen sind rein mentale Produkte. Die mentalen Elemente – die Bilder, Gedanken, Phantasien, Erinnerungen und Träume – sind die einzigen für die Konstruktion der endgültigen Wahrnehmung notwendigen Bauteile. Die mentalen Vorgänge sind der Grund dafür, daß manche Menschen beispielsweise in einem schwebenden Ballon kleine grüne Männer sehen; das sahen meine Studenten *nicht*, sie spekulierten bloß darüber. Natürlich narren uns nicht alle mentalen Erlebnisse, mögen sie auch noch so eindringlich sein. Es ist leicht, sich ein weitaus detaillierteres und realistischeres UFO vorzustellen, als ich es aus Strohhalmen usw. herstellen könnte. Diese erdachte fliegende Untertasse kann man mit dem inneren Auge erblicken. Man kann sehen, wie sie fliegt, auf dem Hinterhof landet, wie sich ihre Türen öffnen. Und vielleicht kann man sich sogar vorstellen, wie die Besatzung aus der Untertasse steigt. Warum narrt einen dieses mentale Bild nicht?

Carol antwortete: «Das ist leicht zu erklären. Das Bild ist nicht real.» Alle lachten über die Einfachheit der Antwort, aber Carol hatte recht.

«Die schwierige Frage ist: Wann ist es real?» sagte ich und versuchte dann, eine Antwort auf die Frage zu geben. Nach dem gegenwärtigen philosophischen und psychologischen Erkenntnisstand gibt es bestimmte Eigenschaften oder Qualitäten, durch die sich reale Perzeptionen von mentalen Bildern, Gedanken, Phantasien, Erinnerungen und Träumen unterscheiden. Reale Perzeptionen sind konkreter, kohärenter, lebendiger und eindringlicher als andere. Sie besitzen im Unterschied zu etwas nur Vorgestelltem die Qualität sinnenhafter Empfindung und erzeugen deshalb das spontane Gefühl, daß etwas gesehen, gehört, gerochen, geschmeckt, berührt wird. Reale Perzeptionen vermitteln den Eindruck, daß der Stimulus extern ist, daß er auch dann existiert, wenn er von niemandem sonst wahrgenommen wird. Überdies ist es unmöglich oder äußerst schwierig, reale Perzeptionen durch bloßes Wollen oder Wünschen zu verändern oder zu beseitigen. Nimmt mentales Geschehen diese Qualitäten an, so läßt es sich von einer realen Perzeption nicht mehr unterscheiden.

Henry Maudsley, ein berühmter Londoner Psychiater aus der Zeit, als Conan Doyle die Sherlock-Holmes-Geschichten schrieb, charakterisierte mit einer anschaulichen Formulierung die Auswirkung dieser Qualitäten. Eine Halluzination, notierte Maudsley, sei «mentale Repräsentation von einer solchen Intensität, daß sie zur mentalen Präsentation wird». Er merkte auch an, daß zwischen mentalen Aktivitäten wie Gedanken, Phantasien, Träumen und Halluzinationen feine Unterschiede bestehen. Diese Aktivitäten können ineinander übergehen. Beispielsweise kann ein Traum beim Erwachen zu einer Halluzination werden; ein Gedanke beim Einschlafen zu einem Traum. Man kann sich in diesem Kontinuum bewegen, weil die inneren Mechanismen dieser Aktivitäten einander ähnlich sind.

Wir haben bereits gesehen, wie Drogen, Träume, Schlafparalyse und hypnopompische Zustände dazu beitragen können, mentalem Erleben den Anschein realer Qualitäten zu verleihen, und sie erzeugen so eine Bewegung innerhalb dieses Kontinuums. Bevor ich die Klasse entließ, bat ich die Studenten, verschiedene Texte über Halluzinationen bei klarem Bewußtseinszustand zu lesen. Ich wiederholte Maudsleys Feststellung, daß es selbst für den besten psychiatrischen Detektiv eine kaum lösbare Aufgabe sein könne, mit Sicherheit herauszufinden, ob bei einem gesunden, nüchternen und wachen Menschen eine Wahrnehmung real ist oder nicht.

2

Ich stand am Fenster meiner Wohnung und beobachtete, wie der weißhaarige Mann ein wenig zögernd unten den Hof überquerte. Er trug eine rotkarierte Holzfällerjacke, Khakihosen und eine Baseballmütze. Immer wieder blickte er auf ein Stück Papier, das er sich dicht vor die Augen hielt. Als er unten im Eingang verschwand, ging ich zur Wohnungstür. Sekunden später klopfte er.

«Dr. Siegel?» fragte er, als ich die Tür öffnete.

«Ja, Mr. Wilson. Treten Sie doch bitte ein.» Er schien Ende Sechzig zu sein, besaß jedoch das wettergegerbte attraktive Aussehen eines Marlboro-Mannes. Ich lud ihn ein, auf meinem geliebten Schaukelstuhl Platz zu nehmen, und setzte mich ihm gegenüber auf die Couch. Auf dem Tisch zwischen uns stand eine Tasse mit meinem Lieblingskaffee, Jamaican Blue Mountain.

«Sie haben offenbar gestern nacht in der Wüste kampiert», sagte ich. Wilson stutzte, und sein Gesicht verwandelte sich in ein Fragezeichen. «Das verrät mir Ihre Kleidung, die nach Lagerfeuer riecht», fuhr ich fort. «Wenn ich von Camping-Ausflügen zurückkomme, rieche ich auch immer so.» Jetzt wirkte er entspannter.

«Wo wohnen Sie denn jetzt?» fragte ich. Obwohl er nach Holzfeuer roch und unrasiert war, ließ sein nasses Haar darauf schließen, daß er gerade geduscht hatte. Vermutlich hatte er sich ein Zimmer gemietet.

«Im St. Regis», erwiderte er. Es handelte sich um ein preiswertes Hotel in der Nähe. An Qualität ließ es sehr zu wünschen übrig, doch das Personal verschonte die Gäste mit unangenehmen Fragen und kümmerte sich nicht weiter um sie. Soweit ich wußte, kümmerten sich die Zimmermädchen auch nicht um die Zimmer. Das St. Regis war einfach ideal für jemanden, der, sagen wir mal, gerade aus einer fliegenden Untertasse gestiegen war und inkognito reisen wollte.

Mr. Jack Wilson – er bestand auf dem «Mr.» – hatte mich einige Stunden zuvor in meinem Büro angerufen, weil er mich einmal im Radio gehört hatte, als ich über UFOs diskutierte. Er sei *sicher*, daß mich ein Gespräch mit ihm interessieren würde. Aus welchem Grund, wollte ich wissen. «Vorgestern war ich sieben Stunden lang in einem UFO», sagte er. Ich schluckte unwillkürlich und bat ihn dann ausdrücklich, am Abend in meine Wohnung zu kommen, um mir einen Bericht zu geben, solange die Erinnerung noch frisch war.

Am Telefon hatte seine Stimme ruhig geklungen, doch ich wußte, daß er begierig war, mich zu sehen. Zu meinem Appartement führen insgesamt sechzehn Stufen, acht je Stockwerk. Als Wilson die

Treppe heraufkam, hörte ich, daß seine Füße nur auf vier Stufen traten. Er war in Eile, kein Zweifel. Bevor ich ihm eine Tasse Kaffee anbieten konnte, rückte er auf den Rand des Schaukelstuhls, fixierte mich mit den klarsten blauen Augen, die ich je gesehen hatte, und begann mir sein sonderbares Abenteuer zu schildern.

Wilson befand sich auf dem Rückweg von Florida, wo er Verwandte besucht hatte. Die ganze Nacht durchfahrend, erreichte er die Grenze von Arizona, wo er eine kurze Pause einlegte, um auftanken zu lassen und ein paar Flaschen Wasser zu kaufen. Auf der Weiterfahrt folgte er einem Highway, der durch abgelegenes Gelände führte, durch hochgelegene Wüsten und ferne Berge. Er hörte ein sonderbares «mechanisches» Geräusch, das von hinten zu kommen schien; er hielt an und stieg aus, um der Sache nachzugehen. Als er an den Straßenrand trat, überkam ihn ein Gefühl von Schwindel und Schwäche. Irgendwo über ihm war blendendes Licht.

«Und da sah ich's dann», sagte Wilson und beugte sich so weit vor, daß der Schaukelstuhl ganz vorn auf den Kufen stand.

«Die Lichtquelle?» fragte ich. Auch ich hatte mich unwillkürlich vorgebeugt.

«Nein. Da sah ich den kleinen Mann», sagte Wilson. Der Mann, zweifellos ein menschliches Wesen, sei aber nur etwa einen Meter groß gewesen. Er habe einen grauen, nahtlosen Anzug getragen und sich in irgendeinem Kraftfeld befunden, das ihn verschwommen erscheinen ließ. Ein heller Schein umgab seinen Kopf.

Wilson erzählte, wie er zu seinem Auto zurückkehren wollte, wobei ihm der kleine graue Mann jedoch folgte. Plötzlich fühlte er sich paralysiert. Sein Körper wurde ganz ungewöhnlich leicht, und er begann zu schweben, emporzuschweben zu dem hellen Licht. Als er näher kam, erkannte er, daß es ein Schiff war. «Ein gott-ver-damm-tes ech-tes UFO», sagte er mit Nachdruck. Irgendwo gab es wohl eine Öffnung, denn plötzlich befand er sich im Inneren und schwebte einen langen Korridor entlang. Die Wände des Korridors schienen mit glänzendem Metall getäfelt, er sah Flächen mit komplexen geometrischen Mustern.

«Das muß der Laderaum des Schiffs gewesen sein», sagte Wilson und beugte sich noch weiter vor.

Am Ende des Korridors gelangte er in einen Raum, der ihn irgendwie an den Operationssaal eines Krankenhauses erinnerte. Mehrere graugekleidete Gestalten umringten ihn. Offenbar versetzten sie ihm mit irgendeinem Gegenstand einen Schlag, er sah nämlich kleine Sterne, genauso wie damals, als ihn jemand bei einem Kampf k. o. geschlagen hatte.

«Und da ... da haben sie mich ausgeleert», sagte er leise, und seine Stimme schien zu brechen. Es war das erste Mal, daß ich bei dem Mann eine Gefühlsregung bemerkte. Der Schaukelstuhl wippte bedenklich.

«Wie denn?» fragte ich.

«Sie nahmen mir ... meine Erinnerungen», sagte Mr. Wilson. «Sie nahmen mir meine *gottverdammten Erinnerungen!*» Ich hatte das Gefühl, er werde jeden Augenblick in Tränen ausbrechen.

Er erzählte, in dem Operationsraum habe es einen großen «TV»-Schirm gegeben. Während die Fremden sein Gehirn entleerten, sah er auf dem Bildschirm Bilder aus seiner Vergangenheit vorüberhuschen. Die Bilder wirkten zusammenhanglos, doch erinnerte er sich an eine Szene aus seiner Jugend, als er mit seinem Vater fischte; an das Bild eines Schiffs, auf dem er bei der Navy gedient hatte; dann auch an Szenen von seiner jüngsten Florida-Reise. Das letzte Bild zeigte ihn, wie er in seinem am Highway parkenden Auto saß. Dann entdeckte er, daß er tatsächlich in seinem Auto saß. Das UFO war verschwunden, und es war rund sieben Stunden später.

Als Wilson mit seiner Geschichte fertig war, griff er nach *meiner* Kaffeetasse und kippte den Rest hinunter. Das Zeug muß eiskalt gewesen sein. Ich erbot mich, eine frische Tasse für ihn zu machen, und ging in die Küche, um meine Gedanken zu sammeln, während ich eine neue Kanne Kaffee kochte.

Meine erste Reaktion war die, daß es sich bei Mr. Wilsons Erlebnis um einen Traum handelte. Daß sein Bericht eine Ähnlichkeit mit Träumen besaß, war offenkundig. Viele sogenannte UFO-Entführte haben als erstes durch solche Träume von ihren angeblichen Entführungen erfahren. Diese Tatsache machte mich immer mißtrauisch. Vielleicht waren UFOs nichts anderes als Schöpfungen des träumenden Gehirns, buchstäblich Flüge der Phantasie. Es mochte sich auch, wie Jung glaubte, um Manifestationen eines kollektiven unbewußten Prozesses handeln. Dies könnte eine Erklärung bieten für das fast mythologische Phänomen von Berichten über UFO-Entführungen im Laufe der Menschheitsgeschichte. Vom Propheten Ezechiel, der im Alten Testament in einem «UFO» schwebte, bis zu den Entführten der Gegenwart, die ihre Geschichten auf den Titelseiten der Regenbogenpresse verbreiten, ähneln sich die Erlebnisse auf geradezu unheimliche Weise.

Manche UFO-Entführungen werden aufgedeckt, wenn Menschen, die einen unerklärlichen Blackout hatten, hypnotisiert und wiederhergestellt werden; oder wenn der Hypnotiseur den oder die Betreffende zurückversetzt in die Zeit des Blackouts. Dann kann es geschehen, daß die Hypnotisierten klassische Entführungs-Szenarios schildern, in denen helle Lichter, Paralyse, Schwebezustände, Tunnel oder lange Korridore, geometrische Muster, Prüfungen und eine Rückschau auf Erinnerungsbilder auf einem TV-Schirm vorkommen. Hypnotisiert man nun aber Personen, die keine derartigen Blackouts hatten und auch keine angeblichen UFO-Begegnungen, und fordert sie auf, sich eine UFO-Entführung vorzustellen, so schildern sie identische Szenarien! Zwar gibt es bei diesen Berichten viele individuelle Varianten, doch die Grundstruktur haben die eingebildeten und die sogenannten authentischen Entführungen miteinander gemein. Der unerschütterlich Glaubende könnte natürlich argumentieren, all diese Personen seien einmal von «Aliens» gefangengenommen und geprüft worden, ob sie das nun wissen oder nicht.

Ich zog es allerdings vor, nach schlichteren Erklärungen zu suchen. Die Annahme von Entführungen durch Außerirdische erfordert zu viele unbewiesene Voraussetzungen. Außergewöhnliche Behauptungen verlangen außerordentliche Beweise. Trotz der Behauptungen von Hunderten von Entführungsopfern auf der ganzen Welt gab es noch immer kein konkretes Beweismaterial dafür, daß die Erlebnisse realer und nicht nur mentaler Natur waren. Tatsächlich befanden sich die meisten angeblich Entführten in einer Art Trance oder im Schlaf. Dies stützte die Vermutung, daß UFO-Entführungen irgendwo im Kontinuum innerer mentaler Geschehnisse erzeugt werden. Mir erschien es wahrscheinlich, daß dies während des Traumzustands geschah.

Ich versuchte, Mr. Wilson gegenüber offen zu sein. «Klingt ein bißchen wie ein schlechter Traum», sagte ich, als ich mit zwei frischen Tassen Jamaican Blue zurückkam.

Wilson heftete seinen sehr geraden blauen Blick auf mich. Sein zerfurchtes Gesicht strahlte Überzeugung aus, und seine Stimme klang fest und unerschütterlich. «Freund, es war kein Traum», begann er. «Mein Sohn Peter war bei mir. Den haben sie auch ausgeleert.»

Darauf war ich nicht gefaßt gewesen. Anscheinend gab es einen unabhängigen Zeugen und Mit-Entführten. Auf einmal wirkte meine Traumthese gar nicht mehr so einleuchtend. Ich erinnerte mich an Sherlock Holmes' berühmten Ausspruch, wonach nichts trügerischer ist als eine offenkundige Tatsache. Ich beschloß, diesen Fall unter dem Gesichtspunkt anzugehen, daß dieser Mann die Wahrheit sagte.

«Nun ja, als ich gesagt habe, *wie* ein Traum, habe ich nicht unbedingt gemeint, daß es wirklich ein Traum war», redete ich mich ein wenig verlegen heraus. Ich versicherte Wilson, noch sei es nicht zu spät für den Versuch, mögliche Spuren physischer Indizien zu sammeln. Vielleicht könne es uns ja als ersten gelingen, konkrete Beweise für eine UFO-Entführung zu finden. Ich wolle das Auto überprüfen, mit seinem Sohn sprechen, nach etwaigen Nachwirkungen Ausschau halten. Nachdem wir übereingekommen waren, uns am nächsten Tag zu dritt in meinem Büro zu treffen, erhob ich mich lächelnd mit ausgestreckter Hand.

Er packte meine Hand mit festem Griff. «Also meinen Chevrolet können Sie sich gern nach Herzenslust begucken, doch einen kleinen grauen Mann werden Sie dort nicht finden. Der ist weg. Aber er war wirklich, Doktor Siegel, *er war kein Traum.*» Irgend etwas an der Art, wie er das sagte, machte ihn für mich glaubwürdig. Wenn er der Marlboro-Mann gewesen wäre, der mir versicherte, Zigaretten seien gut für mich, ich hätte ihm geglaubt.

«Ich glaube Ihnen, Mr. Wilson», sagte ich, während ich ihm die Tür öffnete.

Als er die Treppe hinabstieg, zählte ich fünfzehn Schritte. Wenn ich morgen früh zu meinem Büro aufbrach, würden mir zweifellos zwei Riesensätze genügen.

Nachdem er gegangen war, trank ich die beiden noch auf dem Tisch stehenden Tassen Kaffee und ging an meinen Bücherregalen entlang. Aus Ziegelsteinen und Brettern gebaut, reichten sie vom Fußboden bis zur Decke und enthielten viertausend Nachschlagewerke. Ich blieb vor dem Fach für Meteorologie stehen, suchte einen Band über Atmosphärologie heraus und nahm ihn mit ins Bett.

Am folgenden Morgen wartete Wilson schon vor meinem Büro auf mich. Genau meinem Bild von ihm entsprechend, rauchte er eine Marlboro. Der Lagerfeuergeruch war jedoch verschwunden, desgleichen der Stoppelbart, dafür umgab ihn eine eigentümliche Mischung von Tabak und Old-Spice-Aftershave-Lotion. Ich freute mich, ihn zu sehen, war jedoch enttäuscht, als ich erfuhr, daß sein Sohn zu seinem Job in San Diego zurückgekehrt war. Mr. Wilson wußte nicht genau, wie lange er noch in L. A. würde bleiben können, und so beschloß ich, alles andere stehen- und liegenzulassen und während der nächsten Tage ausschließlich an diesem Fall zu arbeiten.

Ich begann damit, ihm detaillierte Fragen zu stellen, seine Person und seinen Gesundheitszustand betreffend. Wilson war zweiundfünfzig, Navy-Mann a. D., geschieden und lebte in San Diego in der Nähe seines Sohnes Peter, der vierundzwanzig war. In medizinischer, auch psychiatrischer Hinsicht lag bei beiden nichts Bemerkenswertes vor.

Als nächstes arrangierte ich für Mr. Wilson eine komplette physische Untersuchung, nicht zuletzt auch seiner Augen, besonders der Sehkraft. Zwar sagte ich zu ihm, daß ich wissen wolle, ob das «blendende Licht» bei ihm irgendwelche Schäden verursacht habe, doch weitaus mehr interessierte mich, ob er eine Brille brauchte. Kontaktlinsen trug er nicht, aber ich erinnerte mich, daß er den Zettel mit meiner Adresse sehr nahe an seine Augen gehalten hatte. Bei verminderter Sehkraft mußte man visuelle Fehlwahrnehmungen annehmen.

Während Wilson untersucht wurde, ging ich zum Parkplatz und sah mir sein Auto an, für das er mir die Schlüssel gegeben hatte. In Berichten über Autos, die in angebliche UFO-Begegnungen verwikkelt waren, finden sich mitunter Angaben über physische «Narben», wie etwa Beulen in der Motorhaube, zerkratzte Stoßstangen, Brandspuren auf dem Dach. Doch weder die Karosserie noch der Lack waren beschädigt. Ich fuhr das Auto zu einer Tankstelle in Westwood Village, wo ein Mechaniker feststellte, daß das elektrische System und die Meßgeräte (bevorzugte Objekte bei Beschädigungen durch UFOs) normal arbeiteten. Ich ließ volltanken und fuhr das Auto zum Krankenhausparkplatz zurück. Bevor ich das Auto abschloß, kramte ich noch in den Kleidungsstücken und den anderen Sachen, die im Inneren verstreut waren. Im Handschuhfach fand ich einen Gegenstand, der von Nutzen sein konnte, und steckte ihn ein.

Ich ging zum Jules-Stein-Augen-Institut, einem Teil des riesigen Komplexes für medizinische Wissenschaften der UCLA, wo ich Mr. Wilson nach seiner Untersuchung traf. Wir gingen zum Lunch zu Mario, dem einzigen nahen Restaurant mit relativ privaten Nischen. Während ich auf meinem Teller herumstocherte, erzählte mir Wilson noch einmal seine Geschichte. Diesmal stellte ich detaillierte Fragen nach den genauen Örtlichkeiten und Zeitpunkten und beobachtete seine Augen, während er antwortete.

In mehr als einem Fall verblüffte Sherlock Holmes Dr. Watson damit, daß er aus dessen Gesichtsausdruck und Augenbewegungen

Schlüsse auf seine Gedanken zog. Obwohl Holmes' Fähigkeiten alle uns bekannten Wahrnehmungsmöglichkeiten weit übertreffen, so kann man manchmal doch an der Augenbewegung eines Menschen erkennen, ob dieser mit einer Phantasie beschäftigt ist oder mit einer tatsächlichen Erinnerung. Blickwendungen nach links deuten für gewöhnlich darauf hin, daß der oder die Betreffende eine starke Einbildungskraft besitzt und zu lebhaften Phantasien neigt, während Blickwendungen nach rechts anzeigen, daß die Person, nach minimaler Gedächtniserforschung, mühelos Informationen verfügbar hat. Wenn Mr. Wilson mich nicht direkt ansah, blickte er nach rechts, während er knappe Antworten gab, so daß ich nicht auf phantasievolle Ausschmückungen schloß.

Dem, was er mir bereits über das Entführungserlebnis erzählt hatte, konnte Wilson nichts weiter hinzufügen. Doch gab er mir eine Beschreibung der Route, die er gefahren war, und nannte die Stelle, wo er gehalten hatte. Ich vermerkte sorgfältig, was er alles in der letzten Woche gegessen und getrunken hatte. Außer dem Nikotin in seinen Zigaretten war die einzige Droge, die er zu sich genommen hatte, das Koffein in Kaffee und Cola. Als Zwischenmahlzeiten hatte er während der Reise Frosted Flakes bevorzugt, was die beiden leeren Corn-flakes-Schachteln erklärte, die ich in seinem Auto gefunden hatte. Kassetten für den Kassettenrecorder waren nicht vorhanden gewesen, und Wilson erklärte, er sein kein Musikliebhaber. Lieber hörte er Sportberichte. Als er erwähnte, daß die UCLA-Bruins sein Lieblingsteam waren, beglich ich die Rechnung für uns beide.

Nach dem Lunch kehrte ich mit Mr. Wilson zum Krankenhaus zurück, wo ich ihn einer Reihe psychologischer Tests unterzog. Sie bestätigten meine Vermutung, daß er nicht besonders phantasievoll oder kreativ war. Er gehörte zu den Menschen, die nur sehr wenige Tagträume und fast gar keine Alpträume haben. Außerdem glaubte er nicht an paranormale Phänomene, hatte niemals ein Buch über UFOs gelesen und auch keinen jener populären Filme wie etwa *Unheimliche Begegnung der dritten Art* gesehen, von denen gesagt wurde, sie hätten so manchen UFO-Bericht inspiriert.

Wenn weder UFO-Bücher noch -Filme etwas mit Mr. Wilsons Entführungserlebnis zu tun hatten, blieb mir entsprechend mehr Arbeit, nach anderen Erklärungen zu suchen. Außerdem mußte ich noch auf die Ergebnisse sämtlicher Untersuchungen warten. Ich sagte Wilson, er könne gehen, solle jedoch früh am nächsten Vormittag wiederkommen. Sobald er gegangen war, legte ich den Gegenstand aus seinem Handschuhfach auf den Tisch und begann ihn zu untersuchen. Ich wußte, daß es wieder eine lange Nacht werden würde.

«Sie sind diensttauglich, Mr. Wilson», sagte ich am nächsten Tag zu ihm. Die Ärzte hatten ihm ein gutes Gesundheitszeugnis ausgestellt. Blut- und Urintests wiesen normale Werte auf. Ich hatte auch Blutgastests angeordnet, weil behauptet worden war, zur Paralysierung von UFO-Entführten seien Betäubungsgase verwendet worden. Aber auch diese Tests ergaben normale Werte. Wilsons Haut, Haare und Fingernägel waren genauso ohne Spuren wie sein Chevrolet. Sogar die Augenuntersuchung bestand er mit guten Ergebnissen. Der Bericht vermerkte, er sei leicht photophob und habe einige Schwierigkeiten bei der Reaktion auf blendendes Licht, doch seine Sehkraft war ausgezeichnet. Er benötigte keine Brille. Ich fragte ihn, weshalb er den Zettel so dicht an seine Augen gehalten hatte, als er über den Hof auf mein Appartementhaus zugegangen war. Wilson erklärte, er sei seit jeher überempfindlich gewesen gegen grelles Licht, und die Strahlen der Sonne, die tief über der Hofmauer stand, hätten ihm in die Augen gestochen. Da er seine Sonnenbrille im Auto gelassen hatte, benutzte er den Zettel als Schutz.

Mr. Wilson lächelte, während ich ihm die Berichte reichte, nach denen bei ihm alles in Ordnung war. Für Wilson war das der Beweis, daß er die Wahrheit sagte und das Entführungserlebnis real war. So weit wollte ich nicht gehen. Doch es war an der Zeit, sich das Erlebnis selbst genauso systematisch anzusehen. Ich ging mit ihm in ein Konferenzzimmer und bat ihn, von allem, woran er sich erinnern konnte, Bilder zu zeichnen, vom grauen Mann ebenso wie vom UFO, vom Innern des Korridors und vom Untersuchungsraum. Er sagte, er besitze keine künstlerischen Fähigkeiten, willigte jedoch in einen Versuch ein, als ich ihm erklärte, dies werde uns endlich etwas Konkretes und *Reales* geben, womit wir arbeiten könnten.

Ich kehrte zum Büro zurück. Die schriftlichen Berichte auf meinem Schreibtisch erzählten nur einen Teil der Geschichte; sie enthielten nicht alle Beobachtungen von Wilsons Verhalten. Mich interessierte vor allem jede Beklemmung oder Angst, die er bei den Untersuchungen gezeigt haben mochte. Schließlich war er ja voll Furcht gewesen, als ihn die Fremdlinge untersucht hatten. War das womöglich seine normale Reaktion auf Untersuchungen? Schien das denkbar bei einem Navy-Mann, selbst wenn dieser gern Frosted Flakes naschte? Ich telefonierte mit den Ärzten und Krankenschwestern, die Wilson untersucht hatten. Sie schilderten den Patienten als ruhig und entspannt. Er sah sogar zu, wie die Nadeln in seinen Arm stachen und die Röhrchen sich mit seinem Blut füllten. Ich bekam beim bloßen Zuhören eine Gänsehaut.

Als Wilson mit seinen Zeichnungen in meinem Büro erschien, hatte ich einen neuen Kurs für mein weiteres Vorgehen ausgearbeitet. Aber ich brauchte mehr Zeit. Würde er bereit sein, noch zu bleiben und noch ein paar Tests machen zu lassen? Wilson wollte keine weiteren Tests. Er wollte zurück nach San Diego.

«Nur noch einen Tag, Mr. Wilson», bat ich, «dann haben wir's ganz geschafft.»

«Und was dann, Dr. Siegel? Werden Sie mir sagen, daß ich verrückt bin oder was?»

Es war eine faire Frage. So weit vorausgedacht hatte ich nicht, und das Ergebnis meiner Bemühungen vorausnehmen konnte und wollte ich nicht. Wilson seinerseits hatte sich während der vergangenen Tage außerordentlich kooperativ gezeigt und sowohl Zeit als auch Lebenssäfte geopfert. Warum? Ich vermutete, daß er, wie viele andere angeblich Entführte, sich wichtig vorkommen wollte bei all der ihm entgegengebrachten Aufmerksamkeit. Aber eine aufrichtige Antwort hatte er jedenfalls verdient. Ich gab sie ihm mit der Absicht, seine Motivation anzustacheln, indem ich ihm in Aussicht stellte, nicht nur wichtig zu sein, sondern *berühmt* zu werden.

«Falls ich bis morgen keine plausible wissenschaftliche oder medizinische Erklärung finden kann», sagte ich, bereit, einen professionellen Hals- oder Beinbruch zu riskieren, «werde ich dies den zuständigen Behörden melden, sowohl den UFO-Gruppen als auch dem FBI, als eine *gott-ver-dammt ech-te UFO-Entführung.*» Mit einem Lächeln imitierte ich seine Art, das Ereignis zu schildern.

Wilson lächelte zurück. Die Abmachung war getroffen. Er versprach, noch eine Nacht zu bleiben, und ich versprach, die gesamte Rechnung im St. Regis zu bezahlen. Ich verwies ihn an einen Spezialisten für psychometrische Messungen, der Persönlichkeits- und Intelligenztests durchführen sollte, die ihn für den Rest des Tages in Anspruch nehmen würden. Zwar wußte ich, daß die Tests überflüssig waren und erst nach Tagen ausgewertet sein würden, doch manchmal ist eine solch Sherlocksche List gerechtfertigt. Ich steckte seine Zeichnungen in meine Aktentasche, packte den Gegenstand dazu, den ich aus dem Handschuhfach genommen hatte, und raste zum Flughafen.

Am folgenden Morgen holte ich Mr. Wilson vom St. Regis ab, und wir gingen zu Fuß zu Uncle John's, einem Familienrestaurant, knapp einen Kilometer vom Motel entfernt. Unterwegs sprachen wir über das Bruin-Basketballteam und erzählten uns ein paar Witze. Als wir das Restaurant erreichten, nannte ich ihn Jack, und es schien ihm recht zu sein.

Wir durchquerten einen Raum mit imitiertem viktorianischem Mobiliar und antiquiert wirkenden Gaslampen, die elektrisch beleuchtet waren. Die Kellnerin führte uns zu einer abgelegenen Nische an der hinteren Wand. Der Eingang zur Nische war auf beiden Seiten mit pseudo-viktorianischen Vorhängen drapiert, doch waren sie bloße Dekoration und ließen sich nicht schließen. Wir nahmen einander gegenüber auf bequemen Kunstledersesseln Platz. Eine der elektrifizierten Gaslampen hing über dem Tisch. Es war eine perfekte Kulisse für einen Pseudo-Sherlock-Holmes-Krimi.

Trotz all der Imitationen gefiel mir Uncle John's, weil das Restaurant rund um die Uhr geöffnet war und man ein tolles Frühstück bekommen konnte mit beliebig viel Kaffee für den Preis einer Tasse. Außerdem verkehrte hier immer viel Publikum, was mir nur recht sein konnte, wenn ich Wilson mit den Ergebnissen meiner Ermittlungen konfrontierte. Ich war mir nicht sicher, wie er auf das, was ich zu sagen hatte, reagieren würde.

Während wir unseren Kaffee nippten und auf das Essen warteten, schaltete ich mein Tonbandgerät ein und begann, Wilson von meinem Sukkubus-Erlebnis zu erzählen. Eine solche Selbstenthüllung kann den Patienten dem Arzt manchmal näherbringen, aber es gab für meine Erzählung noch einen wichtigeren Grund. Nachdem Wilson meine Erklärung des Sukkubus-Phänomens verstanden hatte, erzählte ich ihm, daß im Laufe der Geschichte Sukkubus-Erlebnisse auf mannigfache Weise interpretiert worden sind. Im Mittelalter glaubten paralysierte Schläfer, daß Vampire ihnen das Blut aussaugten – sie ausleerten. Er lächelte. Die Eskimos glaubten, die Attacken seien ein Beweis für die Existenz der Geisterwelt, die ihnen den Garaus machen wolle. Er gluckste. Manche Ufologen glaubten, diese «Schlafzimmer-Eindringlinge» seien in Wirklichkeit wollüstige Aliens. Wilsons Gelächter verriet mir schließlich, daß er nicht nur verstanden, sondern die wissenschaftliche Erklärung auch akzeptiert hatte.

Ich wartete, bis die Kellnerin das Essen serviert hatte, und fuhr dann fort. Träume können die verschiedensten Interpretationen erfahren, erklärte ich, und sie können real genug sein, um ganze kulturelle Glaubenssysteme zu prägen. Doch unter dem Schlußstrich ist es so, daß Sukkubi, genau wie Vampire oder Geister, nur ins Gehirn eindringen, nicht ins Schlafzimmer.

«Jack, ich glaube, daß einige der Dinge, die Sie erlebt haben, tatsächlich geschehen sind, aber manches davon haben Sie geträumt», sagte ich und verspeiste unbekümmert meinen French Toast.

Er starrte mich ungläubig an. «Sie glauben, ich hätte geträumt?» sagte er. «Ich stand neben dem Scheißauto, verdammt noch mal!»

«Nur noch ein paar Minuten, Jack. Ich habe gestern in San Diego mit Peter gesprochen, und er hat das verifiziert.» *Habe ich gerade unsere Beziehung zerstört, weil ich hinter seinem Rücken gehandelt habe?*

«Hat er Ihnen von dem grauen Mann erzählt?»

«Ja, er hat ihn auch gesehen. Das war der reale Teil. Der Rest war ein Traum, Jack.»

«Hören Sie auf, mich Jack zu nennen!» sagte er. *So geht unsere Beziehung zu Bruch.* Ich wußte, daß er irritiert war, und so versuchte ich, seine Bemerkung nicht persönlich zu nehmen. Ich bat ihn, sich meine Erklärung anzuhören. Und ich versprach, mir dann anzuhören, was er zu sagen hatte. Er murmelte zustimmend und machte sich über seine Frühstücksflocken her.

Ich zog die Straßenkarte hervor, die ich aus dem Handschuhfach genommen hatte. Die Wilsons hatten die gesamte Route mit Filzstift eingezeichnet und präzise die Stelle der UFO-Begegnung markiert. Bei der mehr als dreißigstündigen ununterbrochenen Fahrt hatten sie sich am Steuer abgewechselt, doch gut geschlafen hatte im Auto keiner. Jack Wilson hatte elf Stunden lang am Lenkrad gesessen, bevor er am Straßenrand stoppte, um wegen des mechanischen Geräusches nachzusehen. Laut Wetterdienst erfolgte der Sonnenaufgang an der betreffenden Stelle zwei Stunden früher. An diesem Morgen hatte es leichten Bodennebel gegeben.

Mr. Wilson stieg aus dem Auto und richtete sich rasch auf. Sofort überkam ihn ein Schwindelgefühl. Ich erinnerte ihn daran, daß das bei ihm typisch war, daß ihm immer schwach und schwindlig wurde, wenn er nach langem Sitzen eine aufrechte Haltung einnahm. Diese Erscheinung, orthostatische Hypotension genannt, ist sehr verbreitet. Viele Menschen erleben sie, wenn sie sich nach einem heißen Bad erheben.

Das am Straßenrand geparkte Auto wies nach Westen. Als Wilson auf der Fahrerseite ausstieg, drehte er sich in Richtung der Geräusche hinten am Wagen. Er stand also nach Osten gewandt und blickte genau in das blendende Licht der aufgehenden Sonne. Seine

Reaktion erfolgte quasi instinktiv: Er drehte sich um, nunmehr gen Westen gewandt, so daß sein Blick automatisch auf den Antisolarpunkt zentriert war, einen Punkt im Raum, der sich, in Relation zu einem Beobachter, genau gegenüber der Sonne befindet.

«Der Antisolarpunkt war die Stelle, wo der kleine graue Mann erschien», sagte ich aufgeregt. Wilsons Augen hingen an der Skizze, die ich zeichnete, und mir war klar, daß er eine weitere Erklärung erwartete. Die Erklärung hatte als erster der Philosoph René Descartes im frühen 17. Jahrhundert gegeben, was ich allerdings erst wenige Tage zuvor aus dem Buch über Atmosphärologie erfahren hatte.

Ich zeichnete eine Art Diagramm, das Wilson, das Auto und die Sonne zeigte. Da sich die Sonne über dem Horizont und hinter Wilson befand, lag der Antisolarpunkt vor ihm, auf dem Boden. Dieser Punkt wurde sogar markiert, und zwar vom Kopf seines Schattens auf dem Boden. Liegt auf dem Boden Nebel oder Tau, so wird das Licht in einer solchen Weise fokussiert, daß sich ein spezieller optischer Effekt ergibt, den man im Englischen *Glory* nennt. Eine Glorie ist ein heller Lichtkreis rund um den Antisolarpunkt. Stehen die Sonnenstrahlen in einem besonders günstigen Winkel zu den reflektierenden Tautröpfchen, so kann die Glorie mitunter als kreisförmiger Regenbogen erscheinen. Fachleute, auch amerikanische, gebrauchen dafür das deutsche Wort *Heiligenschein*. Glorien können leicht für Engel oder Aliens gehalten werden.

«Der kleine graue Mann war ganz einfach Ihr eigener Schatten mit einer Glorie um den Kopf. Der Nebel in der frühen Morgenluft bewirkte, daß der Schein sich ein wenig stärker ausbreitete, so daß ein zweiter Ring um den Schatten entstand. Zusammen mit den undeutlichen und verschwommenen Konturen des Schattens erzeugte dies das Kraftfeld, das Sie sahen. Der graue Mann folgte Ihnen zurück zum Auto, wie das ein Schatten nun mal tut.»

«Peter hat ihn gesehen!» sagte Mr. Wilson.

«Natürlich hat er ihn gesehen. Er kam aus dem Auto, als Sie einen Schwächeanfall zu haben schienen, und stand dann hinter Ihnen und sah den Schein um Ihren Schatten», erwiderte ich. «Es war wirklich vorhanden!»

Peter hatte mir erzählt, wie verblüfft sie über dieses Phänomen gewesen waren. Ihre erschöpften Augen und müden Gehirne konnten oder wollten nicht fassen, was sie gesehen hatten. Sie stiegen wieder ein und sprachen darüber. Peter meinte, vielleicht sei es irgendeine herumstreunende, radioaktive Kreatur gewesen. Oder ein Geist – ja, er sprach es aus – ein Wesen aus dem Weltraum. Sie sprachen, bis sie in Schlaf fielen.

Hinter den geschlossenen Augen eines total Übermüdeten erscheint eine Folge hypnagogischer Bilder, die dem Schlaf vorausgeht. Hypnagogische Bilder sind die Keime von Träumen, und sie beginnen meist mit blitzendem Licht. Oft scheint ein in der Regel rundes, leuchtendes Gebilde näher zu kommen, ein Kreis, ein Oval, auch eine Raute, die immer mehr zu gigantischer Größe anschwillt. Dieses spezielle Bild wird Isakowersches Phänomen genannt, nach dem österreichischen Psychoanalytiker, der es entdeckte. Isakower behauptete, das Bild habe seinen Ursprung in der Erinnerung an die Mutterbrust, die sich dem Mund des Säuglings nähert.

«Dr. Siegel! Versuchen Sie mir weiszumachen, ich sei von einer Riesenkillertitte attackiert worden?» sagte Wilson und brach in Gelächter aus.

Ich stimmte in sein Lachen ein. Dann erklärte ich, daß hypnagogische Bilder genau wie leuchtende Tintenkleckse auf vielerlei Weise interpretiert werden können. Im doppelten Wortsinn liegt alles im Auge des Betrachters. Der schlafsüchtige Mensch im hypnagogischen Zustand ist für Suggestionen genauso offen wie Personen in der Hypnose. Während Mr. Wilson und sein Sohn ihre schläfrige Unterhaltung fortsetzten und hinüberglitten in den Schlaf, wurde das aufscheinende hypnagogische Licht unterbewußt verwandelt in das UFO.

Gleitet ein Mensch in den hypnagogischen Zustand, so vermindern sich Frequenz und Amplitude der Hirnwellen. Die Alpha-Rhythmen des Wachzustands werden zunehmend von langsamerer

Theta-Aktivität abgelöst. Dies bewirkt einen Verlust willentlicher Kontrolle, ein Gefühl von Paralyse. Während die Person tiefer in den eigentlichen Schlaf sinkt, zieht sich die physische Außenwelt an den Rand des Bewußtseins zurück, und die innere Traumwelt wird zur neuen Realität.

Sieben Stunden lang schliefen die beiden Mänenr im Auto. Als sie aufwachten, wußte Mr. Wilson seinem Sohn einen sonderbaren Traum zu erzählen. Zunächst schilderte er, wie er von grauen Gestalten geträumt hatte, die der Figur ähnelten, die sie beide vor Stunden gesehen hatten. Peter sagte, von dieser Gestalt habe er auch geträumt! Dann beschrieb Mr. Wilson eine Folge von unzusammenhängenden Bildern: geometrische Muster, einen Tunnel und Szenen von der Florida-Reise. Peter erinnerte sich, daß er in einem langen Korridor geschwebt und Flashbacks von ihrer Reise gesehen hatte, wie Bilder auf einem TV-Schirm. Aufgeregt fuhren sie fort, über ihre Träume zu reden, wobei sie die Lücken zwischen den zusammenhangslosen Eindrücken mit Hilfe einer Geschichte überbrückten, die sich gut zu dem fügte, was sie vor dem Einschlafen über die graue Gestalt gesagt hatten. Bis zu ihrer Ankunft in Los Angeles waren die flüchtigen Bilder des Traums eingebunden in eine handfeste Story.

Schließlich zog ich aus meiner Aktentasche einen Stapel von Zeichnungen, die ich auf dem Tisch ausbreitete. Mr. Wilsons Zeichnungen legte ich neben die, die Peter auf meine Bitte hin angefertigt hatte. Beide Serien hatten unverkennbar viele Ähnlichkeiten miteinander. Zum Abschluß zeigte ich Mr. Wilson Dutzende von Zeichnungen, alle stammten von Hypnotisierten, die wenig über UFOs wußten, jedoch angewiesen worden waren, sich eine Entführung vorzustellen. Diese «erfundenen» Zeichnungen zeigten kleine graue Männer, lange Korridore, geometrische Muster, Prüfungen und Bildschirme mit Erinnerungsszenen. Sie entsprachen genau den Wilson-Zeichnungen.

Während Mr. Wilson die Zeichnungen studierte, widmete ich mich meinem letzten, kalten Stück French Toast. Wilson verfügte jetzt über alle von mir gesammelten Daten – fast alle zumindest. Was ich für mich behielt, war Peters Meinung, sein Vater sei überwältigt von dem Gedanken, daß gerade er unter allen Menschen erwählt worden sei für eine Entführung durch Außerirdische. Er wollte glauben! Peter war sich nicht so sicher, daß es tatsächlich geschehen war, doch er mochte sich nicht mit seinem Vater streiten. Außerdem war da der unerklärliche kleine graue Mann, den sie ja beide gesehen hatten. Peter gab zwar zu, daß sie wieder ins Auto gestiegen und dann eingeschlafen waren, er spekulierte jedoch, daß es möglich sei, daß ihre physischen Körper im Auto blieben, indes ihre *Astralleiber* an Bord des UFO mitgenommen wurden. Ich fragte mich im stillen, wie ein normal denkender Besucher von einem anderen Planeten sich zufriedengeben konnte mit dem Astralleib eines Irdischen, dessen realer Körper ihm verfügbar war.

Die Kellnerin erschien mit frischem Kaffee und der Rechnung. Wilson sammelte die Zeichnungen zusammen und reichte sie mir. Er zwang sich zu einem Lächeln, doch seine Lippen wirkten steif.

«Teufel, ich weiß nicht, was es war», sagte er. Aus seiner Stimme klang Enttäuschung. «Das mit dem Heiligenschein trifft wahrscheinlich zu. Und wenn Peter sagt, wir haben darüber gesprochen und sind eingeschlafen, dann haben wir das auch getan. Der Junge lügt nicht. Aber – ein Traum? Weiß nicht ... vielleicht.» Wieder zwang er sich zu einem Lächeln.

Wir gingen zurück zum St. Regis und schafften es gerade noch innerhalb der Check-out-Zeit. Nachdem Wilson gepackt hatte, stieg jeder in sein Auto – sie waren nebeneinander geparkt – und öffnete ein Fenster.

«Was hat denn das mechanische Geräusch verursacht?» rief er, während er den Motor anließ.

«Woher soll ich das wissen?» rief ich zurück. Ich wußte es nicht.

«Teufel, Sie sind doch der Detektiv», brüllte er, während er losfuhr.

Tagmahr

Er fühlte, wie sich sein Gehirn mit kochendem Quecksilber füllte ...
Es gehörte ihm nicht mehr. Es war feindliches Territorium.

Ray Bradbury, «Fiebertraum»

Alice erwachte früh am Freitag morgen. Am liebsten
wäre sie im Bett geblieben, doch der Lärm des Staubsaugers im Korridor vor ihrem Hotelzimmer ließ sie nicht wieder einschlafen. *So
was sollte zu so früher Stunde nicht erlaubt sein,* dachte sie und sehnte
sich nach der Stille der afrikanischen Ebenen, die sie erst vor zwei
Tagen verlassen hatte.

Jetzt, wo sie auf war, mußte sie sich als erstes die Nase putzen. Sie
nahm das letzte Taschentuch aus dem Päckchen auf dem Nachttisch und schnaubte kräftig. Dann starrte sie auf den Nasenschleim
auf dem Papier. Selbst ohne ihre Kontaktlinsen konnte sie die
schmutzige Masse deutlich sehen. Sie war mit kleinen schwarzen
Flecken übersät. Die schwarzen Flecken waren für Alice so etwas
wie *worry beads,* Kummerperlen: Sie verkörperten all die von Menschen gemachten Unrat-Produkte, die langsam den Planeten ver-
gifteten.

Alice warf das zusammengeknüllte Papier in Richtung Abfall-
korb; daneben. Es war ihr letztes Taschentuch gewesen. Sie nahm
sich vor, neue zu kaufen, wenn sie zum Frühstück ging. Fünfzehn
Stück waren in dem Päckchen gewesen, das sie gestern bei ihrer Ankunft auf dem Kennedy Airport gekauft hatte – fünfzehn Gründe,
nicht nach New York zu kommen. Zweimal im Jahr besuchte sie die
Stadt, und von Mal zu Mal wurde es mit dem Naseschnauben
schlimmer. Mit jedem Mal nahm die Luftverschmutzung zu, wurde
der Verkehr dichter, der Lärm lauter und die Papiertaschentücher
teurer. Doch sie hatte keine Wahl. Sie mußte alle sechs Monate nach
New York, um ihre Visa zu erneuern und sich bei den Professoren
zu melden, die ihre Arbeit beaufsichtigten.

Seit drei Jahren pendelte sie zwischen Kontinenten hin und her. Sie hatte bemerkt, daß ihre Aufenthalte in New York von Mal zu Mal kürzer wurden. Ja, sie waren kurz, jedoch nie ohne Qual. Sooft sie auch herkam, jedesmal empfand sie den Kulturschock von neuem. Nie blieb genügend Zeit, sich auf die veränderte Umgebung einzustellen, und sie versuchte es auch schon seit langem nicht mehr. Alice erinnerte sich an die U-Bahn-Schilder in den Sechzigern, als sie aufs Barnard College gegangen war, NEW YORK: LOVE IT OR LEAVE IT. Sie hatte es verlassen, gleich nach ihrem Examen, und war zum Peace Corps gegangen. Man schickte sie nach Afrika, und sie verliebte sich in das Land und in die Menschen.

Auch nach dem Peace Corps blieb Alice in Afrika, wo sie an mehreren Forschungsprojekten für verschiedene Professoren arbeitete. Man riet ihr zum Universitätsstudium. Sie kehrte in die Staaten zurück, absolvierte alles ordnungsgemäß und wählte dann ein Dissertationsthema aus, das sie wieder nach Afrika führte. Alice glaubte, dort könne sie für immer leben.

Irgendwo auf der Straße unten begann ein Müllfahrzeug seine Ladung zuammenzupressen. Es legte den Verkehr lahm, und ein Hupkonzert ertönte. Der Lärm drang hinauf zu Alices Zimmer im zehnten Stock. Sie stand auf, ging zum Fenster und spähte hinunter auf die Straße. Riverside Drive war ein verschwommenes Grau, doch deutlich konnte sie den schwarzen Staub draußen sehen, der der Stadt eine öde Tönung verlieh. *Ein weiterer schöner Tag im Dschungel*, dachte sie.

Sie ging ins Badezimmer, blickte in den Spiegel und nahm sich vor, außer Taschentüchern auch noch etwas Visine zu kaufen. Die Augenrötung konnte natürlich nur von der Stadt herrühren, keinesfalls von dem langen Flug von Nairobi. Sie duschte und wusch ihr jungenhaft kurzes Haar; dann stellte sie sich unter den kalten Strahl, bis ihre Haut prickelte. Einen Augenblick lang stand sie unter einem Wasserfall in Afrika, badete in den Gedanken an eine weniger komplizierte Welt. Als sie die Kälte nicht mehr aushalten konnte, verließ sie die Duschkabine und trocknete sich mit Hand-

tüchern ab, die kaum größer waren als Waschlappen und nach Blei-
che rochen. «Wenigstens sauber sind sie», sagte sie laut.

Alice hatte einen guten, kräftigen Körper, und sie nahm sich
einen Augenblick Zeit, um ihn im Spiegel zu bewundern. Ihre Brüste waren fest, und sie trug nur selten einen BH, außer in der Stadt.
Mit ihren 1,62 m fand sie sich etwas zu klein für ihre breiten Schultern, aber die rührten vom Feldhockey her, das sie jahrelang in der
Schule und auf dem College gespielt hatte. Durch das Gewichtstrai-
ning waren ihre Beine zwar stämmiger geworden, aber immer noch
wohlgeformt: Wenn sie ihre kurzen Röcke trug, drehten viele die
Köpfe. Miniröcke waren in diesem Jahr nicht Mode, doch Alice war
so sehr daran gewöhnt, im Busch Shorts zu tragen, daß sie nichts
anhaben mochte, das ihr um die Beine baumelte. Strümpfe
brauchte sie wegen ihrer kräftigen Sonnenbräune nicht anzuziehen.

Nachdem sie sich abgetrocknet hatte, tupfte sie ein wenig Vit-
amin-E-Lotion auf die Narbe über ihrem Schlüsselbein. Diese
Narbe war kein Andenken an irgendein heroisches Abenteuer, etwa
den Kampf mit einem blutrünstigen Löwen oder eine Konfrontation mit irgendwelchen Wilderern. Die Narbe stammte von einem
dummen Unfall, bei dem sie glimpflich davongekommen war. Alice
hatte sich in einer Waldregion befunden, wo man eine Brandro-
dung durchgeführt hatte, um Platz für Entwicklungsprojekte zu
schaffen. Sie war im Begriff, eine Zählung der toten Tiere vorzunehmen, als sie stolperte und gegen einen Baumstumpf fiel. Ein halb-
verkohlter Ast spießte sie knapp unterhalb ihres Schlüsselbeins
quasi auf. In scharfem Winkel über ihren Hals ragend, drohte der
mächtige Ast ihr den Kopf von den Schultern zu reißen. Sie verharrte reglos, weil sie fürchtete, jede Bewegung könne das gezackte
Holz noch tiefer eindringen lassen. *Durchbohrt von einem Baum*,
dachte Alice, *was für eine blödsinnige Art zu sterben*. Dann ein glück-
licher Reflex: Alice hustete, und der Ast rutschte heraus. Die Wunde
war zwei bis drei Zentimeter tief, nicht weiter schlimm, doch sie
jagte Alice eine Höllenangst ein.

Trotz der kalten Dusche fühlte Alice sich noch immer nicht wach.

Sie war hundemüde und beschloß, sich vor dem Anziehen noch einmal hinzulegen. Bis zu ihrem Termin im Konsulat blieb noch genügend Zeit. Sie würde einfach das Frühstück auslassen. Das machte weiter nichts, weil sie sowieso den Appetit verloren hatte.

Der Staubsauger im Korridor weckte sie wieder auf. Unwillkürlich blickte Alice zur Tür. Die Tür öffnete sich, und irgend jemand kam herein, ging zum Fußende ihres Bettes, betrachtete sie und ging wieder hinaus. *Irgend jemand vom Personal, der die Zimmer überprüft,* dachte sie; und dann wurde ihr bewußt, daß sie nackt war, und sie zog die Decke über ihren Körper. Sie mußte daran denken, das NICHT-STÖREN-Schild draußen an die Tür zu hängen.

Es wurde sowieso Zeit aufzustehen. Alice ging zu ihrer Reisetasche und nahm Unterwäsche, einen Rock und eine Bluse heraus. Die Kleidungsstücke waren zerknittert, und sie schimpfte mit sich, weil sie nicht gleich nach der Ankunft ausgepackt hatte. Aber sie war ja so *müde* gewesen. Diesmal hatte sich der Jetlag besonders schlimm ausgewirkt, und sie spürte ihn noch immer. Wenn sie ihre Besorgungen erledigt hatte, würde sie ein paar von ihren Sachen dem Hotelpersonal zum Bügeln geben.

Während sie sich anzog, ging Alice in Gedanken noch einmal durch, was sie alles zu tun hatte: Besuch im Konsulat, dann beim Professor; Terminvereinbarung beim Zahnarzt; Einkauf im Drugstore. Außerdem *mußte* sie ganz einfach bei der New York Public Library vorbeischauen. Die Bibliothek war ihr Lieblingsrefugium hier in der Stadt. Die riesigen Steinlöwen auf der Treppe vor der Bibliothek gaben ihr immer das Gefühl, willkommen zu sein. Drinnen konnte Alice sich dann in Büchern verlieren und vergessen, daß sie in New York war. Sie hoffte, ihre Besorgungen rasch hinter sich zu bringen, um möglichst viel Zeit für die Bibliothek zu haben. Es würde ein hektischer Tag werden. Alice wählte ihr bequemstes Paar Schuhe aus und setzte sich dann auf den Bettrand, um sie anzuziehen.

Wieder weckte der Staubsauger sie auf. Alice rieb sich den Schlaf aus den Augen, hatte aber noch keine Lust, sie zu öffnen. Sie tastete nach den Kleenex, konnte jedoch nichts finden und schnaubte in einen Zipfel der Bettdecke. Es war eine Menge Nasenschleim, und Alice beschloß, lieber nicht hinzuschauen. Doch als sich die Tür öffnete, riß sie die Augen auf. Zuerst glaubte sie, es sei wieder das Zimmermädchen, aber dann sah sie, daß es ein Mann war! Er sah alt und hinfällig aus, und seine Haut war wie Leder. Seine Kleider bestanden aus Lumpen. Sein Gesicht war schwarz – er war aber kein Farbiger –, bedeckt mit Schmutz und Ruß. Er trat ans Fußende ihres Bettes und sah sie direkt an. Alice erstarrte. Fast war es, als werde sie vom Ast eines toten Baums festgenagelt. Der Mann stand mehrere unendlich lange Sekunden dort; dann drehte er sich um und ging hinaus.

Ich werde mich bei der Hoteldirektion beschweren, dachte Alice. Sie hatte sich ein Zimmer im zehnten Stock genommen, um möglichst weit von der Straße entfernt zu sein. Okay, was den Lärm betraf, konnten die Hotelleute nichts machen. Aber daß obdachlose Penner durch die Zimmer strolchten, war eine andere Sache. Schuld daran war sicher der pickelgesichtige Hotelboy, von dem sie sich gestern abend etwas hatte bringen lassen. Wahrscheinlich hatte er vergessen, die Tür abzuschließen. Sie stand auf, um nachzusehen, und stellte fest, daß die Tür geschlossen war!

Sie hob die vor der Tür liegende Morgenzeitung auf und nahm sie mit ins Bett. Heute war Samstag, ein guter Tag, um ins Kino zu gehen. In Afrika hatte Alice nur selten die Möglichkeit, Filme zu sehen, schon gar keine künstlerischen, die sie so mochte. Für gewöhnlich blieb ihr nur die Wahl zwischen einem Actionfilm à la Rambo oder einem grausigen Charles-Bronson-Film. Sie ging den Programmteil durch und wählte Shakespeares *Henry V* mit Kenneth Branagh in der Titelrolle aus. Alice liebte Shakespeare, und in Afrika hatte sie einen Band mit seinen sämtlichen Werken. Das Buch, einst Eigentum ihres Vaters, war wunderschön in weiches Leder gebunden. Er hatte es ihr unmittelbar vor seinem Krebstod geschenkt. Es war ihr am meisten geschätzter Besitz. Auf das Vorsatzblatt hatte er gekritzelt:

> Für Alice, das Sonett meines Lebens.
> «Du deiner Mutter Spiegel, zauberst ihr
> der Jugendtage holden Lenz herbei.»
> Mit Liebe,
> Daddy.

Alice erinnerte sich, wie sehr sich ihr Vater gewünscht hatte, daß sie heiraten würde. «Sorge für die Weitererhaltung des Gene-Pools», pflegte er mit berechtigtem Stolz zu sagen. Er war darüber besorgt, daß sie im afrikanischen Busch keinen «Passenden» kennenlernen würde. Bestenfalls, witzelte er einmal, würde ein sexbesessener Löwe in ihr Zelt eindringen. Aber der einzige Mann, der bisher in New York in ihr Leben getreten war, war ein obdachloser Penner. Alice beschloß, in dieser Angelegenheit etwas zu unternehmen. Sie würde einen alten Freund anrufen, das Objekt einer ihrer häufigen Masturbationsphantasien, und ihn ins Kino einladen. Mochte New York auch dreckig sein, wer sagte, daß man hier keinen Spaß haben konnte?

Es war später Sonntagmorgen, als Alice mit einem Lächeln und gutem Appetit erwachte. Beim Zimmerservice bestellte sie Frühstück und stand dann auf, um die Zeitung zu holen. Durch die Jalousie schien die Sonne und verhieß einen schönen Tag. Aber dafür war Alice noch nicht bereit, und so zog sie den Vorhang vor die Jalousie. Das Frühstück kam. Alice griff nach dem Saftglas und trank es aus, noch ehe der Kellner das Klapptablett auf ihr Bett stellen konnte. Als Trinkgeld gab sie dem Mann einen Fünf-Dollar-Schein – oder vielleicht irrtümlicherweise einen Zwanziger – und erinnerte ihn daran, beim Hinausgehen die Tür zu schließen.

Während des Frühstücks fing der Staubsauger wieder an. «Am Sonntag?» fragte sich Alice laut. Sie beschloß, niemals wieder in diesem Hotel abzusteigen. Irgend etwas ließ sie von ihrem Frühstückstablett aufblicken. Der zerlumpte Obdachlose stand am Fußende des Bettes. Diesmal konnte sie ihn deutlicher sehen. Sein Haar war abgesengt worden, und überall auf Schädel und Stirn hatte er Brandmale. Seine übrige Haut war teils wie gedörrt, teils voller Blasen. Seine Kleidung schien nur noch aus Asche zu bestehen. Sie blickte dem Mann in die Augen. Die Pupillen wirkten groß und starr, wie bei einem Toten. Alice überkam die grauenvolle Vorstellung, der Mann habe vorzeitig ein Krematorium verlassen.

Er mußte wohl die Tür zu ihrem Zimmer offengelassen haben, denn der Lärm vom Staubsauger klang jetzt viel lauter. Dann sah sie, daß der Mann den Staubsauger in der Hand hielt. *Nein! Das ist kein Staubsauger!* dachte Alice. *Das ist eine Kettensäge!* Alice wußte sehr genau, wie eine Kettensäge aussah. In Afrika hatte sie viele dieser Werkzeuge gesehen: Rücksichtslos wurden sie zur Rodung der Wälder eingesetzt.

Der Mund des Mannes verzog sich zu einem sardonischen Grinsen. Anklagend zeigte er mit dem Finger auf Alice. Der Finger war lang und krumm, wie ein verbogener Ast. Der Mann machte eine Geste: Langsam fuhr er sich mit dem Finger über den Hals, knapp über dem Schlüsselbein. Alice schrie. Einmal. Zweimal. Der Mann verschwand.

Am Montag sank das Fieber, und Alice verließ zum erstenmal ihr Hotelzimmer.

> *Ist dies ein Dolch, den ich hier vor mir seh,*
> *Den Griff mir zugekehrt? Komm, laß dich fassen:*
> *Ich fühl dich nicht, und doch seh ich dich noch.*
> *Bist du, Anblick voll Unheil, der Hand*
> *Nicht faßbar wie dem Aug? Bist etwa nur*
> *Ein Dolch der Einbildung, ein Wahngesicht,*
> *Die Ausgeburt des überhitzten Hirns?*
>
> William Shakespeare,
> «Macbeth»

Sheila und
die Hakenkreuze

Im verdunkelten Vortragssaal war in der rechten Ecke der Leinwand ein nur schwach sichtbares Objekt zu erkennen. Das Objekt ähnelte der Venus, wie sie kurz vor Sonnenaufgang am östlichen Himmel erscheint. «Dies ist ein typisch hypnagogisches Bild eines sternenartigen Punktes, das von einer Versuchsperson gezeichnet wurde, die es unmittelbar vor dem Einschlafen sah», erklärte ich dem Publikum. Um sicherzugehen, daß alle den Punkt sahen, richtete ich den roten Strahl meines Laseranzeigers darauf. Hypnagogische Bilder sind mitunter so schwach, daß sie dem Betrachter entgehen, sofern er nicht bewußt nach ihnen Ausschau hält. Ich drückte auf dem Podium auf einen Knopf, damit der Projektor das nächste Dia zeigte.

«Und hier sehen wir zwei Sterne in der gleichen Position. In diesem Fall spricht man von Diplopie oder einfachem Doppelsehen.» Wieder drückte ich auf die Vorwärtstaste. Jetzt leuchteten auf der rechten Seite tausend Lichtpünktchen auf und bildeten eine Milchstraße, die sich vom unteren Rand der Leinwand bis zum oberen krümmte. Das Publikum sog hörbar die Luft ein. «Dies ist die Schlußphase, Polyopie, die Multiplikation des Bildes, die für gewöhnlich in einem Auge wahrgenommen wird», sagte ich.

Die Lichtpünktchen, erklärte ich, werden durch die elektrische Aktivität im Sehsystem und im Gehirn erzeugt. Man kann sich gut vorstellen, daß es sich bei diesen Pünktchen um elektrische Funken handelt, die die neuralen Pfade des Gehirns entlangfliegen. Hier sehen sie aus wie Sterne, aber sie können auch die Formen von Flekken, Kreisen, Wirbeln, Gittern, Schachbrettern annehmen oder andere Figuren, die aus Kurven oder Linien zusammengesetzt sind. Im Dunkeln sind sie leicht zu sehen, ist es jedoch hell, befinden sie sich an der Grenze des Wahrnehmbaren.

Aber auch wenn hypnagogische Formen nicht bewußt bemerkt werden, können sie als unterschwellige Stimuli erhalten bleiben und spätere Imaginationen und Phantasien beeinflussen. Beispielsweise können einer Person ein paar Wellenlinien entgehen, die sich am Rand des Gesichtsfelds bewegen. Abhängig von dem, was diese Person zu einem bestimmten Zeitpunkt denkt, können sich die Wellenlinien in vom Wind bewegte Grashalme verwandeln, in die Flammen eines Feuers oder sogar in Schlangen. Auf ähnliche Weise können die beiden Linien, die den Buchstaben V bilden, bei Verdoppelung zu einer Reihe bißbereiter Zähne werden. Auf den Kopf gestellt, können sie sich in eine Kette von Berggipfeln verwandeln.

«Und die Milchstraße könnte sich also leicht verwandeln in ...» Ich wechselte zum nächsten Dia und schaltete gleichzeitig fast die gesamte Saalbeleuchtung aus. Auf der Leinwand erschien ein phantastisch sprühendes Feuerwerk. Man sah die Explosionen von Riesenraketen, auch Feuerräder und Kaskaden fallender Funken – alles in einer Momentaufnahme erstarrt. Dieses Dia war mit speziellem Doppelrefraktionsmaterial präpariert worden, wie man es bei kommerziellen Lichtshows zur Erzeugung von bewegten Bildern verwendet. Als ich den Schalter betätigte, der ein polarisiertes Rad vor dem Projektionsobjektiv aktivierte, erwachte das Feuerwerk zum Leben. Die Raketen schossen empor, die Feuerräder rotierten, und die Funken regneten herab.

Das Publikum (das Personal eines Krankenhauses in Los Angeles) klatschte Beifall. Eine Stunde und achtzig Dias später war der Vortrag zu Ende, und ich wurde von mehreren Leuten umringt, die mir Fragen stellten. Flüchtig blickte ich immer wieder zu einer Schwester, die mich offenbar auf sich aufmerksam machen wollte. Als die anderen gegangen waren und ich mein Gerät zusammenpackte, kam sie herauf auf das Podium und reichte mir einen gefalteten Zettel, eine Seite aus einem Notizbuch.

«Hat jemand schon mal eines von diesen gesehen?» fragte sie.

Ich entfaltete das Papier und starrte auf ein mit schwarzer Tinte gezeichnetes Hakenkreuz.

«Nein», erwiderte ich, von dem Zeichen wie gebannt. Bis zu diesem Zeitpunkt hatte ich mir eingebildet, alle denkbaren Muster zu kennen. «Aber es gibt viele Variationen der elementaren Kurven und Linien», erklärte ich. «Das Hakenkreuz könnte eine einfache Variation eines Linien- oder Gittermusters sein.» *Wenn das so einfach war, warum hatte dann noch nie jemand davon berichtet?*

«Haben Sie dies gesehen?» fragte ich.

«*Oui*», antwortete sie. «Viele Male.»

«Beim Einschlafen?»

«Non, jamais!» Ich fragte mich, warum sie französisch sprach. Ihre Aussprache war schlecht, und es klang ein bißchen affektiert.

Noch immer starrte ich auf die deutlichen Linien ihrer Zeichnung. Das Hakenkreuz packte mich mit derselben Überraschung und Faszination, wie Hitler sie empfunden haben soll, als er zum erstenmal die sich entfaltende Nazi-Fahne sah.

«Wann haben Sie dies gesehen? Wo?» fragte ich.

«Bei der Arbeit hier im Krankenhaus», erwiderte sie.

Endlich löste ich meine Augen von dem Stück Papier und musterte diese so völlig kontrolliert wirkende Frau mit einem langen, eindringlichen Blick. Alles an ihr schien arrangiert, jedem Detail war sorgfältigste Beachtung geschenkt worden. Ihr dichtes, schwarzes Haar fiel auf ihre Schultern, jedes einzelne lag genau an seinem Platz. Der Pony war wie mit einem Lineal ausgerichtet. Das Make-up saß perfekt, und ihre blauen Augen glänzten hinter langen, falschen Wimpern. Ihre gestärkte weiße Uniform hielt kritischer Prüfung genauso mühelos stand wie die wohlgeformte Figur, die sie umhüllte. Doch irgend etwas stimmte nicht an dieser perfekten Bilderbuchfrau. Es fehlte ihr an Lebendigkeit, an Eigenleben. Gewiß, sie war hübsch, jedoch erinnerte sie an eine Barbiepuppe, die mit einer Schwesterntracht und einer Tonbandkassette mit einigen französischen Ausdrücken ausgestattet war. Wenn sie sich bewegte und sprach, wirkte alles an ihr mechanisch.

«Sehen Sie sie jetzt?» fragte ich. Falls sie Halluzinationen hatte, so konnte das das ausdruckslose Starren ihrer Puppenaugen erklären.

«No. *Non*», sagte sie mit einem Lächeln. Ihre Zähne waren so weiß und so perfekt wie ihre Uniform.

«Nehmen Sie ...» setzte ich zur Frage an.

«Drogen?» sagte sie, meine Frage komplettierend. «*Non.*»

Da sie bis zum Beginn ihrer Nachtschicht noch etwas Zeit hatte, bat ich sie, mich zu meinem Auto zu begleiten, damit wir uns unterhalten könnten. Mit zwei Bechern Kaffee, die wir uns aus einem Automaten besorgt hatten, saßen wir dann in meinem Wagen.

«Können diese Bilder von Menschen, die sie womöglich sehen, auf andere übertragen werden?» wollte sie wissen.

Diese Frage war typisch für Personen, die nicht vermuteten, daß sie vielleicht halluzinierten. Ich erklärte ihr, daß manche Parapsychologen das zwar für möglich hielten, ich selbst jedoch noch nie überzeugende wissenschaftliche Beweise dafür gehört hätte. Aber ich ermutigte sie, mir mehr über das Hakenkreuz zu erzählen, damit ich beurteilen konnte, ob es sich um eine Halluzination handelte.

Es hört sich schon jetzt anders an, dachte ich.

Ihr Name war Sheila, und sie arbeitete seit mehreren Jahren als Schwester im Krankenhaus. Sie war stolz darauf, die Patienten besonders umsichtig zu pflegen, und bezeichnete sich selbst als vorbildliche Schwester. Diese Einschätzung nahm ich ihr fast aufs Wort ab, so steif und makellos, wie sie gekleidet war. Die Hakenkreuze hatte sie zum erstenmal vor etwa einem Jahr bemerkt; sie erschienen als winzige, kaum sichtbare Zeichen in den Zimmern bestimmter Patienten. Die Hakenkreuze befanden sich entweder auf den Krankenhaushemden oder auf den Bettlaken der Patienten. Sie vermutete, daß diese Patienten Nazis waren, deren ausstrahlende Gedanken die Hakenkreuze erzeugten. Diese Zeichen erschienen nur für ein oder zwei Sekunden, aber sie tauchten immer wieder auf.

Über ihre Entdeckungen oder Vermutungen hatte Sheila mit niemandem gesprochen, weil sie wußte, daß andere, die vielleicht nicht so empfänglich für die von Patienten kommenden Vibrationen waren, ihr nicht glauben würden. Außerdem würde das Krankenhaus in dieser Sache nie etwas unternehmen, weil das schlecht fürs Geschäft wäre. Vielleicht sei das Krankenhaus Teil einer Verschwörung und müsse diese Personen aufnehmen und pflegen. Darum dachte sie daran, sich woanders einen Job zu suchen. Hatte UCLA vielleicht Bedarf an Schwestern?

Sheilas paranoide Vorstellungen hatten ihre professionelle Einstellung überlistet. Ich hätte ihr das gern gesagt, wollte mir jedoch nicht die Möglichkeit nehmen, sie zu beobachten. Womöglich hätte Sheila meine Ungläubigkeit ja als Teil der Verschwörung interpretiert. Behutsam schlug ich vor, von jeder drastischen Aktion Abstand zu nehmen, bis wir wüßten, womit wir es zu tun hätten. Absichtlich benutzte ich das Wort «wir», um anzudeuten, daß ich auf ihrer Seite stand. Könnte sie an ihrem nächsten freien Tag zur UCLA kommen? Dann könnten wir uns weiter unterhalten, und sie könnte im Schwesternbüro nach freien Stellen fragen. Sie willigte ein. Bevor wir uns voneinander verabschiedeten, fragte Sheila, ob ich Jude sei. Ja, erwiderte ich.

«*Dieu merci!*» sagte sie voll Freude. Gott sei Dank, in der Tat. Es war das erste Anzeichen von Emotion, das sie zeigte.

Einige Tage später suchte mich Sheila nach einer Vorsprache im Personalbüro in meinem Labor auf. Sie trug ein Strickkostüm, dazu passende Stöckelschuhe und ein goldenes Armband. Für eine Vorsprache im Personalbüro wirkte das ein wenig übertrieben. Ich sah mir das Armband mit dem Eiffelturm-Anhänger genauer an. Es war das gleiche wie das, das meine Freundin gekauft hatte, als sie an der Sorbonne studierte. Doch auf meine Frage erwiderte Sheila, sie sei noch nie in Paris gewesen, habe jedoch schon immer den Wunsch gehabt, dorthin zu fahren. Auf der High-School habe sie einen Französischkurs belegt, sich in die Sprache vernarrt, und seither hege sie den brennenden Wunsch, Frankreich zu besuchen, um Land und Leute kennenzulernen. Nun ja, dachte ich, bei ihrem begrenzten Vokabular würde sich die Reise vor allem auf Bahnhöfen und öffentlichen Toiletten abspielen. Als sie mich auf französisch bat, ihren Kaffee mit Wasser zu verdünnen, statt Süßstoff hineinzutun (was sie eigentlich sagen wollte), war mir klar, daß sie Schwierigkeiten haben würde, sich auch nur eine ordentliche Mahlzeit zu bestellen.

Aber all das störte Sheila nicht weiter. Ihr Universum bestand aus ihrer Tätigkeit im Krankenhaus und reichte gerade noch bis zu ihrer Wohnung und zu einem nahe gelegenen Einkaufszentrum. Sie war glücklich gewesen, bis irgendwann die Hakenkreuze erschienen.

Nichts an dieser Frau deutete darauf hin, daß sie für Nazis ein abnormes Interesse hegte. Andererseits empfand sie ebenso Faszination und Abscheu wie die meisten Menschen, die mit Bildern vom Nazi-Horror konfrontiert werden. Sheila erinnerte sich an einen besonders verstörenden Film über den Holocaust. Nach dem Film spulten sich vor ihrem inneren Auge immer wieder Bildfolgen ab. Und als Sheila später am Abend ihren Dienst im Krankenhaus antrat, dachte sie noch immer an Szenen aus dem Film.

Während sie ein Bettlaken richtete, geschah es, daß sie im Augenwinkel eine rasche Bewegung bemerkte. Sie rührte sich nicht und starrte geradeaus. Sheila hatte diese Bewegungen schon immer bemerkt, seit sie – von 23.00 bis 7.00 Uhr – Nachtdienst hatte. Als die Bewegung wieder erschien, konzentrierte sie sich auf das Objekt und verfolgte es, als es durch ihr oberes Gesichtsfeld glitt. Für einen Moment schien es zum Stehen zu kommen, und jetzt sah sie zum erstenmal, daß das Objekt ein kleines Hakenkreuz war. Dann verschwand es. Sheila beharrte darauf, daß es sich bei dem Hakenkreuz keinesfalls um einen amorphen Fleck handelte, der bloß wie ein Hakenkreuz aussah. Es sei vielmehr ein perfekt geformtes Nazizeichen mit dicken schwarzen Haken. Nachdem sie das Muster erst einmal erkannt hatte, bemerkte sie es häufiger. Meistens glitt es eine knappe Sekunde lang durch ihr oberes Gesichtsfeld. Mitunter sah Sheila auch, wie das Hakenkreuz auf einem Laken hin und her wanderte oder auf dem Nachthemd eines Patienten schnell einem bestimmten Kurs folgte.

Ihre Beschreibung der Bewegungen des Hakenkreuzes ähnelte jenen Bewegungsmustern, die den Fließkörperchen und Phosphenen des Auges und hypnagogischen Formen zugeschrieben werden. Obwohl all diese Phänomene als einfache geometrische Figuren erscheinen, werden sie von Patienten manchmal als komplexe, gegenständliche Formen beschrieben. Ich erinnerte mich an die Geschichte eines Patienten, der Phosphene als weiße Skunks mit aufgerichteten Schwänzen durch sein Gesichtsfeld gleiten sah. Als Sheila erzählte, die Hakenkreuze hätten sich mehrmals verdoppelt und seien über Bettücher marschiert, begann ich, einen Skunk zu riechen. Sheila roch eine Verschwörung.

Der interessanteste Aspekt an ihrem Bericht war, daß die Hakenkreuze als isoliertes Phänomen erschienen waren. Sie bestritt, Wahrnehmumgsverzerrungen, Schwindelgefühle oder außergewöhnliche physische Empfindungen zu haben. Die Hakenkreuze variierten ein wenig – es gab größere und kleinere –, aber sie entwickelten sich nie zu komplexeren halluzinatorischen Mustern oder Szenen. Das verblüffte mich. Manche neurologischen Störungen wie etwa Migräne oder auch Anfälle fangen zwar mit einfachen fixierten visuellen Empfindungen an, dann folgen jedoch rasch Angstgefühle, Kopfschmerzen, Delirium oder Halluzinationen. Sheilas Erlebnisse ereigneten sich bei klarem Bewußtsein und entwickelten sich niemals zu etwas Bedrohlicherem. Ihre Hakenkreuze schienen kaum mehr zu sein als lästige Moskitos, die nicht einmal stachen.

Da Sheila meinen Vortrag angehört hatte, mußte sie wohl die Möglichkeit in Betracht gezogen haben, daß es sich bei den Hakenkreuzen um hypnagogische Bilder handelte. Schließlich kamen die Erscheinungen ja immer in den frühen Morgenstunden, wenn sie wahrscheinlich müde war.

«*C'est* unmöglich», sagte Sheila.

«*Pourquoi?*» fragte ich.

Sie erklärte, sie sei stets hellwach, und obwohl sie im Nachtdienst arbeitete, sei es für sie ja doch mitten am Tag. Immerhin brachte ich sie zu dem Eingeständnis, daß der nächtliche Dienst anstrengend war und eine beträchtliche Anpassungsleistung erforderte. Allerdings behauptete Sheila, sie benötige nicht viel Schlaf und, *merci* vielmals, käme ausgezeichnet zurecht. Ich wußte, daß Schlafmangel dazu führen kann, entoptische Phänomene wie Fließkörperchen und Phosphene gewissermaßen mit veränderten Augen wahrzunehmen. Auch wenn man nicht kurz vor dem Einschlafen ist, kann es geschehen, daß das müde Gehirn diesen unbestimmten Formen eine spezifische Gestalt verleiht. Dies konnte bei Sheila in der Nacht der Fall gewesen sein, in der sie sich an Szenen aus dem Holocaust-Film erinnerte. In den halbdunklen Zimmern ihrer schlafenden Patienten konnten die unbestimmten Formen die Gestalt von Nazi-Hakenkreuzen angenommen haben.

Sheila hatte eine andere Theorie. Wenn die Hakenkreuze hypnagogische Bilder waren, so mußten sie von ihren schlafenden Patienten erzeugt worden sein. Warum sollten Nazis nicht von Hakenkreuzen träumen? Sie räumte zwar ein, daß die Idee, anderer Leute Träume zu «sehen», ein bißchen weit hergeholt war, dachte jedoch, das Eingeständnis von Halluzinationen würde bedeuten, sie sei geisteskrank. Weder hielt sie sich für verrückt, noch glaubte sie, daß so etwas Böses wie Hakenkreuze ihrem eigenen Inneren entstammen konnte. In ihren Puppenaugen glitzerten Tränen. «*Au secours, s'il vous plaît*», sagte sie kaum hörbar. Sie bat um meine Hilfe. Sie hatte den schlimmsten französischen Akzent, den ich je gehört hatte. Auch mir war zum Heulen zumute.

Mein erster Impuls war, Sheila einer kompletten physischen und psychologischen Untersuchung zu unterziehen. In Gedanken ging ich all die ophthalmologischen, neurologischen und toxikologischen Tests durch, die ich vornehmen wollte. Mein Instinkt sagte mir jedoch, die Finger davon zu lassen und auf Sheilas Kompetenz als Krankenschwester zu vertrauen, die sich selbst als gesund bezeichnete. Statt dessen gab ich meinem zweiten Impuls nach. Mit Sheilas Hilfe würde ich versuchen, ein Hakenkreuz einzufangen. Dabei konnte ich nichts falsch machen. Sollte ich, wie ich vermutete, kein Hakenkreuz dingfest machen können, wäre es vielleicht möglich, Sheila davon zu überzeugen, daß diese Dinger nicht existent waren, was die junge Frau vor einer sich rapide entwickelnden paranoiden Psychose bewahren konnte. Und wenn ich mich irrte und doch ein Hakenkreuz «einfing»? Die Antwort, die mir einfiel, war genauso albern wie die Frage. Ich erinnerte mich an einen Vortrag, den ich einmal über die gemeine Schmeißfliege gehört hatte. Der Vortragende begann damit, daß er ein Einweckglas voller Fliegen öffnete, die er in den Raum entkommen ließ. Damit war er der Aufmerksamkeit seines Publikums sicher. Ich dachte jetzt an eine faszinierende Erweiterung meiner Dia-Schau. Ich würde ein Gefäß mit Hakenkreuzen öffnen, die dann im Saal umherschwirrten und von jedem bestaunt werden konnten. An die Möglichkeit, daß die Hakenkreuze mich einfangen könnten, dachte ich nicht im entferntesten.

«*C'est magnifique!*» rief Sheila, als ich ihr meinen Plan erklärte. Ich würde eine psychologische Studie über Nachtschwestern durchführen. Sheila wäre die Pilotversuchsperson, und ich würde versuchen, ihre Vorgesetzte zur Kooperation zu gewinnen, indem ich erklärte, es sei für mich wichtig, Sheila direkt bei der Arbeit zu beobachten. Natürlich würde ich mich möglichst unauffällig verhalten; aber ich versprach Sheila auch, während der gesamten Nachtschicht bei ihr zu bleiben. Sie sollte mir jedes Erscheinen der Hakenkreuze melden, und ich würde jeweils Zeit und Ort des Erscheinens vermerken. Dies, so erklärte ich Sheila, würde uns zunächst einmal ein genaueres Bild über die Hakenkreuze selbst wie auch über die Patienten verschaffen, die Sheila als Ursprung dieser Zeichen verdächtigte. Wir müßten, sagte ich, die Gewohnheiten des Feindes erkunden, bevor wir die Gefangennahme versuchten.

Innerhalb weniger Wochen hatte ich alle notwendigen Genehmigungen eingeholt. Ich traf mich mit Sheila zu einer letzten Besprechung. Da dies ein echtes Forschungsprojekt war, erklärte ich, sollten wir der medizinischen Standardprozedur folgen und mit einer routinemäßigen Untersuchung beginnen. Sie willigte ein, und endlich erlangte ich die gewünschten physischen Tests. Sheila hatte recht gehabt: Ihr Körper war gesund. Psychologische Tests führte ich nicht durch, da mir klar war, daß ihre Erlebnisse mit den Hakenkreuzen auf eine paranoide Störung schließen ließen. Außerdem fand ich, daß ein Hakenkreuz, egal ob real oder imaginär, etwas war, wovor man zu Recht Angst haben konnte.

Ich befand mich bereits im Schwesternzimmer und schlürfte meinen Kaffee, als Sheila zum Dienst erschien. Sie machte mir ein Kompliment wegen meines Aussehens. Ich trug einen gestärkten weißen Laborkittel und eine Krawatte. Meine Taschen waren vollgestopft mit Antinazi-Gerät: Notizbuch, Leuchtschreiber (um im Dunkeln schreiben zu können), Mikrokassettenrecorder (der sich automatisch einschaltete, wenn eine Stimme erklang) und meine getreue Minox-Spy-Kamera.

Fünf Stunden später schlürfte ich noch immer Kaffee und langweilte mich dabei, Sheila beim Beobachten von Patienten zu beobachten. Nachtschwestern haben weniger zu tun als Tagschwestern, werden jedoch besser bezahlt. Sheila verbrachte ihre Zeit größtenteils damit, die Lebensäußerungen ihrer Patienten auf den Monitoren zu kontrollieren, Medikamente zu verabreichen und im übrigen bereit zu sein für die wenigen Male, die ein Patient aufwachte und einen besonderen Wunsch hatte. Als sie dem Ruf einer Patientin ganz am Ende der Abteilung folgte, reagierte ich zunächst kaum, lief dann aber hinter ihr her. Ich sah, wie Sheila einer älteren Frau wieder ins Bett half. Nachdem sie die Patientin zugedeckt hatte, beugte Sheila sich über das Bett, um die Decke glattzuziehen. Plötzlich deutete sie mit dem Finger auf das Kissen unten am Bett und stieß ihren Finger dann wieder und wieder in die Luft, als wollte sie sagen: «Dort, dort!»

Ich lief zu ihr und blickte auf die Stelle, auf die sie deutete. Die alte Frau schaute zu mir empor, und ihr zahnloser Mund verzog sich zu einem schwachen Lächeln. Sheila deutete neben das Gesicht der Frau, aber dort war nichts. Ich blickte zu Sheila. Sie starrte auf die Mitte des Bettes, beobachtete jedoch unverkennbar irgend etwas aus den Augenwinkeln. Mit ausgebreiteten Armen stand sie wie erstarrt tief über das Bett gebeugt und ähnelte in dieser reglosen Haltung mehr denn je einer Puppe.

Wenige Augenblicke später richtete sie sich auf, strich ihren Rock glatt, zupfte ihr Haar zurecht und wandte sich mir zu. Wir hatten vereinbart, französisch zu sprechen für den Fall, daß Patienten mithören konnten. «*Partons* (Gehen wir)», sagte sie. Ich folgte ihr in den Korridor. Sheila hatte ein Hakenkreuz gesehen, und zwar ein großes, direkt dort auf dem Kissen. Ordnungsgemäß notierte ich mir Sheilas Beschreibung, die Zeit und den Namen der Patientin. *Wenn diese alte Frau ein Nazi ist, fresse ich einen Besen.*

Ich fragte Sheila, ob ihr irgendeine andere ungewöhnliche Aktivität in ihrem Gesichtsfeld aufgefallen sei. Nein, sagte sie. Im Geiste ging ich rasch eine Kontrolliste von Symptomen durch und stellte fest, daß Sheilas Sinnesorgane allem Anschein nach normal funktionierten. Ganz gewiß war sie wacher als ich. Daß ich drauf und dran war, im Stehen einzuschlafen, konnte niemandem entgehen. Sheila meinte freundlich, ich sollte besser nach Hause gehen und mich ins Bett legen. Wir könnten ja morgen weitermachen. Als ich mich zum Gehen wandte, warnte sie mich davor, im Korridor zu schnell zu laufen. Der Fußboden sei gerade gewachst worden und wahrscheinlich sehr glatt. «*Merci*, Schwester Sheila», sagte ich, als ich mich entfernte.

Nachdem ich fast den ganzen Tag geschlafen hatte, war ich sicher, in der folgenden Nacht die gesamte Schicht mit Sheila durchstehen zu können, und das tat ich auch. Es gab drei weitere Hakenkreuz-Erscheinungen in der zweiten Hälfte der Schicht. Eines der Hakenkreuze sah Sheila auf dem Nachthemd der alten Frau, und die beiden anderen erschienen an der Badezimmerwand eines anderen Patienten. Offensichtlich sind nicht einmal Nazis davor gefeit, auf Toilettenwände zu kritzeln. Ich sah allerdings nur saubere Kacheln. Sheila fragte mich nicht nach meinen Wahrnehmungen, und genau wie in der Nacht zuvor war ich auf der Hut, irgend etwas davon preiszugeben.

An diesem Tag schlief ich nicht gut, höchstens drei Stunden. Vor Beginn unserer nächsten Nachtschicht traf ich mich mit Sheila zum Abendessen. Sie wirkte so munter wie immer. Ich dagegen hatte mich, zumindest seit meinem College-Abschlußexamen in organischer Chemie, noch nie so geschlaucht und benommen gefühlt. Ich trank zum Essen genügend Kaffee, um bei unserem Gespräch auf der Höhe zu sein. Koffeinsucht war das einzige, was Sheila und ich miteinander gemein hatten. Sheila mochte Kaffee, räumte aber ein, daß er ihre Zähne verfärbte. Dann griff sie in eine Tasche ihrer Uniform und zog eine blau-weiße Schachtel mit Koffeintabletten hervor, von denen sie zwei schluckte.

Dies ist also der Grund, warum die Puppe niemals die Augen schließt, dachte ich. Durch die toxikologischen Tests konnten sämtliche illegalen Stimulanzien aufgespürt werden, jedoch nicht Koffein. Amphetamine und verwandte Stimulanzien werden von Leuten mit medizinischen Berufen in starkem Maße mißbraucht, hohe Dosen von Koffein können jedoch fast genauso problematisch sein. Ich erfuhr, daß Sheila pro Tag nicht weniger als zwölfhundert Milligramm verbrauchte, das entsprach etwa zwölf Tassen starkem Kaffee. Als Sheila sagte, es sei für sie kein Problem, nach einer Schicht einzuschlafen, doch träume sie nicht viel, wußte ich warum. Selbst in Dosierungen von nur dreihundert Milligramm bewirkt Koffein einen leichteren Schlaf als den normalen, mit weit weniger REM-Phasen. Folglich treten auch weniger Träume auf. Zwar steigerte der ständige Konsum von Koffein Sheilas Wachheit und Tüchtigkeit im Dienst, gleichzeitig wurde sie jedoch ihres Tiefschlafs beraubt. Koffein verursacht keine Halluzinationen, Mangel an normalem Schlaf jedoch schon. Dies hielt Sheila vermutlich in einem ständigen hypnagogischen Zustand, in dem die Hakenkreuze gedeihen konnten.

Später am Abend entdeckte ich ein Anzeichen für diesen Zustand. Ich stolperte regelrecht darüber. Als ich wieder durch den Korridor rannte, geriet ich ins Straucheln. Einen Sturz konnte ich gerade noch vermeiden. Sheila warnte mich wegen des feuchten Fußbodens. Er sah aber überhaupt nicht feucht aus, sondern eher trocken und staubig. Ich befragte den Hausmeister und erfuhr, daß die Fußböden an diesem Abend nicht aufgewischt worden waren. Sheila erschienen sie dennoch feucht. *Voilà!* Ein frühes Anzeichen für Schlafmangel ist eine visuelle Fehlwahrnehmung, bei der Objekte zu glänzen scheinen, als seien sie von einem dünnen Wasserfilm bedeckt. Diese Einstellungen oder Illusionen haben ihre Ursache in verschwommener Sicht in Verbindung mit einer erhöhten Lichtempfindlichkeit. Mir fiel ein, daß Sheila mich zwei Nächte zuvor wegen der frisch gewachsten Fußböden gewarnt hatte. Glänzende Oberflächen sind ein weiteres Beispiel für eine visuelle Fehlwahrnehmung infolge von Schlafmangel. Als mir der Hausmeister versicherte, die Fußböden seien seit über einer Woche nicht gewachst oder gebohnert worden, wußte ich, daß Sheilas Augen die Welt nicht richtig sahen.

Ich begann, Sheila aus einer neuen Perspektive zu beobachten. Daß sie in der Nacht wieder etliche Hakenkreuze sah, überraschte mich nicht. Auf dem Kopfkissen der alten Frau entdeckte sie wieder ein großes und eine Anzahl von kleineren rings um das Bett eines anderen Patienten. Sämtliche Erscheinungen ereigneten sich in Phasen, in denen Sheila mir ein wenig benommen vorkam. Ihr Verhalten erinnerte mich an meine Studenten, die oft etwas «abwesend» wirken, wenn sie die ganze Nacht hindurch gelernt haben. Dies hat seine Ursache in einem kurzen Aussetzen des Bewußtseins, bekannt als Mikroschlaf. Eine Mikroschlafphase dauert nur zwei oder drei Sekunden und wird leicht übersehen. Diese Phasen haben die Tendenz, länger und häufiger aufzutreten, wenn der Schlafmangel andauert. Obwohl keine REM-Aktivität während dieser Phasen zu beobachten ist, zeigt das EEG dieselbe Aktivität, die sich im Zustand zwischen Wachheit und Schlaf findet, einem Zustand voller hypnagogischer Bilder. Während solcher Phasen konnte es gewissermaßen Hakenkreuze regnen.

Schlafmangel führt auch zu einer Verminderung der Feinbewegungen des Auges mit einer Tendenz zum Starren. Bewegt sich das Auge jedoch, so geschieht dies auf eine ruckhafte Weise, wodurch die Illusion von Bewegung am Rande des Gesichtsfelds hervorgerufen wird. Studien an britischen Soldaten, die ihres Schlafs beraubt worden waren, ergaben, daß diese Soldaten bewaffnete Kolonnen halluzinierten, die sich am Horizont bewegten. Sheila sah zwar keine Kolonnen von Nazi-Panzern, doch sobald die Hakenkreuze erschienen, begannen sie an der Peripherie ihres Gesichtsfelds zu «rumoren».

Ein Symptom dieser Phasen ist der plötzliche Verlust des Tonus in den für die Körperhaltung zuständigen Muskeln und die Tendenz zu fallen. Ich erinnerte mich, daß Sheila sich über das Bett der alten Frau gebeugt hatte, als sie das Hakenkreuz sah. Während anderer Erscheinungen wirkte sie manchmal ein wenig wacklig und stützte sich auf ein Bett oder gegen die Wand. Sheila sagte, daß die Hakenkreuze sie jedesmal aufregten und beunruhigten. Sie glaubte, alles gehe auf die Machenschaften der Nazis zurück. Ich vermutete, daß Sheila gegen ein anderes Geschöpf der Einbildung ankämpfte: den Sandmann.

Um mit Sicherheit festzustellen, daß Schlafmangel die eigentliche Ursache war, mußte ich Sheilas Schlafgewohnheiten überwachen. Schlafen würde sie sicherlich, jedoch – darauf hätte ich gewettet – höchstwahrscheinlich nur sehr wenig. Aber wieviel? Hatte sie auch tagsüber Anfälle von Mikroschlaf? Wurde sie auch tagsüber von den Hakenkreuzen attackiert? Irgendwie mußte es mir gelingen, ihre tatsächliche Schlafzeit zu messen und ihr Verhalten am Tag zu beobachten.

Am Ende der Schicht sagte ich zu Sheila, daß die Voruntersuchung nahezu abgeschlossen sei. Das Kommen und Gehen der Hakenkreuze war mehrere Nächte lang vermerkt worden. Ich hatte die Namen der verdächtigen Patienten notiert. Bevor wir denen einen Tritt in die Hakenkreuze geben könnten, sagte ich scherzend, sei es notwendig, alle Faktoren auszuschließen, die möglicherweise aus der Tagesphase stammten. Ich müsse alles wissen, was sie in ihrer freien Zeit täte. Sie erlaubte mir, mich in ihrer Wohnung aufzuhalten, um ihre Tagesaktivitäten zu überwachen.

Nach dem Frühstück holte ich aus meiner Wohnung ein paar Kleidungsstücke und Toilettensachen und fuhr dann zu Sheila. Sie ging ins Schlafzimmer, und ich legte mich auf die Couch, nachdem ich sie gebeten hatte, mich zu wecken, sobald sie aufstand.

Sheila rief laut meinen Namen. Ich sprang hoch und griff nach meiner Rolex auf dem Kaffeetisch. Es war erst halb zwölf! Nach zweieinhalb Stunden Schlaf war Sheila in der Küche und machte eine Kanne Kaffee. Ich setzte mich an den Tisch und beobachtete sie. Mein noch halb schlummernder Verstand sagte mir, daß dies ein Fehler war. Sheilas bitter schmeckender Kaffee schien dasselbe zu sagen. Nachdem ich eine große Tasse in mich hineingeschüttet hatte, fühlte ich mich allmählich besser.

Schweigsam lasen wir die Morgenzeitung. Ich studierte Sheilas Augenbewegungen und merkte, daß sie nicht wirklich las. Sie überflog die Schlagzeilen und die Witze und blätterte dann die Annoncenseiten durch. Da Schlafmangel die Feinbewegungen der Augen beeinträchtigt und Buchstaben verschwommen erscheinen, hatte Sheila sich wahrscheinlich automatisch leicht zu lesendes Material ausgesucht. Vermutlich fiel es ihr sogar schwer, die Fernsehprogramme durchzugehen, um ihre Lieblingssendungen zu finden. Ich griff nach dem Wirtschaftsteil und wandte mich dem Börsenbericht zu. Alle Buchstaben verschwammen ineinander!

Während Sheila sich ankleidete, sah ich mich im Appartement um, wobei ich insgeheim hoffte, ein Buch über Nazis zu finden. Ihre Bibliothek bestand aus ungefähr zwei Dutzend Büchern über Krankenpflege, etlichen Kunstbänden und einem französischen Wörterbuch. Auf dem Kaffeetisch lag ein Buch über Leonardo da Vinci. Die Küchenschränke waren gut gefüllt und ordentlich. Die Gewürze waren sogar alphabetisch geordnet.

Sheila erschien in Pulli, Jeans und hochhackigen Schuhen. Sie goß sich wieder eine große Tasse Kaffee ein und stellte den Fernseher an. Ich wusch mich rasch und zog mich an, dann ging ich ins Wohnzimmer zurück. Nachdem wir uns mehrere langweilige Serien angesehen hatten, erklärte Sheila, sie müsse ein paar Besorgungen machen und ich könne mitkommen. Als wir ihre Wohnung verließen, fiel mir auf, wie sie ging: Sie schien auf ihren Stöckelschuhen zu wackeln.

Ihr unsicherer Gang erinnerte mich an ein grausames Experiment, das 1927 mit einem Dutzend Welpen durchgeführt wurde. Die Welpen, sechs Wochen bis drei Monate alt, wurden von Experimentatoren, die sie in Bewegung hielten, am Einschlafen gehindert. Nach drei oder vier Tagen ohne Schlaf verloren die Welpen jegliches Interesse an ihrer Umgebung. Einige wurden lichtscheu und versuchten, wenn sie sich bewegten, dunkle Ecken aufzusuchen. Die Tiere zeigten Gleichgewichtsstörungen aufgrund von Muskelschwäche, einem deutlichen Anzeichen für schwerwiegenden Schlafverlust. Die Welpen beugten ihre Vorderpfoten so, als hätten sie Plattfüße. An diesem Punkt gestattete man den Tieren zu schlafen, doch für einige war es zu spät. Zwei starben, ohne noch einmal aufzuwachen!

Wenngleich ich nicht befürchtete, daß Sheila im Schlaf sterben würde, so war ich doch besorgt, weil ihre Muskelschwäche jetzt die Diagnose vervollständigte: Es handelte sich um ein Prodrom, das zur Psychose führen konnte. Das Prodrom, die Frühsymptome, umfaßt Mikroschlafphasen, Starren, visuelle Fehlwahrnehmungen, Bewegungen an der Peripherie des Gesichtsfelds und Muskelschwäche. Es treten auch Schmerzen, Beschwerden und Kribbelgefühle auf, die mit fortschreitendem Prodrom zunehmen. Eine typische Empfindung ist das Gefühl, man trage etwas Strammsitzendes rund um den Kopf, der sogenannte «Druckband»-Effekt. Obwohl Sheila nicht über körperliche Beschwerden klagte, nahm ich an, daß ihr einiges zusetzte. Das Indiz für mich: In ihrem Arzneischränkchen sah ich eine halbleere Flasche, die einmal fünfhundert Aspirin-Tabletten enthalten hatte.

Das Prodrom läßt den Geist wandern, und Aufmerksamkeit und Konzentration fallen deshalb schwer. Dies zeigt sich besonders, wenn die betreffende Person nicht arbeitet. Nachts war Sheila durch ihre Pflichten so sehr beschäftigt, daß diese Auswirkungen unterdrückt wurden. Am Tage, wenn sie entspannt war, würden bei ihr garantiert einige Ausfallerscheinungen auftreten, davon war ich überzeugt. Doch bei Sheila fanden sich keinerlei Anzeichen für kognitive Funktionsstörungen. Als ich sie bei ihren Besorgungen begleitete, entdeckte ich den Grund dafür: Sie entspannte sich nicht. Sheila blieb unaufhörlich aktiv und ging von einer Aktivität zur nächsten über, wobei sie alles auf die gleiche halbautomatische Weise bewerkstelligte, wie sie auch die Morgenzeitung durchgeblättert hatte. Sie hielt sich auf dieselbe Art davon ab, in Schlaf zu gleiten – und sich dem Prodrom voll auszuliefern –, wie die Experimentatoren die Welpen wach gehalten hatten: indem sie sie, wann immer notwendig, in Bewegung hielten. Während ich Sheila auf ihren hochhackigen Schuhen schwanken sah, wurde mir bewußt, daß sie auf einer dünnen Linie zwischen Schlaf und Wachheit balancierte. Trotz ihrer Liste täglicher Besorgungen wußte Sheila in Wirklichkeit nicht, wo sie hinwollte. Sie tat mir in der Seele leid, dieser verlorene Welpe.

Wieder in der Wohnung, streifte Sheila die Schuhe von den Füßen und erklärte, sie werde vor dem Abendessen noch ein Nickerchen machen. Ich begrüßte diese Ankündigung mit einem stillen Dankgebet. Eine Stunde später weckte uns ihr Wecker wieder auf. Wir aßen eine leichte Mahlzeit und sahen dann fern, bis es Zeit wurde, zum Krankenhaus aufzubrechen. Wie gewohnt, schluckte Sheila noch ihre Koffeintabletten. Auch ich nahm zwei. Solange ich Sheilas Tages- und Stundenplan folgte, wollte ich auch Sheilas Treibstoff verwenden. Von nun an, sagte ich zu ihr, wolle ich jedesmal eine Tablette nehmen, wenn sie eine nahm. *Außerdem brauche ich die*, dachte ich.

Es war eine besonders ruhige Nacht im Krankenhaus. Sheilas flache Schuhe verwischten alle Anzeichen eines unsicheren Gangs, die ich tagsüber beobachtet hatte. Sie meldete nur ein Hakenkreuz: ein kleines, das wie eine Sternschnuppe über den Kopf der alten Frau hinweghuschte. Die anderen Patienten schliefen fest, und Sheila verbrachte den größten Teil ihrer Zeit im Schwesternzimmer und schrieb ihre Berichte. Ich unterhielt mich währenddessen mit Fred, dem Nachtpförtner. Seine Frau war gerade von einem Jungen entbunden worden, erzählte er mir, während er mir eine Zigarre in die Brusttasche meines Laborkittels steckte. Ich gratulierte ihm.

Während Sheilas nächster Pause schluckten wir beide wieder je zwei Tabletten. Alles an der Nacht – der Anblick und der Geschmack der Tabletten ebenso wie die heraufbeschworenen fernen Erinnerungen und meine glasige Sicht auf eine zunehmend verschwommene Welt – gab mir das Gefühl, wieder auf dem College zu sein und für einen Test in organischer Chemie zu studieren. Irgendwie stand ich die Nachtschicht durch, doch sobald wir in Sheilas Wohnung waren, fiel ich auf die Couch und war weg.

Sheila weckte mich kurz nach elf. Ich hatte drei Stunden geschlafen – oder dreieinhalb, wenn man die Zeit mitrechnete, während Sheila ihr Make-up aufgelegt hatte und ich wieder eingeschlafen war. Zum Lunch gingen wir zu einem Restaurant in der Nähe. Das Koffeinzeug nahm mir den Appetit, doch ich zwang mich, das gleiche zu essen, was Sheila bestellt hatte: ein Thunfisch-Sandwich und Obstsalat. Dazu tranken wir Eistee, und dann erledigten wir wieder eine Reihe von Besorgungen. Zurück in der Wohnung, überraschte mich Sheila damit, daß sie statt des Fernsehers das Radio anstellte.

Die Melodie eines bekannten Musikstücks erfüllte die Luft. Doch es wollte mir nicht gelingen, sozusagen den Finger darauf zu legen. Allerdings war ich viel zu müde, um einen Finger auch nur zu heben, ob nun im wörtlichen oder übertragenen Sinn. Ich schloß die Augen und ließ mich von der Musik forttragen. Vielleicht lag es daran, wie die Geigen die Melodie führten und dann Antwort von den Hörnern erhielten, wie Ebbe und Flut, steigend und fallend in großen Wogen. Vielleicht lag es auch am rotierenden Ventilator im Wohnzimmer, der in regelmäßigen Zeitabständen einen erfrischenden Windhauch herüberblies. Es spielte keine Rolle. Ich wollte es nicht riskieren, dieses Gefühl zu verlieren, indem ich es sezierte. Es war wie das Schweben in einem Segelflugzeug. Unten lagen die grünen Hügel der Erde, heiter und schön. Oben am Himmel hingen wattige Wolken. Dann blies der Wind ein Loch in die Wolkendecke, und ein Streichercrescendo hob mich hindurch. Hier flog ich herum und herum in melodischen Kreisen und empfing Energie von einer goldenen Sonne. Dann meldete die Stimme des Ansagers einen Verkehrsstau auf dem Santa Monica Freeway.

Ich kehrte zur Erde zurück. Sheila sprach mit mir. Sie sagte, ich hätte einen leeren Gesichtsausdruck und gäbe keine Antwort. Um mich zu einer Reaktion zu bewegen, habe sie einen anderen Sender eingestellt. Ich wußte, daß ich nicht träumte, weil meine Augen geöffnet waren. Es mußte sich um eine Art von hypnagogischer Phantasie gehandelt haben. Sogar vor mir selbst wollte ich nicht zugeben, daß ich halluzinierte. Schließlich war doch Sheila die Versuchsperson, und ich, verdammt noch mal, war der Experimentator.

In der Krankenhauscafeteria aßen wir spät zu Abend und gingen dann direkt zur Arbeit. Mir war bewußt, daß Sheila und ich unseren vierten gemeinsamen Nachtdienst antraten und sich bei mir die fortschreitenden Symptome von Schlafmangel zeigten. Dennoch war ich entschlossen, auf gar keinen Fall ein Opfer von Sheilas Hakenkreuzen zu werden.

In dieser Nacht war die alte Frau sehr lang wach und sah fern. Als Sheila ihr Zimmer betrat, erschien auf den Lippen der alten Frau ein Hakenkreuz. Es war eines von der seltenen bewegungslosen Art. Ich war unaufmerksam, und Sheila mußte mich am Arm ziehen, damit ich hinschaute. Als ich mich dann übers Bett beugte, war das Hakenkreuz bereits verschwunden, aber die alte Frau leckte sich die Lippen, als habe sie gerade ein schmackhaftes Mahl verspeist. Zum erstenmal lachten Sheila und ich gemeinsam laut auf. Nur konnte ich mit dem Lachen nicht mehr aufhören. Seit meiner Kindheit erliege ich im Zustand totaler Übermüdung Anfällen von Albernheit. Sheila kicherte und brachte mir eine Tasse Kaffee. Auch wenn es sonderbar erscheinen mag, der Kaffee beruhigte mich tatsächlich.

Irgendwann während der Schicht besuchte ich Fred. Für ihn gab es als Thema nur sein Neugeborenes. Ich beglückwünschte ihn. Fred bot mir eine Zigarre an, die ich mir beim Weggehen in die Brusttasche steckte. Als ich sah, daß sich dort bereits eine Zigarre befand, wurde mir plötzlich bewußt, daß wir dieses Gespräch ja schon einmal geführt hatten! Fred war höflich genug gewesen, meinen Lapsus zu ignorieren, mir wird jedoch noch heute heiß und kalt vor Peinlichkeit, wenn ich mich an den Vorfall erinnere.

Während unserer nächsten Tabletten- und Kaffeepause rutschte ich auf einer nassen Serviette aus und schüttete Kaffee auf meinen Laborkittel. Nicht nur, daß ich in Sheilas chemische Fußstapfen getreten war: Ich hatte überdies das Gefühl, in ihren hochhackigen Schuhen zu gehen. In der Toilette behandelte ich die Flecken mit Wasser und wusch mir das Gesicht. Als ich mich abtrocknete, bemerkte ich im Spiegel verstört mein zombiehaftes Aussehen. *Nicht umsonst nennt man dies die Friedhofsschicht*, dachte ich.

Die restliche Schicht bis sechs Uhr früh verlief ereignislos. Ich saß im Schwesternzimmer neben Sheila. Mit meinem linken Auge sah ich, wie eine deutliche schwarze Form langsam in mein Gesichtsfeld trieb. Ich nahm meine Brille ab. Die Form blieb, also handelte es sich nicht um einen Fleck auf den Gläsern. Ich studierte die Form mehrere Sekunden lang, bis sie verschwand. Aus Sorge, die optischen Bedingungen zu verändern, die dies ermöglicht hatten, verharrte ich reglos. Einige Sekunden später erschien die Form erneut und trieb langsam und im gleichen Bogen über mein Gesichtsfeld. Danach saß ich mehrere Minuten lang in genau derselben Position, drehte mich hin und her und hoffte, die Vision würde zurückkehren, doch die Form war und blieb verschwunden.

Ich hatte sie sofort erkannt. Es waren sechs schwarze Linien, die sich zu einem Ring zusammenfügten. Dies mußte die Strukturformel für Benzol sein, eine Form aus der organischen Chemie, die sich in den zahllosen durchstudierten Nächten in mein Hirn eingeprägt hatte, in denen Koffein mein «Treibstoff» gewesen war. In Wahrheit handelte es sich nur um Punkte, die durch schwarze Linien miteinander verbunden waren, also um Grundelemente einer hypnagogischen Form. Es wäre ein leichtes gewesen, diese sechs Linien zu einem Hakenkreuz umzuarrangieren. Dergleichen mochte zwar gegen die Regeln der organischen Chemie verstoßen, die Regeln für kognitive Synthesen sind jedoch weitaus flexibler. Als die Form erschien, beschäftigte sich mein unter Schlafmangel leidendes Hirn gerade mit Erinnerungen an den Kurs auf dem College, der mir die meisten Alpträume bereitet hatte. Als Sheila ihre Form erblickte, beschäftigten sie gerade die Bilder eines anderen Alptraums. Sobald sie die Form als Hakenkreuz bestimmt hatte, wurde das Symptom zu einem chronischen Übel.

Sheila erzählte ich nichts von meinem Erlebnis. Ich hatte genügend Informationen und beschloß, das Experiment in zwei Tagen zu beenden. Diese nächsten beiden Tage hatte Sheila frei, und ich wollte mir noch ein Bild von ihren Schlafgewohnheiten machen, wenn sie nicht arbeitete. Ich fand heraus, daß Sheila pro Tag respektable sieben Stunden schlief, was, wie sie sagte, für ihre freien Tage typisch war. Durch dieses Maß an Ruhe konnte sie den verlorenen Schlaf weitgehend wieder wettmachen. Während dieser beiden Tage und Nächte sah sie keine Hakenkreuze, nicht einmal in ihren Träumen. Das war gut so, denn das Eindringen von Halluzinationen in ihre Träume wäre ein sicheres Anzeichen für eine ernste psychische Erkrankung gewesen.

Sheilas Verdächtigungen befanden sich noch im frühen Prodromstadium, sie hatten sich noch nicht zu einer echten Schlafmangelpsychose ausgewachsen. Im psychotischen Stadium würden Halluzinationen länger andauern, statt nur flüchtig zu erscheinen. Sämtliche Prodromsymptome würden sich verstärken. Konfusion und Delirium würden sich häufen, während luzide Intervalle immer seltener und kürzer würden. Das endgültige Krankheitsbild wäre dann das einer paranoiden Schizophrenie mit extremen Stimmungsumschwüngen und Anfällen von Größen- und Verfolgungswahn. Soweit war Sheila noch nicht. Sie wirkte sogar relativ symptomfrei, als sie ihre neue Arbeitswoche begann.

Ich blieb mit ihr telefonisch in Kontakt. Sie berichtete, in ihrer ersten Arbeitsnacht seien keine Hakenkreuze aufgetaucht. «C'est très intéressant», sagte Sheila, «so ist es ja immer.» Ja, es war interessant, jedoch kaum überraschend nach ihren beiden Ruhetagen. In der zweiten Nacht, als sich Sheilas Schlafmangel zu akkumulieren begann, tauchten die Hakenkreuze erneut auf. Für den Rest der Woche erschienen sie immer wieder. Ich dachte währenddessen über Möglichkeiten nach, die Hakenkreuze und das sie auslösende Problem zu beseitigen. Sheila könnte es allein schaffen: entweder durch mehr Schlaf oder durch den Dienst einer normalen Tagschicht. Da ich davon ausgehen mußte, daß sie sich von mir kaum zu einer Änderung ihres Tagesablaufs überreden lassen würde oder gar zu einem Verzicht auf den zusätzlichen Verdienst durch die Nachtarbeit, bereitete ich eine direkte Attacke auf die Hakenkreuze vor. Alles, was ich dafür brauchte, fand ich in der Archäologieabteilung der UCLA-Bibliothek.

An ihrem nächsten freien Tag kam Sheila in mein Büro. Sie trug einen Hosenanzug aus weißem Leinen, eine weißseidene Bluse und weiße hochhackige Schuhe. Es war das erste Mal seit unserer ersten Begegnung, daß ich das goldene Armband wieder an ihr sah. Sie wirkte frisch und ausgeruht. Selbst ihre französische Aussprache klang deutlicher.

Ich fing damit an, die Wirkungen aufzuzählen, die das Experiment bei *mir* gezeigt hatte: Müdigkeit, Konzentrationslücken, verschwommene Sicht, Gedächtnisprobleme sowie die Lichtbewegungen an der Peripherie meines Gesichtsfelds. Dann gestand ich, ein Hakenkreuz gesehen zu haben! Sheila klatschte in die Hände und lächelte entzückt. Ich erklärte, daß mein Hakenkreuz dicke, schwarze Linien hatte genau wie ihre, doch daß meines eigentlich mehr einem Benzolring als einem Hakenkreuz ähnlich gesehen habe. Und ich beharrte darauf, daß beide Gebilde von denselben Elementen und Aktionen des Gehirns und Sehsystems hervorgerufen wurden. Wenn unsere müden Augen anfangen, im Gesichtsfeld Punkte und Flecken zu entdecken, so verbindet unser Gehirn die Punkte miteinander und erschafft auf diese Weise erkennbare Formen oder Muster. In einem gewissen Sinn gestalten wir die Sterne in unseren Augen um zu Sternbildern. Wir sehen jene Gebilde oder Zeichen, nach denen wir bewußt oder unbewußt Ausschau gehalten haben. Wenn wir einmal das Sternbild des Großen Wagens gesehen haben, so ist es schwer, zu den Lichtpunkten am Himmel zu blicken und *nicht* jedesmal den Großen Wagen zu sehen.

Sheila war zwar bereit, meine Erklärung zu akzeptieren, daß

wahrscheinlich Schlafmangel die Ursache für die Hakenkreuze war, aber diese Zeichen beunruhigten sie noch immer. Während mich der Benzolring amüsierte, erfüllte der Gedanke an die Hakenkreuze Sheila mit Beklemmung. Ihre Reaktion beruhte auf der Assoziation des Hakenkreuzes mit der Barbarei des Nazismus. Es war an der Zeit, die Geschichte umzuschreiben.

Ich schaltete die Bürobeleuchtung aus und den Diaprojektor ein. Das erste Dia zeigte eine kleine Keramikschale mit einem Hakenkreuz auf dem Boden. Diese Schale, erklärte ich, sei bei einer Ausgrabung im westlichen Iran gefunden worden und man datiere sie zurück auf das Jahr 4000 vor Christus, also fast sechstausend Jahre vor dem Dritten Reich! Das Hakenkreuz ist das älteste Symbol der Menschheit, und das Wort «Swastika», mit dem es auch bezeichnet wird, stammt aus dem Sanskrit und bedeutet soviel wie «heilbringendes Zeichen». Das Symbol verbreitete sich vom Mittleren Osten nach Griechenland, Rom, Europa und Asien.

Ich betätigte den Projektor. Das Dia zeigte eine weibliche Tonfigur aus dem alten Griechenland. Hakenkreuze bedeckten wie Tätowierungen ihre Arme und Schultern. In vielen Kulturen war das Hakenkreuz ein Fruchtbarkeitssymbol, ein Zauber für den Erfolg beim Zeugen einer großen Nachkommenschaft.

Das nächste Dia zeigte ein Hakenkreuzsiegel, das im alten Indien als Glückssymbol verwendet worden war. Das Symbol findet sich noch in zeitgenössischen hinduistischen und buddhistischen Kulturen. Ich führte eine Serie von Dias vor, die an öffentlichen Gebäuden in Indien, Tibet, China und Japan glückbringende Hakenkreuze zeigten. Hakenkreuze als Glücksbringer wurden auch von nordamerikanischen Indianern benutzt. «Wer hätte jemals von einem Navajo-Nazi gehört?» fragte ich sarkastisch, während ich Dias projizierte, auf denen Navajo-Keramik und Navajo-Webarbeiten mit dem Hakenkreuzmotiv zu sehen waren.

Einige Kulturen verwendeten das Hakenkreuz als astronomisches oder religiöses Symbol, das Planeten oder Gottheiten darstellte. Bei den germanischen Völkern war das Hakenkreuz ein Symbol für die

Sonne, ein Symbol des Lebens. In manchen Teilen Österreichs wurde das Hakenkreuz ein Symbol für magische Macht. Aus diesen mystischen Ursprüngen heraus übernahmen Hitler und die Nazis das Hakenkreuz. Die Verbindung des Hakenkreuzes mit dem Nazismus ist nur ein winziger Teil der Geschichte dieses uralten Symbols. Das letzte Dia – mit einer Nazifahne – zeigte ich nur knapp eine Sekunde. Dann schaltete ich den Projektor aus.

Ich hoffte, daß dieser kleine Vortrag Sheila in puncto Hakenkreuz desensibilisieren würde. Alles übrige lag bei ihr. Ich appellierte an ihre Sorgfalt als Krankenschwester, alles, was ich gesagt hatte, genau zu überdenken. Zumindest könne sie ja Leonardo da Vincis Schlafdiät in Betracht ziehen. Der Legende zufolge hatte Leonardo alle vier Stunden ein fünfzehnminütiges Nickerchen gehalten und so seine Gesamtschlafzeit pro Tag auf nur neunzig Minuten beschränkt – ohne negative Auswirkungen. Ab und zu ein kurzer Schlummer würde ihr weit besser bekommen als ihre Kaffee- und Tablettenpausen im Dienst. Und neuere Studien haben gezeigt, daß man auf diese Weise mindestens eine Woche lang ohne Schädigung durchhalten kann. Bevor Sheila ging, gab ich ihr Kopien dieser Studien sowie geschichtliche Unterlagen über Hakenkreuze, damit sie alles in Ruhe studieren konnte. Sie sagte goodbye. Ich sagte unwillkürlich gute Nacht.

Nachtrag

Sheila sah weiterhin Hakenkreuze, erkannte jedoch dank meiner Geschichtslektion, daß sie sie nicht mehr zu fürchten brauchte. Was die Nickerchen-Idee betrifft, so kam sie nicht dazu, sie auszuprobieren. Bald nach unserem kleinen Experiment heiratete sie einen Arzt aus dem Krankenhaus, der auch nachts arbeitete. Die beiden flitterten nach Frankreich, und Sheila zieht jetzt ein Zwillingspärchen groß, beides Mädchen. Jedes Jahr schickt sie mir eine Chanukka-Karte, auf die mit rotem Lippenstift ein Hakenkreuz gemalt ist.

Bei dem melodischen Musikstück, das ich im Radio hörte, handelte es sich um die Ballett-Suite aus Tschaikowskys Dornröschen.

Teil III

Imaginäre Gefährten

Das Mädchen mit den Drachenaugen

Spielen Kinder allein auf dem Rasengrün,
kommt der Spielgefährte, der nie ward gesehen.

Robert Louis Stevenson
«Der Ungesehene Spielgefährte»

Wagen Sie nicht, ihr zu sagen, es sei Einbildung!» schrie Mrs. R. «Oder sie läuft Ihnen davon!» Mrs. R. versuchte, mich auf die bevorstehende Begegnung mit ihrer Tochter Nancy einzustimmen, die einen unsichtbaren Spielgefährten hatte.

Manche Kinder haben imaginäre Spielgefährten oder Begleiter, die für sie genauso lebendig und real sind wie die lebenden. Diese Spielgefährten erscheinen als wahrnehmbare Projektionen, die sie tatsächlich sehen oder hören können. In diesem Sinn halluzinieren die Kinder. Obwohl viele Kinder ganz von selbst zu der Erkenntnis kommen, daß ihre Gefährten nicht real sind, spielen sie das Spiel mit den Geschöpfen ihrer Imagination meist weiter. In der Regel verschwinden die imaginären Gefährten jedoch, wenn das Kind ungefähr zehn Jahre alt ist. Die meisten Eltern betrachten das Phänomen als normale Phase in der Entwicklung des Kindes. Mrs. R. war jedoch besorgt. Nancy war gerade vierzehn geworden und spielte noch immer mit dem unsichtbaren Freund.

Mrs. R. hatte einen der Fragebögen erhalten, die ich an Eltern mit der Absicht verteilte, Kinder mit imaginären Gefährten ausfindig zu machen und zu beobachten. Der Fragebogen gab mir dringend benötigte Hintergrundinformationen, bevor ich mit den Kindern zusammentraf. Ich hoffte, daß mich die Kinder ihren imaginären Freunden vorstellen würden und daß ich sie dann beobachten durfte, während sie halluzinierten.

Die meisten Kinder, die ich studierte, waren zwischen drei und acht Jahre alt. Überwiegend handelte es sich um Einzelkinder oder um Erstgeborene, die noch keine Geschwister hatten, als der imaginäre Gefährte zum erstenmal erschien. Obwohl viele der Kinder Spielzeug oder auch reale Haustiere und Spielgefährten zur Verfügung hatten, schienen sie dennoch ein einsames Leben zu führen und verbrachten einen Großteil ihrer Spielzeit mit selbstinitiierten Aktivitäten. Ich neige dazu, den Eltern beizupflichten, daß diese Kinder einen höchst kreativen Gebrauch von ihrer allein verbrachten Zeit machten.

Die Kinder hatten ein phantastisches Arsenal von imaginären Gefährten erfunden. In den meisten Fällen handelte es sich um einen Menschen, in der Regel vom gleichen Geschlecht wie das Kind. Aber es gab auch Tiere, Fabelfiguren und sogar unbelebte Objekte und Spielzeuge, die die Kinder zum Leben erweckten. Ein kleines Mädchen hatte ein Wölkchen namens Puffy zur unsichtbaren Freundin, die sie immer zum Lachen brachte. Manchmal öffnete das Mädchen die Tür, damit Puffy hinausgehen und mit den anderen Wolken spielen konnte, wobei sie sie stets ermahnte, rechtzeitig zum Schlafengehen zurück zu sein. Ein achtjähriger Junge spielte mit einer unsichtbaren Eisenbahn, die ihm tagtäglich von seinem Haus zur Schule folgte. Er öffnete sogar für mehrere Sekunden die Haustür, um alle acht Wagen hindurchzulassen (an jedem Geburtstag kam ein weiterer Wagen dazu). Andere imaginäre Spielgefährten waren unter anderem ein sprechender Türknauf, eine Elfe, eine rosa Giraffe, etliche Miniaturhühner und ein Baby Jesus Christus! Nach mehreren Treffen waren die Kinder für gewöhnlich bereit, ihre Gefährten mit mir zu teilen. Dann sprachen und spielten wir zu dritt miteinander. Fast alle waren freundlich, und ich hatte noch nie einen unsichtbaren Spielgefährten kennengelernt, den ich nicht mochte, wenngleich die Hühner lustiger waren als Baby Jesus.

«Sehen Sie sich bloß vor Chopsticks vor!» warnte mich Mrs. R. «Der reißt Ihnen den Kopf ab!» Chopsticks (Eßstäbchen) nannte Nancy ihren zweieinhalb Meter großen imaginären Spielgefährten, einen Drachen. Mrs. R. ging davon aus, daß jeder Drache von dieser

Größe unfreundlich sein müsse. Ich fragte noch, warum sie die meisten meiner Fragen über den imaginären Gefährten unbeantwortet gelassen hatte.

«Weil Nancy nur selten über ihn spricht und ich immer Angst habe zu fragen», erklärte Mrs. R.

Ich hatte einen anderen Grund, imaginäre Drachen zu fürchten. Das einzige andere Kind mit einem Drachen als Spielgefährten, das ich kannte, war schließlich zu einem Fall mit schwerwiegenden psychischen Problemen geworden. Dieser Drache gehörte Belinda, einer intelligenten, künstlerisch begabten zweiunddreißigjährigen Patientin im Neuropsychiatrischen Institut der UCLA. Während ihrer Jugend zogen Belindas Eltern ständig um. Der imaginäre Drache wurde Belindas einziger zuverlässiger Freund und Gefährte. Er hatte Flügel zum Fliegen und richtige Hände zum Greifen und Festhalten. Belinda spielte und sprach mit dem Drachen in seiner imaginären Burg. Diese Perioden dauerten von fünfzehn Minuten bis zu drei Stunden. Die Besuche bildeten den Höhepunkt ihres Vergnügens. Während Belinda heranwuchs, wurde das Schloß immer größer und wurde auch von anderen imaginären Wesen bewohnt. Belinda verbrachte zunehmend ihre Zeit damit, die Welt des Drachen zu erforschen, und sonderte sich manchmal drei Wochen lang von der realen Welt ab. Es kommt zwar mitunter vor, daß imaginäre Gefährten als «Über-Ich» fungieren und wie ein Elternteil zu dem Kind sprechen; Belindas Drache allerdings wurde so mächtig, daß er fast jeden Aspekt ihres Verhaltens in der realen Welt beherrschte. Belinda konsultierte ihren Drachen wegen jeder Entscheidung, z. B. wohin sie gehen und was sie sagen sollte usw. Sie wurde gewissermaßen zum Objekt eines Tauziehens zwischen dem Drachen, der wollte, daß sie für den Rest ihres Lebens die Burg mit Wandgemälden schmückte, und ihren Therapeuten, die sich bemühten, sie in der Realität verwurzelt zu halten. Infolge des Stresses war Belinda suizidgefährdet, so daß sie ständig beaufsichtigt werden mußte. Vor dem möglichen Selbstmord wurde sie im Neuropsychiatrischen Institut bewahrt, doch blieb sie in der Drachenwelt gefangen. Ich besaß noch das Gemälde, das sie mir geschenkt hatte. Es zeigte eine Welt aus grauen Schatten und düsteren Farbtönen. Ein Drache flog durch die Luft. In seinen Klauen hielt er ein Bündel, in dem Belindas nackter Körper steckte.

Da in Belindas Fall die Verhaltensprobleme schon in sehr frühem Alter deutlich geworden waren, befragte ich Mrs. R. wegen irgendwelcher Probleme bei Nancy. Es gebe keine, erwiderte sie. Nancys Gesundheit sei ausgezeichnet und ihr Benehmen untadelig. Wenn sie mit Chopsticks spiele, wirke sie stets glücklich und fröhlich. Beim Spielen herrsche immer Ruhe und Zurückhaltung; von Streit oder Auseinandersetzungen zwischen den beiden wußte Mrs. R. nichts. Manchmal führte Nancy eine Art Pantomime auf, als könne sie den Drachen tatsächlich sehen und hören. In der Vorschule hatte die Lehrerin gelegentlich gesehen, wie Nancy mit dem Drachen spielte, wobei sie gern kichernd seinen imaginären Bauch streichelte. Doch die Grundschullehrerinnen hatten davon nichts berichtet.

Als kleines Kind spielte Nancy zwar häufig mit Chopsticks, jedoch nicht jeden Tag. Fast immer gehörten lange Gespräche im Flüsterton zum Spiel. Manchmal sprach Nancy mit Chopsticks im Auto, wenn Mrs. R. sie zur Schule fuhr. Ich fragte Mrs. R., ob Chopsticks Platz benötige, z. B. einen Sitz im Auto, einen Stuhl am Tisch, Raum im Bett des Kindes. Nein, erwiderte sie, der Drache könne sich offensichtlich jeder Situation physisch anpassen.

Seit ihrem zehnten Geburtstag hatte Nancy in Gegenwart Fremder nicht mehr mit Chopsticks gespielt. Sie hörte sogar auf, zu Hause über ihn zu sprechen. Soweit ihre Mutter wußte, beschränkte sich Nancys Spiel mit Chopsticks jetzt auf geheime Gespräche in ihrem Schlafzimmer. Mrs. R. belauschte einige dieser Gespräche, die sie «gruselig» nannte. Nancy pflegte Chopsticks mit ihrer normalen Stimme eine Frage zu stellen, die sie in hohem, nasalem Flüsterton beantwortete. Viele der Kinder, die ich beobachtete, führten imaginäre Gespräche mit ihren Gefährten, wobei sie beide Parts übernahmen. Doch erfuhr ich aus diesen Gesprächen nie sehr viel, weil die Kinder meistens erst zwei oder drei Jahre alt waren. Von den Gesprächen der vierzehnjährigen Nancy mit ihrem Gefährten Chopsticks versprach ich mir viele Einzelheiten über die Natur der imaginären Kreatur. Konnte ich Nancy dazu bewegen, in meiner Gegenwart mit Chopsticks zu sprechen, so würde das sicher weit aufregender sein, als wenn ich dem Gespräch einer Dreijährigen mit ihrer Hühnerschar lauschte.

Nachdem ich eingewilligt hatte, daß Mrs. R. die Zusammenkünfte über unser hauseigenes Kamerasystem überwachen durfte, vereinbarten wir, wann sie Nancy zu meinem Labor bringen sollte. Mrs. R. gab mir noch den Rat, einen Vorrat an Erdnüssen bereitzuhalten.

«Mag Nancy Erdnüsse?» fragte ich.

«Es ist das einzige, was Chopsticks ißt», erklärte die Mutter.

Ich war mir nicht sicher, wie ich einen Teenager behandeln sollte, der noch immer an einem unsichtbaren Spielgefährten festhielt. Meine Methode war für weitaus jüngere Kinder entwickelt worden. Für gewöhnlich begann ich damit, sie verschiedene Spiele spielen zu lassen, um herauszufinden, wie fest sie an die Realität ihrer imaginären Gefährten glaubten. Bis zum Alter von vier oder fünf Jahren verstehen Kinder noch nicht den Unterschied zwischen Erscheinung und Wirklichkeit. Die von mir vorgeschlagenen Spiele dienten als «Realitätstest». Bei einem Test präsentierte ich den Kindern eine Anzahl von Objekten, die sie inspizieren sollten, um mir dann zu sagen, worum es sich jeweils handelte. Die Objekte waren entweder reale Objekte, wie etwa eine Milchflasche oder ein Telefon, oder aber Gummimodelle dieser Objekte, die ich in Geschäften für Scherzartikel gekauft hatte. Eines dieser Scheinobjekte war ein sogenannter Schwammstein, der aussah wie ein massives Stück Granit, sich jedoch so weich und formbar anfühlte wie der Schwamm, der er ja in Wirklichkeit auch war. Die kleinen Kinder, die ich testete, konnten nicht immer sagen, daß der Schwammstein kein richtiger Stein war, selbst wenn sie ihn drückten. Ich fand heraus, daß Kinder, die am stärksten an die Realität ihrer imaginären Spielgefährten glaubten, die größten Schwierigkeiten hatten, solche Unterscheidungen zu treffen.

Der Lieblingstest der Kinder war das M&M-Spiel. Das jeweilige Kind saß dabei auf einem Stuhl an einem speziellen Pult. Auf dem Pult befanden sich zwei M&M-Schokoladenriegel. So sah es zumindest aus der Perspektive des Kindes aus. In Wahrheit war nur einer der beiden M&M-Riegel real; der andere war eine dreidimensionale Projektion, die durch im Pult verborgene Parabolspiegel erzeugt wurde. Die Illusion wirkte erstaunlich echt. In Farbe, Größe und Form sahen die beiden Riegel einander zum Verwechseln ähnlich. Wurden Pult und Stuhl zueinander in die entsprechende Position gebracht, konnten die Kinder mühelos nach den M&M-Riegeln greifen; faßten sie allerdings nach dem illusorischen M&M-Stück, so griffen ihre Hände durch die Projektion bloß ins Leere!

Um den echten Schokoladenriegel richtig zu fassen, bevor das Pult zurückgeschoben wurde und sich außer Reichweite befand, mußten die Kinder zwischen dem realen und dem illusorischen M&M-Stück differenzieren. Die realen und die illusorischen Objekte unterschieden sich äußerlich nur sehr wenig. Reale M&Ms wirkten farbkräftiger, intensiver, kohärenter und konkreter als ihre irrealen Gegenstücke. Und ebendiese feinen Unterschiede sind es, die echte Wahrnehmungen von Phantasien, Träumen und Halluzinationen unterscheiden. Echte Wahrnehmungen wirken materieller und wirklicher als eingebildete Drachen oder vorgespiegelte Schokoladenriegel.

Testete ich sehr junge Kinder, etwa im Alter von drei bis sechs, so traten bei allen Probleme bei der Unterscheidung zwischen realen und illusorischen Schokoladenriegeln auf. Diese Schwierigkeit entsprach ihrem starken Glauben an die Realität ihrer imaginären Gefährten. Testete ich Kinder im gleichen Alter, die keine imaginären Spielgefährten hatten, so griffen sie fast jedesmal nach den echten M&Ms. Ältere Kinder, von acht bis zehn, die begriffen, daß ihre imaginären Spielgefährten nur Einbildung waren, hatten auch keine Schwierigkeiten, die echten M&Ms zu erkennen. Da jedoch die meisten Kinder über zehn, ob nun mit oder ohne imaginäre Spielgefährten, bei diesem Test sehr gut abschnitten, schien es Zeitvergeudung zu sein, ihn bei Nancy zu versuchen, selbst wenn ich die M&Ms durch Erdnüsse ersetzte.

Da Nancy einen außergewöhnlich hohen IQ hatte, eine sehr anspruchsvolle Schule besuchte und eine hervorragende Schülerin war, wußte ich, daß ich die üblichen Tests mit Schwammsteinen und M&Ms nicht gebrauchen konnte. Von dem imaginären Drachen abgesehen würden solche kindischen Tricks Nancy wohl kaum gefallen. Die einzige Methode, die selbst bei älteren Kindern anwendbar schien, war die, die Mr. Wizard in seiner allwöchentlichen Fernsehshow anwandte. Für gewöhnlich begann die Show damit, daß Mr. Wizard in ein faszinierendes Experiment vertieft war. Dann erschien ein Junge oder ein Mädchen auf der Bildfläche und überschüttete ihn mit Fragen. Mr. Wizard bezog dann das Kind eine halbe Stunden lang in faszinierende Experimente mit ein, die ein wissenschaftliches Prinzip demonstrierten. Als Kind hatte mich dieses Programm immer in Bann gezogen. Jetzt, als Wissenschaftler, beschloß ich, die Rolle von Mr. Wizard zu spielen und mit Nancy jene magischen Jahre noch einmal zu erleben.

Nancy klopfte an die Tür meines Labors.

«Herein. Es ist offem!» rief ich. Wenn meine Stimme dumpf klang, so deshalb, weil mein Kopf gewissermaßen in einem Loch in der Wand steckte. Ich saß auf einem Stuhl, und mein Kopf steckte in einer Plastikhaube. Die Haube hatte die Form einer spitzen Tüte, und mein Kopf befand sich am breiteren Ende mit Blickrichtung auf das schmalere, das an der Wand befestigt war.

Ich ignorierte Nancy absichtlich und konzentrierte mich auf den milchigen Plastikschirm am unteren Ende der konisch geformten Hülle. «Gott, das ist ja phantastisch!» murmelte ich mit meinem ganzen schauspielerischen Talent. «Wirklich phantastisch!» Dann schwieg ich eine Zeitlang und hörte, wie Nancy auf dem Stuhl neben mir Platz nahm. Nun zog ich meinen Kopf aus der Plastikhülle, drehte mich auf meinem Stuhl herum und sah Nancy an.

Das erste, was mir auffiel, war ihr langes rotes Haar. Oben war es leicht gewellt, an den Seiten fiel es jedoch so glatt herab, als sei es gebügelt worden. An den Ohren trug sie winzige Diamantsplitter, die immer wieder durch die feinen roten Haarsträhnen hindurchblitzten, was ihre grünen Augen besonders gut zur Geltung brachte. Sie trug einen dazu passenden grünen Rock und einen weiten Pulli, der jedoch ihre etwas pummelige Gestalt nicht verbergen konnte. Nancy wirkte völlig locker, als sie dort saß, die Füße auf ihrer Schultasche, und hörbar einen Kaugummi kaute.

Nachdem ich sie kurz begrüßt hatte, begann ich sofort, ihr von dem Gerät zu erzählen, das ich gerade testete. Das meiste, was ich ihr sagte, entsprach der Wahrheit, doch ich mußte auch einiges erfinden, um mit Hilfe des Geräts möglichst viel über Chopsticks in Erfahrung zu bringen. Ich nannte es eine «Perky-Haube», und zwar, wie ich sagte, zu Ehren des Psychologen, der um die Jahrhundertwende gelebt und ein früheres Modell dieses Geräts erfunden hatte (wahr). Perky sei am Studium der Phantasie interessiert gewesen (wahr) und habe einen Apparat gebaut, der Menschen dabei half, die Dinge, an die sie gerade dachten, auch zu sehen (nur teilweise wahr). Ich lud Nancy ein, sich auf meinen Stuhl zu setzen und in die Plastikhülle zu schauen. Nachdem sie die richtige Position eingenommen hatte, forderte ich sie auf, zum anderen Ende zu blikken und sich einen gewöhnlichen Gegenstand vorzustellen. «Versuch dir eine Banane vorzustellen», sagte ich.

Am anderen Ende der Plastikhülle befand sich flach an der Wand der besagte Schirm; und auf der anderen Seite saß mein Laborassistent in einem akustisch isolierten Raum. Der Assistent bediente einen speziellen Dia-Projektor, mit dem man von hinten Bilder auf den Schirm werfen konnte. Helligkeit, Schärfe und Dauer des projizierten Bildes ließen sich vom Projektor aus elektronisch variieren. Der Raum war so schalldicht, daß kein Geräusch der Projektionsanlage nach außen drang, mein Assistent aber konnte über die Sprechanlage hören, was im Labor vor sich ging. Auf ein entsprechendes Signal von mir projizierte der Assistent ein, zwei Sekunden lang das erste Dia, und zwar zunächst ganz schwach, allmählich jedoch intensiver, so daß es gerade sichtbar war. Das Dia zeigte eine gelbe Banane, die so gestaltet war, daß sie die Eigenschaften eines vagen mentalen Bildes einer Banane suggerierte: Sie hatte unscharfe Ränder und oszillierte leicht. Perky hatte herausgefunden, daß Versuchspersonen, die nur mentale Bilder erwarteten, nicht erkannten, daß ein externer Stimulus vorhanden war. Oft waren die Versuchspersonen überrascht über die wahrgenommene Intensität ihrer Bilder. Eine Person hatte geäußert: «Hätte ich nicht gewußt, daß es nur Einbildung war, so hätte ich geglaubt, es sei Wirklichkeit.» Spätere Forscher haben herausgefunden, daß die Entscheidung, ein Bild real oder imaginär zu nennen, sowohl von der Erwartungshaltung abhängt als auch von der Intensität des Stimulus.

Als ich Nancy bat, ihre Wahrnehmung zu beschreiben, zeigte sie sich erstaunt, mit welcher Intensität sie in der Perky-Haube aufgetaucht war. «Ich dachte in meinem Kopf an diese gelbe Banane, und schon kam sie direkt aus mir heraus!» rief sie.

Ich bat sie, sich eine Reihe weiterer Objekte vorzustellen, unter anderem eine Tomate, eine Orange, ein grünes Blatt, eine Zitrone, einen Bleistift, sogar eine Zigarette. Jedesmal wurde ein Dia projiziert, und jedesmal meldete Nancy überaus intensive, fast konkrete visuelle Bilder. Nie schöpfte sie Verdacht, daß es sich um einen realen externen Stimulus auf dem Schirm handeln könne. Ab und zu bat ich sie, sich ein Objekt vorzustellen, obwohl dann kein Bild projiziert wurde. Auf diese Weise wollte ich feststellen, wie intensiv ihr normales Vorstellungsvermögen war. Auch bei leerem Schirm konnte Nancy deutliche Bilder sehen, doch sie beschrieb sie als weniger intensiv und dinglich als die anderen. Bei einem dieser «Leer»-Versuche forderte ich Nancy auf, sich ihren Spielgefährten vorzustellen.

«Erzähle mir, was du siehst», sagte ich nach ein paar Sekunden.

«Chopsticks.»

«Kannst du mir deine Wahrnehmung beschreiben?» fragte ich leise.

«Ich kann ihn sehen, aber das Bild ist ein bißchen schwach», antwortete sie. «Normalerweise ist er dunkelblau. Dies ist so verwaschen ... sehr blaß ... Dort sind die spitzen Ohren ... den weißen Fleck auf seinem Bauch kann ich nicht sehen.»

Nancy schob ihren Stuhl zurück und sagte, sie wolle nicht weitermachen. Sie sei müde.

Trotz des schwachen Bildes gab Nancy mir genau das, was ich erhofft hatte: eine detaillierte Beschreibung des imaginären Drachen. Ich versuchte, weitere Informationen aus ihr herauszuholen und fragte sie, inwiefern sich das Bild in der Perky-Haube vom wirklichen Chopsticks unterscheide. Sie erklärte, daß sie niemals versucht habe, ihn sich bildlich vorzustellen; er erscheine ganz einfach oder sage irgend etwas. Sah sie ihn, so war er riesig, zweieinhalb Meter groß. Doch könne er seinen Körper zusammenquetschen wie ein Akkordeon und sich so klein machen wie Nancy oder noch kleiner.

Ob er denn spitze Ohren habe, wie sie's bei ihrem Bild von ihm gesehen hätte?

«Ja. Aber seine Augen konnte ich nicht erkennen», sagte sie.

«Welche Farbe haben seine Augen denn?» fragte ich.

«Grün. Genau wie meine», sagte Nancy, während sie spöttisch blinzelte.

«Kannst du den wirklichen Chopsticks hier jetzt rufen?» fragte ich.

«Nein», kreischte sie so schrill, daß es mir fast den Kopf abriß.

Gerade als ich glaubte, daß es zwischen uns bestens lief, erklärte Nancy mit Nachdruck, daß sie nicht mehr über Chopsticks sprechen wolle. «Das ist Privatsache», sagte sie. Aus Sorge, an Boden zu verlieren, zögerte ich, weitere Fragen zu stellen. Statt dessen führte ich Nancy durch das Laboratorium und erläuterte die verschiedenen, gerade stattfindenden Experimente. Das machte ihr Spaß, und als ich sie einlud, in zwei Tagen wiederzukommen, war ihre Freude unverkennbar echt.

An der Tür sagte Nancy: «Dieser Perky, der muß ja ein Genie gewesen sein.»

«Sie», korrigierte ich. «Perky war eine Frau.»

Nancy lächelte. «Bis zum nächsten Mal», sagte sie.

Nachdem sie gegangen war, bemerkte ich, daß die Schale mit Rosinen und Erdnüssen auf meinem Schreibtisch nicht angerührt worden war.

Nancys Schwierigkeiten, sich Chopsticks nach Belieben vergegenwärtigen zu können, verwunderte mich. Die meisten Kinder, die ich studierte, konnten detaillierte Bilder von ihren Gefährten produzieren. Manchmal wurden die Imaginationen lebendig und begannen dann sofort mit den Kindern zu spielen. Nancy passierte das nicht. Sie sagte, ihr «wirklicher» Chopsticks sei weitaus intensiver als das von ihr bloß gedachte visuelle Bild. Imaginäre Spielgefährten sind realer als Figuren in typischen Tagträumen oder Phantasien, doch erleben Kinder ihre imaginären Spielgefährten in unterschiedlichem Maß als tatsächliche, dingliche Substanzen. Ältere Kinder halten sie nicht für materiell. Nancy glaubte nicht nur, daß Chopsticks körperlich war, sondern daß er sogar plötzlich aus eigenem Willen erscheinen konnte. Das war für sie ein weiterer Beweis seiner unabhängigen Existenz. Jedoch sind die einzigen wahrhaft spontanen und unwillkürlichen Manifestationen der imaginären Gefährten jene Momente, in denen sie dem Kind zum ersten- und zum letztenmal erscheinen. Während der dazwischenliegenden Jahre, wenn die unsichtbaren Spielgefährten also «existent» sind, können fast alle Kinder ihre Begleiter nach Belieben herbeirufen. Ich wußte, daß Nancys Weigerung, Chopsticks für mich herbeizurufen, ein Akt ihres und nicht seines Willens gewesen war. Ich mußte eine Situation schaffen, in der Nancy es ihm erlaubte zu erscheinen.

Der Hauptgrund dafür, daß imaginäre Spielgefährten Kindern erscheinen, besteht in deren Bedürfnis nach Freundschaft und Gesellschaft. Auch wenn das Kind lebendige Spielgefährten hat, ist der imaginäre Begleiter für gewöhnlich umgänglicher und leichter zu manipulieren als der reale Spielgefährte. Ein weiterer Grund für das Erscheinen des imaginären Gefährten besteht darin, dem Kind Anerkennung für reale und imaginäre Taten zu schenken. Der Gefährte kann auch auftauchen, wenn ein junges Kind einen Partner braucht, um seine Fähigkeiten zu erproben, z.B. wenn es sich im Gebrauch der Sprache übt. Manche Kinder benutzen ihre imaginären Freunde sogar, um verbotenen Impulsen nachzugeben, beispielsweise um zu raufen und zu kämpfen.

Alles, was Mrs. R. mir erzählte, deutete darauf hin, daß Nancy Chopsticks als ihren besten Freund benutzte, als Vertrauten, mit dem sie sprechen konnte. Was Mrs. R. an Gesprächen mitgehört hatte, betraf thematisch genau das, worüber ein Kind mit einem engen Freund oder mit Geschwistern spricht. Beides hatte Nancy nicht. Häufige Gesprächsthemen waren Schulklatsch, Jungen und Vorschriften der Eltern. Hörte Nancy Musik oder machte Hausaufgaben, so drehten sich die Gespräche um diese Aktivitäten. Da fast alle Gespräche mit dem Drachen stattfanden, wenn Nancy allein in ihrem Zimmer war, wußte ich, daß es praktisch keine Möglichkeit gab, dies zu beobachten. Um Nancy dazu zu bewegen, Chopsticks mit ins Labor zu bringen, mußte ich ihr das Gefühl geben, daß sie damit der Wissenschaft einen bedeutenden Dienst erweisen würde. Ich entschied mich für Mr. Wizards direkte Methode: Ich würde Nancy bei meiner Forschungsarbeit als Mitarbeiterin einsetzen.

Zu unserem nächsten Termin erschien Nancy überpünktlich. «Is was, Doc?» fragte sie mit nasaler Stimme wie Bugs Bunny.

Ich hantierte noch an einem Apparat auf dem Labortisch und bat sie, mir zu helfen. Das Gerät sollte zur Demonstration sogenannter Nachbilder dienen, jenen Sehwahrnehmungen, die noch andauern, nachdem das Objekt verschwunden ist. Ich fragte Nancy, ob sie jemals mit Blitzlicht photographiert worden sei und danach dann ein helles Licht gesehen habe. Schon oft, erwiderte sie. Das nenne man ein Nachbild, erklärte ich; die Ursache dafür sei das «Bleichen» der Photopigmente in der Netzhaut durch helles Licht. Die photochemischen Stoffe brauchen einige Zeit zur Wiederherstellung des Normalzustands; während dieser Zeitspanne werden Retina und Sehnerv weiter aktiviert. So sieht man, auch nach dem Verlöschen des Blitzlichts, noch ein helles weißes Nachbild.

«Aber als ich das versucht habe, kurz bevor du gekommen bist», sagte ich, «war das Nachbild dunkel. Versuch du's doch mal.» Nancy stellte sich vor das von mir schon in Position gebrachte Blitzlicht. «Lächeln», sagte ich, während ich den Blitz auslöste. Dann bat ich sie sofort, zur Wand zu blicken und mir das Nachbild zu beschreiben.

«Es ist dunkel, ein schwarzer Klecks», sagte Nancy überrascht.

Ich löschte die Deckenbeleuchtung und löste einen weiteren Blitz aus. Diesmal meldete Nancy ein weißes Nachbild. Ich erklärte, daß man weiße Nachbilder nur im Dunkeln sieht. Bei Licht hingegen ist das Nachbild dunkel, weil der gebleichte Teil der Netzhaut weniger lichtempfindlich ist. Blickt man zu einer beleuchteten Fläche wie etwa der Laborwand, so kann die Retina nicht sehr gut sehen, weshalb für einige Augenblicke ein dunkler Flecken erscheint.

Dann brachte ich vor dem Blitzgerät nacheinander verschiedenfarbige Filter an und bat Nancy nach jedem einzelnen Blitz, mir das jeweilige Nachbild zu beschreiben, das sie auf einem neutralen grauen Schirm sah. Nach einem roten Blitz meldete sie ein grünes Bild. Ein blauer Blitz erzeugte bei ihr ein gelbes Nachbild. Und ein weiterer Blitz mit einem anderen Blaufilter bewirkte ein rosa Nachbild, teils orangefarben getönt.

«Das Komische an Nachbildern ist», sagte ich zu Nancy, «daß jeder sie hat, man aber nur seine eigenen sehen kann.» Auch wenn ich die Farbe des Blitzes kannte, konnte ich nicht genau wissen, was für ein Nachbild Nancy haben würde. Dessen Farbe müsse sie mir schon verraten. Obwohl es sich bei diesen Nachbildern um individuelle Erfahrungen handle, seien sie genauso «real» und echt wie die Blitzlichter, durch die sie erzeugt würden. Diesen Punkt betonte ich mehrmals. Obwohl ich Nancys Nachbilder genausowenig sehen könne wie ihren Freund Chopsticks, könne Nancy mich jedoch all dies durch ihre Beschreibungen sehen lassen.

Ich erklärte ihr, daß ich daran interessiert sei, etwas über die Freunde herauszufinden, die Menschen besuchen, wenn sie allein sind. Viele berühmte Leute hatten unsichtbare Freunde wie

Chopsticks. Christiane Ritter, eine frühe Erforscherin der Antarktis, hatte einen Freund namens Karl, der sie während der langen Polarnacht besuchte. Admiral Byrd, ein anderer berühmter Forschungsreisender, spielte mit seinem unsichtbaren Freund Karten. Und es gab andere, die als Kinder unsichtbare Spielgefährten gehabt hatten. Der Autor Stephen King nannte seinen unsichtbaren Kindheitsfreund «Jerry». Manche behielten ihre speziellen Freunde auch noch, als sie längst erwachsen waren. Robert Louis Stevenson, der Verfasser von *Der seltsame Fall des Dr. Jekyll und Mr. Hyde*, sprach mit kleinen unsichtbaren Leuten, die er «Brownies» nannte. Die Brownies träumten Geschichten für Stevenson, der sie niederschrieb. Machiavelli, der berüchtigte Politiker und Schriftsteller, führte mit seinen unsichtbaren Gästen sogar lange Tischgespräche. Ich erzählte Nancy, daß fast alle Erwachsenen und Kinder, die solche Erlebnisse gehabt hatten, sehr intelligente und talentierte Menschen gewesen seien. Außerdem waren sie mutig genug, ihre privaten Erlebnisse mit anderen zu teilen, so daß wir alle daraus lernen konnten.

In vielerlei Hinsicht waren sie so mutig wie mein Team von Psychonauten, die ich Nancy als Forscher beschrieb, die bereit seien, über Dinge zu berichten, die sie sahen, wenn sie allein waren. Ich zeigte ihr den von den Psychonauten benutzten Isolationsraum. Dieser Raum war jetzt kindgemäß eingerichtet. Es gab einen kleinen Schreibtisch, einen entsprechenden Stuhl und auf dem Fußboden große weiche Kissen. Farbenprächtige Poster schmückten die Wand, und alles wirkte hell und fröhlich. Die meisten Psychonauten waren Studenten der UCLA gewesen, wo auch Nancy nach der High-School studieren wollte. Wollte Nancy gern eine Psychonautin werden? «Logo», sagte sie.

Ich lud sie dazu ein, es sich im Raum bequem zu machen. Wenn sie wolle, könne sie ihre Büchertasche mitbringen und hier ihre Hausaufgaben machen. «Bleib, solange du magst, tu, was du willst, aber versuche, Chopsticks mitzubringen.» Ich sagte ihr, ich würde über unsere Fernsehkamera alles sehen und hören können; falls sie also irgend etwas brauche, solle sie es mich nur wissen lassen. Bevor sie den Raum betrat, gab ich ihr die Schale mit Erdnüssen und Rosinen, die auf meinem Schreibtisch gestanden hatte.

An diesem ersten Tag zeigte Chopsticks sich noch nicht, doch Nancy war viel eher bereit, über ihn zu sprechen, wenn sie sich allein in dem Raum befand und ich nur als körperlose Stimme aus einer Sprechanlage anwesend war. Ich erfuhr, daß Chopsticks kleine Hahnenfüße hatte und ein Gesicht, das mehr dem eines Pudels als dem eines Reptils ähnelte. Sein ganzer Körper war umschlossen von blauer Haut, aber er hatte «einen kleinen weißen Bauch». Ich nahm an, daß es sich um einen Erdnußbauch handelte, Nancys eigenem Bäuchlein nicht unähnlich. Chopsticks liebte es, dieselben Dinge zu tun wie Nancy, und niemals zwang er sie zu etwas, was sie nicht wollte. Ich betrachtete es als ein gutes Zeichen, daß Chopsticks das Kind nicht bedrohte, wie Belindas Drache es getan hatte, als er Belinda in der imaginären Burg einzusperren versuchte.

Nancy erinnerte sich nicht mehr, wann Chopsticks das erste Mal erschienen war, doch sie wußte, daß sie ihn schon seit langer Zeit zum Freund hatte. Sie wuchsen zusammen auf. Erwarb Nancy neue Fähigkeiten, so lernte Chopsticks das gleiche. Während Nancy größer wurde, wuchs Chopsticks zu mächtigen Dimensionen heran. Doch konnte er seine Ausmaße den Gegebenheiten jederzeit anpassen, was ein wirkliches Glück war, denn die Deckenhöhe im Psychonautenraum betrug keine zwei Meter. Trotz seines enormen Körpers blieb Chopsticks für alle, außer für Nancy, unsichtbar. Sie verblüffte mich mit der Feststellung, manchmal sehe selbst sie ihn nicht, wenn er zu ihr spreche. Als ich Nancy fragte, wie seine Stimme klinge, machte sie für mich wieder ihre Bugs-Bunny-Imitation.

«Werde ich ihn hören können?» fragte ich.

«Sozusagen», erklärte Nancy. «Ich red sozusagen für ihn.»

«Könntest du das jetzt tun?»

«Nächstes Mal», sagte Nancy, während sie sich anschickte, den Raum zu verlassen, in dem sie sich über zwei Stunden aufgehalten hatte. Ein respektabler erster Versuch für einen Psychonauten, versicherte ich ihr, als wir uns voneinander verabschiedeten.

Nachdem sie gegangen war, entdeckte ich, daß in der Schale nur Rosinen übriggeblieben waren. Für den nächsten Termin, der auf einen Samstag fiel, füllte ich zwei Schalen nur mit Erdnüssen. Nancy war darauf vorbereitet, den ganzen Tag in dem Raum zuzubringen und dort ihre Schularbeiten zu machen. Ich gab ihr mehrere Dosen Limonade, schloß dann die Tür und ließ mich an meinem Schreibtisch nieder, um schriftliche Arbeiten zu erledigen.

Mehrere Stunden lang arbeitete Nancy sehr emsig. Nach einem Gang zur Toilette und der Lunchpause fragte sie, ob sie ein bißchen schlafen könne. Während sie es sich auf den Kissen bequem machte, dunkelte ich den Raum weitgehend ab. Das lichtempfindliche Objektiv meiner Videokamera hielt weiterhin jede ihrer Bewegungen fest. Vierzig Minuten später setzte sie sich auf und begann vor sich hin zu summen. Das Summen wurde zum Singen. Und das Singen wurde zu einer Frage:

«Magst es? Magst es?» fragte Nancy. Sie saß auf den Kissen und blickte sich im Raum um. Weder ich noch irgend jemand sonst antwortete. «Ich muß noch Mathe lernen ... Englisch ... Spanisch ... *cabré, cabrás, cabrá, cabremos, cabréis, cabrán.* Ziemlich gut, eh Choppy?»

«Ziemlich gut», sagte Nancy mit Chopsticks' nasaler Stimme. «Was willst'n zuerst machen?»

«Mathe», antwortete Nancy mit normaler Stimme.

Dann stand sie auf, schaltete selbst das Licht ein und setzte sich wieder an den Schreibtisch. Sie begann an einer Algebra-Aufgabe zu arbeiten. Jeden Schritt las sie laut vor, während sie ihn niederschrieb.

«Blöde Nancy», sagte sie, als sie zu radieren begann.

«Blöde Nancy», echote Chopsticks.

Ich war da anderer Meinung, während ich verfolgte, wie Nancy problemlos ihren Weg zur Lösung fand, wobei sie die diversen Gleichungen laut vorlas. Ich erinnerte mich daran, was der berühmte

Kinderpsychologe Nathan Harvey einmal geschrieben hatte: «Kein dummes Kind hat jemals einen imaginären Gefährten gehabt.»

Etwas später platzte Nancy plötzlich heraus: «Ich liebe dich, Chopsticks. Ich liebe dich sehr.» Eine Antwort kam nicht. Als mehrere Minuten ohne Gespräch vergingen, fragte ich Nancy über die Sprechanlage, ob Chopsticks noch da sei. Ja, erwiderte Nancy.

«Kann ich mit ihm sprechen?»

Nancy fing an zu kichern.

«Kommt nicht in Frage!» sagte Chopsticks.

«Bitte», beharrte ich.

«Kommt nicht in Frage!» kreischte Nancy. Der Schrei, durch die Sprechanlage verstärkt, riß mir fast den Kopf ab. Ich verringerte die Lautstärke und ließ Nancy für den Rest des Nachmittags in Ruhe. Sie machte zu Chopsticks noch ein paar Bemerkungen über den albernen Doktor. Als Chopsticks sagte, daß ich ihm gefiele, wußte ich, daß ich in dem Raum wenigstens einen Freund hatte. Mochte er auch imaginär sein: Genau wie einsame Kinder können isolierte Forscher gar nicht wählerisch genug sein.

Beim dritten- und beim viertenmal verlief alles sehr ähnlich. Ich war enttäuscht, daß die Gespräche mit Chopsticks nie ein anspruchsvolleres Niveau erreichten, als ich mir aufgrund von Nancys Alter und Intelligenz versprochen hatte. Manchmal schien sie bei ihrer Unterhaltung mit ihm eher der Macht der Gewohnheit zu folgen als dem Wunsch, ein sinnvolles Zwiegespräch zu führen. Oft wiederholte Chopsticks einfach Nancys Worte, oder er machte unsinnige Bemerkungen. Mitunter hörte er sich an wie ein Erzieher und ermahnte sie etwa, beim Sitzen nicht mit dem Fuß zu wippen oder nicht mit offenem Mund zu kauen. Für diese Elternrolle war ich recht dankbar, als Chopsticks zu Nancy sagte, sie solle ihren Kaugummi nicht unter den Schreibtisch im Isolationsraum kleben.

Eifersüchtig wachte Nancy über meine Annäherungen an Chopsticks. Von ihrer Mutter erfuhr ich, daß Nancy ihren imaginären Spielgefährten schon als kleines Kind nicht mit ihren realen Freunden geteilt hatte. Obwohl ein derart exklusiver Besitzanspruch keineswegs ungewöhnlich ist, empfand ich es als eine persönliche Niederlage, daß es mir nicht gelang, Nancys ganzes Vertrauen zu gewinnen. Warum enthielt sie mir Chopsticks vor? Kinder neigen dazu, ihren imaginären Gefährten vor anderen zu verbergen, wenn dieser Gefährte dazu benutzt wird, verborgene Wünsche und Impulse auszudrücken, aber das schien hier nicht der Fall zu sein. Nancys Umgang mit dem Drachen war so harmlos und so unschuldig, wie ich es nur je bei kleineren Kindern erlebt hatte. Ich vermutete, daß Nancy in dem Alter war, in dem Chopsticks für sie als Freund und Gefährte an Bedeutung verlor. Wahrscheinlich spürte sie bis zu einem gewissen Grade, daß seine Rolle in ihrem Leben unwichtiger wurde, und fing an, ihn als eine Art Überbleibsel aus ihrer früheren Kindheit zu betrachten. Noch nicht gewillt, von ihm zu lassen, mochte Nancy es als peinlich empfinden, mich quasi als Zeugen beim Umgang mit Chopsticks zuzulassen.

Da imaginäre Gefährten Kinder oft dann besuchen, wenn sie nachts allein im Bett liegen, wie auch Chopsticks das häufig tat, entschied ich mich, bei Nancys fünftem Aufenthalt im Raum die Beleuchtung zu verringern. Aber wieviel Licht sollte bleiben? Die Abdunklung für ihren Mittagsschlaf hatte schließlich zu einem Gespräch mit Chopsticks geführt. Würde noch weniger Licht zu einer längeren Unterhaltung führen? Ich wußte, daß blinde Kinder stärkere imaginäre Gefährten haben als sehende Kinder. Außerdem war mir bewußt, daß Langeweile zu imaginären Spielen anregt. Deshalb beschloß ich, Nancy in völlige Dunkelheit zu hüllen, ohne daß sie irgend etwas zu tun hatte. Mit Hilfe von infrarotem Licht und einem Spezialobjektiv blieb ich in ständigem Videokontakt. Ich ermutigte Nancy, Chopsticks erscheinen zu lassen. Mir blieb nichts als zu schauen und zu lauschen.

Nancy wälzte und warf sich auf den Kissen herum, summte eine Melodie, kaute nacheinander drei zuckerfreie Kaugummis und zwirbelte ihr Haar um der Finger. Sie war ein totaler Zappelphilipp ... bis Chopsticks auftauchte. Nathan Harvey hatte recht, als er sagte, eine große Menge nervöser Energie in einem Kind führe zur

Erzeugung des imaginären Gefährten. Das erste Anzeichen war Nancys Lachen. Dann ein geflüstertes «O Choppy», während sie sich auf die Seite drehte und jetzt einem leeren Teil des Raums zugewandt war. Wieder Gekicher. Wieder Geflüster in die Kissen. Dann Schweigen.

Während der nächsten halben Stunde beobachtete ich, wie Nancy Grimassen zog, die Lippen bewegte, nickte oder den Kopf schüttelte. Ich griff nach meinem Mikrophon und sagte: «Psychonautin Nancy! Meldung machen!»

«Ich habe mit Chopsticks gesprochen», sagte Nancy mit der kühlen Gelassenheit eines alterprobten Psychonauten.

«Erzähle mir davon», sagte ich.

Nancy schilderte ein längeres Zwiegespräch mit Chopsticks. Sie hatten über ein neues Kleid und eine neue Armbanduhr gesprochen, die Nancy sich wünschte. Danach fingen sie an, Nancys Geburtstagsparty zu planen, wenn sie «süße Sechzehn» werden würde, wie Nancy sich anziehen und wen sie einladen sollte. Sie erzählte mir, daß die meisten ihrer Gespräche mit Chopsticks nicht wirklich gesprochen wurden, sondern in ihrem Kopf stattfanden, genau wie eben. Manchmal wiederholte sie Dinge, die er sagte, aber wenn es viel zu diskutieren gab, war es leichter, das ohne hörbares Sprechen zu tun.

Bei all diesen Gesprächen redete Chopsticks niemals über sich selbst. Obwohl er ein ausgesprochen unbeschwertes Naturell besaß, war er Nancy untergeordnet. Sie diktierte die Bedingungen des Spiels und die Themen des Gesprächs. In einem sehr realen Sinn war sie die Schöpferin und Meisterin des Drachen. Er war die Marionette, und sie war die Marionettenspielerin. Niemals verlor sie ihre Autonomie, und im Unterschied zu Belindas pathologisch aggressivem Drachen übernahm Chopsticks niemals die Kontrolle. Jedoch achtete Nancy darauf, ihn mit genügend Realität auszustatten, um ihre fortgesetzten imaginierten Zwiegespräche zu rechtfertigen.

Imaginierte Dialoge sind sowohl bei Kindern als auch bei Erwachsenen üblich. Viele Menschen führen stille Gespräche mit sich selbst und mit anderen. Manche sprechen mitunter auch laut mit ihrem eigenen Spiegelbild oder zu einer Photographie oder zu ihrem Hund. Wenn junge Kinder solche Dialoge mit ihren imaginären Gefährten führen, so wenden sie allerdings ihre Augen von anwesenden Personen ab und orientieren sich auf einen Leerraum hin, den jetzt ihr unsichtbarer Freund einnimmt. Ihre nichtverbalen Aktionen und Gesten beschreiben klar und deutlich die Anwesenheit des Gefährten. Wenn das Kind spricht, so senkt es seine Stimme, oft bis zu einem Flüstern. Was Nancy betraf, so hatte sie sich auf den Kissen herumgerollt und zur leeren Wand gedreht, als sie mit Chopsticks zu flüstern begann. Dann tätschelte sie die Kissen und umarmte sie, als spiele sie mit einem großen Hund.

Chopsticks' Stimme, wie sie von Nancy gehört wurde, ähnelte vermutlich sehr stark jenen imaginierten Dialogen, die wir alle von Zeit zu Zeit führen und hören. Solche «Stimmen» werden in einem internen psychologischen Raum erfahren. Wenn Nancy jeoch laut wiederholte, was Chopsticks zu ihr gesagt hatte, so wurde die Stimme Teil der externen objektiven Welt, und Nancy konnte seine Existenz mit eigenen Ohren verifizieren. Die Tatsache, daß Nancys Gespräche mit dem Drachen im Laufe der Jahre immer «unausgesprochener» geworden waren, ließ darauf schließen, daß Chopsticks allmählich von der externalisierten Welt der Halluzination zur internalisierten Welt der Imagination hinüberwanderte, wo er geboren worden war und schließlich sterben würde.

Im Isolationsraum war Chopsticks ein Flüstern im Dunkeln. Ich fragte mich, was von seinem blauen Drachenleib übrigblieb.

«Nun, Nancy, kannst du mir erzählen, wie Chopsticks jetzt aussieht?» sagte ich mit meiner besten Mr.-Wizard-Stimme.

Sie kicherte.

Stille.

«Psychonaut Nancy! Melden! Was siehst du?»

Lautes, hysterisches Gelächter.

«Was ist denn so komisch?» fragte ich schließlich, mit Mühe mein eigenes Lachen unterdrückend.

«Ich kann nicht … (Gelächter) … sehen. Es ist dunkel … (Gelächter)», sagte Nancy, während sie nach Luft schnappte.

Der brillante Mr. Wizard hatte vergessen, daß in ihrem Raum das Licht ausgeschaltet war. In der Dunkelheit war zwar das bisher längste Gespräch mit Chopsticks zustande gekommen, doch die gesteigerte Hörfähigkeit ging auf Kosten des Visuellen. Tagsüber war Chopsticks hauptsächlich eine visuelle Wahrnehmung, nachts hingegen eine akustische. Nancy war es gewohnt, das visuelle Bild des Drachen in Umgebungen zu sehen, die für sie visuell wahrnehmbar waren. Sie hatte Chopsticks niemals mit magischen visuellen Fähigkeiten ausgestattet, etwa der, im Dunkeln zu leuchten. Im Dunkeln war er für sie genauso unsichtbar wie für mich bei Licht.

Der peinliche Patzer mit der ausgeschalteten Beleuchtung ließ mich immerhin über eine besondere Eigenart von Nancys imaginärem Gefährten stolpern. Im Unterschied zu den visuellen Bildern oder Halluzinationen, die *bei Dunkelheit* produziert werden, wurde das visuelle Bild von Nancys Drachen *bei Licht* produziert, in der Dunkelheit jedoch ausgelöscht. Offensichtlich brauchen imaginärem Gefährten wahrnehmbaren visuellen Raum, um gesehen zu werden, auch wenn man sie immer hören kann. Dies trifft in besonderem Maße bei sehr jungen Kindern zu, die oft visuelle «Attrappen» zur Darstellung ihrer imaginären Gefährten benützen. Solche Attrappen oder Requisiten können beispielsweise eine Puppe, ein Spiel, ja sogar ein Finger sein. Als Nancy im Dunkeln die Kissen tätschelte und ihnen zuflüsterte, hatte sie sie vermutlich als taktile Requisiten benutzt.

Über die Sprechanlage informierte ich Nancy, daß ich den Raum betreten würde, um Videokamera und Beleuchtung zu regulieren. Dann trat ich ein und drehte an dem Dimmer, mit dem sich die Beleuchtung stufenlos verstärken ließ. Nancy saß in der Ecke auf dem Stuhl und hielt eines der Kissen an sich gepreßt. Während ich an der Kamera hantierte, hörte ich, wie Nancy nach der Schale mit den Nüssen griff und zu essen anfing.

«Willst du welche?» fragte sie.

Warum nicht? dachte ich und drehte mich zu ihr um. Doch Nancy blickte nicht zu mir. Sie starrte auf den Fußboden.

«Danke», sagte Chopsticks mit – wegen der Erdnüsse in Nancys Mund – leicht veränderter Stimme.

Ich ließ mich ein Stück entfernt auf dem Boden nieder und beobachtete das Mädchen. Nancy, unentwegt kauend, ignorierte mich. Wenn Kinder mit ihren imaginären Gefährten sprechen oder spielen, sind anwesende Personen, Kinder wie Erwachsene, für sie einfach nicht vorhanden. Sie halten Distanz und reagieren kaum auf andere. Dieses Verhalten war typisch für Drei- und Vierjährige; bei einem Teenager hatte ich es allerdings nicht erwartet. Ich beschloß, es zu beobachten, und wartete geduldig auf die nächste Bemerkung.

«Mehr?» fragte Nancy, nachdem sie schließlich die letzten Nüsse in ihrem Mund runtergeschluckt hatte.

«Nein, danke», antwortete ich.

«Mehr», sagte Chopsticks, mich ignorierend. Nancy steckte sich wieder ein paar Nüsse in den Mund.

«Danke», sagte Chopsticks oder Nancy. Wegen des Kauens war das schwer zu unterscheiden.

«Nancy. Möchtest du etwas zu trinken haben?» fragte ich. Keine Antwort, keinerlei Reaktion. Nancys Augen waren noch immer auf den Fußboden gerichtet. Ich begann, mich unbehaglich zu fühlen, wie ein ungebetener Eindringling bei einer privaten Party. Als ich leise den Raum verließ, glaubte ich, Nancys Flüstern zu hören: «Gut.» Chopsticks konnte das nicht gewesen sein. Schließlich hatte er ja gesagt, daß er mich mochte. Bald nach diesem kurzen Zwischenspiel war Schluß für diesen Tag. Allerdings ließ ich mir von Nancy noch eine detaillierte Beschreibung des Drachen geben, der jetzt zu einer Größe von rund einem halben Meter geschrumpft war. Doch außer seiner Größe war alles an ihm unveränderlich: blauer Körper, grüne Augen und spitze Ohren. Als ich Nancy fragte, wie intensiv und konkret er sei, klang ihre Antwort eher wie die eines Psychonauten als die des Kindes, das ich gerade dabei beobachtet hatte, wie es mit einem imaginären Drachen Nüsse teilte.

«Er ist nicht wie die Kissen oder der Schreibtisch. Mehr so wie die Nachbilder von dem Blitzlicht», sagte sie.

Bravo! dachte ich. *Hast gerade bestanden, Nancy!* In dem dunklen Isolationsraum hatte Nancys Vorstellungskraft von Chopsticks eine Imagination produziert, die so stark war, daß sie sie weiterhin hörte und dann bei Licht sah. Nicht nur, daß sie ähnlich intensiv und konkret war wie das Nachbild eines Blitzlichts, sie blockierte auch die Wahrnehmung anderer Dinge, indem sie fortfuhr, in ihrem inneren Auge zu «blitzen».

In den folgenden Wochen besuchte Nancy mich noch mehrere Male. Einmal, als die Atmosphäre bei gedämpftem Licht besonders gelockert war, beobachtete ich ein überraschendes und aufschlußreiches Zwiegespräch.

«Bin ich hübsch?» fragte Nancy.

«Wun-der-schön», erwiderte Chopsticks.

«Jungs sagen, ich bin dick.»

«Wun-der-schön», wiederholte Chopsticks. «Schönes Haar, schöne Augen.»

«Ich bin dick», beharrte Nancy.

«Innen und außen schön», erklärte der Drache, einen Satz zitierend, den ich aus Mrs. Rs. Mund gehört hatte.

«O Choppy. Wenn du ein Junge wärst, würde ich dich ficken!»

«Du bist sehr sexy», antwortete der Drache.

«Sehr sexy», wiederholte Nancy sehnsüchtig.

Eines Tages ging ich mit Nancy zu einem anderen Labor, um ein EEG zu machen. Es war normal. Als Nancy dann einen ihrer imaginären Dialoge mit Chopsticks führte, der, wie sie sagte, zu diesem Zeitpunkt physisch anwesend war, benutzten wir einen photischen Stimulator, der immer wieder ein helles Licht vor ihren Augen aufblitzen ließ. Ein solches Aufblitzen ruft eine visuell evozierte Reaktion hervor, ein charakteristisches Muster elektrischer Wellen aus jenem Teil des Gehirns, der für das Sehvermögen zuständig ist. Nancys Reaktion war laut EEG leicht reduziert. Ich hielt das damals für normal.

Lange glaubte ich, diese EEG-Studien seien reine Verschwendung gewesen. Viele Jahre später erzählte mir dann ein Kollege von Ruth, einer Psychiatriepatientin, die auch getestet worden war, während sie halluzinierte. Als Ruth erklärte, daß sie eine Halluzination von ihrer Tochter sehe, waren ihre visuell evozierten Reaktionen auf ein blitzendes Licht reduziert. In anderen Worten: Ihr Gehirn reagierte so, als blockiere etwas (das halluzinatorische Bild) partiell ihre Sicht des blitzenden Lichts. Ich kramte die Unterlagen von Nancy hervor und verglich sie mit denen von Ruth. Die verminderten evozierten Reaktionen bei Nancy, als sie Chopsticks sah, und bei Ruth, die ihre Tochter halluzinierte, waren einander ähnlich, wenn sich auch bei Ruth eine stärkere Wirkung zeigte. Sowohl Nancys als auch Ruths Gehirn reagierten auf die halluzinierten Bilder, als handle es sich um reale Wahrnehmungen.

Neurophysiologische Forscher haben jetzt bestätigt, daß eine Ähnlichkeit zwischen jenen Prozessen besteht, die der visuellen Perzeption zugrunde liegen, und solchen, die während intensiver interner Bilder ablaufen. Wenn im Gehirn ein visueller Eindruck entsteht, so aktivieren Impulse Netzhautelemente, stimulieren Muskeln im Auge und reduzieren partiell die bioelektrische Aktivität des Gehirns, evozierte Reaktionen miteingeschlossen. Da Wahrnehmungen realer Objekte auf dem gleichen Mechanismus beruhen, kann die Kraft dieser Stimulationen, in Verbindung mit Feedback-Mechanismen zwischen dem Auge und dem Gehirn, ein visuelles Bild der Imagination in ein visuelles Bild der Perzeption transformieren. In anderen Worten: Ein imaginärer Drache wie Chopsticks kann intensiv genug werden, um das Gehirn zu dem Glauben zu verführen, es habe etwas Reales gesehen.

Warum dieser Prozeß bei Kindern soviel besser funktioniert als bei Erwachsenen, war seit jeher ein Rätsel. Die Erfahrungen mit Nancy im EEG-Labor hatten keine Antwort darauf gegeben. In gewisser Hinsicht spielte es auch keine Rolle. Ich war nicht darauf aus, Nancys Drachen mit neurophysiologischen Erklärungen zu erschlagen, selbst wenn ich es gekonnt hätte. Das würde die Zeit besorgen. Und mit ihren vierzehn Jahren zeigte Nancy deutliche Anzeichen dafür, daß dies bevorstand.

Nach dem Ende der EEG-Tests, unserem letzten Zusammentreffen, hängte Nancy ihre Schultasche über die Schulter und ging dann fröhlich summend den Korridor entlang. Ich konnte mir beinahe bildlich vorstellen, wie Chopsticks hinter ihr her watschelte und mit seiner Bugs-Bunny-Stimme mitsummte. Nancy winkte vom Ende des Korridors her. Ich rief laut: «Danke!» und winkte Nancy und ihrem Gefährten zu, den sie mich zum Schluß doch noch sehen ließ.

Ich hörte, daß Nancy eine wunderbare Geburtstagsparty hatte, als sie «süße Sechzehn» wurde. Chopsticks war nicht dabei. Wie Peter Pan, der davonflog zum Niemals-Niemals-Land, als Wendy erwachsen wurde, verschwand Chopsticks plötzlich. Man hat ihn nie wieder gesehen oder von ihm gehört.

Channeling

Der Pfad in den Wald endete abrupt. Ich stand ganz still und lauschte. Durch die Bäume drangen Sonnenstrahlen und warfen Lichttupfer auf den dunklen Boden. Alles rundum wirkte gleichermaßen bedrohlich und beängstigend. Die Frau in der Tagesstätte hatte zu mir gesagt, ich solle auf den Klang einer Flöte lauschen und diesem dann folgen. Doch nach dem langen Fußmarsch hörte ich nur mein eigenes keuchendes Atmen, nichts sonst. Nach links fiel der Boden ab, und ich entschied mich für diese Richtung: Hügelabwärts war im wahrsten Sinne des Wortes der Weg des geringsten Widerstands.

Trotzdem kam ich nur langsam voran. Hier, in einem vergessenen Winkel eines kalifornischen Waldes, in den nur wenige jemals vorgedrungen waren, wachsen die Wurzeln der Bäume unbehindert auch über dem Boden und bildeten ein Gewirr aus Hindernissen und Fallen für Arglose. Dies war ein guter Ort, um ein Geheimnis zu verbergen. Bedächtig stieg ich über die Wurzeln hinweg, als ich plötzlich die Flöte hörte. Sie klang von Nordwesten her, und ich folgte ihrem Ton, der immer lauter wurde.

Der Pfad schlängelte sich jetzt hügelaufwärts. Ich stapfte voran und wünschte, Steve wäre unten in der Stadt in der Tagesstätte gewesen, wo er, wie er mir gesagt hatte, an den meisten Tagen zu finden war. Steve leistete freiwillige Arbeit als Aufsicht auf dem Spielplatz bei der Kindertagesstätte. Er verstand es, mit Kindern umzugehen, und schien an den Schaukeln und Wippen fast genausoviel Spaß zu haben wie sie.

Alle mochten Steve, und der Direktor des Zentrums hätte ihm gern ein kleines Gehalt gezahlt, wenn dafür Mittel verfügbar gewesen wären. Nicht, daß Steve jemals Geld verlangt hätte. Er hatte alles, was er brauchte. Steve verdiente sich seinen Lebensunterhalt durch den Anbau von Marihuana. Aus diesem Grund wollte ich mich auch mit ihm treffen. Ich studierte die diversen Krankheiten, die Marihuanapflanzen befallen konnten, und hoffte, daß Steve mich in seinen geheimen Garten hineinlassen würde.

Außerdem hoffte ich, daß er nicht auf mich schießen würde, bevor ich mich zu erkennen geben konnte. Der Pfad verschwand zwischen Felsen, über die ich hinwegkletterte. Von einem großen Felsblock aus sah ich Steves Holzhütte weiter oben auf einer kleinen Lichtung. Er spielte noch immer Flöte, sehen konnte ich ihn jedoch nicht. Ich befolgte die sicherste mir bekannte Methode, mit der man sich Marihuanapflanzern auf ihrem eigenen Grund und Boden nähert: Ich zog mich nackt aus und stellte mich gut sichtbar hin.

«He, Steve!» schrie ich. «Ich bin's, Ron Siegel.»

Das Flötenspiel brach ab, und Steve spähte durch das offene Fenster. «Komm herauf», sagte er, mit der Flöte winkend. Ich zog mich an und ging zur Tür, wo Steve mich begrüßte. Er hatte selbst nicht viel an: eine zerrissene Badehose und ein Paar leichte Sportschuhe. Sein Haar war lang und strähnig. Wenn er lächelte, sah man eine Reihe schiefer, dringend behandlungsbedürftiger Zähne. Er war dürr und trotz des Lebens in freier Natur auffällig blaß. Am besten an ihm gefiel mir, daß er unbewaffnet war.

Wir unterhielten uns bei einer Tasse Kaffee, dem schlechtesten, der mir jemals untergekommen war. Steve schüttete Kaffeesatz in eine schmutzige Tasse, deren Rand getrocknete Suppenreste zierten, und goß dann aus einem Kessel, den er von seinem Propangasherd nahm, heißes Wasser dazu. Ich ließ die Tasse unberührt auf dem Tisch stehen. Zwar hatte ich schon solchen Cowboykaffee getrunken, doch der wurde ordentlich aus Kaffeesatz zubereitet und in sauberen Tassen serviert. Steves Kaffee sah genauso abscheulich aus wie alles andere in seinem Haus.

Der Raum war ein einziges Tohuwabohu. Auf dem Fußboden lagen Kleidungsstücke, Werkzeug und schmutziges Geschirr. Regale waren vollgestopft mit Lebensmitteln, Büchern und Gartengeräten. Die Hütte, die Steve selbst gebaut hatte, bestand nur aus einem Raum, doch das war keine Entschuldigung für den chaotischen Zustand. Sie war völlig verdreckt. Alles war von einer Schicht Staub bedeckt. Zwischen Holzgebälk hingen Spinnweben. Auf Redwood-Möbeln lagen fleckige mexikanische Decken. Die Kochnische war überzogen mit schmierigem Fett. An den Fenstern hingen vergilbte Vorhänge mit Blumenmustern. Die Glasscheiben waren so schmutzig, daß das Sonnenlicht wie grauer Dunst in die Hütte drang. Steve steckte sich eine Zigarette an. Der Rauch war kaum zu erkennen.

Steve erzählte mir, daß seine Frau Helen vor ein paar Jahren plötzlich gestorben sei. Er zeigte auf das Bett, wo sie «zur anderen Seite hinüberging». Sie war damals schwanger gewesen, und man wußte bereits, daß es ein Mädchen werden würde. Sie hatten schon einen Namen ausgesucht – Star. Lächelnd und mit leuchtenden Augen erzählte er mir, daß Star empfangen worden war, als sich die Sonne im Wassermann befand, ein gutes Zeichen. Steve tat mir leid, und ich hoffte, daß sein Marihuanagarten nicht so übel vernachlässigt sein würde wie seine Hütte.

«Wo ist das Pot?» fragte ich, um das Thema zu wechseln, das auf mich bedrückender wirkte als auf Steve.

Er führte mich zu einer Plattform hinter dem Haus, die sich einen guten Meter über dem Boden befand. Von dort hatte man einen großartigen Ausblick über ein ausgedehntes Marihuanafeld, das sorgfältig getarnt zwischen Reihen kleiner Bäume lag. Es erstreckte sich über mindestens vierhundert Meter. Die Marihuanpflanzen wirkten sehr gepflegt, und selbst aus dieser Entfernung konnte ich erkennen, daß Steve hochwertige Sinsemilla anbaute, eine Art, die beträchtliche Arbeit und Pflege erfordert. Wieviel Hilfe hatte er?

Gar keine, erklärte er. Fühlte er sich hier oben nicht einsam? «Sie ist ja noch bei mir», sagte er mit glänzenden Augen und breitem Lächeln. Ich nahm an, daß er sich auf seine Erinnerungen an Helen bezog. Der arme Mann versinkt in Trauer, dachte ich. Aber als Steve sich dann in langer Ausführungen über seine Kommunikation mit dem Geist seiner Tochter Star erging, begann ich zu vermuten, daß Steve zuviel von seinem eigenen Kraut rauchte. Schließlich wurde mir bewußt, daß das, was er da beschrieb, eine sehr ungewöhnliche Halluzination war, selbst für einen chronischen Marihuanaraucher.

Er erklärte mir, daß Star jetzt drei Jahre alt sei. Er sagte nicht, sie *wäre drei Jahre alt gewesen*, wenn sie gelebt hätte; er sagte: «Star *ist* drei.» Geboren worden sei sie «auf der anderen Seite», in einer vierten Dimension. Da sie nach Belieben durch Zeit und Raum reisen könne, besuche sie ihn oft. Steve konnte Star nicht nur hören und mit ihr sprechen, er sah sie auch so deutlich wie am hellichten Tag. Sie hatte sandbraunes Haar, genau wie ihre Mutter.

Dies klang nach einer typischen Halluzination, wie sie sich bei jemandem finden kann, der den Verlust einer geliebten Person betrauert. Besonders bei älteren Menschen, die den Tod eines langjährigen Ehepartners beklagen, tritt dergleichen häufig auf. Trauerhalluzinationen nehmen oft die Gestalt eines imaginären Gefährten an. Eine vierundachtzigjährige Witwe sagte, ihr toter Ehemann sei wenige Tage nach seinem Tod zurückgekehrt, um mit ihr zu leben. Da sie ihn nicht mit Fragen beunruhigen wollte, setzte sie ihr gewohntes Leben fort. Plötzlich verschwand er. Die Witwe nahm an, daß er wohl eine andere Frau gefunden hatte. Ähnliche Halluzinationen treten auf, wenn Kinder einen Elternteil oder wenn Eltern ihre Kinder betrauern. Ich hatte über den Fall einer Frau gelesen, deren toter Vater auf ihrer Schulter saß und ausführlich zu ihr sprach. Die Frau begriff, daß er tot war, und wie viele andere ältere Erwachsene, die imaginäre Gefährten haben, sprach sie mit ihm nicht hörbar, sondern innerlich.

Steve führte mit Star innere und hörbare Dialoge. Seine Erklärung lautete natürlich, seine Tochter sei gar nicht tot. Star sei nur von einem Bereich des Seins in einen anderen übergewechselt, von der physischen zur Astralebene. Trauernde, die sich ihrer Empfänglichkeit für Halluzinationen nicht bewußt sind, jedoch in starkem Maße an das Übersinnliche glauben, können zu einer solchen spirituellen Schlußfolgerung gelangen, wenn sie von dem imaginären Gefährten besucht werden. Manche Parapsychologen bestreiten, daß es sich bei diesen Erlebnissen um Halluzinationen handelt; vielmehr seien die imaginären Gefährten wirkliche Geister, die Zeit und Raum transzendieren. Ein rascher Blick auf die Bücher in der Hütte verriet mir, daß Steve auf diesem Gebiet sehr belesen war. Ich erkannte eine Reihe von Titeln, darunter *The Secret Life of Plants* (Das geheime Leben der Pflanzen), Linda Goodmans *Sun Signs* (Sonnenzeichen) und *Phone Calls from the Dead* (Anrufe von den Toten). Natürlich war das noch kein Beweis, denn die gleichen Bücher hatte ich bei mir im Regal.

Stars erstmaliges Erscheinen war für Steve ebenso überraschend wie verwirrend gewesen. Er erkannte, daß sie nicht nur zurückkam, um das in der vierten Dimension erworbene spirituelle Wissen mit ihm zu teilen, sondern auch, um die ihr vorenthaltene Kindheit nachzuholen. Also begann er in der Tagesstätte zu arbeiten, damit Star einen Platz zum Spielen hatte. Steve war aufrichtig und verständig genug, um zuzugeben, daß das Spielen mit ihr etwas war, was auch er brauchte. Kein Wunder, daß die Vorschulkinder auf dem Spielplatz Steve vergötterten. Er und seine imaginäre Spielgefährtin waren ganz genau wie die anderen Kinder. Auch Steve fühlte sich wohl. Daß er mit dem Geist seiner Tochter spielte, war ebenso sein Geheimnis wie der Anbau von Marihuana.

Zweifellos brachte Steves imaginäre Tochter ihm viel Trost und Ermunterung. Der Gedanke, ihn um seine Trauerhalluzination zu bringen, lag mir ebenso fern wie die Vorstellung, seinen Marihuanaanbau auffliegen zu lassen. In der Tat wurde mein Interesse an seinen Marihuanapflanzen jetzt von meinem Wunsch übertroffen, Steves Halluzinationen am Leben zu halten, um sie studieren zu können.

Die Kommunikation zwischen Steve und Star hatte die Form des klassischen Channeling. Als Channeling bezeichnet man jenen angeblichen Prozeß, bei dem von einer anderen Realitätsebene als der gewöhnlichen physischen Informationen empfangen werden. Wie die Medien eines vergangenen Zeitalters, behaupten New Age Channelers, für die Geister von Toten zu sprechen, die sie Wesenheiten oder Channels nennen. Die Channelers sprechen in einem Psychogebrabbel, das gespickt ist mit Bezeichnungen aus der Quantenphysik, Neurophysiologie, Religion und Philosophie. In ihren Botschaften wimmelt es von Neologismen wie «biokosmische Resonatoren», «aszendierte Meister», «Parapsychiatrie» und «Radionik».

J.Z. Knight, eine Hausfrau aus Yelm, Washington, ist davon überzeugt, «Ramtha» zu kanalisieren, einen Mann, der vor 35 000 Jahren lebte. Rosemary Brown, eine Hausfrau aus London, behauptet, Liszt, Beethoven und Debussy zu kanalisieren. Andere haben Kanäle zu den Geistern der Reichen (William Randolph Hearst) geöffnet, der Berühmten (John F. Kennedy), der Superintelligenten (Albert Einstein), der Künstler (Rembrandt), der Heiligen (Jesus Christus) und der Obskuren (Tom MacPherson, ein Taschendieb aus dem 16. Jahrhundert). Channelers haben auch mit einer Vielzahl nichtmenschlicher Wesenheiten kommuniziert, darunter Delphine, Engel, Cherubine, Elfen, Feen und Narzissen.

Den vielleicht besten Einblick in das, worum es sich beim Channeling eigentlich handelt, hat wohl der Bauchredner Edgar Bergen gewährt, der mit einer hölzernen Sprechpuppe namens Charlie McCarthy arbeitete. Eines Tages betrat ein Besucher Bergens Garderobe und traf ihn dabei an, wie er mit Charlie sprach – aber nicht, um zu proben. Bergen stellte Charlie eine Reihe philosophischer Fragen über das Wesen von Natur, Tugend und Liebe. Charlie reagierte mit brillanten sokratischen Antworten. Als Bergen bemerkte, daß er einen Besucher hatte, errötete er und sagte, er spreche mit Charlie, der weisesten Person, die er kenne. Der Besucher wies darauf hin, daß es doch Bergens Verstand und auch Stimme seien, die aus der Holzpuppe klängen. Bergen erwiderte: «Na ja, darauf läuft's letzten Endes wohl hinaus, aber ich stelle Charlie diese Fragen, und er antwortet, und ich habe nicht die leiseste Ahnung, was er sagen wird, und mich verblüfft seine intellektuelle Brillanz – er hat davon so viel mehr als ich.» Bergen hatte ganz einfach einen Kanal zu einem Bereich seines eigenen Verstandes geöffnet.

Steve traf Vorbereitungen zur Demonstration seiner Kommunikation mit Star. Er kniete mitten auf der Plattform nieder, drehte sich dann einen dünnen Marihuanajoint und zündete ihn an. Beim ersten Zug dehnte sich der obere Teil seines Brustkorbs, und ich sah, wie sich die Haut über den knochigen Rippen straffte. Nach einigen Sekunden atmete er aus, legte den Joint aus der Hand und schloß die Augen. Ich holte das Tonbandgerät aus meinem Rucksack und schaltete es ein, trotz Steves Ankündigung, das bringe ja doch nichts. Zwar werde er, mir zuliebe, laut zu Star sprechen, sie jedoch werde in seinem Inneren antworten. Und obwohl sie ein ungeheures Wissen besitze, das dem unseren um Lichtjahre voraus sei, verfüge sie nur über den Wortschatz eines Kindes und könne Fragen ausschließlich mit ja oder nein beantworten. Ich fand es eigenartig, daß Steve für etwas so Wichtiges wie den Kanal zur vierten Dimension den Körper einer imaginären Dreijährigen mit einem sehr begrenzten Vokabular gewählt hatte.

«Hi, Baby», sagte Steve. Seine Augen blieben geschlossen.

«Star?» fragte ich.

Steve neigte den Kopf. Diese ganze Szene gab mir ein Gefühl von Déjà-vu. Plötzlich erinnerte ich mich. Popeye! Als Kind hatte ich sämtliche Popeye-Comichefte gelesen, die ich in meine klebrigen kleinen Finger kriegen konnte. Eine der liebenswertesten Figuren war Eugene, der Jeep, ein magisches Tier, das angeblich aus Afrika stammte. Es sah aus wie ein kleiner Welpe mit einer großen roten Nase. Der Jeep wurde beschrieben als ein vierdimensionales Tier mit einem vierdimensionalen Gehirn, das aus dem Nichts heraus erscheinen konnte, wann immer Popeye seiner speziellen Talente bedurfte. Zu diesen Talenten gehörte auch die Fähigkeit, künftige Ereignisse vorauszusagen. Eugenes Vokabular war zwar auf «Jeep-Jeep»-Laute beschränkt, doch konnte er Fragen mit Hilfe von Körpersprache beantworten. Bewegte er sich nicht, so lautete die Antwort nein. War jedoch die Antwort «ja», so beugte Jeep sich vor, genau wie jetzt Steve.

«Das Universum», begann Steve, «ist voller Löcher. Voller winziger Wurmlöcher aus einer höheren Dimension. Auf diese Weise gelangt Star hierher. Es ist so leicht, wie auf dem Spielplatz durch den Tunnel zu kriechen.» Er nahm den Joint und zog wieder daran.

«Siehst du sie jetzt?» fragte ich.

Er hatte die Augen geöffnet, schloß sie jedoch, als ich die Frage stellte. Er nickte ein. Ja, öffnete die Augen und fuhr fort: «Sie ist hier als ein Zeichen des ewigen Lebens und der ewigen Liebe. Damit wir wissen, daß es höhere Ebenen gibt, wo es weitergeht. Bewußtsein dauert an, verschmilzt mit allem und wird Teil von allem, Teil der universalen Vibration. Ich bereite mich vor auf eine Vibration auf derselben Frequenz. Ich rauche das richtige Kraut, esse organisches Obst und Gemüse. Stars Bewußtsein und meines werden zu einem.»

Steves Rede klang ein wenig nach Professor Brainstine aus dem Comicheft, der Popeye zu erklären versuchte, was ein Jeep sei. Der Professor sagte, manche Jeep-Zellen schlüpften durch die dimensionale Barriere in unsere Welt. Da die elektrischen Vibrationen dieser Zellen die gleichen seien wie die des afrikanischen «Hooey

Hound», vereinigten sie sich mit denen und entwickelten sich zu einem Jeep. Bevor Steve sich völlig von seinem eigenen New-Age-Hooey fortreißen ließ, versuchte ich, das Gespräch wieder auf Star zu bringen.

«Kann Star herauskommen und spielen?» fragte ich. Ich wollte nicht albern sein, nur war ich völlig unvorbereitet für eine Begegnung mit einem Star- oder Sternenkind und wußte nicht, wie ich Steve sonst bitten könnte, mir seine imaginäre Spielgefährtin zu zeigen.

Steve öffnete die Augen und beugte sich vor. Zuerst dachte ich, er signalisiere «ja». Aber er griff nur nach dem Joint auf der Plattform. Daran zog er, bis nur noch eine winzige Kippe übrig war, die er dann aß.

Ich versuchte einen anderen Weg. Da Steve erklärte, Star sei ein kleines Mädchen, beschloß ich, auf eine entsprechende Weise zu «ihr» zu sprechen. «Star, ist deine Mutter bei dir?» fragte ich.

Langsam neigte Steve den Kopf.

«Bist du im Himmel?»

Keine Reaktion.

«Sie ist ein Teil von Gottes Geist», sagte Steve. «Gott würfelt nicht mit dem Universum.» Der Joint zeigte bei Steve Wirkung.

«Star, besuchst du deinen Daddy gern?» fragte ich.

Steve nickte und lächelte. Seine Augen waren noch geschlossen. «Spielst du gern mit ihm?»

Wieder ein Nicken.

«Was tust du am liebsten?»

«Sie mag die Wippschaukel», sagte Steve. *Jetzt kommen wir voran*, dachte ich.

«Steve, glaubst du, wir könnten zurückgehen zum Zentrum und Star spielen lassen?» fragte ich.

«Sie ist jetzt müde», sagte er. Ob Wesenheiten in der vierten Dimension müde wurden, wußte ich nicht. Doch ich wußte, daß dreidimensionale, von Marihuana berauschte Daddies nicht besonders motiviert sind.

«Star, willst du schlafen?» fragte ich.

Keine Reaktion. Über zehn Minuten vergingen ohne ein Wort oder eine Bewegung von Steve. *Vielleicht ist sie in ein Wurmloch zurückgekrochen,* dachte ich.

«Hast du Hunger?» fragte ich. Selbst der Jeep mußte essen, wenn er sich auch von Orchideen nährte.

Keine Reaktion. In meinem Rucksack hatte ich eine Tafel Schokolade, und ich überlegte, ob ich Steve etwas davon anbieten sollte. Für die Freßgier nach Marihuanakonsum gibt es nichts Besseres. Aber ich entschied mich, seine Trance mit Star nicht zu unterbrechen.

«Star, wird Marihuana legalisiert werden?» fragte ich. Schließlich mußte sie die Zukunft doch genauso voraussagen können wie Eugene, der Jeep.

Steve verneigte sich so tief, daß seine Stirn die Plattform berührte. Ich konnte mir vorstellen, wie Jeeps Schwanz steil nach oben gereckt war. Nachdem Steve sich wieder aufgerichtet hatte, schlug ich erneut zu. «Star, werden die Pflanzen bald reif sein zur Ernte?» Steve und ich wußten, daß sie es nicht sein würden, aber wußte auch Star das?

«Sie sagt nein», erwiderte Steve. «Nicht bis November.»

«Star, was ist deine Lieblingsfarbe?» fragte ich, für einen Augenblick vergessend, daß sie ja nur mit ja oder nein antworten konnte.

Steve vergaß es nicht und zeigte keine Reaktion. Lag es am Marihuana oder war er zu sehr mit Star beschäftigt, um mich zu hören? Ich stellte mir den Jeep vor, der Antwort gab, indem er auf das Marihuanafeld deutete. Steves Atem wurde langsamer und tiefer, ein Zeichen für die fortschreitende Wirkung der Droge. Falls seine Intoxikation der meiner Psychonauten glich, so mußte er anfällig sein für Heiterkeit und Gelächter über alles, was auch nur im geringsten komisch war.

«Star, mußt du jemals Pipi oder Aa machen, dort auf der anderen Seite?» Kaum war's über meine Lippen, wollte ich losprusten – dabei war ja nicht ich der, der kiffte. Steve jedoch verharrte stocksteif. Er öffnete die Augen, kippte den Kopf in meine Richtung und starrte. Seine Augen waren völlig leer. Er hatte seine Augen nach oben hinter die Lider gerollt, so daß nur das Weiße zu sehen war. Diese Anstrengung ließ die Muskeln um seine Augen leicht zittern. Es war ein billiger Salontrick, den mir mein Onkel bei Festessen vorgeführt hatte, als ich noch ein kleiner Junge war. Mich faszinierte das, doch allen anderen verdarb es die Mahlzeit. Jetzt versuchte Steve, mich mit dem gleichen verrückten Blick einzuschüchtern.

Schließlich schloß Steve wieder die Augen und setzte sein Channeling fort: «Star sagt, daß die irdische Ebene mit der Astralebene verbunden ist. Der Körper ist die Barriere. Der Tod befreit die Seele, damit sie sich mit dem Energiestrom Gottes vereinen kann ... Gott gab dem Menschen die Pflanze, damit er diese Dinge wisse ..., vergangenes Leben kenne ... und künftiges Leben ...» *All das erfährt er durch Ja- und Nein-Fragen?* dachte ich.

Dann verkündete Steve, es sei Zeit zum Essen. Er ging hinein und kam mit einigen Tomaten und einem Messer zurück. Ich wollte keine, und Steve bot mir auch keine an. Während er aß, gab er mir eine anschauliche Beschreibung der Vorgänge in seinem Verdauungssystem. Er hatte kürzlich gefastet und war stolz darauf, wie glatt und sauber jetzt alles durch seinen Körper hindurchging.

«Ich esse nur einmal am Tag», sagte er und schob sich seine Tomatenscheibe in den Mund. «Ich kann fühlen, wie die Nahrung durch mich hindurchfließt.» Mit der Messerklinge zeichnete er von seiner Kehle bis zur Brustmitte eine Spur in die Luft. «Sie kommt wieder aus mir heraus wie ein einziger Kiesel, so makellos in der Form wie die Sonne», fuhr er mit einem stolzen Lächeln fort.

Die Erwähnung der Sonne machte mir bewußt, daß es anfing, dunkel zu werden: Zeit, sich auf den Rückweg zu machen. Ich bedankte mich bei ihm und verabschiedete mich. Im übrigen hatte ich bereits beschlossen, keinen Marihuanagarten zu untersuchen, in dem ein Kind aus der vierten Dimension herumgeisterte.

Auf dem Rückweg verirrte ich mich wieder. Dann hörte ich Steves Flöte. Ich war schlau genug, in die entgegengesetzte Richtung zu gehen.

Allein

Die Einsamkeit lastete auf mir nicht schwerer, als sie es
bei einem gesunden Kind tut.
Wie ein Kind bevölkerte ich die Natur mit meinen Freunden.

Hannes Lindemann, «Allein auf See»

Bei einer Alleinüberquerung des Atlantiks im Jahr 1955 war Hannes Lindemann, ein geachteter Arzt und Seemann, dem ständigen wilden Rollen seines Bootes ausgesetzt. Er deutete das Gurgeln des Wassers als Stimmen von Männern und Frauen. «Sie riefen und flüsterten, lachten und kicherten, glucksten, husteten und murmelten», schrieb er. «Ihre Stimmen wurden so deutlich, daß ich schließlich an den Gesprächen teilnahm.» Als Steven Callahan auf einem Schlauchboot auf dem Atlantik trieb und zögerte, das wenig verlockende, gallertartige Innere eines Fischs als Nahrung zu sich zu nehmen, redete ihm eine unsichtbare jüdische Mutter liebevoll zu: «Iß, iß. Tu's nur, mein kranker Liebling, du mußt deine Hühnersuppe essen, um gesund zu werden.»

Imaginäre Gespräche dieser Art können eine willkommene Abwechslung bieten, doch die einsamen Augen eines Seemanns hungern auch nach visueller Gesellschaft. Lindemann strengte sich so sehr an, jemanden, irgend jemanden, zu sehen, daß er schließlich eine verschwommene Gestalt ausmachen konnte – ein Phantom –, die über das Wasser hinweg zu ihm sprach. Walter Gibson, der tagelang in einem Rettungsboot dahintrieb, sehnte sich so sehr nach Gesellschaft, daß er, als er an einem imaginären Strand eine halluzinatorische Gestalt erblickte, diese aufforderte, zu ihm zu schwimmen. Gibsons Halluzination entschwand, doch anderen imaginären Gefährten ist es gelungen, an Bord zu kommen, zumal wenn sich das Boot in schwierigen Umständen befand.

Captain Joshua Slocum, der um die Jahrhundertwende allein über den Südatlantik schipperte, erlebte in einem Sturm die Hilfe eines imaginären Gefährten. Als dieser Gefährte zum erstenmal an Deck auftauchte, hielt ihn Slocum wegen seiner sonderbaren Kleidung für einen Piraten. Der Mann versicherte Slocum, er sei kein Pirat, sondern der Lotse von Kolumbus' *Pinta*. Er sang Slocum Lieder vor und gab ihm Ratschläge beim Manövrieren in der schweren See. Als der Sturm vorüber war, sagte der Gefährte dem Kapitän, er werde zurückkehren, wann immer er gebraucht werden würde, und entschwand dann genauso geheimnisvoll, wie er gekommen war. Slocum nahm an, daß er zur Phantom-*Pinta* zurückkehrte. Das tatsächliche «Quartier» des Gefährten war wohl eher in den Seiten der Kolumbus-Biographie zu finden, die Slocum als Unterhaltungslektüre an Bord hatte.

Der imaginäre Gefährte, der Kapitän Jack Jones besuchte, entstammte dagegen Jacks eigenen Kindheitserinnerungen. Der Gefährte führte Jack zurück in eine Kinderwelt voller fiktiver Piraten und gestohlener Schätze; und dort ließ er ihn dann zurück.

Jack blieb stehen und hob eine halb im Strand vergrabene Münze auf, es war ein Fünfcentstück. Mit den Fingern wischte er den Sand ab und steckte die Münze ein. Jack hatte schon immer ein scharfes Auge für Details gehabt, ob beim Absuchen des Ozeans nach verräterischen Anzeichen von Fischen in der Tiefe, oder wenn er seine Charter-Ozean-Jacht *Promise* wegen notwendiger Reparaturen überprüfte. Außerdem befolgte er geradezu pedantisch die Instruktionen von Kunden, zumal wenn sie bar bezahlten. Als Manny ihm fünf neue 100-Dollar-Scheine als Anzahlung für einen Charterauftrag gab, befolgte Jack Mannys Anweisungen, so verrückt sie in seinem Ohren auch klangen.

Manny, ein gewaltiger Bär von einem Mann, der hörbar durch das Loch in seiner Nase pfeifen konnte, betrieb in Miami einen Tabakladen, in dem Jack Zigarren kaufte – jene erlesenen kubanischen, die ihm sonst niemand beschaffen konnte. Manny führte auch Zubehör für Marihuana- und Kokainkonsumenten. Jack hielt davon zwar wenig, Manny jedoch gefiel ihm wegen seines Sinns für

Humor. Im Laden konnte man unter Glas einen eingerahmten 100-Dollar-Schein sehen – Manny scherzte immer, das sei der erste Hunderter gewesen, durch den er Kokain gesnifft hätte. Eines der Geräte, die er verkaufte, war ein «verstreu-sicherer» Kokain-Löffel, der wie eine Schaufel geformt war. Fragte man Manny, wieviel Kokain der Löffel faßte, so erwiderte er: «Nie genug! Nie genug!», wobei er jedes Wort mit einem Pfiff begleitete. Obwohl Jack noch nie gesehen hatte, daß Manny Kokain nahm, erschienen ihm die Handbewegungen zu geübt für einen Nicht-Konsumenten. Jack glaubte auch nicht, daß Manny bloß Spaß machte, als er ihm die fünf 100-Dollar-Scheine in die Hand drückte und zu ihm sagte, er solle in Richtung Fontainebleau nordwärts den Strand entlanggehen. «Juan wird dir begegnen», hatte Manny gesagt.

Die fünfhundert Dollar konnte Jack auf jeden Fall behalten; er brauchte nichts weiter zu tun, als sich mit dem voraussichtlichen Kunden zu treffen und sich dessen Vorschlag anzuhören. Gefiel ihm der Deal nicht, so stand es ihm frei, seiner Wege zu gehen, um fünfhundert Dollar reicher. Jack machte jetzt also einen gutbezahlten Spaziergang am Strand von Miami. An sich wäre er an einem solch schönen, ruhigen Tag lieber draußen auf dem Wasser gewesen. Das Salzwasser in der Luft trieb ihn näher zum Ozean, und er streifte seine Sandalen ab, um an der Gezeitenlinie entlangzugehen, wo die schäumende Brandung im nassen Sand verschwand. Jack spielte ein kleines Spiel: Vor den heranrauschenden Wellen zurückweichend, hüpfte er über die toten Quallen hinweg. Nachdem er an mehreren Dutzend Hotels vorbeigekommen war, näherte sich ihm ein großer, dunkler, dürrer Mann in einer khakifarbenen Angelweste. Juan forderte Jack auf, ihm zu einem nahen Hotel zu folgen.

Dort begrüßte ihn Manny mit einer herzlichen Umarmung. Er machte Jack mit George bekannt, einem dicken, fast glatzköpfigen Mann mit einem krausen Haarkranz. George trug ein T-Shirt mit der Abbildung der amerikanischen Fahne, die sich über die Fettwülste seines Bauchs wölbte. Jack bemerkte ein feines Detail – anstelle von Sternen zeigte die Fahne winzige Marihuanablätter.

Juan verschwand im Schlafzimmer, und ein kleinerer, dunkelhaariger Mann mit der gleichen Khakiweste kam heraus und stellte sich als Juan vor. Jack machte ein verblüfftes Gesicht, doch Manny lachte nur und sagte: «Die nennen sich alle Juan. Haben keine Phantasie.»

In einer der Außentaschen seiner Weste hatte der kleinere Juan einen Pieper in Bleistiftform. Später erfuhr Jack, daß die Westen von Isabel, einer rundlichen Spanierin mit Bartansatz, umgeändert worden waren: Isabel offerierte spezielle Schneidereidienste für Drogenkuriere in Miami. Die geheimen Taschen und Säume gestatteten es Juan, große Mengen von Drogen oder Bargeld bei sich zu tragen, ohne daß etwas beulte oder herunterhing. Im Augenblick glaubte Jack, die Fishing-Weste und der Pieper bedeuteten, daß Juan der Geschäftsmann sei, der die *Promise* für eine private Angelparty chartern wolle.

Zu Jacks Überraschung war Manny der große Wortführer. Ein Küstenfrachter bringe aus Kolumbien eine Ladung Marihuana. Das Schiff werde auf See stoppen, unmittelbar außerhalb der Hoheitsgewässer. Kleinere Boote würden die Fracht dann zum Strand befördern, wo schon Lastwagen warteten. Juans Leute würden sich um die gesamte Logistik kümmern. Auf sie sei hundertprozentig Verlaß. Manny nannte sie die Magic Juans.

«Jack, sie brauchen noch ein Boot zum Entladen», sagte Manny. «Ich tu dir einen großen Gefallen, Junge. Du hast dir doch immer gewünscht, Pirat zu sein.»

Manny hatte recht. Jack hatte ihm oft erzählt, wie er als Kind mit seinem besten Freund John Pirat gespielt hatte. In ihrem kleinen Gummiboot waren sie hinausgefahren und hatten so getan, als ob sie Schiffe plünderten. Hinter Johns Haus vergruben sie sogar eine kleine Schatztruhe. Die Truhe war leer, doch sie wollten sie füllen, wenn sie älter waren. John erhielt niemals eine Chance dazu; kurz nach dem High-School-Examen kam er bei einem Autounfall um. Nachdem sein Vater an Alkoholismus gestorben war, übernahm Jack dann dessen Charterboot-Verleih. Jacks Vater und Manny waren Freunde gewesen, und Jack betrachtete Manny immer wie einen Onkel. Es wäre nicht das erste Mal, daß Jack sich in ein dunkles Geschäft mit Onkel Manny einließ. Manchmal besorgte Manny die weibliche Begleitung für Jacks Kunden bei Angeltrips oder Kreuzfahrten.

«Wird ein Kinderspiel sein», sagte Manny, als er sah, daß Jack zögerte. «Wie schnell ist die *Promise*?»

«Sie macht über vierzig Knoten», sagte Jack.

«Wow!» rief Manny und blickte zu Juan. «Das sind ja über fünfzig Meilen pro Stunde. Jack, da bist du ja im Nu rein und wieder raus.»

Jack wußte, daß Manny Juan zu beeindrucken suchte, indem er Knoten in Normalmeilen statt in Seemeilen umrechnete. Sechsundvierzig Meilen pro Stunde kam der Sache näher, und das wußte Manny auch. Offensichtlich gab er sich alle Mühe, Jack zu einem Extraverdienst zu verhelfen. Jack wollte seinem Freund Peinlichkeiten ersparen. «Ich weiß nicht», sagte er und stockte dann. Er beobachtete den dicken George, der ihn beäugte und auf jedes Wort zu achten schien. Irgendwie sah George aus wie ein Drogenfahnder.

«Es dauert eine Nacht. Juan wird dir deinen regulären Charterpreis zahlen ... für zwei Wochen!» fügte Manni hinzu, das Pot sozusagen versüßend.

«Eine Woche», sagte Juan mit schwerem Akzent.

Manny funkelte Juan an. «Zwei Wochen!» sagte er laut.

Juan lächelte. «Zwei Wochen», sagte er.

Nachdem Jack eingewilligt hatte, zog Juan eine Plastikkugel hervor, ein handliches Gerät, mit dem man genau bemessene Mengen Kokain in die Nasenlöcher befördern konnte. Juan nahm zwei Prisen und reichte das Gerät dann Jack. Jack reichte es weiter zu George, ohne sich selbst zu bedienen. George nahm zwei Prisen für sich und dann noch zwei an Jacks Stelle. «Das Großartige an Amerika ist», sagte George, «daß hier für alle Geschmäcker Platz ist.»

Manny pfiff zweimal, als er seine Dosis nahm; dann verließen alle das Hotelzimmer und trennten sich. Es gab viel zu tun. Der Frachter würde in dieser Nacht eintreffen.

Die Aktion begann kurz nach Einbruch der Dunkelheit. Noch nie hatte Jack so viele Männer namens Juan an ein und demselben Ort gesehen. Jeder von ihnen hatte ein tragbares Telefon oder ein Funksprechgerät, und alle flüsterten nur. Als das Flüstern so scharf wurde, daß es klang, als zische Dampf durch die Sprechgeräte, begriff Jack, daß irgend etwas schiefgegangen war. Alle waren darüber beunruhigt, daß sich die anderen Boote nicht sehen ließen. Um sicherzugehen, wechselten die Juans im letzten Augenblick den Treffpunkt und Entladeplatz. Jack war gezwungen, mehrmals zwischen Frachter und Küste hin und her zu pendeln, wobei die Jacht, auch Hauptkajüte und Bug, mit Ballen vollgestopft war, aber die *Promise* kam durch. Jack schätzte, daß er Marihuana im Wert von mehreren Millionen Dollar beförderte. Die Marihuana-Ballen hatten einen starken Geruch, und es war Jack klar, daß er das Boot nach beendeter Aktion gründlich würde säubern müssen. Seine letzte Fahrt machte er kurz vor Tagesanbruch, wobei er ohne Positionslichter zum Land glitt, dicht an einem Kutter der Küstenwache vorbei.

Seine Bezahlung erhielt er am nächsten Tag, dazu noch eine goldene Rolex und Kokain in einem Röhrchen von den Ausmaßen eines großen Reagenzglases. «Die Juans waren *mucho happy*», erklärte Manny. Jack streifte die Rolex über und fragte sich, ob die Schatztruhe wohl noch immer im Boden hinter Johns Haus begraben lag. *Wenn du doch bloß hier wärst, Johnny-Boy,* dachte er.

Jack wollte feiern. Zum Säubern des Boots fühlte er sich wahrhaftig nicht aufgelegt. Statt dessen machte er am nächsten Tag blau und fuhr mit der *Promise* schon in aller Frühe aufs Meer hinaus. Es geschah nicht oft, daß er die Gelegenheit hatte, allein hinauszufahren; ohne Chartergäste war eine Fahrt mit der Jacht einfach zu teuer. Jack versuchte immer, zu ein bißchen Geld zu kommen, indem er Kunden zum Fischen, Tauchen, Kreuzen oder was immer sonst mitnahm. Jetzt hatte ihm das Was-immer-sonst genug für die nächsten zwei Wochen eingebracht, und Jack war entschlossen, das zu genießen.

Er ging mit der *Promise* auf einen östlichen Kurs, in Richtung eines Gebiets, das als das Bermuda-Dreieck bekannt ist. Das Dreieck wird in etwa von einer gedachten Linie zwischen Miami, Bermuda und San Juan in Puerto Rico gebildet. Der Legende nach sind in diesem Gebiet zahlreiche Schiffe und Flugzeuge auf geheimnisvolle Weise verschwunden. Jack allerdings war der Meinung, das Dreieck sei ein Ort, wo «das Kreuzen leicht ist und die Fische nur so springen». Bloß nichts geben auf Artikel in der Boulevardpresse über mysteriöse Zeitverschiebungen, umgedrehte Gravitationsfelder, Todesstrahlen von Atlantis und anderen Unsinn. Das war Jacks Ausflugsziel.

Jack hatte alles, was er für die Reise brauchte. Der getankte Treibstoff reichte für mehr als zweitausend Meilen. In der Kombüse befanden sich reichlich Lebensmittel und Getränke. Die Wassertanks waren zeimlich leer, doch sein elektrischer Wasserzubereiter konnte pro Stunde literweise frisches Wasser produzieren. Die moderne Elektronik, Radargerät, Autopilot und andere Navigationshilfen waren alle in bestem Zustand. Jack ging unter Deck, schob eine Jimmy-Buffett-Kassette in den Kassettenrecorder, öffnete dann eine Bierdose und prostete der schrumpfenden Skyline von Miami zu.

Bei Einbruch der Nacht passierte die *Promise* auf dem Weg in den Atlantik die Bahamas. Nassau war nur ein Schein am südwestlichen Horizont. Der Himmel war klar und voller Sterne. Jack holte den Sextanten hervor, den ihm sein Vater gegeben hatte, und versuchte sich zu erinnern, wie man damit umging. In der heutigen Zeit, in der man Kurse mit Hilfe von Navigationssatelliten festlegte, besteht für solche altertümlichen Geräte kaum Bedarf. Jack dachte daran, wie ihm sein Vater vor dem Schlafengehen Piratengeschichten vorgelesen hatte. Sein Vater war es auch gewesen, der ihn in die Seefahrt einführte und der wollte, daß Jack zu navigieren lernte, «mit Hilfe deines Hosenbodens und einem feuchten Finger im Wind». Nun, das konnte Jack durchaus, doch ein Meister der Himmelsnavigation wie sein Vater war er nicht. Er legte das Instrument in das Hartholzkästchen zurück und zündete sich dann eine Zigarre an, etwas, das er genauso gut konnte wie sein Alter Herr.

Jack erinnerte sich an das Röhrchen mit dem Kokain und fand es in seiner Windjacke. Er schnupfte eine Dosis. In dieser Nacht schienen die Sterne heller zu funkeln denn je. Jack hatte das Gefühl, unmittelbar dort oben bei ihnen zu sein. Jimmy Buffett sang für ihn:

> Life is just a tire swing ...
> Who'd figure twenty years later
> I'd be rubbing shoulders with the stars.

Jack blieb die ganze Nacht auf seiner Schaukel.

Über einer Wolkenbank sah er das erste Licht der aufsteigenden Sonne. Das ließ für gewöhnlich darauf schließen, daß Wind aufkam. Die Morgensonne brach hinter den Wolken hervor, und ihre Strahlen hatten etwas Stechendes. Das konnte Gewitterschauer am Abend bedeuten. *Vielleicht vertreibt das den verdammten Pot-Geruch*, dachte Jack. Später bemerkte er tiefe Kratzspuren im Teak-Fußboden des Salons, die zweifellos von den Juans stammten. Jack ging daran, den Schaden zu beheben. Er füllte einen tiefen Kratzer mit Kokain, das er mit Hilfe eines Trinkhalms in die Nase zog. Dann scheuerte er mit superfeiner Stahlwolle über den Kratzer und rieb, solange es nötig war. Methodisch bewegte er sich von Kratzer zu Kratzer. Mit dem Kokain machte das Spaß. Außerdem gab es Jack die Gelegenheit, mit seinen Augen die mikroskopischsten Unregelmäßigkeiten zu erfassen, wobei sich jeder Kratzer in einen Grand Canyon verwandelte. Für einen Zwanzig-Minuten-Job brauchte er den halben Tag.

Dann dachte er ans Essen. Er machte sich ein Käsesandwich und trank zwei Dosen Limonade dazu. Am Nachmittag machte er sich an der Maschine zu schaffen, checkte alle möglichen Meßgeräte und jagte dann, einfach nur so zum Spaß, volle Fahrt voraus zehn Meilen über den offenen Ozean dahin. Gegen Abend war das Röhrchen mit dem Kokain noch immer fast voll, obwohl er sich doch den ganzen Tag davon bedient hatte. Der Stoff war rein und fest zusammengepreßt. Die Juans hatten sich für seine Dienste wirklich erkenntlich gezeigt.

Der Sonnenuntergang hatte an diesem Abend eine leicht rötliche Tönung. Als Jack das Barometer prüfte, wußte er, daß Regen im Anzug war. Aber noch blieb Zeit, den Sonnenuntergang zu genießen. Jack verzehrte sein Abendessen – ein Brötchen und eine Flasche Wein – nicht in der Kombüse, sondern auf dem Lotsensitz. Er hatte einen weiten Blick auf das offene Meer. In der Ferne zerriß ein Gewitter den schwarzen Himmel mit Adern aus grellen Blitzen. Jack salutierte der Macht der Natur mit einem Häufchen Kokain, das er von seinem Handrücken schnupfte.

Er beobachtete die Blitze. Ihre gegabelten Pfade erinnerten an eine Straßenkarte. Wo führten sie hin? Hier und dort, wo die Pfade in der See zu enden schienen, stiegen aus dem Ozean winzige Feuerbälle auf und kletterten die Blitzstrahlen empor. Jack rannte nach unten und holte sein Nachtglas, mit dem er die Feuerbälle im Detail sehen konnte. Er entschied, daß es sich um UFOs handeln mußte, vielleicht um fliegende Untertassen. Mit Hilfe der in das Nachtglas eingebauten Meßvorrichtungen und des beleuchteten Kompasses kalkulierte Jack, daß sich die UFOs im Nordosten in einer Entfernung von acht Meilen befanden. Er drehte die *Promise* auf den neuen Kurs und holte seine Schlechtwetterausrüstung.

Während Jack auf die Blitze zuhielt, wurde die See immer rauher. Um auf Kurs zu bleiben, mußte er mitten in die Sturzsee hinein, was die *Promise* zum Stampfen brachte. Auf diese Weise durch die Wellen zu brechen, setzte den Rumpf einer enormen Belastung aus. Doch Jack wußte, daß es nicht gefährlich werden würde, wenn er die Geschwindigkeit drosselte und die schwereren Wellen mit dem Bug abfing. Dennoch war und blieb es ein mühsames Vorankommen. Trotzig steckte sich Jack eine Zigarre an.

Als er näher kam, konnte Jack sehen, daß die UFOs ihre Energie aus dem elektrischen Sturm gewannen. Sie stiegen direkt zu den Wolken empor und sogen die Energie heraus. Eines der UFOs kam nahe beim Boot herunter, verharrte schwebend und verschwand dann unter der Wasseroberfläche. Jack fühlte, wie seine Haut vor Elektrizität prickelte.

Ich bin wirklich privilegiert, jetzt hier zu sein, dachte Jack. *Ich bin für einen besonderen Zweck ausgesucht worden. Gott hat mich erwählt, um dies zu sehen. Er will, daß ich diese Dinge weiß. Hier draußen gibt es Mächte und andere Wirklichkeiten, und aller möglicher irrer Scheiß passiert.*

Die ganze Nacht jagte Jack den Blitzen hinterher. Zuerst kam ein wenig Regen, doch der Wind nahm noch immer zu. Dies war mehr als ein normales Gewitter, bei dem sich der Wind meistens vor dem Regen legt. Jetzt wuchsen die Wellen zu gewaltigen Dimensionen. Dies waren die gigantischen trochoidalen Wogen der hohen See. Die *Promise* glich einem Streichholz. Die Wogen begannen an den Kämmen zu brechen. Jack entdeckte, daß er tatsächlich vor den Wellen lief, die gefährlichste aller Positionen auf See. Jeden Augenblick konnte das Boot am Heck hochgehoben, seitwärts gedreht und von der See überrollt werden. Er wußte, daß er den Bug zur See gerichtet halten mußte, und drosselte abrupt die Geschwindigkeit.

Jede Entscheidung, die ich treffe, ist die richtige Entscheidung. Ich kann nichts falsch machen. Ich bin ein Gott hier auf dem Ozean.

Jetzt wanderte das Blitzen in eine andere Himmelsrichtung. Jack drehte das Boot herum. Obwohl die *Promise* auf Kurs blieb, war ein Vorankommen in dieser neuen Richtung fast unmöglich. Aber Jack dachte nicht daran, sich von ein bißchen Schlechtwetter die Stimmung vermiesen zu lassen. Er stellte das Ruder fest, so daß die *Promise* weiterhin denselben Kurs hielt, und ging nach unten, um den Sturm dort abzuwarten.

Als erstes schnupfte er wieder Kokain und schluckte eine Handvoll Vitamintabletten. Dann sicherte er in der Kombüse alle losen Gegenstände und vergewisserte sich, daß jedes Ding an Ort und Stelle war. In der Hauptkajüte war eine Lampe umgekippt, aber da das Boot noch immer rollte, ließ er sie liegen. Lecks gab es jedoch nicht. *Ein großartiges Boot und ein großartiger Kapitän,* dachte Jack. Das Kokain begann zu wirken, und er fühlte sich noch euphorischer. Irgendwie war er noch müde. *Zuviel Wein,* dachte er und streckte sich kurz auf dem übergroßen Bett aus.

Die *Promise* gab Jack ein wunderbares Gefühl der Geborgenheit. Es war genauso wie damals, als er ein kleiner Junge gewesen war und seine Mom ihn abends ins Bett packte. Nichts konnte ihm etwas anhaben. Oder als er und John sich in ihrem Gummiboot aufmachten, um die sieben Meere zu erobern. Sie waren unbesiegbar.

«Jack! ... Jack! ... Jack!» Die Stimme kam vom Deck her. Im Rumpf eines kleines Bootes in einem Sturm gibt es viele Geräusche. Der heulende Wind, das Aufklatschen der Wellen, das Knarren der Kajüte und das Geklapper durcheinanderpurzelnder Gegenstände, all das vermischte sich zu einer kakophonen Symphonie, die nur einem Gott des Meeres gefallen konnte. Aber noch nie hatte Jack das Meer sprechen hören. Er stürzte an Deck.

Sobald er oben war, begriff er, daß er das Ruder nie hätte verlassen dürfen. *Gott, wie schnell diese See dahinjagt,* dachte er. Die Windgeschwindigkeit betrug jetzt dreißig Knoten, noch vor wenigen Minuten waren es zwanzig gewesen. Einige Böen erreichten mindestens fünfunddreißig. Überall brachen sich die Wellen. Schwarzes Wasser ergoß sich über das Deck. Jack kannte alle Tricks, um mit einer solchen See fertig zu werden. Als der Bug einen Wellenberg hinaufglitt, drosselte Jack die Geschwindigkeit und verhinderte dadurch, daß das Boot vom Wellenkamm abhob. Dann gab er wieder Gas, um den Bug für die nächste Woge anzuheben. Dieses schwierige Manöver wiederholte er unaufhörlich. Er steuerte die *Promise* gigantische Berge hinauf und hinunter. Es war ein phantastischer Ritt!

«Jack! ... Jack! ... Jack!» Diesmal konnte Jack den Ruf orten. Er kam von der Seite des Boots. Jedesmal, wenn die Wellen gegen das Boot klatschten, schrien sie seinen Namen. *Lobpreisen sie mich?* fragte er sich. Er blickte über die Wellen hinweg. Der Wind trug andere Stimmen herbei, und alle sangen seinen Namen.

Jack versuchte zu erspähen, wer da seinen Namen schrie. Der Sturm begrenzte die Sicht, doch er glaubte, im Wasser eine Gestalt zu erkennen. Im Reflex griff er nach dem Rettungsfloß und schleuderte es über Bord. Innerhalb von vier Sekunden öffnete sich der

Plastikkoffer im Wasser. Acht Sekunden später war das Rettungsfloß fast voll aufgeblasen. Nach weiteren acht Sekunden hatte sich das selbsttätige Schutzdach aufgerichtet. Irgend jemand schien auf das Floß zu klettern.

«He!» rief Jack. Es sah aus, als stehe dort im Floß ein Mann und halte einen Finger in den Wind. Das konnte doch nicht sein Vater sein, oder? Das Floß befand sich noch dicht bei der *Promise*. Jack packte den Sextanten und schleuderte ihn in das Rettungsfloß.

«Danke, Kind», klang die Stimme seines Vaters. Während das Floß im Dunkeln entschwand, ertönte Gelächter. Jack hatte sein Rettungsfloß und seinen Sextanten einer Halluzination hingeworfen.

Sollte es jedoch keine Halluzination, sondern ein realer Mensch gewesen sein, so brauchte Jack sich keine Sorgen um ihn zu machen. Das Rettungsfloß hatte eine komplette Überlebensausrüstung, einen isolierten doppelten Boden, stabilisierende Wasserballastkammern und alles, was notwendig war, um diesen Sturm zu überstehen. In dem Floß konnte jeder überleben. Doch Jack begann, sich um seine eigene Sicherheit Sorgen zu machen. Eine tückische Riesenwoge hob die *Promise* hoch und schmetterte sie hart nach unten. Kaltes Wasser drang in Jacks Goretex-Anzug. Eine Minute zuvor hatte er geschwitzt, jetzt fror er. Der Wind blies mit fünfzig Knoten. Jack schleuderte den Seeanker übers Heck. Dieses eimerähnliche Gerät sollte hinter dem Boot herschwimmen, um es zu stabilisieren und steuerbar zu halten und die Energie der Wassermassen abzuschwächen. Jack setzte alles daran, das wuchtige Aufprallen der Wogen zu vermeiden.

In der Dunkelheit konnte Jack zum Glück die tatsächliche Höhe der Wogen nicht sehen. Als die Sonne aufging, erkannte er, daß es sich um wahre Ungeheuer handelte. Sie waren so steil, daß er viel schneller hinunterjagte, als er wollte. Dadurch bohrte sich der Bug in die nächste Woge, und das überschwappende Wasser reichte bis zum Ruderhaus. «Verdammt!» fluchte Jack. In der Gischt einer Woge war seine Zigarre ausgegangen. Er überlegte, ob er an den offenen Seiten des Ruderhauses die Sturmklappen öffnen sollte, doch würde das die Sicht nur noch mehr verschlechtern.

Jack hatte Mühe, die *Promise* vor zu starken Krängen zu bewahren, wenn sie in die Wellentäler hinabschoß. Als es heller wurde, sah er sich um und stellte fest, daß der «Sturmeimer» an Bord zurückgeschleudert worden war. Er hing achtern an einer der Klampen. *Kein Wunder, daß ich einen solchen Zahn draufhabe,* dachte Jack und schmiß den Eimer wieder ins Wasser. Sofort machte sich die Bremswirkung bemerkbar, und Jack gewann die Kontrolle über das Boot zurück.

Der dritte Tag verging schnell. Jack ging mehrmals nach unten, um die Maschine zu überprüfen, etwas zu essen oder die Toilette aufzusuchen. Er bemerkte, daß der Inhalt des Kokainröhrchens inzwischen doch merklich abgenommen hatte. Bei seinem letzten Ausflug nach unten verschüttete Jack auf dem Boden der Kombüse eine kleine Menge Kokain. Als er gerade dabei war, das Kokain vom Fußboden aufzuschnupfen, holte das Boot so stark über, daß er mit dem Kopf gegen den Herd knallte. Auf seiner Stirn war eine tiefklaffende Wunde, die sofort zu bluten begann. Er streute ein blutstillendes Pulver darauf und wickelte sich dann ein Tuch um den Kopf. Mit schmerzverzerrtem Gesicht stieg er wieder zum Ruderhaus hinauf. Es begann bereits zu dunkeln.

«Jack fiel vom Thron und zerbrach seine Kron'», sagte die Stimme. Es klang, als ob ein Kind ihn hänsle. Jack wollte sich umschauen, um zu sehen, wer da sprach, doch die Riesenwogen verlangten seine ganze Konzentration.

«Blackjack!» sagte die Stimme.

Nur John hatte ihn so genannt! Aber John war tot!

«John? Bist du das?» schrie Jack in den Wind. Er blickte noch immer nach vorn und versuchte, den Bug aus dem Wasser herauszuhalten. Keine Antwort. Einige Minuten später ließ das Unwetter nach, und Jack meinte, es sei jetzt ruhig genug, um sich umzuschauen. Er stieg vom Deck hinab. Eine leichte Gischt erfüllte die Nachtluft. John stand inmitten dieses Sprühregens. Er trug seine gelbe Gummihaut und schwarze Gummistiefel und lächelte jungenhaft.

«Johnny! Du bist tot! Du bist tot!» schrie Jack.

«Ein Schwur ist ein Versprechen. Erinnerst du dich?» sagte John.

Jack erinnerte sich. Sie waren damals beide zehn und elf Jahre alt gewesen. John hatte gerade aus dem Haushaltswarenladen ein Taschenmesser geklaut, während Jack Schmiere stand. Als sie wieder hinter Johns Haus und in Sicherheit waren, beschlossen sie, Blutsbrüder zu werden. John schnitt in seinen Daumen, dann tat Jack das gleiche. Sie drückten ihre Daumen gegeneinander, und als sich die Blutstropfen miteinander mischten, schworen sie, für alle Zeit die besten Freunde zu bleiben. Ein Schwur ist ein Versprechen, versicherten sie einander.

«John?» rief Jack. Er wußte nicht, was er sonst sagen sollte.

«Kapp den ...» sagte John. Das Tosen der Wogen verschluckte den Rest seiner Worte. Doch Jack begriff, daß John ihn aufzufordern versuchte, das Tau zum Schleppeimer zu kappen. Sonst würde er nie genügend Fahrt gewinnen, um dem Sturm zu entkommen. Er zog sein Messer hervor, beschloß jedoch im letzten Augenblick, das Tau nicht zu kappen, sondern den Eimer einzuholen.

Jack kehrte zum Ruderhaus zurück und überprüfte mit Hilfe des elektronischen Geräts seine Position. Ein Blick auf den Schirm zeigte ihm, wo er sich befand. Fast genau in der Mitte des Bermuda-Dreiecks. Er beschloß, sich nach Süden zu wenden, und arbeitete rasch einen neuen Kurs aus. Es ging jetzt durch eine sehr rauhe See, doch mit Hilfe des Radars konnte er besonders hohe, sich überstürzende Wellen rechtzeitig meiden. Das Kokain half ihm, sie zu zählen. Bei rauher See war pro Minute mit rund sechs Wellen zu rechnen, pro Stunde mit 360. Jack zählte zwei Stunden lang und kam auf 418, das waren nur 209 pro Stunde. Dies gab ihm das Gefühl, daß sich die Lage besserte.

«Schlaf nicht, schlaf nicht», rief John. Die Stimme riß Jack aus einer momentanen Unachtsamkeit, gerade rechtzeitig genug, um einer zehn Meter hohen Killerwoge auszuweichen. Er ging nach unten, schluckte ein paar Vitamintabletten und nahm heißen Kaffee mit ins Ruderhaus. Für gewöhnlich trank Jack keinen Kaffee, jetzt glaubte er, welchen nötig zu haben. Zusammen mit dem Kokain bewirkte das in seinem Gehirn eine Überaktivität.

Dennoch brauchte er noch irgend etwas, womit er sich beschäftigen konnte, um nicht abermals in seiner Aufmerksamkeit nachzulassen. Er mußte wachsam und reaktionsfähig bleiben.

«Laß uns singen», sagte Jack zu John.

Jack begann mit «Row, Row, Row Your Boat». Die Wellen stimmten in Johns Refrain mit ein. Dann wechselte Jack über zu einem Medley aus Reklamemelodien, darunter «Ajax, der Schaumreiniger», was die kochende See wie einen Riesenwitz erscheinen ließ. Jack und John brachen in Gelächter aus.

Die ganze Nacht hindurch blieb John ein getreuer Gefährte. Er stand hinter Jack, sang die albernen Lieder mit und erinnerte ihn immer wieder daran, Meßgeräte zu checken oder die Fahrt zu drosseln. Es war, als befinde sich ein weiteres Besatzungsmitglied an Bord. Jack benötigte an sich keine Ratschläge beim Manövrieren der *Promise*, doch er brauchte Gesellschaft, und sei es auch nur die eines Geistes.

Jack verbrachte die Nacht, indem er im Buch der Erinnerungen an seine Jugend zurückblätterte. Wenn sie Piraten spielten, hatte Jack immer das Kommando, während John der erste Maat war. Manchmal erfanden sie eine Crew als Fußvolk für größere Schlachten. Jack herrschte mit eiserner Faust über sein Schlauchboot. Wenn jemand zu meutern versuchte, ließ Blackjack ihn über die Klinge springen. Er erinnerte sich, wie John einmal ein Paddel verloren hatte: Jack zwang ihn, ins Wasser zu springen und zum Ufer zurückzuschwimmen. Aber dann hatte er deshalb solche Gewissensbisse gehabt, daß er selbst ins Wasser gesprungen war, um die ganze Strecke neben John zu schwimmen, während er das Boot hinter sich herzog.

Jetzt saßen sie wieder in einem Boot, bloß daß die *Promise* kein Schlauchboot war. Und Jack kein kleiner Junge mehr. Der Hurrikan auf dem Ozean in Verbindung mit dem Kokainsturm in seinem Gehirn gaben Jack stärker das Gefühl, ein Mann zu sein, als jemals zuvor. Der Sturm hatte bereits nachgelassen, und weniger Gischt sprühte über den Bug. Die *Promise* bewährte sich wie ein Schiff, das eines Gottes würdig war. Er und John – sie würden es wieder schaffen.

«Wir werden es schaffen», sagte John.

«Wir werden es schaffen», echote Jack.

Jack begann darüber nachzudenken, wie es möglich war, daß er mit John kommunizieren konnte. Er wußte, daß John tot war. Aber er glaubte, daß sich Johns Geist bei ihm befand. Seine Gedanken wanderten zurück zu den sonderbaren Begegnungen mit den irren Blitzen und den UFOs. Gott hatte ihn auserwählt, all dies zu sehen. Jetzt, allein im Ozean, wo die Wellen und das Summen der Maschinen sich miteinander in Harmonie befanden, wo das Meer sein Loblied sang, hatte er vielleicht einen mystischen Ort betreten. Dieser mystische Ort war der Grund dafür, daß er mit den Toten kommunizieren konnte! Urplötzlich begriff Jack, daß dies die einzig mögliche Erklärung war. Er erschauerte im Bewußtsein dieser einzigartigen Erfahrung. Es war ein wunderbares Gefühl. Jetzt noch eine Zigarre, und es war einfach vollkommen.

Jack war noch immer in Fahrt, als am vierten Tag die Sonne aufging. Der graue Morgenhimmel verriet ihm, daß er mit gutem Wetter rechnen konnte. Es war ruhig genug, um die *Promise* mit Hilfe des Autopiloten wieder sich selbst zu überlassen.

«Iß besser was», sagte John.

«Iß besser was», echote Jack, während er hinunterstieg.

Als erstes zog Jack seinen Goretex-Anzug aus und duschte sich. Zum Rasieren hatte er zwar keine Lust, doch gönnte er seiner Haut ein wenig After-shave-Lotion. Dann tat er etwas, was er schon immer ausprobieren wollte. Auf den Rand eines Tischs schüttete er eine dicke Kokainlinie, hielt dann seine Nase dicht über das eine Ende und bewegte sie die Linie entlang. Er schnupfte das Kokain genauso wie Al Pacino in *Scarface* (Narbengesicht). Das Röhrchen war noch immer halbvoll. Während Jack sich anzog, fühlte er sich zunehmend sexuell erregt. Er kramte in der Kajüte herum und fand schließlich ein *Penthouse*-Heft. Nach dem Masturbieren zog er sich ein frisches Paar Shorts und ein T-Shirt an und ging zur Kombüse.

Jack trank viel von dem leicht bitteren Orangensaft und bereitete sich eine Riesenmahlzeit aus Speck, Käse, Eiern, Muffins und einer Dose Fruchtcocktail zu. Das Obst aß er direkt aus der Dose, doch im Rest des Essens stocherte er nur herum.

«Mußt bei Kräften bleiben», sagte John von irgendwoher auf dem Deck.

«Ich bin satt», sagte Jack.

«Solltest mehr trinken», drängte John.

«Ich hab genug», sagte Jack trotzig. Er war irritiert über John, der doch nur zu helfen versuchte, wie es sich für einen vernünftigen imaginären Gefährten gehörte. Aber da war noch eine andere unsichtbare Macht, die Jacks Appetit verdrängte – Mama Coca, die mythische Göttin des Kokains, die alle Halb- oder Ganzjunkies verführt und ihnen einzig den Hunger nach ihr selbst, der Göttin, gewährt. Jack schnupfte noch zwei Kokainlinien und ging dann nach oben.

Der Tag schien zu halten, was der Morgen versprochen hatte; es war sonnig und klar, nur ein paar Federwölkchen zeigten sich. Um Treibstoff zu sparen, drosselte Jack die Fahrt der *Promise*. Der Kampf gegen den Sturm hatte übermäßig viel verbraucht. Am Nachmittag stoppte er das Boot, um sein Glück beim Fischen zu versuchen. Zum Verdruß seiner Kunden zeigte Jack nie Interesse daran, irgendwas zu fangen. Was ihm Spaß machte, war «die Meditation des Fischens», wie er es nannte. Seinen Freunden pflegte er zu sagen, nur dabei könne er wirklich entspannen. Doch mit Mama Coca zu fischen bedeutete etwas anderes: Während der Körper noch in einem *fighting chair* saß, einem Spezialstuhl für Sportfischer, raste das Gehirn in Gedanken und Bildern.

Jack verbrachte mehrere Stunden damit, Bilder aus der Vergangenheit Revue passieren zu lassen. Er dachte an seine Familie und seine Freunde. Dann fiel ihm ein, daß er seiner Freundin nicht gesagt hatte, daß er für ein paar Tage fort sein werde. Jetzt bedauerte er, daß er sie nicht eingeladen hatte mitzukommen. Dann wäre er allerdings wohl nicht den Blitzen gefolgt, hätte nicht die UFOs gesehen und auch nicht mit John gesprochen. Jack war sicher, daß es sich nicht um Halluzinationen handelte und daß auch seine Freundin, wäre sie an Bord gewesen, dieselben Dinge gesehen und gehört hätte, *wußte* aber auch, daß er für einen speziellen Zweck auserwählt worden war, diese Dinge zu sehen. Er war dazu bestimmt, eine sehr mächtige Person zu werden.

In der Ferne kreuzte ein Boot und lächelte Jack zu. Von der Seite ähnelte es einem Schlepper, aber Jack konnte sehen, daß es kein gewöhnlicher Schlepper war, es war überhaupt kein gewöhnliches Schiff. Es war knallrot und besaß ein Eigenleben wie manche Schiffe in Comics oder Cartoons. Seine kleinen Bullaugen zwinkerten der *Promise* zu. Aus dem Rumpf tauchte eine Riesenhand hervor, die sich nach oben streckte und an einem Tau zog, das ein Nebelhorn ertönen ließ. Jack lächelte zurück. All dies gehörte mit zu seiner neuen Bestimmung.

Jack verbrachte die Nacht damit, die *Promise* zu säubern, Eintragungen in ein Tagebuch zu machen, Kokain zu schnupfen, zu masturbieren und Lieder zu singen. Gegen Morgen begann sich der Schlafmangel bemerkbar zu machen. Jack unterliefen Fehler. Er hatte viele Geräte in Betrieb gehalten, und eine Batterie war schwach geworden. Sie hatte über 50% ihres Safts verbraucht. Selbst wenn er sie wieder auflud, womit er sofort begann, bedeutete dies, daß die Batterie ein kürzeres Leben haben würde. Nachdem er sich um die Batterie gekümmert hatte, schnitt Jack sich mit einem Dosenöffner in den Finger und ließ dann versehentlich einen Schraubenschlüssel über Bord fallen.

Am fünften Tag kam der Schlepper zurück, ganz von selbst. Für ein paar Augenblicke hielt er sich auf Parallelkurs zur *Promise*, ließ sein Horn ertönen, lächelte und drehte dann ab.

In der folgenden Nacht stellte Jack das ganze Schiff auf den Kopf, um nach John zu suchen, den er den ganzen Tag nicht gesehen hatte. Dann sah er, wie John in seinem gelben Regenmantel in die Kombüse rannte. Jack durchsuchte die Kombüse von oben bis unten, öffnete jeden Spind und jede Kiste, entfernte sogar ein Stück der Täfelung von der Wand, konnte ihn jedoch nicht fangen. John spielte das Spukspiel, die Geisterversion von Fangen. Als er John in der zweiten Kajüte flüstern hörte, nahm Jack dort das ganze Mobiliar auseinander und suchte auch überall hinter der Täfelung nach seinem Freund. John fuhr fort, ihn aufzustacheln, ließ sich jedoch nicht fangen.

Am nächsten Tag beschloß Jack, nach Miami zurückzukehren. In weniger als vierundzwanzig Stunden würde er dort sein. Noch ein Tag, aber Jack hatte nur noch eine stinkende Zigarre. Er entzündete die Zigarre und ging auf Kurs. Wenigstens befand sich im Röhrchen noch reichlich Kokain. Außerdem gab es eine Menge zu planen. Jack war darauf erpicht, mit den Magic Juans weitere Deals zu machen. Er überließ sich Tagträumen, kommerzielle Tanker anstelle kleiner Küstenfrachter einzusetzen und sie mit Hilfe einer Flotte von Fischtrawlern zu entladen. Eine Karawane von Kühllastwagen würde das Verteilungsnetz vervollständigen. Mit seiner neuentdeckten Kraft und mit John als spirituellem Partner war es Blackjack, dem Piraten, bestimmt, wieder einmal die Meere zu erobern.

Als in dieser Nacht die Sterne erschienen, war Jack seit sechs Tagen und Nächten wach, genauso lange, wie Robert Louis Stevenson gebraucht hatte, um *Der seltsame Fall des Dr. Jekyll und Mr. Hyde* unter dem Einfluß von Kokain zu schreiben. Jack blickte zu den Sternen und bedauerte, den Sextanten fortgeworfen zu haben. Er spähte in den Radarschirm. Ein grüner Schein lag auf seinen Händen und seinem Gesicht. Er betrachtete seine Hände. Sie sahen aus wie Tierklauen. Die Knöchel waren groß und voller Knoten. In grünen Adern von über einem Zentimeter Durchmesser pulsierte grünes Blut. Die Fingernägel waren spitz und krumm. Jack stellte sich vor, wie sein Gesicht aussehen mußte – grün und gemein, genau wie das der bösen Hexe im *Zauberer von Oz*.

«Glaubst du, daß du aus dem Teufelsdreieck rauskommen kannst, mein Kleiner?» hänselte Johns Stimme.

«Paß auf», erwiderte Jack. Und er schaltete den Radar aus, den Kompaß, sämtliche Positionslichter, alles außer der Maschine. Wie Kapitän Ahab, der seinen Sextanten und seinen Kompaß bei der verrückten Verfolgung des weißen Wals Moby Dick wegwarf, war Jack entschlossen, sein Schiff in den Hafen zu steuern, wie sein Vater es ihn gelehrt hatte – mit Hilfe seines Hosenbodens. Pfeif auf den dichten Verkehr nahe der Küste – Blackjack wollte sich als seetüchtiger Sohn und Schmuggler beweisen.

Das Wasser war glatt wie Glas. Jack ließ die *Promise* über die imaginäre Linie gleiten, die die westliche Begrenzung des Dreiecks bildete, und hielt auf die Lichter von Miami zu. Es war ein religiöses Erlebnis für Jack: die stille Nacht, die fernen funkelnden Sterne, das Leuchten der Stadt und das Kokain. Die sanften Klänge einer Jimmy-Buffett-Ballade, «Trying to Reason with Hurricane Season», trieben über das Wasser dahin.

Now I must confess
I could use some rest,
I can't run at this pace very long.
Yes, it's quite insane.
I think it hurts my brain.
But it cleans me out
And then I can go on.

Auf deutsch etwa: Jetzt muß ich gestehen, / ich könnte etwas Ruhe gebrauchen, / ich kann in diesem Tempo nicht lange weitermachen. / Ja, es ist ziemlich verrückt. / Ich glaube, es tut meinem Gehirn weh. / Aber es reinigt mich, / und dann kann ich weitermachen.

Nachtrag

Jack wurde wegen Beihilfe zum Import von Marihuana verurteilt und sitzt jetzt in einem Bundesgefängnis seine Strafe ab.

Ich arbeitete an dem Fall und befragte Johns Eltern. Jack hatte ihnen irgendwann nach seiner Rückkehr vom Bermuda-Dreieck einen Besuch abgestattet. Er sagte ihnen, sie sollten sich keine Sorgen machen; John sei lebendig und wohlauf der anderen Seite, und er liebe sie. Als ich Johns Eltern sah, trugen beide eine goldene Rolex-Armbanduhr, wie die von Jack. Ehrlich gesagt, nahm ich nicht an, daß sie die Rolex-Uhren in Johns Schatztruhe gefunden hatten.

Macht ein Foto

Die Canyons, die das Los-Angeles-Becken durchschneiden, sind bildschön, doch ich traue ihnen nicht. In den rauhen Hügeln von Tujunga Canyon, nördlich der Stadt, berichteten zwei Frauen, sei seien von einem UFO entführt worden. In Decker Canyon, unweit Malibu, besuchte ich an mehreren Wochenenden John Lilly, der behauptete, in einem speziellen Tank mit Außerirdischen herumzuplanschen. Später fand man Lilly, das Gesicht nach unten gekehrt, halbtot im Wasser des Tanks. In Laurel Canyon wurden in einer Straße mit dem Namen Wonderland Avenue, nicht weit von dem Haus, wo ich Timothy Leary besuchte, vier Menschen mit Stahlröhren totgeschlagen. Einer der mutmaßlichen Mörder war ein Drogenkonsument, den ich einmal befragt hatte. Dann überwältigte in Tuna Canyon die Polizei einen Geistesgestörten, der mit einer 357er Magnum bewaffnet war. Der Mann hatte die Absicht, den Menschen zu töten, den er für all die sonderbaren Ereignisse in den Canyons verantwortlich machte. Und der, den er umlegen wollte, war ich!

Nach diesem letzten Zwischenfall traute ich den Canyons nicht mehr. Ich beschloß, nur noch dann dorthin zu fahren, wenn es absolut notwendig war. Diesmal war es notwendig. Ich mußte Rogers Leben retten. Roger hatte eines Nachts eine solche Menge LSD genommen, daß sie ausgereicht hätte, um die gesamte Bevölkerung von Topanga Canyon auf einen Trip zu schicken. Er tat das, weil er seine Freundin verloren hatte. Er sei auf der Suche nach Erkenntnis und Verstehen, sagte er. Statt dessen hatte er einen bösen Trip, auf dem er sich umzubringen versuchte. Jetzt drohte er, das erneut zu versuchen. Deshalb hatte ich mich entschlossen, nach Topanga Canyon zu fahren, wo ich seine Freundin Marjorie zu finden hoffte. Um Roger helfen zu können, mußte ich ihre Seite der Geschichte hören.

Ich fuhr zu einem abgelegenen, von Bäumen und dichtem Gebüsch umgebenen Haus. Dies war ein idealer Ort für Marjorie und ihre Schicksalsgenossinnen. Sie waren alle entstellte Frauen, die ihre ganze Hoffnung auf die plastische Chirurgie setzten. Viele der Frauen hatten zahlreiche Operationen ertragen, um ihre durch Unfälle und Krankheiten verstümmelten Körper wiederherstellen zu lassen. Die meisten von ihnen waren Auswärtige, die hierherkamen, um während ihrer Genesung Familie und Freunde zu meiden. Den Hippies am Ort stand ihr Haus jedoch offen. Die Hippies in Topanga sahen nicht nur so aus wie ihre Vorgänger in den Sechzigern, sie huldigten auch derselben Philosophie der Toleranz und Liebe für alle Menschen, ungeachtet jeglicher Unterschiede. Sie begrüßten Marjorie und die anderen Patientinnen mit offenen Herzen.

Nachdem ich das Auto abgestellt hatte, ging ich zum Garten. Marjorie hatte mir gesagt, daß ich sie dort finden könne. Eine Party war im Gange. Überall sah man mit Batiken versehene, gefärbte Kleidung, geblümte Hüte und bunte Schirme. Und lauter lächelnde oder lachende Gesichter. Ein kleines Mädchen, das aussah wie ein Engel, trug eine frische Blumengirlande im blonden Haar und sonst nichts. In den Armen hielt sie eine Mickymaus-Puppe, die so groß war wie sie selbst. Irgend jemand schlug eine Conga-Trommel. Ein knochiger, langhaariger Mann in weißen Hosen tanzte für sich allein. Er schien sich in Trance zu befinden. In der Nähe sah ich eine weißgeschminkte Frau, die mit einem Mann mit kahlrasiertem Schädel sprach. Irgendwo stand ein Motorradfahrer, ganz in schwarzem Leder und mit einem dicken Schnurrbart, der fasziniert einen jungen Mann betrachtete, der mit bunten Seidenschals jonglierte. Zwei kleine Jungen jagten ein Hündchen im Hof herum. Das blonde Mädchen und die Mickymaus schlossen sich ihnen an.

Jetzt weiß ich, wie sich Eddie Valient gefühlt hat, als er nach Toontown hineinfuhr, dachte ich, während vor meinem inneren Auge ein paar Szenen aus dem Zeichentrickfilm *Who Framed Roger Rabbit?* aufblitzten. Ich drängte mich zum kalten Büfett durch. Rohes Gemüse, Samen, Nüsse, ein paar Cracker, die wie Hundekuchen aussahen, und Schälchen mit einem mysteriösen Dip. *Vollwertkost!* Ich warf einem in der Nähe umherstolzierenden Pfau ein paar Samen zu. Dann bemerkte ich eine junge Frau in einem rosa Kleid, das ihr bis zu den nackten Füßen reichte. Sie trug einen großen Strohhut, der ihr Gesicht vor der Sonne schützte, doch dieses Gesicht hatte etwas sehr Ungewöhnliches. Die Züge waren ... kubistisch. Manche Teile wirkten normal, während andere erstarrt, fast maskenhaft erschienen. Ich konnte meine Augen nicht von ihr wenden. Als sie aufblickte und mir zulächelte, bewegte sich das Gesicht roboterartig. Ich erwiderte Marjories Lächeln.

Sie küßte mich auf die Wange. Ich hatte das eigentümliche Gefühl, als küsse mich jemand mit Lippen aus Wachs. Ich nahm einen leichten Duft von «Opium»-Parfüm wahr. «Willkommen», sagte sie. «Ich freue mich, daß Sie uns gefunden haben.» Sie schien es aufrichtig zu meinen, doch wegen der stakkato-artigen Aussprache klang sie ein wenig mechanisch. «Ich habe mein Gesicht wiederherstellen lassen», sagte sie geradeheraus. «Neuer Jochbogen ... hier eine Platte ... dieses Auge ist noch nicht ganz in Ordnung. Sie können ruhig starren, wenn Sie wollen. Man hat uns gesagt, wir sollten uns daran gewöhnen.»

Ich starrte tatsächlich. Daß an ihrem Gesicht so viel verändert worden war, konnte ich ihm nicht ansehen. «Man hat großartige Arbeit geleistet», sagte ich und meinte es auch so.

«Mein Arzt ist ein Genie», sprudelte es aus ihr hervor. «Ich kann von Glück sagen, daß ich ihn habe. Wissen Sie, er hat etwas Knochen von hier genommen und ...»

Marjorie lieferte mir eine haargenaue Beschreibung ihrer Operationen. Sie zählte sämtliche Details auf, darunter den Herstellernamen der Knochensäge, die ihr Chirurg benutzt hatte, die Typen der Hautlappen, sogar die Anzahl der Nähte. Vielleicht hätten Medizinstudenten ihren Enthusiasmus zu würdigen gewußt, mich jedoch erfüllte eine eigentümliche Mischung aus Mitleid und Abscheu. Als Marjorie zu beschreiben begann, wie ihre Sinusse hatten weggeschnitten werden müssen, ließ ich ihre Worte nicht mehr an mich heran. Ich richtete meinen Blick auf ihr gesundes Auge – das andere sah aus, als sei es pochiert worden – und versuchte, mich auf den Schlüsselring zu konzentrieren, den ich in der Hosentasche zwischen den Fingern hielt. Mit Hilfe meines Tastsinns versuchte ich festzustellen, zu welcher Tür jeder einzelne Schlüssel gehörte. Nachdem ich etwa die Hälfte erkannt hatte, schaltete ich mich wieder bei Marjorie ein.

«... lauter neue Zähne, und sie sind perfekt. Nie wieder werde ich ein Loch darin haben. Ist das nicht großartig? Es ist eine kleine Kompensation, aber man hat uns gesagt, daß wir nehmen müssen, was wir kriegen können», sagte sie.

Ich versuchte, ein wenig Routinekonversation zu machen, aber das gestattete Marjorie mir nicht. «Haben Sie Roger gesehen? Wie geht es ihm? Erkundigt er sich manchmal nach mir? Wissen Sie, ich liebe ihn noch immer. Er nannte mich Bunny», sagte sie in ihrer abgehackten Art.

Ich machte mir Sorgen wegen Roger, der große Mühe hatte, sich von einem bösen Drogentrip zu erholen. Er hatte mir von seinem Verhältnis zu Marjorie erzählt. Es konnte hilfreich sein, ihre Seite der Geschichte zu hören.

«Ich will tun, was immer ich tun kann. Ich bin noch immer sein Bunny, wissen Sie. Natürlich war Judy sein erstes Bunny. Selbst als er mich Judy nannte, machte mir das nichts aus. Wir haben ja doch alle unsere Phantasien, wissen Sie. All das gehört zur Liebe, wissen Sie.»

«Langsam, langsam», sagte ich. Marjories Tempo war mir zu schnell. Aus meinen Gesprächen mit Roger wußte ich zwar, wovon sie sprach, aber ich wollte die ganze Geschichte chronologisch hören. Ob wir uns nicht hinsetzen und uns die ganze Sache Schritt für Schritt vornehmen könnten, fragte ich und versuchte, sie mit ihrer Leidenschaft für Details zu ködern. Wir fanden auf dem Rasen ein schattiges Fleckchen, und Marjorie breitete dort eine Decke aus. Dort saßen wir stundenlang und sprachen. In der Hauptsache sprach allerdings Marjorie, während ich mich zumeist darauf beschränkte, sie auf der richtigen Fährte zu halten. Sorgfältig verglich ich ihre Version mit Rogers Bericht, um zu begreifen, was denn eigentlich geschehen war. Am Schluß hatte ich eine Version, die sich auf ebenso bestürzende Weise von Rogers unterschied wie Marjories neues Gesicht von ihrem ursprünglichen.

Bis zu seinem Abschlußjahr an der UCLA hatte Roger nie eine Freundin gehabt. Es sei denn, man zählte Brigitte Bardot und Natalie Wood mit, die beiden Objekte seiner häufigen Masturbationsphantasien. Roger hatte keine Bilder, die er sich betrachtete; er erinnerte sich einfach an die Bilder aus den Filmen, die er gesehen hatte. Er hatte seit jeher die Fähigkeit besessen, sich Erinnerungsbilder von erstaunlicher Klarheit zurückzurufen. Als er noch ein Kind gewesen war, hatte sein bemerkenswertes Gedächtnis seine Eltern dazu veranlaßt, ihn von einem Psychologen testen zu lassen. Der Psychologe fand heraus, daß Roger ein eidetisches Erinnerungsvermögen besaß – die Fähigkeit, Erinnerungsbilder mit photographischer Genauigkeit zu bewahren. Es war eine Fähigkeit, die er niemals verlor. Jetzt waren seine Bilder der Filmstars so intensiv, daß sie nahezu real wirkten, wenn er sie auf seine Kissen oder gegen die Decke des Schlafzimmers projizierte. Die Bilder waren besser als die

Sexmagazine, die sein Kumpel benutzte, denn Roger konnte seine imaginäre Sexpartnerin alles tun lassen, was er wollte.

Dann traf er Judy, eine Kommilitonin, die gleichfalls kurz vor dem Abschluß stand. Sie waren beide noch Jungfrau, jedoch nicht mehr lange. Roger hielt Judy für das schönste Mädchen auf der Welt. Sie hatte die Augen von Natalie Wood und die sexy Schmolllippen von Brigitte Bardot. Auch ihr Haar trug sie wie die Bardot, es war nur dunkler. Roger überredete Judy, es zu färben. Jetzt war Sex mit Judy in Rogers Augen bild-perfekt. Sie gingen die Sache an wie die sprichwörtlichen Kaninchen, und Roger begann, Judy mit dem Kosenamen Bunny anzureden.

Nach dem Examen bezogen Roger und Judy ein gemeinsames Appartement. Roger bekam einen Job als Programmierer, und Judy belegte Sommerkurse zur Fortsetzung ihres Studiums. Roger zufolge sprachen sie über die Hochzeit. Er zeigte mir ein Bild von Judy, auf dem sie eine kleine Brosche trug, ein Silberkaninchen mit rubinroten Augen. Statt mit der üblichen Freundschaftsnadel hatte Roger Judy mit dem Silberkaninchen «festgenagelt». «Das hieß, daß wir uns einander versprochen hatten», sagte er. Seine emotionale Abhängigkeit von ihr vertiefte sich. Er erzählte Judy, daß er sich eine Familie wünschte – zwei Kinder, fand er, wären ideal –, und er sprach sogar darüber, wie sie ihre Kinder erziehen sollten. Judys einzige Reaktion auf die Fragen Ehe und Familie war ein vorsichtiges «Vielleicht». Sie teilte Roger nicht mit, daß sie sich für ein Stipendium außerhalb des Staates beworben hatte. Und ganz gewiß erzählte sie ihm nichts davon, daß sie sich auch mit anderen jungen Männern treffen wollte.

Der Sommer war fast vorbei, als Judy endlich von einer Universität in New York City akzeptiert wurde. Der Brief traf an einem Mittwoch ein. Am Samstag teilte sie Roger mit, daß sie ausziehen werde. Am selben Tag kamen die Umzugsleute, um ihre Sachen zu ihren Eltern zu schaffen. Judy wollte sich sofort auf den Weg machen, doch Roger weinte und flehte sie an, doch noch eine weitere Nacht zu bleiben. Sie schliefen miteinander, und Roger hielt sie die ganze

Nacht hindurch fest umschlungen. Am Sonntag verschwand Judy dann. Sonntag nacht hatte Roger wieder Sex mit Judy, bloß daß es diesmal eine masturbatorische Phantasie war. Und in jeder weiteren Nacht war es das gleiche.

Roger schrieb Judy eine Flut von Briefen. Sie antwortete niemals. Wenn er anrief, war sie stets beschäftigt und konnte sich nicht unterhalten. Er fragte sie, ob er sie für ein langes Wochenende besuchen dürfe. «Vielleicht», sagte sie, «können wir in ein paar Wochen weitersehen.» Die Wochen dehnten sich zu Monaten. Schließlich stattete Roger New York einen Überraschungsbesuch ab. Er kreuzte vor Judys Appartement auf, und zwar mit Blumen, einem Riesenbeutel mit ihren Lieblingsschokoladenkeksen und einem ausgestopften Kaninchen. Judy weigerte sich, ihn hereinzulassen. Sie sprachen im Freien miteinander, es regnete leicht. Roger hörte ihre Worte nicht. Er konnte nur daran denken, wie schön, wie sexy, wie vollkommen Judy war. Er versuchte nicht, sie zu küssen, legte jedoch zärtlich seine Hand auf ihren Arm. Judy wich zurück, und Rogers Hand glitt ab. Judy sprach von ihrer Karriere, ihrem neuen Leben.

Hilflos stand Roger da, mit den Blumen und den anderen Geschenken. «Ich liebe dich», sagte er.

Judy brachte die Geschenke in ihr Appartement und kam mit der Kaninchennadel zurück, die sie Roger reichte.

«Können wir denn nicht Freunde bleiben?» fragte er und wollte ihr die Nadel zurückgeben.

«Wir haben einander zwar gekannt, aber Freunde sind wir niemals gewesen», sagte sie und spie die Worte fast heraus. Roger fühlte sich vernichtet.

Als er nach Los Angeles zurückkehrte, konnte er sich nicht überwinden, Judys Photographie vom Nachttisch zu entfernen. Er fand, daß es eine phantastische Aufnahme war. Judys Gesicht war leicht zur Seite gedreht, so daß ihre Bardot-Lippen fast im Profil zu sehen waren, während ihre Natalie-Wood-Augen kokett in die Kamera blickten. Ihre Seidenbluse, offen bis zur Taille, umschmiegte ihre

Brüste. Die Brustwarzen waren deutlich durch die Bluse hindurch zu sehen. Zu Rogers Freude hatte Judy niemals einen BH getragen. Ihm gefiel auch, an welcher Stelle sie auf diesem Foto die Kaninchennadel trug: direkt über der linken Brustwarze. Das gab dem Bild eine dreidimensionale Wirkung.

Roger ging zum Wandschrank und holte Judys blaues Seidenkleid mit den Tupfen heraus. Sie hatte ein paar Kleidungsstücke zurückgelassen, die sie nicht mehr wollte, und zu Roger gesagt, er solle sie wegwerfen. Er behielt sie alle. Jetzt breitete er das Seidenkleid auf dem Bett aus. Er strich mit den Händen über den Stoff, fühlte die Seide und dachte daran, wie sinnlich Judy darin ausgesehen hatte. Roger zog sich aus und legte sich neben das Kleid. Gern hätte er es angezogen, doch es war zu klein. Judys geringe Körpergröße war stets ein Vorteil gewesen. Wenn sie Sex miteinander hatten, nahm sie die obere Position ein. Sie war so leicht, daß er sie mit seinen Händen rhythmisch hochheben konnte. Judy ihrerseits konnte in dieser Position mehrere Orgasmen erleben. Fast hörte Roger ihr Stöhnen, als er zu masturbieren begann.

Die Masturbation versetzte ihn in Trance. Er vergaß die reale Welt. Judys physische Existenz im fernen New York wurde unwichtig, nichtig. Rogers ganze Aufmerksamkeit galt jetzt Judys Bild über ihm. Er sah, wie sie sich die Bluse aufknöpfte, aufreizend lächelte, sich dann mit der Zunge über die Lippen fuhr, sie begann ihn zu reiten und sagte ihm, wie gut er sich anfühlte. Der Orgasmus entließ Roger aus seinem Trancezustand.

«Es war wie ein Halbtraum», erklärte mir Roger bei einem unserer vielen Gespräche. «Irgendwie war mir zwar bewußt, daß ich masturbierte, gleichzeitig jedoch war ich *wirklich* mit ihr zusammen. Es war so ziemlich der schönste Sex, den ich je mit ihr oder sonstwem hatte.»

Zuerst waren diese Phantasien auf die Zeit beschränkt, in der Roger masturbierte. Bald jedoch wurden sie zum täglichen Ritual. Wenn Roger von der Arbeit nach Hause kam, aß er zunächst zu Abend. Nach dem Essen öffnete er den Wandschrank und fragte

Judy, was sie an diesem Tag anziehen wolle. Dann wählte er etwas aus und legte die Kleidungsstücke aufs Bett. Vor dem Masturbieren betrachtete und befühlte er minutenlang die Sachen und stellte sich Judys Gesicht und Körper darin vor.

Allmählich wurde Judys Bild konkreter, und Roger erfand eine dazu passende konkrete Beziehung. Seinen Freunden und Kollegen erzählte er, er sei noch immer mit Judy verlobt. Für Frauen, die sich für ihn interessierten, war er nicht verfügbar. Alle seine Urlaube verbrachte er in New York. Judys Appartement suchte er zwar niemals auf, doch hoffte er auf eine zufällige Begegnung. Er legte sich sogar zurecht, was er in einem solchen Fall sagen würde. Inzwischen verbrachte er seine Zeit in New York mit Shopping, Museumsbesuchen und ziellosen Spaziergängen. Abends trieb er sich für gewöhnlich in der Gegend des Times Square herum. Die Pornokinos und Sexsalons erregten ihn. Danach erlebte er dann regelmäßig in seinem Hotelzimmer eine wilde Sexszene mit seiner imaginären Partnerin.

Während einer dieser Reisen nach New York glaubte Roger, Judy bei einem Schaufensterbummel in der Fifth Avenue zu sehen. Er beobachtete sie von der anderen Straßenseite. Seit über einem Jahr hatte er sie nicht mehr gesehen, aber ja, es war Judy. Sie befand sich in Begleitung einer Frau, die größer war als sie. Beide betraten ein Geschäft. Roger überquerte die Straße. Judy kam heraus, ging direkt an ihm vorbei und verschwand in einem anderen Geschäft. Roger wartete. Nach etwa einer halben Stunde tauchten die beiden Frauen wieder auf und strebten einem anderen Laden zu. Roger lief hinter ihnen her und packte Judy am Arm. «Judy, Judy», sagte er.

Sie blickte zu der größeren Frau und sagte: «Hast du meinen Arm berührt? Jemand hat meinen Arm berührt.»

«Judy, das war ich. Ich bin's doch!» sagte Roger aufgeregt.

Sie wandte sich zu ihm um. «Ich kenne Sie nicht», sagte sie.

Roger wollte seinen Ohren nicht trauen. Er starrte Judy direkt ins Gesicht. Die Bardot-Lippen und die Natalie-Wood-Augen zeigten einen sonderbaren Ausdruck, eine Mischung aus Zorn und Angst.

«Hören Sie auf, mir zu folgen!» rief sie.

«Tut mir leid», hörte Roger sich selbst ungläubig sagen. «Ich habe Sie für jemanden gehalten, den ich vor langer Zeit kannte.»

Während die beiden Frauen davoneilten, hörte Roger, wie Judy zu ihrer Freundin sagte: «Er hat meinen Arm gepackt! Ich kann einfach nicht glauben, daß er meinen Arm gepackt hat!» Roger konnte nicht verstehen, warum Judy sich so verhielt.

Nach diesem Zwischenfall reiste er nicht mehr nach New York. Aber dann glaubte er mehrmals, sie in Los Angeles zu sehen; allerdings war die Entfernung jeweils so groß, daß er nicht sicher war. Als er eines Tages auf dem Ventura Freeway fuhr, überholte ihn Judy in einem Auto. Sie lächelte. Roger lächelte zurück. Sie winkte ihm zu und überholte ihn. Er folgte dem Auto viele Kilometer, bis er es im Verkehr verlor. Gern hätte er gewußt, was sie an jenem Tag in Los Angeles tat. Was ihre Aktivitäten bei Nacht betraf, so bestand da nie ein Zweifel. Und in jener Nacht war sein Sex mit Judy so realistisch, wie er ihn noch nie in seiner Vorstellung erlebt hatte.

Auf diese Weise vergingen fünf Jahre. Gelegentlich ging Roger wieder mit Frauen aus, doch blieben diese Beziehungen platonisch. Einige der Frauen hielten ihn wahrscheinlich für schwul, doch das war Roger egal. Wenn nur sein kleines Bunny reden könnte, sie würde ihm sagen, wie toll er im Bett war. Im Laufe der Jahre hatte Roger seinen Akt vervollkommnet. Die Kleidungsstücke und die Photographie waren inzwischen entbehrlich. Desgleichen die abendlichen Rituale nach dem Essen. Jetzt konnte Roger mit Judy an jedem Ort zu jeder Zeit Sex haben.

Erwachte er morgens mit einer Erektion, so konnte er Judys Körper neben sich *fühlen*. Sie kuschelte sich an ihn, umschlang ihn mit ihren Beinen. Er konnte ihre Lippen an seinen Lippen fühlen und ihre Zunge, die tief in seinen Mund drang. Manchmal fühlte er, wie sie ihn leckte, während er unter der Dusche stand. Und dort, während das Rauschen des Wassers seine Stimme übertönte, rief er Judy zu, sagte ihr, daß er sie liebte und daß er sie heiraten und ein Baby mit ihr haben wollte. Und nachts, wenn seine Hände seine eigenen Lenden liebkosten, konnte er fühlen, wie ihre Schamhaare gegen seine strichen, hören, wie ihre Haut leise gegen seine klatschte, und riechen, wie sich der Geruch von Sex mit dem «Opium»-Parfüm mischte, das Judy stets benutzte.

Sex war immer der Hauptaspekt in Rogers Beziehung zu Judy gewesen. Imaginärer Sex mit ihr blieb so befriedigend wie der reale, weil er so wirklich zu sein schien. Aber als Roger sich wieder mit anderen Frauen traf, wünschte er sich doch, daß Judy mehr wäre als nur eine schweigende Partnerin. Und dieser Wunsch führte bei ihm zu beträchtlicher Einsamkeit, zu Depressionen und Ängsten. Wie ein einsames Kind versuchte Roger zu entkommen, indem er sich eine Gefährtin schuf, die noch vollkommener und befriedigender war. Seine Wunschphantasie, die Judy bereits als imaginäre Partnerin im Bett erschaffen hatte, stand im Begriff, sie nun auch gehen und sprechen zu lassen.

Roger traf Marjorie in einem Selbstbedienungscafé, in dem man einen ganz ordentlichen Lunch bekam. Das Lokal war ziemlich voll, aber als er sich dann mit seinem Tablett in der Hand nach einem Platz umsah, entdeckte er einen leeren Stuhl neben einer kleinen Frau mit wunderschönem naturblondem Haar. Marjorie sagte, der Platz sei frei und er könne sich gern setzen. Sein Anmacherspruch, fand sie, war recht ungewöhnlich.

«Wissen Sie, wenn Sie Ihre Brille abnehmen würden, wären Ihre Augen genau wie die von Natalie Wood», sagte er.

Marjorie wurde rot. Sie war zu verlegen, um die Brille abzunehmen, doch sie dankte ihm für das Kompliment. Sie begannen sich über ihre Arbeit zu unterhalten, Marjorie hatte gerade ihren Abschluß am College gemacht und arbeitete jetzt als Assistentin in der Verwaltung. Es sei ein Job ohne Zukunft, sagte sie, praktisch nichts weiter als eine Sekretärin. Roger meinte, sie solle doch weiterstudieren, um sich für bessere Jobs zu qualifizieren. Sie sei offensichtlich zu intelligent, um ihr Leben als Sekretärin zu vergeuden. Es gefiel ihr, daß er soviel Interesse an ihr zeigte. Als er sie schließlich zum Ausgehen einlud, hatte sie längst ihre Brille abgenommen und wartete nur darauf, ja zu sagen.

Beim erstenmal gingen sie ins Kino. Danach kauften sie sich Tüten mit Eiscreme und spazierten auf der Santa-Monica-Pier herum. Roger gefiel es, wie Marjorie ihr Eis aß. Sie leckte es nicht, sondern spitzte die Lippen und saugte mehr oder weniger daran. Das gab ihren dünnen Lippen einen schmollenden und sexy wirkenden Ausdruck. Roger sagte ihr das, und sie wurde rot.

Sie trafen sich regelmäßig, und einige Wochen später gingen sie zum erstenmal miteinander ins Bett. Während sie sich liebten, nannte Roger sie mehrmals «Bunny». Als beide später nebeneinander lagen, fragte sie ihn, warum er diesen Namen gebraucht habe. Er erklärte, sie mache Liebe wie ein Kaninchen, und das Wort sei ihm einfach so rausgerutscht. Marjorie war nicht davon überzeugt, daß es mit ihren Sexkünsten so weit her sei. Sie fühlte sich unbehaglich und unbeholfen wie stets, wenn sie das erste Mal mit jemandem schlief. Roger seinerseits schien sich jedoch sehr behaglich und wohl bei ihr zu fühlen. Fast war es, als habe er sie sein Leben lang gekannt. Sie begann sich zu entspannen. Ja, irgendwie schienen sie zusammenzugehören. Endlich hatte sie jemanden kennengelernt, mit dem es sozusagen instinktiv stimmte. Und er war ja so hinreißend! Wie ein richtiges «Bunny» kuschelte Marjorie sich an Roger. Zum erstenmal in ihrem Leben verliebte sie sich.

Am nächsten Tag schenkte Roger ihr eine Flasche «Opium»-Parfüm, und sie liebten einander den ganzen Tag lang, bis Marjorie alles weh tat. Danach sahen sie einander fast täglich. Roger wollte immer Liebe machen. Er schien von ihr nicht genug bekommen zu können. Sein physisches Interesse an ihr riß Marjorie mit. Noch nie hatte ihr jemand gesagt, daß sie attraktiv sei. Und ganz gewiß hatte sie vor Roger noch niemand mit Natalie Wood verglichen. Marjorie konnte einfach nicht begreifen, was Roger in ihr sah. Aber sie sagte sich, daß Liebe blind mache und daß es keine Rolle spiele.

Sie wurden unzertrennlich. Ständig schmuste Marjorie mit Roger, ob sie nun im Bett waren oder im Kino oder in einer Bank Schlange standen, ja selbst im Wartezimmer beim Zahnarzt. Sie waren wie siamesische Zwillinge, dicht aneinandergeschmiegt und verloren für den Rest der Welt. Glotzten die Leute, was ziemlich oft geschah, so lächelte Marjorie ihnen zu und rief: «Macht doch ein Foto!» In ihren Augen war die Liebesaffäre in der Tat bild-schön.

Nach einigen Monaten begann Roger, sie Judy zu nennen. Marjorie ignorierte das, da es in der Hitze der Leidenschaft geschah. Dann passierte es wieder, als sie auf dem Sofa saßen und fernsahen. «Wer ist Judy?» fragte Marjorie.

Eine lange Pause folgte. «Oh, sie war meine Verlobte, die bei einem Verkehrsunfall umgekommen ist», log er. «Das ist lange her. Hab's nur schwer verwunden. Und so ganz wohl immer noch nicht.» Er schluckte und begann zu weinen. Marjories Herz schmolz. Sie schmiegte sich an Roger und weinte mit ihm. In diesem Augenblick entschloß sie sich, alles zu tun, um seinen Schmerz zu lindern. Sie war jetzt ein Teil von ihm.

Als er sie das nächste Mal Judy nannte, machten sie gerade ein Picknick am Strand von Santa Monica. Marjorie kam vom Schwimmen zurück, und Roger stellte sie einem Ehepaar, mit dem er sich unterhielt, als seine Freundin Judy vor. Marjorie machte sich nicht die Mühe, ihn zu korrigieren. Ein paar Abende später, in einem dieser Restaurants in L.A., wo die Ober darauf bestehen, daß man sie mit dem Vornamen anspricht (und es mit ihren Gästen genauso halten), stellte Roger Marjorie wieder als Judy vor. Sie fand das süß. Dann begann er, sie im Bett Judy zu nennen. Es geschah immer wieder, bis Judy für sie genauso zum Kosenamen wurde wie Bunny. Sie akzeptierte es. Schließlich war sie doch sein «einziges Honey-Bunny», oder nicht?

Als Marjorie eines Tages in Rogers Bücherregal herumstöberte, stieß sie auf sein College-Jahrbuch. Sie betrachtete sein Bild. Gut sieht er aus, wie immer, dachte sie. Dann fand sie Judys Foto mit der Widmung: «In Liebe, Bunny.» Marjorie begann zu weinen, zum einen wegen der Widmung, zum anderen, weil Judy so hübsch war, und jetzt war sie tot. Armer Roger, dachte Marjorie. Sie konnte es nicht über sich bringen, mit Roger darüber zu sprechen: Das würde ihn vielleicht wieder in eine Depression stürzen. Marjorie wußte, daß ihre Beziehung zu Roger inzwischen länger dauerte als seine Verlobung mit Judy. Und das, so fand sie, machte sie in stärkerem Maße zu Rogers Bunny, als Judy es je gewesen war.

Marjorie betrachtete Roger mit liebeskranken Augen. Noch immer konnte sie nicht recht glauben, daß ein so gutaussehender Mann mit ihr zusammen war. Allein sein Äußeres zu bewundern bereitete Vergnügen. Wenn sie ihn anstarrte, hielt sie manchmal ihre Hände so vor die Augen, daß sie eine «Box» bildeten. Dann blickte sie hindurch, lächelte und sagte: «Klick!»

«Was soll denn das?» fragte Roger, als sie es das erste Mal tat.

«Ich mach ein Foto», sagte Marjorie. Er war so hinreißend. Sie war so glücklich. Sie wollte noch viele, viele Bilder machen.

Keinem von Marjories Freunden konnte entgehen, wie glücklich sie jetzt war. Stets lag auf ihrem Gesicht ein Lächeln und ein gewisses Strahlen. Auch fühlte sie sich zum erstenmal in ihrem Leben sexy. Roger kaufte ihr gewagte Dessous, auch eine durchsichtige weiße Seidenbluse und ein blaues Seidenkleid. Das blaue Kleid mit den auffällig-grellen Tupfen mochte sie zwar nicht besonders, aber als er es bis zu ihrer Taille hochschob und sie dann gleich dort auf dem Wohnzimmerfußboden liebte, beschloß sie, es ihm zuliebe zu tragen, wann immer er das wollte.

Den ersten Jahrestag ihrer Beziehung feierten sie mit Champagner und einem Essen bei Fennel, einem neuen Gourmet-Restaurant in Santa Monica. Marjorie trug die weiße Seidenbluse, und zwar ohne BH, wie von Roger verlangt, dazu einen schwarzen Blazer und eine passende Hose. Sie genierte sich, den Blazer bei Tisch abzulegen, tat es jedoch Roger zuliebe. Er überraschte sie, als er über ihrer linken Brust eine Nadel anheftete. Es war ein wunderschönes Silberkaninchen mit rubinroten Augen. Er sagte, daß er sie liebte.

«Klick!»

Nach dem Essen überquerten sie die Straße und gingen zur Santa-Monica-Pier, dem Ort ihres ersten Stelldicheins. Sie fuhren Karussell, spielten ein paar Spiele und schlenderten dann Hand in Hand über die Pier. Marjorie blieb vor einer kleinen rosafarbenen

Bude stehen, an der ein Schild mit der Aufschrift: PSYCHORAT-GEBERIN hing. Doreena, die Handwahrsagerin, forderte sie zum Eintreten auf. Roger gab Marjorie drei Dollar, weigerte sich jedoch, sie zu begleiten. Ist ja doch Unsinn, sagte er. Kichernd trat Marjorie ein. Wenige Minuten später kehrte sie mit tiefernster Miene zurück, sie sagte nur, Roger habe recht gehabt, es sei alles ein Haufen Unsinn. Roger nahm sie bei der Hand und führte sie zum Autoscooter, um eine Fahrt mit ihr zu machen. Marjorie wandte sich ab und sagte nein. Sie schien über irgend etwas verstört, das Doreena zu ihr gesagt haben mußte.

Sie beschlossen, in einem Fotoautomaten Bilder von sich zu machen. Marjorie freute sich riesig über die Fotos: Sie fand, daß sie beide gut getroffen waren. Roger meinte, ihr Bild sehe ihr gar nicht ähnlich, und beklagte sich über die, seiner Meinung nach, schlechte Kamera. Marjorie wollte ihm zum Andenken an diesen Tag ihr Bild schenken. Nein, sagte er, das Bild sei ihr zu unähnlich. Aber er habe ja kein einziges Bild von ihr, erinnerte sie ihn. Er lachte nur und sagte, er brauche keines; er habe ein photographisches Gedächtnis und könne sie sich jederzeit bildgetreu vorstellen. Er könne ihre Schönheit besser sehen als irgendeine billige Kamera.

«Weißt du, niemals könnte so ein armseliges Trödlerstück deine Natalie-Wood-Augen und deine Brigitte-Bardot-Lippen einfangen», sagte er.

Brigitte-Bardot-Lippen! Roger hatte wohl etwas zuviel Champagner getrunken, dachte Marjorie. Sie kuschelte sich an ihn und sagte, als Poet tauge er zwar nicht, aber sie liebe ihn trotzdem. «Bring Bunny schnell nach Hause», flüsterte sie.

Am folgenden Wochenende wollte Marjorie ihre Eltern in San Diego besuchen. Sie hatte ihnen nie sehr nahe gestanden, meinte jedoch, es sei an der Zeit, ihnen von Roger zu erzählen. Vielleicht würde es ja irgendwann eine Hochzeit geben. Dann ereignete sich ein grauenvoller Unfall. Marjorie befand sich allein in ihrem Auto, als der betrunkene Fahrer eines Lieferwagens plötzlich die Spur wechselte und frontal gegen sie prallte. Der vordere Teil ihres kleinen Autos wurde zusammengequetscht und Marjorie durch die Windschutzscheibe geschleudert. Ihr rechtes Ohr wurde abgetrennt und der größte Teil ihres Gesichts vom zersplitterten Glas und Metall abgerissen. Zum Glück verlor sie sofort das Bewußtsein.

Sie erwachte in einem fahrbaren Krankenhausbett inmitten hektischer Aktivitäten. Eine freundliche Stimme sagte zu ihr, daß man sie zur Chirurgie bringe. Obwohl sie wegen einer Bandage über ihren Augen nichts sehen konnte, glaubte Marjorie nicht, daß sie schlimm verletzt sei. Im Operationssaal entfernte man ihre Bandagen. Wegen der Betäubung fühlte Marjorie keine Schmerzen. Der Chirurg betrat den Raum, beugte sich über den Tisch und blickte in das, was einmal Marjories Gesicht gewesen war. Im Dämmer ihres Bewußtseins hörte Marjorie, wie er sagte: «Allmächtiger! Macht ein Foto, bevor wir anfangen!»

Marjories Eltern trafen im Krankenhaus ein, als sie gerade zur Intensivstation gebracht wurde. Ob sie irgend jemanden anrufen sollten, fragten sie Marjorie. Nur ihren Chef, murmelte sie. Roger wollte sie es selbst sagen, doch das würde warten müssen, bis sie deutlicher sprechen konnte. Niemand war bereit, ihr viel über ihre Verletzungen zu sagen, doch sie begriff inzwischen, daß es sehr ernst sein mußte. Und irgend etwas in ihr sagte ihr auch, daß Roger das nicht sehr gut aufnehmen würde.

Als Marjorie nach dem Wochenende nicht zurückkehrte, rief Roger ihr Büro an. Dort teilte man ihm nur mit, was ihre Eltern gesagt hatten: daß Marjorie in einen Autounfall verwickelt worden sei. Sie befinde sich in San Diego im Krankenhaus.

Am nächsten Tag kam Roger zu Besuch. Er hatte Blumen und einen Beutel mit Keksen bei sich. Eine Schwester nahm ihm die Kekse ab, bevor Roger das Krankenzimmer betrat. Er verstand nicht, wieso Marjorie keine Kekse essen konnte.

«Hi, Bunny», sagte Roger laut, als er in das Zimmer platzte. Marjories Mutter maß ihn mit einem strengen Blick und bedeutete ihm, leise zu sein. Ihre Tochter schlafe. Roger sah Marjorie nicht. Er sah einen Körper, der mit Kabeln an elektrische Kontrollgeräte angeschlossen war. Der Kopf war umwickelt wie der einer Mumie. Das eine Auge bedeckten Bandagen, das andere war schwarz geschwollen und geschlossen. Die Mutter ging mit Roger nach draußen. Er stellte ihr unzählige Fragen. Sie versuchte, ihm das wenige mitzuteilen, das sie von den Ärzten erfahren hatte. Roger hörte Wendungen wie «beträchtlicher Schaden», «ein Ohr verloren», «weitere Operationen» und «mehrere Monate». Immer wieder hallte das Wort «entstellt» durch Rogers Kopf, bis er außerstande war, irgend etwas anderes zu hören. Er verdrängte alle anderen Gedanken und empfand ein Gefühl der Leere und der Angst, das gleichzeitig fremd und vertraut wirkte.

«Sind Sie mit Marjorie befreundet?» fragte ihre Mutter. Sie wußte es nicht.

Roger schien tief versunken, bis er eine uralte Antwort fand. Wie aus weiter Ferne hörte er sich selbst sagen: «Wir kennen einander zwar, aber wir sind keine engen Freunde.» Er gab der Mutter die Blumen für Marjorie, wünschte ihr alles Gute und ging.

Später zeigte Marjorie keinerlei Emotion, als ihre Mutter von Rogers Besuch und seinen Worten erzählte. Die Tränengänge in ihrem verletzten Auge funktionierten noch nicht wieder. Und wegen der Drähte, die ihren Mund geschlossen hielten, konnte niemand ihr Schreien hören.

Jetzt, in der untergehenden Sonne von Topanga Canyon, wirkte Marjorie ruhig, als sie ihre Geschichte erzählte. Zuerst hatte sie sich geweigert, die Tatsache zu akzeptieren, daß sie Roger verloren hatte. Sie telefonierten miteinander, aber sehen wollte er sie nicht. Sie glaubte, sobald sie wiederhergestellt sei, werde er zu ihr zurückkommen. Dieser Gedanke gab ihr die Kraft, den langen Prozeß der plastischen Chirurgie auf sich zu nehmen. Einmal dachte sie sogar daran, ihr Gesicht so verändern zu lassen, daß es Judys Gesicht ähnlicher sehen würde. Sie bat den Chirurgen, in ihre Lippen Silikone zu injizieren. Er weigerte sich. Statt dessen wollte er ihr normales

Gesicht möglichst weitgehend erhalten. Für seine Arbeit benutzte er das neueste Foto von Marjorie, das auf der Santa-Monica-Pier aufgenommen worden war.

«Das ist die Ironie des Schicksals, nicht wahr?» sagte Marjorie. «Ich hatte dieses Bild nur, weil Roger es nicht wollte. Er sagte, ich sähe wie Judy aus. Haben Sie jemals gesehen, wie sie aussah?»

«Ja», sagte ich. Roger hatte mir das Bild von Judy einmal gezeigt.

«Verrückt, nicht?» fuhr sie fort. «Wir sehen so verschieden aus wie Tag und Nacht.»

Ich stimmte ihr zu. Tag und Nacht. Realität und Traum. Marjorie war die reale Frau. Judy war irgendein verschwommenes Boudoir-Foto, in das Roger sich verliebt hatte. Irgendwie war Rogers Vorstellungskraft jedoch so stark, daß er fähig war, Judys Züge auf Marjories Gesicht zu projizieren. Diese projizierten Züge in Verbindung mit einigen physischen Ähnlichkeiten wie dem blonden Haar und den großen Augen schufen ein imaginär-lebendiges Gesicht, das die gleiche Emotionalität und sinnliche Konkretheit annahm wie Judys Gesicht.

«Eigentlich wußte ich, daß ich nicht so schön war wie Judy», sagte Marjorie. «Mein Mund war immer zu groß. Der ideale Mund mißt fünfzig Prozent der Gesichtsbreite, wissen Sie. Jetzt ist das Verhältnis noch schlechter, und meine Backenknochen sind noch immer zu klein, aber man hat uns Tricks beigebracht, um das zu kompensieren. Lächeln zum Beispiel.»

Irgend jemand brachte uns Windlichter. In ihrem flackernden Schein wirkte Marjories neues Lächeln wirklich wunderschön. Der Rest ihres Gesichts lag im Schatten. Ich versuchte, mir Judys ins Dunkel projizierte Züge vorzustellen, so wie Roger sie immer gesehen hatte. Es gelang mir nicht, aber mir fehlte ja auch Rogers Erfahrung eines fünfjährigen Zusammenlebens mit der imaginären Judy. Als Roger das LSD nahm, hatte er schließlich begriffen, daß er genau das getan hatte. Während des Trips wurde er sich der Tatsache bewußt, daß er Judy noch immer liebte und in gewisser Weise Marjorie niemals nahe gewesen war. Der Trip endete damit, daß

Roger sich, von Schuldbewußtsein erdrückt, mit einer Rasierklinge zwei nichttödliche Schnitte quer über seine Handgelenke zufügte.

Meine klinische Intuition sagte mir, daß Marjorie viel schneller genesen würde als Roger. Vielleicht würde Roger entdecken, daß er Marjorie wegen bestimmter Qualitäten, die tief unter ihrer Haut intakt blieben, doch liebte. Obwohl es abgedroschen klang, sagte ich zu ihr, daß es bei manchen Menschen eine ganze Weile dauert, bis sie die Schönheit in anderen erkennen. Ich wußte nicht, was ich sonst noch sagen könnte, und so erhob ich mich, um zu gehen.

Marjorie drückte mir die Kaninchennadel in die Hand und küßte mich auf die Wange. «Für Roger», sagte sie leise. Ich konnte spüren, daß ihre Tränengänge wieder funktionierten.

«Gott segne Sie, Marjorie», sagte ich, als ich die Nadel nahm. Sie wegzuwerfen war nicht schwer. Ich wünschte nur, es wäre genauso leicht gewesen, Roger von seiner imaginären Partnerin zu befreien und so dazu beizutragen, weitere Marjories zu retten.

Auf dem Weg zu meinem Auto schleuderte ich die Nadel ins Gehölz. Roger würde es niemals erfahren. Und ich konnte darauf vertrauen, daß der Canyon ein Geheimnis hüten würde.

Nachtrag

Marjorie erholte sich von ihrer Operationen und kehrte schließlich zu ihrem alten Job in Los Angeles zurück, nicht weit von dort, wo Roger immer noch arbeitete. Sie heiratete nie.

Therapie und Medikamente befreiten Roger endlich von Angst und Selbstmordgedanken, doch er hörte niemals auf, von Bunny zu phantasieren. Er heiratete nie.

Sergeant Tommy

Mitunter entwickeln imaginäre Gefährten schlechte Eigenschaften und bringen ihre realen Spielkameraden vom rechten Weg ab. In dem 1914 erschienenen Buch *Una Mary*, einem bemerkenswerten Werk über das Innenleben eines Kindes, schildert die Verfasserin Una Hunt, wie ihre imaginäre Spielgefährtin sich in eine Gesetzesbrecherin verwandelte. Una Hunt nannte ihre Gefährtin Una Mary, was darauf hinweist, daß diese imaginäre Gestalt einen Teil ihrer eigenen Identität verkörperte; allerdings hatte sie sehr viel mehr Freiheit, Gefühle und Phantasien auszuleben. «Ich brauchte Una Mary nur freizulassen, sie nur rauszulassen, und sie konnte alles tun», schrieb Una Hunt. In einer Geschichte schildert sie, wie sie von Harry, einem Jungen aus der Nachbarschaft, ständig schikaniert wurde. Widerstandslos ließ Una Hunt sich alles gefallen, bis Harry in ihre Lieblingspuppe Jemima ein Loch biß. Sofort ließ sie Una Mary los, die sich wie eine Wildkatze auf Harry stürzte, «bereit, bis zum Tod zu kämpfen». Nach einer gründlichen Tracht Prügel ließ Harry sie fortan in Frieden.

Una Hunts imaginäre Spielgefährtin begleitete sie, bis sie erwachsen war. Beziehungen von so langer Dauer scheinen typisch für Kinder, die sich später zu kreativen Schreibern entwickeln. Warum das so ist, weiß man nicht. Vielleicht sind die imaginativen Prozesse, mit denen sich einsame Kinder und erwachsene Schriftsteller unsichtbare Charaktere erschaffen, im Grunde die gleichen. Die meisten Kinder lernen, die realen und fiktiven Welten zu trennen; einige wenige jedoch werden Opfer ihrer eigenen mentalen Schöpfungen. Der imaginäre Gefährte kann dann sein eigenes Drehbuch schreiben: Er agiert wie ein Frankenstein, dem das Wunschdenken des Kindes völlig freie Hand läßt.

Chris Sizemore, deren wahre Geschichte in dem Film *The Three Faces of Eve* (Die drei Gesichter der Eva) verewigt wurde, war ein klassischer Fall. In ihrer Kindheit hatte Chris ein kleines rothaariges Mädchen als imaginäre Spielgefährtin. Und es war dieses kleine, rothaarige Mädchen, das Dinge tat, die man nicht tun durfte, was Chris genau wußte. Als Chris sechs Jahre alt war, brachte ihre Mutter ein Zwillingspaar zur Welt, beides Mädchen. Die kleine Rothaarige bekam einen Eifersuchtsanfall und kniff und biß die Babys. Die Mutter hörte ihre Schreie und kam hereingestürzt. Chris war froh, daß ihre Mutter endlich sehen konnte, daß es die kleine Rothaarige war, die solche Schandtaten verübte, während Chris doch immer artig war. Obwohl es für Chris keine Zweifel daran gab, daß ihre Mutter das rothaarige Mädchen gesehen haben mußte, bekam sie Schläge dafür. Der Schock dieser Ungerechtigkeit hinterließ bei ihr ein Gefühl der Verwirrung und Ohnmacht. Das kleine, rothaarige Mädchen gewann die Oberhand, bis schließlich jene multiplen Persönlichkeiten ihren Platz einnahmen, die Eve Black, Eve White und Jane genannt wurden. Chris brauchte ein halbes Jahrhundert, um die Kontrolle über ihren eigenen Körper zurückzugewinnen.

Das vielleicht schlimmste und verdrehteste Beispiel ist der Fall des Mark David Chapman. Chapman spielte mit Tausenden von «kleinen Leuten», die in den Wänden seines Wohnzimmers lebten. Er erschuf eine völlig imaginäre Welt, in der die kleinen Leute ihm wie einem König huldigten. Chapman war ein gütiger Herrscher, der für seine Untertanen häufig imaginäre Beatles-Konzerte veranstaltete. Wagte es jedoch irgendeiner der kleinen Leute, aus der Reihe zu tanzen oder ihn zu erzürnen, so tötete Chapman ihn, indem er auf einen imaginären Vernichtungsknopf drückte, der sich in der Armlehne seines Sofas befand. Als John Lennon ihn erzürnte, besprach Chapman mit den kleinen Leuten Pläne zur Ermordung des Ex-Beatles. «Sie waren schockiert ... sie wollten nichts damit zu tun haben», erzählte Chapman später seinem Psychiater. So wendete sich Chapman an eine andere imaginäre Gestalt, den Satan. Er betete zu Satan, er möge seine Hand ruhig halten, wenn er abdrücke und den Inhalt einer kurznasigen 38er Special auf den Ex-Beatle Lennon abfeuere.

Wenden wir uns jetzt Henry Hammer zu, einem stillen Knaben von fünfzehn Jahren, der noch nie im Leben in irgendwelche Schwierigkeiten geraten war. Das jedenfalls versicherte er mir, als ich ihn das erste Mal befragte, und zwar in der Los Angeles Juvenil Hall, wo er auf seinen Prozeß wegen versuchten Mordes wartete.

«Oy vey!» sagte seine Mutter, als sie von seiner Verhaftung erfuhr. «Doch nicht mein Sohn! Er ist ein *shainer yid* (guter Jude). Und ein erstklassiger Schüler, kein Mittelmaß wie all die anderen Kinder an seiner Schule.»

Mit seinem blauen, gestrickten Käppchen und seiner schwarzen Hornbrille sah Henry in der Tat so aus, wie seine Mutter es beschrieb. Er war der beste Schüler in seiner High-School-Klasse und zeigte eine außerordentliche Begabung im kreativen Schreiben. Aber sein schriftstellerisches Können interessierte seine Mutter nicht; er sollte Arzt werden. «Du wirst ein berühmter Gehirnchirurg werden, so Gott will!» sagte sie immer zu ihm. Aus diesem Grund durfte er keinerlei Sport treiben – er hätte sich an den Händen verletzen können. Vom Schreiben hielt sie ihn jedoch nicht ab. Henry füllte mehrere Hefte mit Kurzgeschichten und Aufsätzen, von denen einige in der Klasse vorgelesen und mit Sonderlob bedacht wurden. Henrys großes Werk jedoch, das Projekt, an dem er schon seit einer Reihe von Jahren arbeitete, blieb vorerst sein Geheimnis. Erst als ein fremder Lehrer die Vertretung übernahm, war für Henry die Gelegenheit gekommen, sein Meisterwerk vorzuführen: Sergeant Tommy, hochdekorierter Vietnamscharfschütze und Supermacho, ein wirklicher Held.

Henry war ein Einzelkind, der Stolz und die Freude seiner Eltern, Abe und Yetta, praktizierende orthodoxe Juden. Sie schirmten ihren Sohn gegen alles und jedes ab, erlaubten ihm nicht, Freunde einzuladen oder an außerschulischen Aktivitäten teilzunehmen. Jede freie Minute mußte er in der Hebräischen Schule oder mit dem Studium des Talmud zubringen. Eine von Henrys beiden Hauptbeschäftigungen war das Essen, was man ihm auf den ersten Blick ansehen konnte. Er hatte dicke Wangen wie ein Backenhörnchen, einen molligen Bauch, der ihm über seine schwarze, stets zu enge Hose hing, und ein wackelndes Hinterteil. Mrs. Hammer schaffte es einfach nicht, ihn auf Diät zu setzen. Ständig spürte sie Kuchenstücke oder andere Süßigkeiten auf, die er in seinem Zimmer versteckte.

«Du ißt wie ein Pferd», sagte sie immer wieder zu ihm.

Henrys anderes Hauptvergnügen bestand darin, mit einem imaginären Freund namens Tom-Tom zu spielen, einem richtigen Schelm. Ursprünglich war Tom-Tom unsichtbar und hatte seinen Stammplatz hinter Henrys rechtem Ohr, wo er freche Bemerkungen über Henrys Mutter flüsterte. Als Mrs. Hammer Henry mit einer Schokoladentafel erwischte, schrie sie: «Du wirst anschwellen wie ein Berg und *platzen*!»

«Das sollte dir passieren», flüsterte Tom-Tom. Die imaginäre Bemerkung brachte Henry zum Grinsen. Er biß sich auf die Lippen, brach dann aber in lautes, hysterisches Gekicher aus. Was wiederum Mrs. Hammer dazu brachte, Henry eine sehr reale Ohrfeige zu geben.

«Gott wird dich bestrafen», sagte sie, nachdem sie ihn erst einmal ganz weltlich gezüchtigt hatte.

«Leck mich am *tokhes* (Hintern)», flüsterte Tom-Tom. Er hatte immer das letzte Wort, weshalb Henry ihn auch so sehr mochte.

Henry wußte, daß er nicht der einzige war, der Tom-Tom bewunderte. In seiner Vorstellung hatten all die kleinen Mädchen eine Schwäche für Tom-Tom. Alle wollten mit ihm spielen und ihn auf die Lippen küssen. Manchmal stritten sie darüber, wen Tom-Tom am meisten mochte. Henry liebte diese Phantasien. Aber er begann, Tom-Tom zu beneiden, daß er die ganze Zeit spielen konnte, während er selbst zur Schule mußte. Darum entschloß er sich, Tom-Tom mit in die Schule zu nehmen. Aus Tom-Tom wurde Tommy, der bestaussehendste und athletischste Junge der Klasse. Henry war fett und wirkte ein wenig weibisch. Tommy dagegen war sportlich und männlich. Henry hatte einen kleinen Penis, ein *petseleh*, wie seine Mutter es einmal nannte: Das war die Bezeichnung für das

Glied eines sehr kleinen Jungen. Tommy hatte einen *shlanger*, der einer Schlange Angst machen würde. Henry spielte die Tuba. Tommy konnte auf dem Klavier die neuesten Hits spielen und sie auch singen! Henry schaffte in der Turnhalle nicht einen einzigen Klimmzug, während Tommy den Schulrekord hielt. Sie wurden die besten Freunde.

Die Grundschuljahre vergingen. Henry wurde klüger und dicker. Tommy wurde stärker und raffinierter. Da Henry nicht zu den Pfadfindern durfte, schickte er Tommy hin. Währenddessen verbrachte Henry viel Zeit in der Bibliothek, wo er Abenteuerbücher las. Ganz besonders faszinierten ihn Geschichten über Geheimagenten und Kriegshelden. Manchmal kam Tommy in die Bibliothek und kroch und robbte lautlos zwischen den Regalen herum. Tommy war so geschickt darin, daß er sogar unter die Tische kriechen konnte, um den Mädchen unter die Röcke zu spähen. Was Tommy dabei zu sehen bekam, konnte Henry sich nur vorstellen. Befand sich Sharon, das hübscheste Mädchen in der Klasse, in der Bibliothek, so schlich sich Tommy hinter sie und befühlte ihre Brüste. Sie merkte es nicht. Doch Henry wußte es, und er kicherte vor sich hin.

Eines Tages wanderte bei den Jungen in Henrys Klasse ein Pornoheft von Hand zu Hand. Es enthielt richtige Fotos von Geschlechtsakten. Es gelang Henry, das Heft zu klauen. Er versteckte es in der Büchertasche für die Hebräische Schule, wo niemand danach suchen würde. Am späten Abend starrten Tommy und Henry mit großen verwunderten Augen auf die Bilder. Am Morgen fand Mrs. Hammer das Heft beim Saubermachen in Henrys Zimmer. Aus ihrem Mund ergoß sich eine zornige Flut von Jiddisch.

«*Vos iz mit dir?*» fragte sie wieder und wieder, während sie das Magazin durch die Luft schwenkte. Jedesmal, wenn sich das Heft ihrem Gesicht näherte, schloß sie die Augen und öffnete sie erst wieder, wenn ihr Arm das Magazin hoch über ihren Kopf streckte. Henry erwartete saftige Prügel.

«Schau! Ein fliegender Fick!» flüsterte Tommy.

Henry wieherte laut los.

Mrs. Hammer begann laut zu jammern. «*Oy! Vey iz mir! A klog iz mir! A brokh tsu mir!*» (Weh mir! Ein Fluch liegt auf mir!)

«Mama, hör auf, dich selbst verrückt zu machen», sagte Henry mit echter Besorgnis.

Am Abend kam Henrys Vater in sein Zimmer. Er befahl Henry, sich splitternackt auszuziehen und auf einen Stuhl zu stellen. Henry gehorchte. Jetzt blickte er direkt in die gestrengen Augen seines Vaters. Sein Vater rief ihm ins Gedächtnis, aus welchem Grund praktizierende orthodoxe Juden eine *jármulke*, also ein Käppchen, tragen. Es soll anzeigen, daß da jemand über ihnen ist. Dieser Jemand ist Gott. Der Gott Abrahams, Isaaks, Jakobs und Henrys. «Er beobachtet dich die ganze Zeit und sieht alles», sagte sein Vater. Henry blickte über den Kopf seines Vaters hinweg. Und zum erstenmal sah er Tommy oben auf seinem Schrank sitzen!

«Von hier kann man kotzen», sagte Tommy.

Abe Hammer fuhr mit seiner Gardinenpredigt fort. Als er damit fertig war, sagte er, Henry müsse die ganze Nacht auf dem Stuhl stehen und den Talmud lesen. Am Morgen werde er ihn abfragen. Wisse er die richtigen Antworten, dürfe er wieder zur Schule. Am folgenden Tag schlurfte Henry in den Unterricht.

«Tun dir die Beine weh?» fragte Tommy.

«Ach was, ich bin stark wie ein Pferd», antwortete Henry.

«Sie lassen dich nicht leben», sagte Tommy. Das fand Henry auch. In der Schule waren die Jungen panisch auf der Suche nach dem Magazin. Auf dem Gang stellten sie Henry zur Rede. Einer beschuldigte ihn, das Heft gestohlen zu haben. Henry sagte ihnen teilweise die Wahrheit: Er wisse nicht, was mit dem Magazin geschehen sei. Sie fingen an, ihn zu beschimpfen. «Lügner!» «Fettarsch!» «Jude!» Henry schwitzte jetzt. Jeder konnte ihm sein schlechtes Gewissen ansehen. Irgend jemand schlug zu, und die Faust traf Henrys Kinn, so daß er zu Boden fiel. Alle liefen davon. Sofort stand Henry auf, wischte seine schwarzen Hosen sauber, so gut er konnte, und ging zur nächsten Unterrichtsstunde. Er sagte kein Wort. Henry war keine Heulsuse.

Nach diesem Vorfall hackten dieselben drei Jungen ständig auf Henry herum. Sie hänselten ihn wegen des Heftes. Er nannte sie die «drei *Shlubs* (Dussel)». Obwohl er ihnen nicht verriet, daß seine Eltern das Magazin beschlagnahmt hatten, schienen sie genau dies zu vermuten, denn dauernd spielten sie darauf an, daß sein Vater und seine Mutter die Stellungen auf den Fotos nachahmten. Henry versuchte, seine Quälgeister zu ignorieren.

Als Henry sich eines Tages im Physikunterricht auf seinen Platz setzte, fühlte er im Hinterteil einen scharfen Stich. Der Schmerz verschlimmerte sich, als er sich ganz auf dem Stuhl niederließ. Er wußte, daß er auf einer Reißzwecke oder einem Nagel saß. Die «drei *Shlubs*» starrten ihn an. Er wußte, daß das ihr Werk war. Weder schrie Henry, noch zuckte er. Die Schmerzen ließen nicht nach, wurden aber zum Glück auch nicht schlimmer. Henry versuchte, das gemeine Stechen zu ignorieren. Er konzentrierte sich auf Tommy, der sich draußen vor dem Klassenfenster befand. Tommy hatte eine Maschinenpistole. Henry signalisierte ihm mit den Augen, er solle die Dussel erledigen. Tommy salutierte.

«*Shmuts* (etwa: Dreckskerle)», schrie Tommy und ließ seine MP rattern. Die drei Shlubs wurden in Fetzen gerissen. Dann schlüpfte Tommy durch das Fenster und marschierte triumphierend durch den Mittelgang, küßte alle Mädchen auf die Lippen und drückte auch ihre Brüste. Eine gerechte Belohnung, dachte Henry.

Nach der Unterrichtsstunde ging Henry auf die Toilette und entfernte aus seinem Hinterteil einen gut zwei Zentimeter langen Polsternagel. Als er ihn herauszog, blutete es ein bißchen. Henry stopfte Toilettenpapier in seine Unterhose, um Flecken zu vermeiden. Das winzige Loch in seiner schwarzen Hose würde seiner Mutter wohl kaum auffallen. Dann verließ er die Toilette und tat, als sei nichts geschehen.

Im folgenden Jahr feierte Henry seine Bar-Mizwa, das Ritual der feierlichen Aufnahme in die Kultgemeinschaft. Sein Vater schenkte ihm eine Aktentasche aus echtem Leder. «Behandle sie sorgfältig, und sie wird dir während deiner High-School- und Collegezeit dienen», sagte sein Vater. «Und während deines Medizinstudiums, so Gott will», fügte seine Mutter hinzu. Henry gefiel die Tasche, weil sie so aussah wie die, die Geheimagenten trugen.

Die Aktentasche war die einzige sichtbare Veränderung an dem Erscheinungsbild, das Henry auf der High-School bot. Gern hätte er modische Hemden und Designerjeans getragen wie die anderen Jungen, doch seine Eltern zwangen ihn, nach wie vor dieselbe schwarze Hose, das weiße Hemd und das Käppchen zu tragen. Auch Tommy trug eine Uniform – eine Boy-Scout-Uniform! Manche der anderen Jungen waren Pfadfinder und protzten mit ihren Verdienstmedaillen auf Riesenschärpen, die sie sich über die Schulter legten. Tommy war eine Klasse für sich. Seine Abzeichen und Medaillen, die auf die Hemdsärmel und nicht auf kindische Schärpen aufgenäht waren, erzählten seine Geschichte. Auf der rechten Schulter befand sich das Emblem der Special Forces, ein goldenes Schwert mit Blitzstrahlen. Das blauweiße Band darunter wies ihn als Experten im Dschungelkrieg aus. Auf seiner linken Schulter sah man einen Totenschädel und gekreuzte Knochen, das Emblem einer Scharfschützeneinheit in Vietnam. Seine Brusttasche zierte ein winziger Davidstern, den ihm der israelische Ministerpräsident verliehen hatte in Anerkennung seiner Verdienste bei der Vernichtung der «drei *Shlubs*». Henry begann, ihn Sergeant Tommy zu nennen: Er war ein Soldat, überall und für alles einsatzbereit, der jedem Befehl Henrys gehorchte.

Henry befahl dem Sergeant, die Klasse zu patrouillieren und ihm als Leibwächter zu dienen. Der Unterricht war langweilig. Henry bekam zwar in allen Fächern erstklassige Noten, jedoch nur, weil er so intelligent war. Das Fach, das er am meisten haßte, war Geschichte. Nicht, daß Geschichte nicht interessant sein konnte. Henry hatte alles gelesen über die abenteuerlichen Spione des Zweiten Weltkriegs und über die Nahkampfhelden in Korea, auch über die spektakulären Operationen der Special Forces in Vietnam. Geschichte war aufregend. Doch Mr. White verhunzte alles, indem er endlos langweilige Monologe herunterleierte. Es klang, als lese er einen einzigen ewigen Dauersatz vor, der nur deshalb aufhörte, weil die Glocke das Ende der Unterrichtsstunde verkündete. Alle Schüler langweilten sich maßlos, da Mr. White jedoch «Aufmerksamkeit» im Unterricht hoch bewertete, taten alle sehr interessiert.

Aber Mr. White verlangte nicht nur Aufmerksamkeit. Jeder Schüler mußte sich stichwortartige, prägnante Notizen machen. Einmal in der Woche sammelte Mr. White die Hefte ein und benotete sie. Das Schwierigste am Unterricht war, die Augen auf Mr. White gerichtet zu halten. Ertappte er einen dabei, daß man zu einem Mitschüler blickte – oder etwa auf das Geschichtsbuch, während er sprach –, so rief er plötzlich den Namen des Betreffenden in einem solchen Ton, als handle es sich um den Angeklagten bei einem Hochverratsprozeß. Bei Mr. Whites Unterricht waren ganz einfach keine Freiheiten erlaubt.

Das Klassenzimmer, in dem Mr. White unterrichtete, befand sich zwar im ersten Stock, aber das war für Sergeant Tommy kein Hindernis. Er schlüpfte einfach in einen Spezialklettergürtel und ließ sich vom Dach bis zum Klassenfenster hinab. Dort bezog er Stellung und wartete auf geeignete Zielobjekte. Manchmal glitt er unauffällig ins Klassenzimmer und kroch dann zu einem Schüler, den Henry für ihn «markiert» hatte. Henry brauchte nur zu dem Objekt zu blicken, den Rest besorgte dann Tommy. Besaß ein Mitschüler die Unverfrorenheit, Henry etwa einen Vogel zu zeigen, so fixierte Henry ihn, bis Sergeant Tommy sich in Position befand. Tommy preßte die Hand des Jungen auf dessen Pult, hackte den gemeinen Finger mit einer Machete ab und steckte ihn dann ins Rektum des Jungen. Der Sergeant war ein echter *mamzer*, ein unheimlich ausgebuffter Hund.

Eines Tages wiederholte Mr. White eine Lektion, die er bereits ein paar Tage zuvor mit der Klasse durchgenommen hatte. Keiner hatte den Mumm, es ihm zu sagen. Henry dachte, wenn er Mr. White nur eindringlich genug anstarrte, könnte er die Botschaft vielleicht auf nichtverbale Weise übermitteln, so wie er es mit Tommy tat. Plötzlich tanzte ein runder, roter Laserstrahl auf Mr. Whites Stirn. Direkt zwischen Mr. Whites Augen kam er zur Ruhe. Henry blickte zum Fenster und sah Sergeant Tommy, der ein Gewehr mit Laservisier in den Händen hielt, mit dem er auf Mr. White zielte. Tommy blickte auf, salutierte und nahm seine Schußposition wieder ein. Henry schaute zu Mr. White.

«*Yisgadal, vyiskadash*», sagte Henry tonlos. Es waren die beiden ersten Wörter des Trauergebets zu Ehren der Toten. Mit Mr. Whites Salbaderei hatte es endlich ein Ende, als sein Kopf in einer grellroten Wolke explodierte.

Am nächsten Tag erschien Mr. White nicht in der Schule. Der Direktor sagte, er sei krank. Henry fragte sich, ob Sergeant Tommy ihn wohl tatsächlich verletzt hatte. Vertretungsweise übernahm ein anderer Lehrer die Klasse. Die Schüler spielten verrückt. Sie tauschten die Plätze, reichten Zettel herum, schwatzten miteinander. Wie Geschosse flogen Papierkügelchen durch das Zimmer. Der Vertretungslehrer gab sich alle Mühe, einen Aufruhr zu verhindern und den für diesen Tag vorgesehenen Stoff durchzunehmen.

Henry signalisierte Sergeant Tommy, in das Klassenzimmer zu kommen. Tommy kroch durch den Gang, bis er Henrys Platz erreichte.

«Volles Rohr, Sergeant», sagte Henry. «Je schneller, desto besser.»

Dann öffnete Henry seine schwarze Aktentasche. An der Innenseite des Deckels hatte er mit Klebestreifen einen Brieföffner aus Stahl angebracht. Dieses Messer mit der langen Klinge löste er aus seiner Halterung und reichte es Tommy. Sergeant Tommy rannte nach vorn und stieß die fünfzehn Zentimeter lange Klinge des Brieföffners bis zum Heft in den Schenkel des Lehrers, so daß die Spitze auf der anderen Seite herausragte. Das Blut strömte auf den Fußboden des Klassenzimmers. Der Lehrer schrie und stieß Henry zu Boden. Henry saß in einer Blutlache, voller Entsetzen. Dort saß er auch noch, als die Polizei eintraf.

Nach monatelangen Gesprächen mit Henry und seinen Eltern begriff ich, wie die Frustration und die Wut, die Sergeant Tommy am Leben hielten, durch das Zustechen entwichen waren. Henry erzählte mir, Tommy sei danach fortgerannt und nicht mehr wiedergekommen. Bei richtiger Therapie würde Tommy vielleicht niemals zurückkehren. Das sagte ich vor Gericht, wo Henry zu einem mehrjährigen Aufenthalt in einem Camp der California Youth Authority verurteilt wurde.

Dennoch bleibt mir nach meinem letzten Zusammentreffen mit Henry Grund zum Grübeln. Ich sagte auf Wiedersehen. Henry lächelte. Dann salutierte er.

Teil IV

Lebensbedrohende Gefahr

Der Käfig

Sacht strich die Klinge über seinen nach vorne gebeugten Hals. Martin wußte, warum sie das mit ihm machten. Es bewirkte, daß sich die Nackenmuskeln automatisch anspannten, so daß ein exakter sauberer Hieb mit der Machete möglich war. Das Köpfen eines Mannes war immer eine schmutzige Angelegenheit, doch diese Gelben verstanden sich darauf. Obwohl seine Hände auf dem Rücken gefesselt waren und er auf dem Boden kniete, wollte Martin versuchen, sich flach nach vorn zu werfen, sobald der Henker mit der Machete zum entscheidenden Schlag ausholte. Vielleicht konnte er so überleben. An den Rändern seiner Augenbinde sah er Licht. Martin spürte die Klinge hoch über sich. Er warf sich nach vorn und prallte so hart auf, daß ein Stück seines Vorderzahns absplitterte. Die Machete blieb oben. Martin begann zu weinen. Seine Wächter brachen in Gelächter aus.

Sie hatten gar nicht die Absicht, Martin zu töten; sie warnten ihn, nicht abermals einen Fluchtversuch zu wagen. Er war bei einem Überfall auf seine Patrouille in Gefangenschaft geraten. Während des langen Marsches durch den Zoo, wie die Dschungel von Vietnam genannt wurden, hatte er zweimal versucht zu entkommen. Jetzt schrien sie auf vietnamesisch auf ihn ein, es ja nicht noch einmal zu wagen. Die Schreie wurden von Schlägen in sein Gesicht begleitet. Wimmernd versicherte Martin, er würde es nicht noch einmal tun. Doch er war entschlossen zu überleben. Aufs Überleben verstanden sich die Clintons.

Martin Clinton war in Ilion aufgewachsen, einer Kleinstadt im Norden des Staates New York. Dort lebte seine Familie seit Menschengedenken. Martins Vater arbeitete in einer Waffenfabrik, und seine Mutter war ein aktives Mitglied der Töchter der Amerikanischen Revolution. An jedem Nationalfeiertag zeigten die Clintons Flagge, und Martin lernte Trommel spielen, damit er bei Paraden in der Jugendkapelle der *American Legion* mitmarschieren konnte. Er war stolz darauf, Amerikaner zu sein, und noch stolzer, daß er ein Clinton war. Ein entfernter Verwandter hatte furchtlos in der Revolution gekämpft. Während einer besonders blutigen Schlacht wurde er verwundet und stellte sich tot. Ein Seneca-Indianer, der auf britischer Seite kämpfte, fuhr ihm mit einem Skalpiermesser um den Schädel und riß ihm Haar und Haut vom Kopf. Er überlebte. Später, im Ersten Weltkrieg, wurden einem Großonkel knapp unterhalb der Knie die Beine abgeschossen, trotzdem schaffte er es, aus der Feuerzone und in Sicherheit zu gelangen. Im Zweiten Weltkrieg verlor Martins Vater einen großen Teil seiner Hörfähigkeit als Kanonier auf einem Kriegsschiff im Pazifik. In jedem Krieg kämpfte ein Clinton und kehrte stets wieder heim. Deshalb hatte er zu seinen Eltern gesagt, sie sollten sich keine Sorgen machen, als er sich freiwillig für einen zweiten Einsatz in Vietnam meldete. Außerdem hatte er erst gegen Ende seiner ersten einjährigen Dienstzeit das Gefühl gehabt, seine optimale Kampftauglichkeit erreicht zu haben. Jetzt war er wirklich kampfbereit.

Aber dann geriet er mit seiner Patrouille in einen Hinterhalt der Vietcong. Die meisten Männer fielen im Kreuzfeuer, das von drei Seiten kam. Daß Martin verschont wurde, lag wahrscheinlich daran, daß er eine Kopfbedeckung der Nordvietnamesischen Armee (NVA) trug und mit einem erbeuteten AK-47 bewaffnet war statt mit dem Standard-M-16. Dies waren Tricks, die er von erfahrenen Erkundungstrupps übernommen hatte. Die Ausrüstung verwirrte den Feind und ließ ihn zögern. Und dieses kurze Zögern reichte aus, um aus dem AK-47 eine dreißigschüssige Salve abzugeben. Doch zum Schießen kam Martin gar nicht. Als er die Attacke hörte, wirbelte er sofort herum. Ein Gewehrkolben schlug ihm ins Gesicht, und er verlor das Bewußtsein. Als er wieder zu sich kam, waren seine Hände auf dem Rücken gefesselt. Rundum wimmelte es von VCs, die Waffen und Munition der Toten einsammelten.

Martin sah die Leiche von Vernon, dessen kurze Dienstzeit in wenigen Wochen zu Ende gewesen wäre. Vernon trug seine Erkennungsmarken immer an seinen Stiefeln, damit man ihn identifizieren könne, falls er verstümmelt würde. Jetzt hatte Vernon keine Füße mehr, eine Mine hatte sie abgerissen. Verzweifelt sah sich Martin nach den Marken um. «Sucht seine Scheißhundemarken, Mann! Sucht seine Marken!» schrie er den VCs zu. Sie ignorierten ihn. Martin bemerkte, daß manche VCs Lederriemen um die Handgelenke trugen, damit sie von ihren Kameraden weggeschleppt werden konnten, falls sie fielen.

Einer der VCs schleppte Chris auf die Lichtung neben Martin. Chris war der Schlußmann der Patrouille. Er lebte noch trotz einer entsetzlichen Unterleibswunde. Die primitive VC-Medizin konnte nichts für ihn tun. Er hätte einen Sanitätshubschrauber gebraucht. Ein VC-Offizier mit einem Gesicht wie aus Stein untersuchte Chris so distanziert, als betrachte er Fleisch bei einem Metzger, und jagte ihm dann einen Schuß durch den Kopf.

«*Duma! Duma!* Fick deine Mutter, fick deine Mutter, du Schwanzlutscher! *Duma!*» schrie Martin, bis ihn ein anderer Gewehrkolben k.o. schlug.

Als er diesmal zu sich kam, war er geknebelt und hatte verbundene Augen. Immerhin lebte er noch, und er war entschlossen, alles zu tun, daß es dabei blieb. Die Nordvietnamesen zogen und schoben ihn durch den Dschungel. Jedesmal wenn ein Flugzeuggeräusch ertönte, stießen sie ihn flach auf den Boden und zerrten ihn dann wieder hoch. Martin ließ sich diese Behandlung widerspruchslos gefallen. Schließlich erreichten sie ein kleines Dorf und brachten Martin in eine der Hütten, wo sie ihn sorgfältig an einer Wand aus Bambusstangen festbanden. Von der Augenbinde und dem Knebel befreiten sie ihn.

Zu Martins Überraschung befand sich in der Hütte ein NVA-Offizier, ein Zwerg von einem Menschen. Der Offizier nickte Martin zu und ging dann zu einer Kochstelle in der Mitte der Hütte. Aus seiner Tasche nahm er einen kleinen, rechteckigen Gegenstand. Martin erkannte, daß es sich um ein Stück C-4-Plastiksprengstoff handelte. Der Offizier hielt ein Feuerzeug an das Material und ließ es dann in genau dem Augenblick fallen, als es grell entflammte. Nun hielt er einen Kessel mit Wasser über das Feuer. Nach wenigen Sekunden begann das Wasser zu kochen. Der Offizier machte Tee und ließ Martin aus einem Becher davon schlürfen. Beide tranken schweigend. Martin wußte, daß er auf ein Verhör vorbereitet wurde. Er nahm sich vor, sowenig wie möglich zu sagen. Nach dem Tee wies der Offizier seine Leute an, über Martins linkes Auge ein kleines Stück C-4 mit Klebeband zu befestigen. Er stand mit einem Feuerzeug direkt vor Martins anderem Auge. Auf dem Feuerzeug konnte Martin das Emblem der Luftwaffe der Vereinigten Staaten erkennen. Dieser Kerl weiß, wie man's macht, dachte Martin. Er beschloß, jede Frage zu beantworten. Er wollte nicht den Helden spielen, er wollte überleben.

Nach dem Verhör gab man ihm eine große Schale mit Reis und etwas Wasser. Dann wurde er in einen kleinen Tigerkäfig aus Bambus geworfen, der sich in der Hütte befand. Der Käfig war ungefähr anderthalb Meter lang, einen Meter breit und anderthalb Meter hoch. In einer Ecke des Käfigs sah Martin einen Eimer, der nach Scheiße stank. Kaum hatte Martin sich seine Umgebung leidlich eingeprägt, verband man ihm auch schon wieder die Augen. Seine Hände wurden an die Wand gefesselt, und zwar so, daß das Seil die Bambusstangen entlangglitt, wenn er sich setzte oder aufstand. Man schloß ihn in den Käfig ein und verriegelte dann die Hütte.

Martin schlief ein. Nach mehreren Stunden erwachte er im Dunkeln. Für einen Augenblick sah er, daß die Tür seines Schlafzimmers offenstand. Durch den Korridor konnte er zum Zimmer seiner Eltern blicken. Bevor sein Gehirn erkannte, daß er noch immer die Augenbinde trug, nahm es die schwülen Gerüche des Dschungels wahr. Ein Diarrhöe-Anfall brachte ihn zurück in die Wirklichkeit des Käfigs. Mit den Füßen versuchte er, den Scheißeimer näher zu rücken, schaffte es jedoch nicht ganz. Dann verunreinigte er seine Shorts. Er rief nach den VC-Wachen, doch niemand kam.

Vielleicht waren sie unterwegs zu einem Nachtangriff auf ein Basiscamp. Martin vermutete, daß sich eines in der Nähe befand, sonst hätte man den Tigerkäfig ins Freie gestellt. Auf jeden Fall nahm er an, daß er sich hier noch auf freundlichem Territorium befand. Allerdings verwunderte ihn die Anwesenheit eines NVA-Vernehmungsoffiziers. Vielleicht wollten die ihn über die Grenze nach Nordvietnam mitnehmen. Die Vorstellung, Jahre im sogenannten Hanoi-Hilton zu verbringen, gefiel ihm gar nicht, obwohl eine Betonpritsche gegenüber dem Käfig schon eine Verbesserung gewesen wäre. Falls der Vietcong ihn behielt, würde man ihn wahrscheinlich foltern und töten, wenn man das Gefühl hatte, er habe alles ausgesagt, was er wußte. Und er hatte denen ja bereits alles gesagt, was sie wissen wollten! Was konnte er denn noch sagen? Martins Herz begann zu hämmern.

Blitzartig gingen ihm die Geschichten durch den Kopf, die er über VC-Vernehmungen gehört hatte. Die setzten all die üblichen schmutzigen Tricks ein: Prügel, wohlplazierte Tritte, Kopf unter Wasser tauchen, in die Ohren gehämmerte Bleistifte. Mit Vorliebe fesselten sie die Arme des Gefangenen so stramm nach hinten, daß diese hörbar auskugelten. Dann machten sie sich an die Beine. Gefangene, die so etwas überlebten und davon berichteten, waren meist für immer verkrüppelt. Schrie man zu viel, so schlugen sie einen nur noch mehr. Manchmal stopften sie einem Stoffetzen in den Mund, die mit irgendeiner ekelhaften Substanz getränkt waren, und man erbrach sich durch die Nase.

Martin wußte, daß seine Wächter zu noch weit brutaleren Methoden fähig waren, wenn sie am Körper des Opfers ein Beispiel statuieren wollten. Einer seiner Männer hatte einen älteren Südvietnamesen gefunden, den der VC am Leben gelassen hatte. Seine Hoden, seine Nase, seine Ohren und seine Zunge waren ihm abgeschnitten worden. In seine Augen hatte man Bambussplitter gesteckt. Ziellos wanderte er herum, außerstande, sich selbst zu helfen, weil seine Finger und Daumen abgeschnitten worden waren.

Stimmengeräusche vor der Hütte ließen Martin plötzlich erstarren. Er war ganz angespannte Aufmerksamkeit, als schreite er an der Spitze einer Patrouille. Sein Gehör war erstaunlich scharf. Es klang, als werde jemand geschlagen. Nach einigen Minuten entfernten sich die VC-Stimmen, aber Martin konnte noch immer das Wimmern eines Mannes hören. Er war sehr nah. Ein anderer Gefangener? «Heh», flüsterte Martin. Er erhielt keine Antwort. «Halte durch, Kumpel», sagte Martin zur Wand.

Immer wieder mußte Martin gegen seine aufsteigende Angst ankämpfen. Sein ganzer Körper war in Aufruhr. Die starke Dehydrierung durch die Diarrhöe setzte ihm übel zu. Er schien überall geschwollen zu sein. Seine Hände und Füße fühlten sich an wie Pappe. Das Schwitzen wollte einfach nicht aufhören. Vielleicht hatte er sich irgendeine rätselhafte Tropenkrankheit zugezogen. Zum erstenmal glaubte Martin, daß er sterben werde.

Erst vor wenigen Wochen war er in Saigon auf Urlaub gewesen. In einer Drogenhöhle hatte ihm die Mamma-san das süßeste, traumhafteste Opium der Welt gegeben. Jetzt versuchte Martin, sich den Geruch des Opiums zurückzurufen und sich daran zu erinnern, wie wunderbar sich alles angefühlt hatte. Doch es klappte nicht. Das einzige, was er riechen konnte, war seine eigene Scheiße und Furcht.

Die Sonne stieg, doch nur wenig Licht drang durch Martins Augenbinde. Ein paar Käfer krabbelten über seine Beine. Zuerst dachte er, es handele sich um Ameisen, aber Ameisen von Faustgröße? Dann machte er sich Sorgen wegen der Schlangen. In den Dschungeln von Vietnam gibt es 133 verschiedene Schlangenarten. Bis auf zwei sind alle giftig. Die am meisten verbreiteten sind die Kraits, die Lieblinge der Vietcong, die sie in ihren Tunneln anbinden, damit sie nichtsahnende Eindringlinge töten. Hatten seine Wächter womöglich ein oder zwei Schlangen in der Hütte losgelassen? Wieder geriet Martin in Panik. Er zog seine Beine an und erhob sich, so weit er konnte, an den Bambusstangen. Die grüne Bambusviper ist genauso tödlich. Martin drehte durch und riß an den ihn fesselnden Seilen. Tief schnitten sie in seine Handgelenke. Er gab es auf, als die Seile auf seine Knochen scheuerten.

Er war kurz vor dem Verdursten und rief nach seinen Wächtern. Keine Antwort. Aus seinem Rektum floß Schleim. Martin weinte. Er flüsterte zwei dürre Worte, die noch nie ein Clinton geäußert hatte: «*Chu hoi*» (Ich gebe auf).

Schlaf erlöste ihn für einige Zeit von der drückenden Hitze des Tages. Als er aufwachte, fühlte sich sein Körper aufgebläht an wie ein Ballon. *Wo zum Teufel sind die Wachen?* dachte Martin. Er begann laut zu schreien.

«Heh, Kumpel», sagte eine heisere Stimme auf der anderen Seite der Wand.

«Ja, ja», antwortete Marrin. Seine Stimme klang genauso heiser.

«Die sind weg. Wir müssen am Leben bleiben, bis Hilfe kommt», sagte die Stimme.

«Ja, ja», pflichtete Martin bei.

«Sei stark.»

Martin hatte in der Ferne ein Kanonenboot gehört und nahm an, daß der VC in ein Feuergefecht verwickelt war. Er wußte, daß die Stimme recht hatte. Irgend jemand – entweder Nordvietnamesen oder eigene Leute – würden bestimmt kommen. Man würde ihn nicht sterben lassen. Aber wie auch immer: Wenn er hier nur rauskam, würde er irgendwo Waffen finden, und dann war's an der Zeit, es denen heimzuzahlen. Martin begann seine Rache zu planen. Das beschäftigte ihn fast den ganzen Tag, bis er wieder einschlief.

Als er erwachte, blickte er in den nächtlichen Himmel. Überall waren Sterne. Manche glichen Diamanten und strahlten in den Farben des Regenbogens. Martin fühlte sich entrückt, fast so, als schwebe er schwerelos im Raum. Er streckte die Arme aus, um in diesem Gefühl zu baden. Die Seile um seine Handgelenke rissen ihn zurück auf den mit Scheiße bedeckten Boden des Käfigs. Obwohl ihn am ganzen Körper Schmerzen quälten, zwang er sich, wieder einzuschlafen.

Am Morgen nach einem traumlosen Schlaf empfand Martin nagenden Hunger. Laut verlangte er etwas zu essen, doch niemand gab Antwort. Wenn er seinen Kopf zur Seite neigte, konnte er am Rand durch seine Augenbinde spähen. Nach vielen Versuchen gelang es ihm, die Tür der Hütte zu erkennen. Durch einen Spalt in der Tür sah er draußen das Elefantengras. Der unverkennbare Geruch von gebratenem Fisch erfüllte die Luft und versetzte Martin in eine andere Zeit.

Martin hatte sie seit jeher geliebt, diese Ausflüge aufs Land mit seinem Alten Herrn. Sie parkten ihren Wohnwagen nahe bei ihrem Lieblingsbach und angelten Forellen. Die Beute brieten sie dann über einem Lagerfeuer. Daß sein Vater alle Fische fing, spielte keine Rolle. Martin war ganz einfach glücklich, mit seinem Vater zusammenzusein. Jetzt standen sie im Bach, die Angelruten in den Händen, und warteten auf das verräterische Zerren an den Schnüren. Martin liebte so vieles an diesem Flecken hier: die idyllische Ruhe, das sich im Wind biegende Elefantengras, selbst den Anblick der Kanäle, die sich durch die Reisfelder wanden. Plötzlich kam ein Sturmboot um die Biegung des Kanals und eröffnete das Feuer auf sie. Seinen Vater trafen die ersten Schüsse. Martin sank auf den Boden des Käfigs.

Ich bin dabei, verrückt zu werden, dachte Martin. Er verstand nicht, warum er halluzinierte, und vermutete das Schlimmste.

«Psst», sagte die Stimme auf der anderen Seite der Wand. «Wo sind wir?»

«Im Land», kam die Antwort. Dies war die mißmutige GI-Bezeichnung für Vietnam. Martin brach in hysterisches Gelächter aus.

Der Tag verging damit, daß Martin versuchte, etwas Eßbares zu finden. Es gelang ihm, seinen Kopf so zu drehen, daß er vom Käfigboden etwas auflecken konnte, das er für kleine Reiskörner hielt. Nachdem er genausoviel Dreck wie Reis geschluckt hatte, wünschte er sich die faustgroßen Käfer in Reichweite. Sie würden ihn zumindest mit etwas Protein versorgen.

Einige Zeit später öffnete Martin die Augen und sah wieder die offene Tür seines Schlafzimmers. Er trat hinaus in die Diele. Die Lichter des Weihnachtsbaums brannten noch. Auf der Spitze des Baums befand sich ein weißes Kreuz. Es strahlte.

Viel später kam draußen vor der Hütte Wind auf. Martin erkannte die Geräusche eines Hubschrauberangriffs. Es war sehr schnell vorüber. Das Dorf war verlassen worden. Martin war der einzige, der sich hier befand. Eigentlich überraschte es ihn nicht, als er erfuhr, daß auf der anderen Seite der Hüttenwand kein Gefangener war. Und sein durstiger Körper war nicht angeschwollen, nur zerschunden und steif. Martin fühlte sich besser, als ihm der verantwortliche Offizier vor dem Start zum Basislager gestattete, das Dorf in Brand zu stecken.

Als Martin seine Geschichte zu Ende erzählt hatte, glaubte ich genau zu wissen, was ihm widerfahren war. Er war einer von mehreren früheren Kriegsgefangenen, die ich zu Forschungszwecken ausgewählt hatte. Ihre Reaktionen auf die Gefangenschaft ähnelten einander sehr stark.

«Was Sie gesehen haben, klingt teilweise nach Gefangenenkino», sagte ich. Ich erklärte, daß Gefangene in Einzelhaft oder in dunklen Kerkern oft die gleichen visuellen Eindrücke erleben, die durch Isolation und den Mangel an sinnlichen Wahrnehmungen erzeugt werden. Es ist fast wie ein Film, sagte ich zu ihm, es beginnt mit einfachen Lichtern und Mustern wie Weihnachtsbaumlichter und Diamanten am nächtlichen Himmel. Später wechselt der Film über zu traumartigen Szenen. Der Film mischt ferne Erinnerungen, wie etwa den Angelausflug, mit jüngsten oder gegenwärtigen Eindrükken wie dem Elefantengras.

«Sie sagen, es war ein gottverdammter Film?»

«Nein, nein», sagte ich und ignorierte seinen drohenden Ton. Ich beeilte mich hinzuzufügen, ein Film sei es nur in dem Sinn, daß es wiederkehrende Szenen und Plots gebe, doch erlebe sie jeder ein bißchen anders. Viele Menschen denken beispielsweise an Flucht oder Befreiung. Je lebensbedrohender die Gefangenschaft ist, desto größer ist die Wahrscheinlichkeit, daß sich diese Gedanken in intensive Bilder, dann in Halluzinationen verwandeln. Dies kann jedem in einer traumatischen Situation passieren. Sogar die kleinen Kinder, die 1976 aus Chowchilla, Kalifornien, entführt und unterirdisch eingesperrt wurden, sahen hoffnungspendende Halluzinationen von der Außenwelt. Ich erzählte Martin die Geschichte von der Bergwerkskatastrophe in Pennsylvania, als zwei Bergleute vierzehn Tage lang in einem kleinen Schacht hundert Meter unter der Erdoberfläche gefangen waren. Einer der Bergleute sah eine Tür, die zu einer Marmortreppe und in die Freiheit führte. Der andere Bergmann sah eine offene Tür, die nach draußen in einen großen Garten führte. Beide Männer, die starke religiöse Bindungen hatten, sahen Papst Johannes in päpstlichen Gewändern, der ihnen die Rettung versprach.

«Ihre Vision einer offenen Schlafzimmertür, die zu einer Diele und zum Zimmer Ihrer Eltern führte», erklärte ich, «war eine Mischung aus Kindheitserinnerungen und Sehnsucht nach Befreiung. Auch wünschten Sie sich so sehr Gesellschaft, daß Sie anfingen, mit sich selbst zu sprechen. Diese imaginierten Dialoge können Gefangene manchmal zu dem Glauben verführen, daß die innere Stimme in Wirklichkeit die Stimme eines Mitgefangenen ist. Bei den meisten in Einzelhaft auftretenden Halluzinationen handelt es sich um solche Stimmen, nicht um Visionen.»

Ich erzählte Martin von Edgar Allan Poes Erlebnis, als er wegen Scheckfälschung in ein Gefängnis in Philadelphia geworfen wurde. Poe wurde von einer weißen weiblichen Gestalt getröstet, die leise zu ihm sprach. «Hätte ich nicht gehört, was sie sagte», versicherte Poe einem Freund, «so wäre das mein Ende gewesen.» Martins Gespräch mit dem imaginären Mitgefangenen hatte die gleiche tröstende Funktion. Natürlich sind manche Halluzinationen, wie z. B. die Vision vom Tod von Martins Vater, ebenso unerwünscht wie erschreckend. Poe hatte ein ähnliches Erlebnis. «Um mich zu martern und meine Seele zu quälen, schleppten sie meine Mutter, Mrs. Clemm, herbei, und ich mußte mitansehen, wie man ihr zuerst die Füße an den Fußknöcheln absägte, dann die Unterschenkel an den Knien, dann die Oberschenkel an den Hüften.»

«Es war nicht wirklich?» schrie Martin. «Ich habe Männer auf diese Art draufgehen sehen.»

«Aber Angst und Streß können solche Halluzinationen real wirken lassen», beharrte ich. «Zu Poes Zeit sind viele Gefangene verrückt geworden, weil sie glaubten, ihre Halluzinationen *seien real*.»

Dann erzählte ich Martin von den Experimenten in einer speziellen «Wassergruft», deren Zweck es war, den Streß zu imitieren, dem ein Kriegsgefangener ausgesetzt sein kann. Die Technik bestand darin, Versuchspersonen in einem absolut dunklen, mit Wasser gefüllten Tank im Schwebezustand zu halten. Jede dieser Personen begann in weniger als fünf Stunden zu halluzinieren. Der womöglich eindrucksvollste Beweis dafür, daß der Streß der Gefangenschaft in einem solchen Tank nachvollzogen werden konnte, wurde wohl von einem ehemaligen Kriegsgefangenen aus dem Koreakrieg geliefert. Als ihn die Wissenschaftler in den Tank legten, reagierte er hysterisch und durchlebte erneut die Folterung durch die chinesischen Kommunisten. Er sah und hörte das Foltern. Er glaubte, es geschähe abermals.

«Blödsinn!» schrie Martin. «Ich habe selbst jede Menge Flashbacks solcher Art gehabt, aber sie sind doch anders.» Er beugte sich auf seinem Stuhl vor und schob sein Gesicht bis auf Haaresbreite an meines heran. «Schon mal Schiß gehabt in der Dunkelheit, Kumpel?» knurrte er.

«Sicher», sagte ich. «Jeder hat mal Angst.» Mir machte Martins plötzliche Aggressivität ein bißchen angst.

Martin lehnte sich auf seinem Stuhl zurück. «Okay, ich schlafe gern bei brennendem Licht und mit einer Pistole unter meinem Kopfkissen. Was, Himmelarsch noch mal, bedeutet das also? Daß ich noch immer in dem Käfig bin?» Seine Stimme klang höhnisch.

«Was glauben Sie?» fragte ich ihn.

«Scheiße, nein! Mag sein, daß ich Vietnam noch immer nicht ganz abgeschüttelt habe, aber nichts, absolut *nichts* läßt sich damit vergleichen, wirklich in dem Käfig zu sein.»

Martin stand auf und begann, in meinem kleinen Büro herumzutigern. «Sie spielen sich hier als neunmalkluger Professor auf. Keinen blassen Schimmer haben Sie.» Er versetzte dem Aktenschrank einen Fußtritt, drehte sich dann um und zeigte auf das Tonbandgerät. «Sie können sich anhören, was mir passiert ist, aber Sie können nicht wissen, wie es sich angefühlt hat. Haben Sie jemals gedacht, daß Sie in einem Käfig sterben würden?» Er schrie mir die Frage ins Ohr.

«Martin, setzen Sie sich bitte. Sie machen mich nervös.» Noch bevor ich die Worte ausgesprochen hatte, wußte ich, daß ich etwas Falsches sagen würde.

«Nervös? Sitzen Sie doch mal in einem Scheißkäfig!»

«Okay», sagte ich so ruhig, wie ich konnte. «Ich will's versuchen … Ich mein's ernst», fügte ich wahrheitsgemäß hinzu.

Klüver hatte mir einmal geraten, «die Fliege zu werden» und mich meinen eigenen Experimenten zu unterziehen, um Halluzinationen zu erleben und zu verstehen. Und das hatte ich ja auch schon getan. Zu diesen Experimenten gehörten mehrstündige Aufenthalte in dunklen, schalldichten Räumen oder in Wassertanks. Ich nahm nicht an, daß es allzu schwierig sein würde, ein paar Tage in einem Tigerkäfig zu verbringen. Im übrigen hatte ich schon einmal den Großteil eines Tages ähnlich verbracht: in der Enge eines kleinen Affenkäfigs in meinem Primatenlabor, um besser verstehen zu können, wie die Tiere lebten. Damit verglichen würde mir ein Tigerkäfig wie das Tadsch Mahal vorkommen.

Ich beschloß, eines jener Experimente durchzuführen, bei denen sinnliche Wahrnehmungen weitestgehend reduziert werden. Ich wollte herausfinden, ob der Streß der Einzelhaft in einem Käfig auch ohne die lebensbedrohenden Umstände groß genug wäre, um Halluzinationen hervorzurufen. Martin erklärte sich bereit, sowohl als technischer Berater als auch als Ko-Experimentator zu fungieren. Er würde meine Haft in einem nachgebauten Tigerkäfig überwachen.

Es gelang mir, etwas Entsprechendes aufzutreiben: einen unbenutzten stählernen Paviankäfig, der fast genau die gleichen Maße hatte wie der vom VC verwendete Bambuskäfig. Diesen Käfig brachten wir in das Gebäude 156, einen isolierten Bau auf dem Gelände des Brentwood-Veteranen-Hospitals, wo der Vietnamfilm *Coming*

Home gedreht worden war. Das Gebäude hatte einmal psychisch gestörte Veteranen beherbergt, diente inzwischen aber als verstaubtes Lagerhaus. Die Räume waren jetzt vollgestopft mit Aktenschränken, Kisten, leeren Tierkäfigen und ausrangierten Laborgeräten. So manche meiner eigenen Utensilien lagerten schon seit Jahren dort.

Wir öffneten die Kellertür und rollten den Käfig einen langen Korridor hinunter. Die Lampen funktionierten nicht. In diesem Gebäude gab es schon lange keine Stromversorgung mehr. Durch kleine Ventilationslöcher in den Seitenräumen des Hauptkorridors drangen dünne Sonnenstrahlen. Die Luft wirkte rauchgeschwängert, und überall tanzten Staubpartikel. In diesem verwunschenen Licht sah ich, daß unsere Schuhe im dicken Staub auf dem Fußboden deutliche Abdrücke hinterließen. Im Zentrum der Kelleretage fanden wir einen leeren Raum. Alles war aus Beton, der Fußboden, die dicken, verputzten Wände und die Decke, von der lose Enden von Wasserrohren und elektrischen Leitungen herabhingen. Hier konnte man sich die Lunge aus dem Hals schreien, und niemand würde einen hören. Bei geschlossener Tür war es in dem Raum so dunkel, daß man sich eine Augenbinde sparen konnte. Ventilation gab es hier nicht, und wir schwitzten beide ganz enorm. Martin meinte, es sei heißer als in Vietnam. Ich wußte, daß dieser Raum der perfekte Ort für meinen Käfig war.

Wir warteten das Thanksgiving-Wochenende ab. Ich konnte nur dann, und im übrigen war es die beste Zeit, um uns bei unserem Experiment Neugierige zu ersparen. Ich betrat den Käfig am Donnerstag, dem Thanksgiving-Tag. Meine einzige Mahlzeit an diesem Tag war eine Schüssel Reis und so viel Wasser, wie ich trinken konnte. Martin beobachtete, wie ich eine Handvoll Abführtabletten schluckte, um die Diarrhöe zu simulieren. Dann durchsuchte er mich, um sich zu vergewissern, daß ich nichts weiter am Körper hatte als mein T-Shirt, Unterhosen, Shorts und Sportschuhe. Er reichte mir einen Plastikkübel und schob mich in den Käfig.

In puncto Komfort und Sicherheit gab es zwei Zugeständnisse. Das erste bestand darin, daß wir auf Seile verzichteten. Da die Fesseln Martin nur daran gehindert hatten, die Tür seines Bambuskäfigs zu erreichen, ohne seine Bewegungsfreiheit jedoch völlig einzuschränken, befand ich, daß dies kein entscheidender Faktor bei der Erzeugung von Halluzinationen sein würde. Außerdem war die Stahltür meines Käfigs stabil genug, um den Attacken jedes Primaten zu widerstehen. Das andere Zugeständnis bestand darin, daß Martin jeden Tag mit einer Schüssel Reis und Wasser kommen würde. Außerdem würde er seine Erste-Hilfe-Tasche mit Traubenzucker und Salztabletten, elektrolytischen Flüssigkeiten und Hochenergienahrung bei sich haben – für alle Fälle. Aber er würde nicht mit mir sprechen und den Käfig nicht öffnen, bevor zweieinhalb Tage um waren, egal was passierte. Ich schärfte ihm ein, alle zwölf Stunden nach mir zu sehen und mir alle vierundzwanzig Stunden Nahrung zu bringen.

Martin sicherte die Käfigtür mit einem Vorhängeschloß. «Sie müssen schon ein Hexer sein, um hier herauszukommen», kicherte er. Dann zog er die Tür des Raums zu und dichtete die Ritzen mit Klebeband ab. Aber das gehörte nicht zum Plan.

«He!» schrie ich. «Was machen Sie da?»

Während der letzte Lichtschimmer verschwand, rief er aus der Dunkelheit zurück: «Schon mal dran gedacht, du könntest in einem Käfig sterben, Kumpel?»

Ich schrie los. Die einzige Ventilation kam von der Tür, und da hatte er jetzt alles zugeklebt! Ich fürchtete, nicht genügend Atemluft zu bekommen. Als sich meine Augen an die Dunkelheit gewöhnten, sah ich ein Loch: dort, wo Türklinke und Türschloß entfernt worden waren. Martin hatte es nicht zugeklebt, und aus dem Kellergang drang etwas Licht herein. Das bedeutete, daß ein Mindestmaß an Luftzufuhr gesichert war. Außerdem würde ich – eine angenehme Zugabe – wissen, ob es Tag war oder Nacht.

Nur noch sechzig Stunden, dachte ich.

Als erstes inspizierte ich mein neues Heim. Hinsetzen konnte ich mich ohne Schwierigkeiten, jedoch nur gebückt stehen. Das Liegen auf dem mit Stahlstangen durchzogenen Betonboden erwies sich also genauso problematisch, wenn ich nicht eine embryonale Position einnahm. Da ich schon nach den wenigen Bewegungen im Käfig schwitzte, entledigte ich mich meiner Shorts und faltete sie zu einem kleinen Kissen zusammen. Wenn ich meinen Kopf auf das Kissen legte und mit dem Rücken auf dem kalten Stahlboden lag, die Knie ein Stück angezogen, war es fast kühl, jedoch alles andere als bequem. Ich bedauerte es, den Käfigboden nicht mit einer Matte und Erde bedeckt zu haben, der dann sowohl weicher als auch wirklichkeitsgetreuer gewesen wäre.

Es war sehr still. Ich versuchte, völlig reglos zu liegen und zu lauschen. Ich glaubte, die gedämpften Geräusche eines Lastwagens zu hören, jedoch nichts sonst. Ich rief: «Hallo.» Ein Echo gab es nicht; der Schrei erstarb einfach in der Ferne. Ich rief wieder. Und wieder verhallte das Geräusch, ohne daß es eine Wand oder einen anderen Gegenstand fand, der es zurückgeworfen hätte. Ich hatte das Gefühl, im Zentrum einer riesigen, unbekannten Höhle zu sein.

Langeweile war meine erste Sorge. Trotz aller Planung dieses Experiments hatte ich es versäumt, mir – zumindest mentale – Aktivitäten zur Selbstunterhaltung zu überlegen. Ich wußte, daß Versuchspersonen bei solchen Experimenten, die die Sinneswahrnehmung ausschalten, eine voraussehbare Sequenz kognitiver Aktivitäten durchmachen, die schwer zu stoppen sind. Als erstes tendieren sie dazu, über das Experiment nachzudenken. Dann kommen die Gedanken an persönliche Probleme. Danach folgen Erinnerungen aus jüngerer Zeit. Nach und nach tauchen fernere Jugenderinnerungen auf. Manche Versuchspersonen beschäftigen sich intensiv mit den Details eines bestimmten Films oder mit Reiseplänen oder sogar, ohne jedes Hilfsmittel, mit der Lösung mathematischer Probleme. Schließlich jedoch fällt die Konzentration zu schwer, und die Leute lassen ihre Gedanken einfach wandern. An diesem Punkt setzen die Halluzinationen ein. Da ich nichts tun konnte, um die Geschehnisse zu beschleunigen, beschloß ich, mich in den natürlichen Ablauf der Dinge zu schicken.

Mein dringlichstes persörliches Problem war das Experiment. Nun, da ich ihm ausgesetzt war, wirkte es überwältigend real. Während ich im Geiste die Details durchging, wurde mir bewußt, daß es überhastet geplant worden war. Wahrscheinlich hätte ich nicht gar so strenge Bedingungen aufstellen müssen. Ich machte im Geist eine Liste von Dingen, die meinen Komfort hätten erhöhen können, ohne daß der wissenschaftliche Wert des Experiments beeinträchtigt worden wäre: eine Bodenmatte, einen elektrischen Ventilator, vielleicht sogar ein paar Tonbänder mit Hintergrundgeräuschen von Wind und Vögeln. Auch Martin hatte ja solche Geräusche in seiner Hütte hören können.

Dann begann ich, intensiv über Martin nachzudenken. Obwohl die VA-Psychiater befunden hatten, daß er nicht an posttraumatischen Streßstörungen litt, zeigte er doch etliche charakteristische Symptome. Erstens hatte er selbst zugegeben, daß er Flashbacks von Vietnam und dem Tigerkäfig hatte. Trotz seiner Behauptung, dies verkraften zu können, hatte er sich geweigert, den Paviankäfig zu betreten und zu inspizieren! Zweitens gab er zu, immer nervös zu sein, vor allem nachts, und nicht gut zu schlafen. Drittens hatte er dauernd Wutausbrüche, wie ich selbst feststellen konnte. Ich erinnerte mich an die Gehässigkeit in seiner Stimme, als er die gespenstischen Worte sprach: «Schon mal daran gedacht, du könntest in einem Käfig sterben?» Möglich, daß man Martin nicht als unzurechnungsfähig deklarieren konnte, doch er war *verstört*. Das Wort machte mich beklommen. Diesem Mann hatte ich meine Sicherheit anvertraut.

Martin war der einzige Mensch der Welt, der wußte, daß ich mich hier befand. Ohne ihn konnte ich in diesem Raum sterben. Nur mal angenommen, er hatte mit seinem alten verbeulten Kleinlaster einen Verkehrsunfall? Einen Sicherheitsgurt legte er nie an. Und falls er das Bewußtsein verlor oder starb? *Ich hätte für einen möglichen Notfall vorsorgen müssen*, dachte ich. Zumindest hätte ich einen Schlüssel für das Vorhängeschloß behalten sollen. Ich setzte mich auf und zog an dem Schloß. Martin hatte ein Schloß aus gehärtetem Stahl gewählt, einbruchsicher, nicht durchzusägen. Mit geschlossenen Augen saß ich auf dem Boden und sagte zu mir, daß er ja in wenigen Stunden wieder da sein würde, um nach mir zu sehen. *Dann werde ich ihn um einen Notschlüssel bitten.*

Es war kein großer Unterschied, ob ich mit offenen oder mit geschlossenen Augen dasaß. Den blauen Bögen und Flecken von Phosphenen war das egal. Ungehindert tanzten sie an der Peripherie meines Gesichtsfelds. Ich bemerkte ein Schachbrett, eine der von Klüver entdeckten halluzinatorischen Formkonstanten, jedoch ein Muster (Pattern), das ich persönlich nur recht selten sah. Vielleicht hatte sich das schachbrettartige Stahlmaschenmuster des Käfigbodens, auf das ich im stillen stundenlang fluchte, in meinen Rücken und noch tiefer eingepreßt. Obwohl ich für dieses Experiment kein Tonbandgerät bereitgestellt hatte, fing ich an, mit lauter Stimme meine Imaginationen zu beschreiben, wozu ich den Psychonautencode benutzte. Dies beschäftigte mich für sehr lange Zeit, wie mir schien. Ich hörte erst auf, als ich merkte, daß mein Mund trocken wurde. Ich mußte mit meinen Kräften haushalten.

Ich blickte in Richtung Tür. Durch das Loch drang kein Licht mehr, es war wohl Nacht. Ich schloß wieder die Augen und versuchte zu schlafen. Etwas später überraschte mich ein rumpelndes Geräusch. Ich horchte aufmerksam – und entdeckte, daß es aus meinem Bauch kam. Die Abführpillen pflügten einen Weg durch meine Därme. Eine Zeitlang versuchte ich, das unangenehme Gefühl zu ignorieren und hoffte, es würde verschwinden. Doch das tat es nicht. Schließlich mußte ich den Eimer benutzen und entdeckte, daß Toilettenpapier fehlte. Ich setzte es auf meine Wunschliste.

In dieser Nacht brauchte ich den Eimer noch mehrere Male. Ein Deckel wäre sehr nützlich gewesen. Ich versuchte, die Gerüche zu ignorieren, indem ich die Augen schloß und mich auf meine visuellen Eindrücke konzentrierte. Ich sah einen dunklen Tunnel, der aussah wie eine Grube. Irgendwie konnte ich die Vorstellung nicht loswerden, es handle sich um eine Latrine und die winzigen im

Tunnel tanzenden Lichtpünktchen seien Schmeißfliegen. Dann erinnerten sie mich an Feuerfliegen.

Feuerfliegen gehörten zu den Dingen, die mir in Kalifornien fehlten. Als Junge hatte ich endlose Stunden damit verbracht zu beobachten, wie sie an den Hecken in unserem Hinterhof in Herkimer, New York, hin und her flitzten. Manchmal fing ich ein paar und steckte sie in eine Flasche. Aber sie taten mir dann immer leid, und ich ließ sie wieder frei. Es machte mehr Spaß, ihren Leuchtsignalcode zu «knacken». Ein paarungsbereites Männchen sendete ein rhythmisches Leuchtsignalmuster. Ein empfangsbereites Weibchen, das für gewöhnlich auf einer Hecke hockte, antwortete mit dem gleichen, nur helleren Signalmuster. Daraufhin flog das Männchen zu dem Weibchen und berührte es mit seinen Fühlern. Eines Nachts sah ich, wie ein Männchen und ein Weibchen kopulierten. Diese wilde Sexszene wurde rüde von meiner Mutter unterbrochen, die mich ins Haus rief.

«Ronnie.» Als mein Name erklang, riß ich die Augen auf. Es war die Stimme meiner Mutter, doch ich wußte nicht, ob ich sie mir bloß eingebildet oder aber wirklich gehört hatte. Mein Herz schlug heftig. Mir wurde bewußt, wo ich mich befand, und plötzlich fühlte ich mich gefangen von der Dunkelheit, der Hitze und der Furcht.

Ich bin hier schon mal gewesen. Ich war etwa zehn Jahre alt und ein Mitglied des Clubs, einer Gruppe von Jungen aus der Nachbarschaft, die zusammen spielten. Wir waren die guten Kids, ganz anders als die Snake Gang (Schlangen-Bande) aus dem Nachbarviertel. Die Snake Gang warf ihre Feinde in eine Grube, die mit einer unvorstellbaren Ansammlung von Reptilien gefüllt war. Als wir uns eines Tages in einer besonders mutigen – oder leichtfertigen – Stimmung befanden, machten wir uns auf die Suche nach der Grube. Wir fanden sie. Vom Rand der Grube aus konnten wir nur eine einsame Ringelnatter sehen. Ich trat ein Stückchen näher, um herauszufinden, ob da noch weitere Schlangen waren. Das Gras am Rand der Grube war schlüpfrig, und mit den Füßen voraus rutschte ich hinein.

Ich war in der rund zwei Meter tiefen Grube gefangen. Hysterisch begann ich zu weinen. Meine Freunde versicherten mir immer wieder, daß Ringelnattern ungefährlich sind. Ich traute der Ringelnatter nicht und argwöhnte, daß jeder, der sie für harmlos erklärte, keine Erfahrung im direkten Umgang mit ihnen hatte. Ich heulte weiter, bis meine Freunde einen Mann mit einer Leiter fanden, der mich herausholte.

Jetzt, in der Dunkelheit des Käfigs, beobachtete ich die roten und gelben Neonschlangen, die sich am oberen Rand meiner Vision krümmten und wanden. Ich kicherte. Die Schlangen waren komisch. Sie beknabberten und beleckten einander und verknoteten sich dann. Die Schlangen trieben davon, und an ihre Stelle traten Reihen kleiner gelber Männer, die Matrosenmützen trugen. Die Matrosen sprangen ins Wasser. Wasserpfützen ergossen sich über die Decke des Käfigs.

Ich war am Verdursten. Ich stand auf und blickte zur Tür. Das Licht drang wieder durch das Loch. *Martin wird bestimmt jeden Augenblick hier sein. Eigentlich hätte er schon nach zwölf Stunden hier sein müssen, also während der Nacht. Was zum Teufel ist passiert? Wahrscheinlich hat er mir zugerufen, ohne die Tür zu öffnen, und ich habe geschlafen und ihn nicht gehört. Natürlich, so ist es gewesen.*

Das Licht weckte meine Lebensgeister, und ich begann zu singen. Dann versuchte ich noch etwas zu schlafen.

In Panik wachte ich auf. Martin war noch immer nicht gekommen! Ich war voller Sorge. Längst mußten vierundzwanzig Stunden vergangen sein. Ich rief mehrmals nach ihm. Keine Antwort. Ich schrie um Hilfe. Doch selbst wenn mich jemand außerhalb des Gebäudes hören sollte – ein schreiender Mann war nichts Ungewöhnliches auf dem Gelände des Brentwood VA. Schließlich war dies das Domizil für die schlimmsten psychiatrischen Fälle aus Amerikas Kriegen. Und gegenüber dem VA befand sich auf der anderen Seite der Straße der Nationalfriedhof, wo niemand war, der mich hörte.

Außer der Fliege. Auf meinem Kübel begann eine Fliege zu summen. Sehen konnte ich sie nicht, aber ich wußte, daß sie dort war. «He, Fliege, he, Freundchen», sagte ich. «Hübsche Scheiße für dich! Hol deine Kumpels. Genießt den Schmaus. Freßt ruhig alles auf.» Die Fliege mußte durch das Loch hereingekommen sein. *Werden Sie zur Fliege, hatte Klüver gesagt. Ha! Ist ja zum Brüllen. Wenn ich wirklich zur Fliege werden könnte, würde ich durch das Loch fliegen. Jetzt werde ich in diesem Scheißloch mit der Fliege verrecken.* Mir wurde bewußt, daß ich meinen Ausbruch planen mußte.

Die Fliege und ich bildeten ein Fluchtkomitee. Laut diskutierte ich alle Möglichkeiten mit ihr. Die Räder des Käfigs waren mit einfachen Hebeln blockiert. Falls ich es schaffte, zwischen den Gitterstäben hindurchzufassen und die Hebel herumzulegen, konnte der Käfig unbehindert rollen. Wenn ich mich mit meinem ganzen Gewicht vor- und zurückwarf und außerdem mit meinen Händen gegen die Wände drückte, könnte es mir vielleicht gelingen, den Käfig zur Tür zu rollen. Dann zur Tür hinaus, den Korridor entlang und rechts hinauf zur Kellertür. Aber die Kellertür konnte nicht geöffnet werden ohne den Schlüssel! Die Fliege verwarf den Plan.

Dann schlug ich vor, den Käfigboden zu entfernen. Der Paviankäfig war so konstruiert, daß der «Maschenboden» und die rostfreie Stahlpfanne darunter zum Saubermachen herausgezogen werden konnten. Falls es mir gelang, sie hinauszuschieben, wäre es eine einfache Sache, den Käfig umzukippen und durch den Boden in die Freiheit hinauszukriechen. Das einzige, was den Boden und die Pfanne zusammemhielt, war ein stählerner Flansch, der mit der Käfigtür verschweißt war. Irgendwie mußte ich den Flansch zerbrechen. Mit der Hand konnte ich den Flansch zwar nicht erreichen. Doch vielleicht konnte ich aus dem Drahthenkel des Kübels einen Haken machen, mit dem sich das bewerkstelligen ließ. Die Fliege meinte, das Ding wäre nicht stark genug, um den Flansch aufzubrechen. Wahrscheinlich hatte sie recht.

Ich mußte irgendwas unternehmen. Also erhob ich mich, stemmte mich zwischen die Gitterstäbe und gebrauchte meine Hände, um den stählernen Maschenboden in Richtung Käfigtür zu schieben. Er bewegte sich etwa einen Zentimeter, bevor der Flansch ihn blockierte. Ich schob den Boden zurück und versuchte es erneut. Vom Eimer kam ein schwappendes Geräusch, doch ich nahm nicht an, daß er umkippen würde. Wieder bewegte ich den Boden hin und her und stieß ihn mit soviel Kraft wie nur möglich gegen den Flansch. Darüber vergingen rund zwei Stunden, ohne Erfolg. Vielleicht höhlte steter Tropfen den Stein, aber meine Ausdauer hielt damit nicht Schritt. Ich streckte mich auf dem Rücken aus und schlief ein.

Im Traum kroch ich auf dem Bauch durch ein Labyrinth aus trockenen, staubigen Korridoren, die sich um-, über- und durcheinander wanden wie die Tunnel eines Ameisenhaufens. Irgendwann wurde mir bewußt, daß ich genau zu jener Stelle zurückgekrochen war, von der ich aufgebrochen war!

Ich erwachte. Das Licht begann wieder zu verblassen. Längst schon mußten vierundzwanzig Stunden vorüber sein.

«Scheiß mich nicht an, Martin», schrie ich. «Ich weiß, daß du hier bist.» Ratternd bewegte ich die Käfigtür. Die Fliege summte irgendwo am anderen Ende des Raums.

«Richte dich nach dem Licht», sagte ich zu ihr. Falls sie jetzt nicht durch das Loch hinausschlüpfte, mußte sie wohl hier krepieren.

Wieder erhob ich mich an der Käfigwand und bearbeitete den Boden. Es war sehr anstrengend, aber jedoch auch eine Herausforderung. Ich dachte nicht daran, im Kampf gegen den Käfig aufzugeben. Das Abführmittel wirkte jetzt nicht mehr, und ich fühlte mich besser. Ich steigerte mich in Wut hinein, und solange ich konnte, versuchte ich die Metallplatte krachend hin und her zu bewegen.

Als ich mich ausruhte, schloß ich die Augen und konzentrierte mich auf meine Imaginationen. Ich sah die gewöhnlichen geometrischen Formen, jedoch wenig anderes. Ich versuchte mir das Gelände außerhalb des Gebäudes 156 vorzustellen. Mein Auto war noch dort geparkt. Ich suggerierte mir, daß ich einsteigen und heimfahren würde, sobald das Experiment in einem Tag oder so zu Ende war. Der Gedanke half mir, wieder einzuschlafen.

Mit furchtbaren Kopfschmerzen wachte ich auf. Das Loch in der Tür verriet mir, daß es mitten in der Nacht sein mußte. Doch ich glaubte, ein kurzes, rotes Aufblitzen zu sehen, so als benutze jemand eine Militärtaschenlampe mit einem Nachtfilter. Martin! Aus dem Dunkel kam ein Rascheln.

«Wird aber auch Zeit», sagte ich.

Keinerlei Reaktion. Natürlich würde er nicht antworten; das gehörte ja zu unseren Abmachungen. Kein Gespräch mit dem Gefangenen.

«Ich hätte gern etwas Wasser», bat ich.

Stille.

Ich begriff, daß niemand anwesend war. In diesem Augenblick begann ich meine Rache zu planen. Die Einzelheiten würde ich am Morgen mit der Fliege besprechen.

Am Morgen hörte ich die Fliege summen. Das Summen klang wie «Wahnsinn». Nennt es ruhig *Wahnsinn*, aber die Rache, die ich gegen Martin plante, war wohlbegründet. Ich dachte an eine «Schreckladung» aus meinem Scheißeimer über die Käfigtür. «Scheiß auf ihn, wenn er keinen Spaß verträgt», sagte ich zu der Fliege und lachte dann zum erstenmal, seit ich mich im Käfig befand. Wäre allerdings Martin in diesem Augenblick mit einem eiskalten Bier aufgekreuzt, hätte ich den Plan fallengelassen. Für zwei Bier und eine Tafel Schokolade hätte ich mir den Eimer selbst über den Kopf gestülpt.

Mir war zu schwindlig, um die Arbeit am Käfigboden fortzusetzen. Statt dessen versuchte ich, meine Imaginationen zu beobachten, schlief aber immer wieder ein. Jetzt versuchte ich, soviel wie nur möglich zu schlafen, in der Hoffnung, daß auf diese Weise das Experiment schneller vorübergehen würde.

Die Fliege starb irgendwann, als es draußen wieder dunkel war. Ich hörte, wie sie auf dem Boden herumsummte, so wie Fliegen das vor ihrem Ende tun. Vorher hatte sie stundenlang kein Geräusch mehr von sich gegeben. *Werde zur Fliege und stirb, richtig, Klüver?*

Ich fing an, laut die Zeit nachzurechnen. Es fiel mir schwer, mich zu konzentrieren, doch schließlich gelangte ich zu dem Schluß, daß es Samstag nacht sein mußte, und zwar schon spät. Die sechzig Stunden mußten fast um sein. Falls Martin nicht bald aufkreuzte, würde ich wieder auf meinen Fluchtplan zurückgreifen müssen.

Ein Krampf in meinem Fuß weckte mich auf. Ich zog meine Joggingschuhe aus und massierte meine Füße. Das tat sehr gut, und ich rieb auch meine Beine, dann die Hände und Arme. *Wie spät ist es?* Ich verdrängte die Frage aus meinem Bewußtsein, redete mir ein, ich sei gar nicht dort, und schlief wieder ein.

Als ich erwachte, waren meine Hände zwischen meine Schenkel geschoben. In dieser Position hatte ich seit den bösen Träumen in meinen Kindertagen nicht mehr geschlafen. Rings um mich war der kalte Stahlkäfig. Dies war kein Traum.

«Martin!» schrie ich. Inzwischen mußten mehr als zweiundsiebzig Stunden vergangen sein. Durch das Loch drang wieder Licht.

«Martin! Sind Sie das?»

«Ja, ja», erwiderte er. «Nur mit der Ruhe.»

Ich hörte, wie das Klebeband von der Tür gerissen wurde. Martin trat in den Raum.

«Herrgott, hier stinkt's aber», sagte er.

«Wo sind Sie gewesen?» fragte ich, während ich den Notrucksack voller Drinks und Lebensmittel beäugte.

«War fischen. Ich wollte, daß Sie ein reales Experiment haben, also kein Essen und kein Wasser. Ich wartete einen zusätzlichen Tag ab. Bist du okay, Kumpel?»

Er öffnete die Käfigtür. Meine Beine fühlten sich an wie aus Pudding, und ich griff nach einer Flasche Wasser.

«Jaah, ich bin okay.» Ich war zu stolz, um zuzugeben, daß ich befürchtet hatte, im Käfig zu sterben, und zu dankbar, um ihm eins überzubraten.

Nachtrag

Martins Symptome gingen im Laufe der Jahre zurück, und er fühlte sich nicht mehr so nervös. Aber noch immer wird er von Flashbacks heimgesucht, wenn er ein Tier in einem Käfig sieht. Ich auch.

Doppelgänger

Doppelgänger (auch *Doppelganger*). Dieses aus dem Deutschen übernommene Wort bezeichnet im Englischen ein gespensterhaftes, körperloses «Double» eines lebenden Menschen. Ebendies unterscheidet den *Doppelgänger* (oder die *Doppelgängerin*) von den Geistern der Verstorbenen: Es handelt sich um das halluzinatorische Duplikat einer lebendigen Person und kann nur von dieser selbst gesehen werden. Man stelle sich vor, sich selbst im Spiegel zu sehen – ohne daß ein Spiegel vorhanden ist. Oder man denke sich eine Konfrontation mit dem eigenen identischen Zwilling, von dessen Existenz man überhaupt nichts gewußt hat. Es fällt wohl nicht allzu schwer, sich den Schock auszumalen, den man empfindet, wenn man urplötzlich einer exakten Kopie seiner selbst begegnet.

In der Literatur gibt es solche Doppelgänger in Hülle und Fülle. Dostojewski verwendete das Motiv in mehreren Romanen, von denen einer sogar den Titel *Der Doppelgänger* trägt. Seine Figuren sehen ihre Doubles in der Abenddämmerung oder bei Nacht, meistens wenn sie allein in einem Schlafzimmer sind. Die Doubles sind grau oder farblos und benehmen sich oft seltsam. Während Dostojewski verstand, daß das Double eine Halluzination ist, sind sich seine Figuren da nicht immer so sicher. Inmitten von Chaos, Dunkelheit und Leiden sehen sie ihre Duplikate als real an.

Aber solche Doubles sind nicht nur literarische Erfindungen. Bei dem Syndrom, das als Autoskopie bekannt ist, kann eine Person eine Halluzination ihres eigenen Körperbildes haben, die sie in den externen visuellen Raum projiziert. Das Syndrom steht in Zusammenhang mit einer Reihe von organischen Zuständen wie zum Beispiel Schläfenlappenepilepsie (jener Typ von Epilepsie, an der Dostojewski gelitten haben soll). Autoskopische Halluzinationen können auch von Krankheiten hervorgerufen werden, die neurologische Schäden verursachen. In *Der Horla* beschreibt Guy de Maupassant die Doubles, die er sah, als er an fortgeschrittener Syphilis litt. Obwohl er sich der halluzinatorischen Natur dieses Erlebens bewußt war, ängstigte es ihn.

Eine Vielzahl psychologischer Umstände kann autoskopische Halluzinationen bewirken. Starker emotionaler Streß, Depression, selbst physische Erschöpfung haben dieses Syndrom hervorgebracht. Um mit den unmenschlichen Zuständen in Auschwitz fertig zu werden, kreierten Nazi-Ärzte allmählich Doubles von sich selbst, die die schrecklichen Morde ausführten. Am stärksten jedoch wirkt die Furcht vor einem unmittelbar bevorstehenden Verhängnis. Furcht kann den *Doppelgänger* regelrecht aus einer Person herausängstigen. Edgar Allan Poe, selbst ein Opfer periodischer Angstanfälle, schilderte solch einen *Doppelgänger* in «William Wilson». In der Geschichte wird der geistig gestörte Wilson von Doppelgänger-Visionen gequält. Schließlich konfrontiert er sich mit dem Double in einer kleinen Kammer und sticht dem *Doppelgänger* mehrmals mit einem Degen durch die Brust. Als das Double zu schwanken beginnt, blickt Wilson in einen imaginären Spiegel und ist entsetzt über das, was er sieht: «Aber welche menschliche Sprache vermag adäquat *jene* Verblüffung, *jenen* Schrecken auszudrücken, der mich bei diesem Anblick ergriff?» Im Spiegel sieht Wilson sich überströmt von Blut und begreift, daß er sich selbst ermordet hat.

Poes Geschichte wurde 1964 zur Realität, als Mrs. F., eine junge Frau, die erst vor kurzem von Okinawa nach Seattle, Washington, gezogen war, eines Tages einkaufen ging. Eine Frau, die genauso aussah wie sie selbst, ging an ihr vorüber. Mrs. F. war beunruhigt und eilte nach Hause. Am nächsten Tag vernahm sie an ihrer Wohnungstür ein Klopfen. Bevor sie die Tür öffnen konnte, stand die Frau vom Tag zuvor bereits in der Wohnung. Mit einer Stimme, die genauso klang wie die von Mrs. F., befahl sie dieser hinauszugehen. Als Mrs. F. zum Schrank trat, um ihren Mantel zu holen, schlang ihr die Frau einen Gürtel um den Hals und forderte sie auf festzuhalten, während sie Mrs. F. strangulierte. Mrs. F. schrie, als der Gürtel straff anzog, und wurde dann ohnmächtig. Als sie wieder zu sich kam, griff die Frau nach einer Schere und machte sich daran, Mrs. F. den vorderen Teil der Zunge abzuschneiden.

Mrs. F. öffnete die Schranktür und kroch zur Küche, wo sie zusammenbrach. Ihr Mann fand sie und rief die Polizei an. Die Polizei stellte fest, daß der enge Schrank voller Blut war. Auf dem Boden fand man einen Ledergürtel, eine blutige Schere und ein Stück Zunge. Für einen Kampf mit einer anderen Frau oder irgend jemand sonst gab es keinerlei Anhaltspunkte. In der Tat war im Schrank kaum so viel Platz, daß auch nur eine weitere kleine Person dort hätte stehen können. Die Polizei klassifizierte den Vorfall als Selbstmordversuch. Ein Team von Psychiatern berichtete, daß Mrs. F. unter schweren Depressionen litt. In ihrer neuen Heimat fühlte sie sich einsam und verängstigt. Es war diese emotionale Notlage, die das aggressive Double freigesetzt hatte.

Nachdem ich über Mrs. F. gelesen hatte, begann ich nach weiteren Fällen Ausschau zu halten. In einem Gefängnis von Los Angeles traf ich einen jungen Mann, der seinem Double bei einem Spaziergang in einem Park begegnet war. Das Double hetzte den Mann zurück zu seinem Haus, wo er zu seiner Verteidigung einen Baseballschläger aus einem Schrank holen wollte. Aber das Double kam ihm zuvor und schlug ihm damit wiederholt auf den Kopf. Später sprach ich im UCLA-Krankenhaus mit einer Frau mittleren Alters, die gerade die Amputation eines Beins überstanden hatte. Ihr Double mit zwei intakten Beinen kam aus einem Schrank und attackierte sie mit einem Kissen, mit dem es sein Opfer zu ersticken versuchte. Die

Frau schleuderte eine Wasserkaraffe nach dem Double, das sich daraufhin auflöste.

Ich glaubte zunächst, alle *Doppelgänger*, wie man sie in Büchern und Schränken findet, wären Unzufriedene, die es darauf abgesehen hatten, Menschen Schaden zuzufügen: Freundliche Doubles schien es überhaupt nicht zu geben. Aber dann lernte ich Agnes Hill kennen, eine der liebsten Omas, die man sich vorstellen kann. Eines Abends hatte Agnes Hill das Vergnügen, Agnes Hill zu begegnen, und zwar in ihrem Dielenschrank – wo wohl auch sonst?

Agnes Hills Dielenschrank maß 60 mal 180 Zentimeter. Darin befanden sich etliche leichte Jacken, eine rote Bluse, die sie seit Jahren nicht mehr getragen hatte, und ein Regenmantel, der im Wüstenklima von Santa Ana, Kalifornien, völlig überflüssig war. Agnes mochte das Klima, das, wie sie sagte, für ihre Arthritis gut war. Sie fand es wunderbar, in der Nähe ihres Enkels Gary zu wohnen. Beide hingen sehr aneinander, und seit dem Tod ihres Mannes besuchte Gary sie fast jeden Tag. Wann immer er wollte, konnte er ihr Gästezimmer benutzen. Er brachte dauernd seine jungen Freunde mit, und manchmal blieben sie die ganze Nacht über. Aber es waren gute Kinder, die niemals Lärm machten und sogar im Flüsterton miteinander sprachen, um sie nicht zu stören. Teenager im Haus zu haben gab Agnes das Gefühl, jung zu bleiben. Sie überlegte, wieder die rote Bluse zu tragen.

Es läutete an der Tür. Agnes warf einen Blidck auf ihre Armbanduhr. *Halb elf. Ist wahrscheinlich Gary, der über Nacht bleiben will.* Sie stellte den Fernseher leiser, griff nach ihrem Stock und ging zur Eingangstür. Bevor sie die Tür öffnen konnte, läutete es ein zweites Mal. Ein hochgewachsener, dünner Junge stand in der Dunkelheit.

«Ist Gary hier?» fragte er.

«Nein, mein Lieber, er ist nicht da», erwiderte Agnes.

«Er hat mir gesagt, ich soll warten, wenn er nicht hier ist.»

Normalerweise pflegte Agnes Garys Freunde zum Warten hereinzubitten. Sie bot ihnen dann ein Glas Selters oder Limonade an und Schokoladenkekse, von denen sie immer welche bereithielt. Doch diesen Jungen kannte Agnes nicht. Er schien ihr soviel größer und älter als Garys andere Freunde.

«Nun ja, mein Lieber, ich weiß nicht –»

Weiter kam sie nicht. Der Junge sprang auf sie zu und stieß sie ins Haus zurück. Sie glitt aus und fiel auf ihre Hüfte. Der Schock nahm ihr den Atem. Im Nu war der Eindringling hinter ihr und verdrehte ihr mit einem schraubstockartigen Griff die Arme.

«Wenn du einen Laut von dir gibst, *bringe ich dich um*», flüsterte er. Sein Atem hatte einen medizinischen Geruch. Es war nicht Alkohol, sondern roch eher so wie Gary, wenn er in seinem Zimmer mit seinen Freunden gespielt hatte. Der Eindringling schleppte sie in den Dielenschrank und schloß hinter ihr die Tür.

Agnes versuchte sich zu erheben. Ohne ihren Stock war das schwierig, doch sie wußte, daß sie sich beim Sturz nichts gebrochen hatte. Sie stützte sich gegen die Schrankwände und schaffte es, auf die Knie zu kommen. Die Schranktür flog auf. Über ihr ragte die schwarze Silhouette des Eindringlings empor. Er zwang sie herum, fesselte ihr dann auf dem Rücken die Hände mit der Telefonschnur, die er aus der Wand gerissen hatte. Agnes besaß nur das eine Telefon und fragte sich, wie sie Hilfe herbeirufen sollte. Doch die Frage schien kaum wichtig, da der Junge ihr jetzt einen Knebel um den Mund band.

«Hiergeblieben!» sagte der Eindringling. «Hinlegen! Hiergeblieben!» Er schloß die Schranktür und ließ Agnes in der Dunkelheit zurück. Sie begann zu weinen.

Sie kannte die Geräusche ihres Hauses so gut, wie sie ihren eigenen Körper kannte. Schließlich lebte sie in beiden seit über sechzig Jahren. Und so wußte sie, daß der Eindringling in Garys Zimmer gegangen war und eilig die Schubladen öffnete. Wonach mochte er suchen? Es gab dort nichts Wertvolles, außer vielleicht Garys Sammlung von Apothekerwaagen. Nach längerer Zeit hörte sie den Eindringling in der Küche. Dort war ihr Silber! Und ihr Portemonnaie! Vor lauter Frustration begann Agnes mit den Füßen gegen die Schrankwände zu treten. Wieder wurde die Schranktür aufgerissen. Im Türrahmen erschien die schwarze Gestalt des Jungen. In der erhobenen Hand hielt er ihr bestes Fleischmesser. Sie wurde ohnmächtig.

Als Agnes wieder zu sich kam, war sie im Schrank allein. Das Haus war ruhig. In der Diele brannte noch Licht, das durch die Ritzen rund um die Schranktür drang. Agnes setzte sich auf und schaute durchs Schlüsselloch. Sie konnte genau den Korridor erkennen, der zur Küche und den Schlafzimmern führte, und hatte einen direkten Blick ins Wohnzimmer. Der Junge saß auf der Couch und aß irgend etwas. Der flackernde Schein im Zimmer verriet Agnes, daß der Fernseher lief, allerdings ohne Ton. Agnes beobachtete den Jungen eine Zeitlang und schlief dann ein.

Die Schranktür öffnete sich, und Agnes schrak auf. Der Junge sagte irgend etwas über das Bad. Er half ihr auf die Füße und schwenkte das Messer vor ihren Augen. «Keinen Laut», flüsterte er. Agnes nickte. Dann band er ihre Hände los, entfernte den Knebel und führte sie ins Badezimmer. Dort bemerkte sie, daß ihre Medikamente in Unordnung waren und daß mehrere Pillenschachteln fehlten. Aber sie fand ihre Kalzium- und Aspirintabletten und schluckte ein paar davon mit sehr viel Wasser. Danach schloß der Eindringling sie wieder im Schrank ein.

Viele Stunden später war es Agnes gelungen, ihre Fesseln zu lockern und die Hände freizubekommen. Sie nahm den Knebel ab und wollte sich gerade erheben, als wieder die Tür aufging. Agnes sah das Messer und warf schützend die Hände vors Gesicht. Die Klinge drang in ihren linken Handrücken ein. Das Geräusch brechender Knochen war zu vernehmen. Als Agnes mit der rechten Hand nach der blutenden Linken griff, verletzte das Messer ihren rechten Handteller. Sie fiel zu Boden und bedeckte ihr Gesicht mit den Armen. Wieder stieß das Messer herab und traf diesmal ihren Unterarm. Der Junge sprang auf ihren Körper und saß rittlings über ihr.

«Wo hat Gary seinen Stoff versteckt?» schrie er ihr ins Gesicht. Seine Lippen zitterten leicht. «Ich habe seine Pfeife gefunden. Wo ist der Stoff?»

Agnes war zu verängstigt, um zu weinen. Sie schüttelte den Kopf. Sie wußte nicht, wovon er sprach. Schließlich hätte sie Kokain nicht einmal erkannt, wenn sie's gerochen hätte. Der Junge fesselte wieder ihre Hände, strammer als zuvor, schob den Knebel in ihren Mund zurück und ließ sie dann wieder in der Dunkelheit zurück.

Einige Zeit später hatte Agnes das Gefühl, sich in einem Eisenbahntunnel zu befinden. Die Schranktür schien hundert oder mehr Meter entfernt. Das Licht rund um die Tür pulsierte in farbigen Flammen. Bei jedem Aufflackern fühlte Agnes in ihrer Hand einen zuckenden Schmerz. Die Schrankwände waren mit leuchtenden Blumen und komplexen Spitzenmustern bedeckt. Agnes blinzelte mit den Augen, um sie zum Verschwinden zu bringen, doch sie wechselten nur die Farben.

Agnes schwankte hin und her zwischen Schlafen und Wachen. Als sie das kleine Cottage sah, das sie für ihre Ferien bei Lake Arrowhead zu mieten pflegte, glaubte sie zu träumen. Noch während sie diese Szenen betrachtete, hörte sie, wie der Junge das Haus verwüstete. Agnes bewegte sich zum Schlüsseloch – sie hatte das Gefühl, zu schweben – und blickte hinaus.

Der Korridor schien leer zu sein. Dann bewegte sich die dunkle Silhouette des Jungen quer durch die Diele und in die Küche. Hilflos sah Agnes zu. Plötzlich sah sie, wie eine kleine alte Frau in der Diele erschien. Die Frau hatte ihr graues Haar zu einem Knoten gebunden, und sie trug ein lavendelfarbenen Kleid, das mit ihrem eigenen identisch war.

Das bin ich, dachte Agnes mit erstaunlicher Gelassenheit.

Agnes beobachtete durch das Schlüsselloch, wie ihre Doppelgängerin ins Wohnzimmer schwebte – *ohne Krückstock!* Dann erschien der Junge in der Diele, er hielt irgendwelche Werkzeuge in den Händen. Er trat ins Wohnzimmer, sah jedoch die andere Agnes nicht. Der Junge stellte den Fernseher sehr laut ein und ging dann in Garys Schlafzimmer. Trotz der Geräusche vom Fernseher konnte Agnes ein Hämmern hören. Der Junge riß den Holzfußboden auf. Agnes stöhnte.

Die Doppelgängerin wartete, bis der Junge wieder aus Garys Zimmer herauskam und in die Küche ging. Dann ging sie in Garys Zimmer. Agnes wußte, daß sie sich den Schaden besah und alles so gut wie möglich in Ordnung brachte. Agnes konnte getrost weiterschlafen.

Viel später öffnete sich die Schranktür. Er band ihre Hände los, entfernte den Knebel und gab ihr eine Schüssel mit Essen und eine Dose Mineralwasser. Agnes sah, daß es sich um Reste handelte. Hackbraten und kaltes Gemüse. Da er ihr kein Besteck gegeben hatte und ihre Hände zu sehr schmerzten, war sie gezwungen, mit dem Mund aus der Schüssel zu essen. Agnes hatte Gary immer angehalten, langsam zu essen und sich bei Tisch gesittet zu benehmen. Jetzt schlang sie das Essen in sich hinein wie ein Tier. Dabei wimmerte sie leise. Nachdem sie alles aufgegessen hatte, wischte sie sich mit dem Knebel das Gesicht ab und tupfte dann etwas Mineralwasser auf ihre verletzten Hände. Nach wenigen Minuten kam der Junge zurück und knebelte sie wieder. Auf dem Tuch konnte Agnes das Hack und das getrocknete Blut schmecken. Sie bemerkte, daß die Schnur um ihre Hände diesmal sehr lose saß. *Er hat doch etwas Gutes in sich*, dachte sie.

In der Nacht merkte Agnes, daß sie sich naß gemacht hatte. Sie knallte gegen die Schranktür, bis er sie öffnete und Agnes zum Badezimmer brachte. Der Junge wirkte besonders nervös und reizbar. Agnes hatte den Eindruck, er habe überhaupt nicht geschlafen. Während sie zum Wandschrank zurückging, wollte sie ihm sagen, er solle sich ausruhen; doch da sah sie die andere Agnes in Garys Schlafzimmer stehen. Sie mußte wohl etwas gesagt haben, denn im nächsten Augenblick stürzte der Junge in Garys Zimmer. Gary solle aus seinem Versteck kommen, schrie er wie von Sinnen. Er rannte im Zimmer umher, sah unter dem Bett nach, stach sogar mit dem Messer in die Vorhänge. Agnes starrte auf das verwüstete Zimmer. Die Matratze und die Kissen waren aufgeschlitzt, Fußbodenbretter herausgerissen. Sogar die Verkleidung der Klimaanlage war aus der Wand gezerrt. Alle Schubladen standen offen, ihr Inhalt lag überall verstreut. Agnes bückte sich, um ein paar Kleidungsstücke aufzuheben.

Eine Hand packte sie an den Haaren und riß sie hoch auf die Füße. Sie sah seine Augen. Sie waren völlig schwarz, ganz Pupille und ohne Farbe. Er sah so tot aus wie die Nacht. Wie eine stählerne Zwinge umschloß seine andere Hand ihren Hals. Er drückte sie wieder in den Schrank. *Wie einen Hund*, dachte Agnes.

Agnes träumte, daß sie in einem Supermarkt einen langen Gang entlangschritt. Ihr Einkaufswagen war mit Konservendosen und anderen Waren gefüllt. Urplötzlich sprang ein schwarzer Mann vor ihren Wagen und verstellte ihr den Weg. Er nahm ihr alle Sachen weg.

«Wer sind Sie?» fragte Agnes.

«Ich bin die Nacht», lautete seine Antwort. «Ich verübe Verbrechen.»

Agnes erwachte und starrte in die Leere des Wandschranks. Der Schmerz in ihrer Hand war kaum zu ertragen. Von der Küche her kamen Geräusche. Die Tür des Kühlschranks wurde geöffnet, eine Flasche klirrte. Vor Schmerzen blieb Agnes wach bis zum Morgen, als der Junge kam, um sie zum Badezimmer zu bringen.

Auf dem Weg dorthin fiel ihr auf, daß er das Messer nicht mehr in der Hand hielt. Er ging ein paar Schritte hinter ihr, als sie an ihrem Schlafzimmer vorbeikam. Aus den Augenwinkeln sah sie die Doppelgängerin auf ihrem Bett sitzen. «Hol Hilfe», flüsterte sie.

Der Junge hörte das, stürzte ins Schlafzimmer und begann, es hektisch zu durchsuchen. Das Double schwebte direkt an ihm vorbei und in die Küche. Agnes folgte sich selbst in die Küche und gleich hinaus zur Hintertür des Hauses! Sie lief zu Nachbarn, die sofort bei der Polizei anriefen.

Als die Polizei eintraf, gab Agnes den Beamten eine Beschreibung des Jungen. Man nahm einen im Viertel herumstreunenden Stadtstreicher fest, auf den die Beschreibung paßte. Der Festgenommene behauptete, es liege eine Verwechslung vor. «Es muß ein anderer gewesen sein», sagte er, «jemand, der genauso aussieht wie ich.» Weder die Polizei noch die Geschworenen glaubten ihm.

Der Schrei

Ich erlebte den großen, endlosen Schrei der Natur.

Edvard Munch über *Der Schrei*

Es gibt eine Marter, die unfaßbar ist, einen Schmerz, der unablässig andauert. Der Körper ist außerstande, ihn abzustellen. Für den Geist ist die Qual unerträglich. Und so wandert er zu einem anderen Ort, zu einem Nebenschauplatz, wo er vorübergehend von phantastischen und wundersamen Szenen abgelenkt wird. Phillip Frost, ein Abenteurer und Kleinkrimineller, bezahlte den Eintritt mit einem einfachen Schrei.

Phillip Frost begann seine Reise in Santa Cruz, einer staubigen Kleinstadt am Rande des Dschungels in Bolivien, in der es immer windig war. Obwohl es in Santa Cruz eine ganze Menge moderner Touristenhotels und -restaurants gab, sah ein Teil der Stadt aus wie eine Grenzstadt im amerikanischen Westen. Es gab überdachte Gehsteige, ungepflasterte Straßen, über die heiße Staubstürme wirbelten, und aus Saloons drang grölender Gesang. Phillip mochte die Saloons, weil er gern das am Ort gebraute Pils trank, nach seiner Überzeugung das beste in ganz Lateinamerika. Er behauptete auch, es gäbe nichts Besseres als eine *picante saltenas* (eine Teigtasche gefüllt mit Fleisch und scharfem Chilipfeffer) und dazu ein Pils.

Natürlich sagte Phillip viele nette Dinge, um seinen Kontaktleuten in Bolivien zu schmeicheln. Das gehörte zur Vorbereitung von Deals eines ihrer anderen regionalen Produkte. Phillips Geschäft bestand darin, Kokain zu kaufen, das dann in die Vereinigten Staaten verfrachtet wurde. Und Kokain war *das* Geschäft in Bolivien.

Es war auch das Geschäft von Roberto Suarez, dem «King» des bolivianischen Kokainhandels, und Suarez sorgte entschlossen für den Schutz seiner Interessen. Er beauftragte Klaus Barbie und Joachim Fiebelkorn damit, für seine Zwecke eine paramilitärische Einheit aufzustellen. Barbie, der sogenannte «Schlächter von Lyon», hatte sich seinen Ruf als Nazi-Folterknecht erworben, der Juden in deutschen Konzentrationslagern ermordet hatte. Joachim Fiebelkorn war wenig mehr als ein Möchtegern-Nazi, der in einer SS-Uniform herumstolzierte und Nazilieder sang. Die beiden organisierten eine kleine Bande skrupelloser Totschlägertypen, die mit äußerster Brutalität gegen politische Rivalen vorgingen und gegen alle, die sich Suarez' Kokainhandel entgegenstellten. Man nannte sie die Verlobten des Todes.

Im Juli 1980, während Phillip sein Pils trank und einen guten Kokainhandel abzuschließen versuchte, wurde der hundertundneunundachtzigste Staatsstreich in der bolivianischen Geschichte geplant. Die Verlobten hatten ihre Aktivitäten ausgeweitet. Während der letzten Monate waren weitere Leute zu ihnen gestoßen, jedoch keine ausgebildeten Soldaten oder unzufriedene Bolivianer, sondern italienische und argentinische Söldner und Halbsöldner. Sie operierten als maskierte Gangs und wurden zunehmend arroganter und brutaler. Als am 17. Juli die Revolution begann, kidnappten sie

Menschen von der Straße. Barbie unterwies sie in Verhör- und Foltertechniken.

Als es losging an diesem Julitag, stand Phillip auf der Straße. Er tauschte gerade mit einem gutgekleideten Bolivianer Dollars gegen Pesos. Der offizielle Wechselkurs war lächerlich, und wie viele Touristen fand Phillip es wesentlich vorteilhafter, Banken und offizielle Wechselstuben zu meiden. An sich hatte Phillip das natürlich gar nicht nötig – er hatte genügend Geld nach Bolivien mitgebracht, um bequem jeden Wechselkurs zu überstehen. Doch er genoß immer wieder den Nervenkitzel des Ungesetzlichen.

Mit quietschenden Reifen bog ein Auto um die Ecke und fuhr dann geradeaus die Straße entlang. Phillip und der Geldwechsler beobachteten das heranbrausende Fahrzeug vom Bürgersteig aus. Das Auto hielt in ihrer unmittelbaren Nähe. Maskierte Männer mit Maschinenpistolen stiegen aus und näherten sich den beiden. Der Geldwechsler wollte weglaufen, doch sie packten ihn, schlugen ihn brutal zusammen und leerten dann seine Taschen. Phillip war vor Furcht erstarrt. Die Bande wandte sich nun ihm zu. Phillip griff in sein Hemd, zog seinen Geldgürtel hervor und hielt ihn dem vordersten Maskierten hin. Über fünftausend Dollar seien darin, sagte er. Die Männer nahmen das Geld und schlugen ihn trotzdem zusammen. Dann zerrten sie Phillip in das Auto und fuhren los.

Phillip erwachte in einer Zementzelle. Automatisch prüfte er, wie spät es war. Neun Uhr abends. Die Maskierten hatten sich nicht die Mühe gemacht, ihm seine Armbanduhr wegzunehmen! Jetzt wußte er, daß es sich nicht um gewöhnliche Diebe handelte. Aber was für Leute waren sie? Und wo befand er sich? Die Zelle schien zu einem großen Komplex ähnlicher Räume zu gehören. Möglicherweise war er in Polizeigewahrsam oder in einem Militärgefängnis. Nach einer langen Unterbringung sah es jedenfalls nicht aus. In den Ecken der Zelle lagen Reste von Exkrementen. Phillip legte sich zusammengekrümmt auf die zerschlissene Matratze und versuchte zu schlafen.

Am Morgen holten ihn zwei maskierte Männer in Zivil aus der Zelle. Er stellte ihnen wiederholt Fragen auf spanisch und englisch. Sie sagten nichts. Er vermutete, daß sie auf Kokain oder auf Geld aus waren. Er erbot sich, ihnen Tips über seine Kokainkontakte zu geben. Auch könne er ihnen *muchos* Dollars aus den Staaten schicken lassen. Sie schwiegen noch immer. Doch ihrem Verhalten entnahm er, daß sie ihn wenigstens nicht umbringen würden. Noch immer verbargen sie ihre Gesichter. Erst wenn sie sich ihrer kapuzenhaften Vermummung entledigten, war sein Tod so gut wie sicher.

Sie führten ihn in einen hellerleuchteten Raum. In der Mitte stand ein großer, rechteckiger Tisch. Man befahl ihm, seine Kleider abzulegen – alle. Phillip zog sich aus, legte seine Armbanduhr in einen Schuh und stand dann nackt im hellen Licht. Sie führten ihn zum Tisch und zwangen ihn, sich vorzubeugen, so daß sein Brustkorb und der ganze Oberkörper flach auf der Tischplatte lagen. Seine Handgelenke und Arme fesselte man an Eisenringe seitlich am Tisch. Hastig begann Phillip von seinem Reichtum zu sprechen, wobei er um viele zehntausend Dollar übertrieb. Seine Wärter ignorierten sein Gerede, statt dessen spreizten sie seine Beine und banden jedes an ein Tischbein. Phillip verstummte. *Was zum Teufel werden die tun?* fragte er sich.

Er erinnerte sich an einen Vorfall aus der Grundschule. Damals wurden Schüler wegen ungehörigen Benehmens von ihren Lehrern noch körperlich gezüchtigt. Einer seiner Freunde wurde beim Schwatzen erwischt. Er mußte nach vorn kommen und sich über das Pult des Lehrers beugen. Der Lehrer holte einen stabilen Holzstock hervor. Dann nahm er eine Position wie ein Schlagmann beim Baseball ein und hieb den Stock mit aller Kraft auf das Hinterteil des armen Jungen. Der erste Schlag ließ mit einem hörbaren «Geräusch» die Luft aus der Lunge des Jungen entweichen. Der zweite hob seinen Körper ein Stückchen in die Höhe. Der dritte verwandelte sein Gesicht in ein Karottenrot. Phillip betrachtete seinen Freund, der zu seinem Platz zurückging. Der Schmerz war in sein Gesicht eingraviert. Phillip vergaß dieses Bild niemals.

Jetzt nahm Phillip an, daß man ihn prügeln, vielleicht sogar auspeitschen würde. Weshalb sonst würden sie ihn diese Stellung einnehmen lassen? Seit seiner Gefangennahme vor nahezu vierundzwanzig Stunden hatten sie ihm keine einzige Frage gestellt. Was hatten sie vor? Ein weißhaariger Mann in einem Plastikkittel trat herein. Er nickte den beiden Maskierten zu. Sie packten Phillips Kopf und drehten ihn so herum, daß der Mann sein Gesicht sehen konnte. Er starrte Phillip aus riesigen, durch dicke Brillengläser vergrößerten Augen an. Seine Haut war voller Pockennarben, und sein schmaler Schnurrbart sah aus wie mit einem schwarzen Augenbrauenstift gezogen. Er schob seine Hand unter Phillips Kinn.

«Mögen Sie Sardinen?» fragte er. Dem Akzent nach konnte er Mexikaner sein.

Phillip wußte nicht, was er sagen sollte. Die Frage machte ihm bewußt, daß er nichts gegessen hatte, und sein Magen knurrte.

«Ja», antwortete Phillip. «Bitte», fügte er hinzu, weil er hoffte, vielleicht etwas zu essen zu bekommen.

Der Mann gab ein teuflisches Glucksen von sich und verschwand dann hinter Phillip. Die beiden Maskierten bewegten sich zur Seite des Raums. Hinter sich hörte Phillip Geräusche, die er jedoch nicht identifizieren konnte. Er drehte seinen Kopf ganz zur Seite, doch war es unmöglich zu sehen, was der Mann tat.

Irgend etwas sehr Kaltes, eine unbekannte Flüssigkeit, wurde über sein Hinterteil gerieben. Phillip roch Äther. Der Mann wusch ihn mit Äther ab! Wozu? Er fühlte, wie sich eine scharfe Nadel in sein Fleisch bohrte. Der Schmerz steigerte sich und breitete sich aus. *Keine Nadel*, dachte Phillip. *Eher so was wie ein Rasiermesser!* Es schnitt tief. Er erstarrte. Sein Kopf zuckte wie der eines verstörten Vogels, und seine Augen quollen hervor. «Heh!» schrie er. Phillip packte den Tisch und preßte seinen Körper fest dagegen. Er hatte Angst, sich zu bewegen, weil er fürchtete, daß der Schnitt dann schlimmer werden würde.

Ein zweiter scharfer Schnitt, mehrere Zentimeter neben dem ersten. Er war tiefer und länger. Phillip fühlte, wie das Blut seinen

Schenkel hinunterlief. «Heh!» schrie er wieder. «Aufhören!» Er war in Schweiß gebadet.

Alles geschah jetzt sehr schnell. Ein dritter Schnitt, diesmal oben, die beiden anderen miteinander verbindend. Phillip fühlte, wie etwas in seine Haut kniff, etwa so wie eine Zange.

«Aufhören!»

Wieder ein Kneifen.

«Bitte, nicht! Nein!»

An den Enden dessen, was da kniff, befanden sich offenbar Gewichte. Es zog, zerrte.

«Nein!»

Seine Haut löste sich ab.

«Was ist denn los, was ist denn, was ist denn, was ist los, was ist denn?» wimmerte Phillip.

Der Pockennarbige hinter ihm gab keine Antwort. Er konzentrierte sich auf das Präparieren des Hautlappens. Zuerst hatte er mit einem Skalpell die Epidermis, die Oberhaut, durchschnitten bis in die darunterliegende Schicht. Er machte etwa im Abstand von zehn Zentimetern zwei parallele Schnitte, jeder ungefähr zehn Zentimeter lang. Nachdem er sie durch den dritten Schnitt miteinander verbunden hatte, befestigte er an den Ecken Klemmen und zog die Haut ab, wobei er ein paar Fettkorpuskeln durchtrennte, um die Enden des Lappens zu lösen. Das Muster der blutenden Stellen verriet ihm, daß die gewünschte Tiefe erreicht war. Sobald er den Lappen gut im Griff hatte, befestigte er oben eine weitere Klemme und begann den Lappen herunterzurollen, etwa so wie man den Deckel einer Sardinenbüchse mit einem Metallöffner herumrollt. Mit langsamen, bedächtigen Bewegungen trennte er die Haut ab. Während er sie vom darunterliegenden Gewebe riß, spannten und verkrampften sich die Muskeln. Dies erhöhte die Spannung und erleichterte das Häuten. Der Lappen würde ein gutes, dickes Exemplar werden. Die Prozedur war ein einziger Schmerz.

Phillip stieß einen Schrei äußersten Entsetzens aus. Ob er tatsächlich einen Laut von sich gab, wußte er nicht, doch sein Mund war weit aufgerissen. An seinem Hals pulsierten Adern, die Muskeln waren verspannt. Sein Kopf preßte sich seitlich gegen die Tischplatte. Er starrte auf die Maserung im Holz, während ihm uralte Bilder durchs Gehirn blitzten. Ein blasenwerfender Sonnenbrand, als er acht Jahre alt gewesen war. Die aufgeschürften Innenflächen seiner Hände nach einem Sturz vom Fahrrad mit vierzehn. Und mit jeder neuen Erinnerung nahm der Schmerz zu. Phillip versuchte, mit dem Mann hinter ihm zu reden. Das Schweigen dieser Kreatur steigerte nur noch den Horror seiner Hilflosigkeit.

Eine weitere Drehung der Klemme. Der Schmerz durchzuckte Phillips Körper und folgte Nervenbahnen, von deren Existenz er nichts geahnt hatte. Phillips Schrei wurde zu einem Gellen, das in seinem Körper vibrierte und im Gehirn widerhallte. Er entdeckte, daß er sein Gellen mit dem Rhythmus des Schmerzes in Einklang bringen konnte. Er selbst wurde zum Schmerz. Das ermöglichte ihm, immer tiefer in sein Gehirn einzudringen. Dann, fast zufällig, traf er genau die richtige Frequenz in genau dem richtigen Augenblick, und eine Tür öffnete sich.

Phillip trat hindurch. Hier gab es keinen Schmerz. Er drehte sich um und konnte sehen, wie sich sein Körper unter der Folter wand wie ein Frosch auf dem Sezierteller. Der Körper schrie noch immer. Er mußte es tun. Denn sonst würde dieses Refugium aufhören zu existieren. Doch jetzt befand er sich an einem Ort, wo ihn kein Schmerz erreichen konnte.

Er lag ausgestreckt im weichen Sand eines Strandes. Ein feiner Sprühregen, erwärmt von der Mittagssonne, benetzte seinen Körper. Er preßte sich in den Boden und grub mit seinen Händen, bis er feuchten Sand erreichte. Er packte eine Handvoll. Dies ist die Wirklichkeit, sagte er zu sich selbst. Alles andere erschien irreal, wie eine verblassende Erinnerung. Der Ozean sickerte in das Loch, das er gegraben hatte, und bildete um seine Hand eine Lache. Die Wirklichkeit ist hier, nicht dort, sagte er zu sich selbst.

Die Luft funkelte, als wäre sie in winzige Glasstückchen zerbrochen, die auf ihn herniederregneten. Er grub tiefer in den feuchten Sand.

*Seine Finger öffneten und schlossen sich in der Wirklichkeit von Sand
und Ozean. Tief atmete er ein und füllte seine Lunge mit dem Geruch
des Salzwassers und einem süßen Geruch wie von Gardenien.*

*Es ist wirklich ruhig hier, dachte er. Du trittst durch diese Tür und
gelangst an einen anderen Ort. Dann sah er, daß der Ort leer war. Er
beschloß, eine Sandburg für sich zu bauen. Als er damit fertig war,
kroch er auf dem Bauch in die Burg. Drinnen war es kühler.*

*Hier war das Mysterium des Universums. Und er lag direkt darauf.
Sein Körper preßte sich hinein, fickte es, versuchte seine Geheimnisse
zu ergründen. Das Wesen von Zeit und Raum, von Leben und Tod, alles komprimiert zu einer einzigen Idee, fast in seiner Reichweite. Er
mußte sich noch mehr anstrengen, um sie zu erreichen. Fast hatte er es
geschafft, als der Schaum des Meeres hereindrang. Er glitt über seine
Füße, um seinen Leib und in seinen Mund. Dann wich der Schaum
zurück, zog ihn hinaus, am Burgeingang vorbei und durch die Tür.*

Phillip hörte auf zu schreien. Schleim rann ihm aus Mund und
Nase. Wieder drehte sich die Klemme, stoppte dann. Sein Körper
zuckte vor Schmerz und erschlaffte. Phillip fühlte, wie die Klemmen
entfernt wurden. Der große Hautlappen hing von seinem Hinterteil
wie ein blutiger Waschlappen.

Die Maskierten befreiten ihn von seinen Fesseln und zogen ihn
dann auf die Füße. Nur der Schmerz hielt ihn von einer Ohnmacht
zurück. Als die Männer ihn zu seiner Zelle zurückführten, konnte er
sich auf sie stützen. In der Zelle drehte er Kopf und Oberkörper und
versuchte, seine Wunde zu sehen. Der Hautlappen hing mit dem
unteren Ende noch immer an ihm. Vorsichtig hob er den Hautlappen und drückte ihn sacht auf die wunde Stelle. Er hielt ihn an Ort
und Stelle, bis er wieder auf die Matratze kriechen und auf dem
Bauch liegen konnte. Einige Minuten später warf irgend jemand
seine Kleider in die Zelle und verschloß dann die Tür. *Was sind diese
Leute bloß für Tiere?* fragte er sich.

Später trat ein Maskierter in seine Zelle und verhörte ihn. Phillip
beantwortete jede Frage. In seinem ganzen Leben war er noch nie so
aufrichtig gewesen.

Zwei Tage danach kamen sie wieder, um ihn zu holen. Der Mangel an Nahrung und Wasser hatte ihn so sehr geschwächt, daß er nicht protestierte, als sie ihn auf den Tisch banden. Er hatte alle ihre Fragen beantworet und wußte nichts weiter zu sagen.

Der Mann mit dem Kittel trat ein. Wieder schloß sich seine Hand um Phillips Kinn.

«Mögen Sie Sardinen?» fragte er.

Phillip begann, seine Hand zu küssen. Wieder ließ der Mann sein teuflisches Gelächter hören. Dann zog er seine Hand fort und ging an die Arbeit.

Als erstes inspizierte er den Hautlappen. Der Prozeß des Wiederanwachsens hatte inzwischen eingesetzt, so daß der Lappen an seiner Unterlage aus rohem Fleisch haftete. Bald würden feine Kapillaren in die Faserschicht hineinwachsen. Die Faserschicht würde schließlich zu festem Gewebe werden und den Prozeß des Festwachsens vollenden. Der Mann packte mit seinen Händen die Ekken des Hautlappens und riß ihn herunter.

Phillip brüllte Flüche.

Dann begann der Mann, auf der anderen Seite einen neuen Lappen vorzubereiten.

Phillip fluchte, flehte, gestand unmögliche Verbrechen, fluchte wieder. Doch gegen die Schnitte und die Klemmen half alles nichts. Phillip fing an zu schreien. Er suchte nach der richtigen Frequenz für das Schreien. Schnell mußte er sie finden, noch bevor der Mann mit dem Ablösen des neuen Lappens beginnen konnte. Als sich dann die Klemme drehte, befand Phillip sich bereits am Strand.

Die Sonne strahlte aus wolkenlosem Himmel. Schweißtropfen liefen ihm übers Gesicht und fielen auf den Sand. Er beobachtete, wie der Sand sie aufsaugte und nur dunkle Stellen zurückblieben. Irgendwo kreischten Möwen.

Er sah sie dort stehen. Sie hatte schmale Hüften und langes Haar. Sie war nackt. Sie legte sich neben ihn und lud ihn ein, sich mit ihr zu paaren. Er küßte sie. Ihre Lippen schmeckten nach Schweiß. Er umarmte sie, zog sie mit aller Kraft an sich, grub seine Finger in ihr

Fleisch. Ihre Beine verschlangen sich ineinander. Er sah, wie ihr Gesicht aufschrie, ein Spiegelbild seines eigenen.

Wieder kreischten die Möwen. Er blickte hinauf zum blauen Himmel. Doch alles stand kopf. Der Himmel war der Ozean. Es regnete Felsbrocken. Auch Muschelschalen und Quarzstückchen regneten herab und trafen ihn und stachen und brannten.

Er fand die Burg und kroch hinein. Das Innere war von all den glühenden Meereswesen erleuchtet, die an den Wänden hingen. Hier und dort eilten winzige Insekten über die Oberfläche fluoreszierender Wasserlachen hinweg. Das Licht gestattete ihm, die Form des Raums zu erkennen. Er sah aus wie eine gigantische Muschelschale, wie eine Kathedrale. Hier war die Antwort. Die Bedeutung des Lebens, das Geheimnis der Geheimnisse. Er schob sich vorwärts. Dann wurde ihm bewußt, daß er noch immer in ihr war, ihre Körper klebten durch Schweiß und Sand aneinander. Sie bewegten sich wie ein einziges Wesen, doch sehr weit konnten sie nicht gelangen. Oben voran, die Antwort. Er versuchte, sich aus ihr herauszuziehen. Doch sie ließ ihn nicht. Es täte zu weh, sagte sie.

Gegensätze sind einander gleich, sagte er zu ihr. Heiß ist kalt. Schmerz ist Lust. Wir müssen weiter. Nur noch ein bißchen weiter, ein bißchen länger. Die Antwort auf Gott, auf das Universum, auf alles, sie wartet. Mit einem plötzlichen Ruck nach hinten zog er seinen Körper aus ihrem heraus.

«Mein Gott! Mein Gott! Mein Gott!» schrie sie laut.

Das Meer brandete in die Burg. Er fand sich inmitten einer Sturzwelle wieder und wurde fortgeschwemmt. Laut schrie er auf, als er sie zurückließ, sie wand sich vor Schmerz wie ein Wurm an einem Haken. Er glitt immer weiter rückwärts. Er sah, wie die Burg in der Ferne verschwand. Dennoch blickte er zurück. Jetzt flog der Strand an ihm vorbei. Er bewegte sich rückwärts über den Ozean. Dann versank er in dessen schwarzen Tiefen. Er rang nach Luft.

Jetzt atmete Phillip heftig, er keuchte. Der Mann war inzwischen fertig und entfernte die Klemmen. Als Phillip den Lappen sah, den er diesmal «präpariert» hatte, wurde er ohnmächtig.

Später kamen sie wieder in seine Zelle, um ihn zu verhören. Sie stellten dieselben Fragen. Er antwortete wahrheitsgemäß. Dann streute der Weißhaarige Sulfurpulver auf Phillips Wunden und legte einen primitiven Verband an.

In dieser Nacht brachten sie ihn zurück nach Santa Cruz und ließen ihn frei.

Nachtrag

Die Verlobten des Todes und ihr Terrorregime fanden Anfang 1981 ihr Ende.

Joachim Fiebelkorn floh nach Brasilien, wo er wegen des Besitzes von drei Kilo Kokain, einer Sammlung von Nazipamphleten und -uniformen festgenommen wurde.

Klaus Barbie wurde an Frankreich ausgeliefert und wegen Verbrechen gegen die Menschlichkeit zu lebenslänglicher Haft verurteilt. Er war Insasse des Gefängnisses von St. Joseph in Lyon, gleich um die Ecke vom Hotel Terminus, in dem er seine erste Folterkammer eingerichtet hatte. Dort starb er 1991.

Phillip Frost kam an die Abteilung für plastische Chirurgie an der UCLA. Der Chirurg sagte, daß derjenige, der die Hautlappen «herausoperiert» hatte, ein Metzger gewesen sein mußte.

Der Tod

Ich frage mich immer wieder, ob es ein Leben nach dem Tode gibt,
und falls ja, ob die einem dort einen Zwanziger wechseln können.
Woody Allen, *Ohne Federn*

Woody Allen macht sich viele Gedanken über den Tod. Überall in seinen Büchern, Stücken und Filmen findet sich dieses Thema. Auch wenn er komisch und humorvoll damit umgeht, so sind Allens Angst vor dem Ende des Lebens und seine Furcht vor dem Nichts nach dem Tod sehr wohl Gefühle, die von den meisten Menschen geteilt werden.

Der Tod birgt, soweit es die physischen Konsequenzen betrifft, keinerlei Geheimnis. Nach dem Tod löst sich der Körper in seine Bestandteile auf und wird von der Umwelt absorbiert. Es erscheint nur logisch, daß dem Bewußtsein das gleiche Schicksal zuteil wird. Dies ist jedoch nicht die vorherrschende Überzeugung, und der größte Teil der Menschheit lehnt die Vorstellung ab, daß der Tod völliges Verlöschen bedeutet. Statt dessen haben die Menschen eine beträchtliche Anzahl von Glaubensgrundsätzen über eine Existenz nach dem Tod formuliert. Häufig besteht der Kern dieser Vorstellung darin, daß die intakte menschliche Persönlichkeit in einer anderen Dimension überlebt – eben im jenseitigen Leben. Auch wenn sich Woody Allen darum sorgt, ob's im Jenseits mit den Finanzen klappt, bietet der Glaube an ein Leben nach dem Tode den Menschen in der Regel viel Trost und Geborgenheit. Die Ungewißheit des Sterbens wird ersetzt durch die Gewißheit der Unsterblichkeit. Der Körper stirbt, so lautet der Glaube, die Seele jedoch lebt weiter.

Manche «Wissenschaftler», die versucht haben, für ein Leben nach dem Tode Beweise zu erbringen, haben sich dabei solch absurder Methoden bedient, daß man meinen könnte, es handle sich um Figuren aus einem Woody-Allen-Film. Robert Crookall, ein britischer Geologe, der sich für Parapsychologie interessierte, glaubte, daß die Seele, oder der spirituelle Leib, mit dem physischen Körper normalerweise durch eine Silberschnur verbunden ist. Sein Beweis: eine überwältigende Anzahl von «Kommunikationen» von den Toten, vermittelt durch Medien. Jack Webber, ein in London praktizierendes Medium, produzierte einmal für Fotografen eine Schnur – direkt aus seinem Mund. Der Preis für die beste Darbietung mit einer Silberschnur ging an Thomas Lynn, einen jungen britischen Bergmann, der seine Schnur 1929 vor dem British College of Psychic Science produzierte. Die Schnur, die aus Lynns Solarplexus hervorkam, nahm die Gestalt eines leuchtenden Fingers an, der sodann zur allgemeinen Freude eine Zither zu spielen begann!

Laut Crookall und anderen reißt die Silberschnur beim Tod, so daß die Seele frei ist und ihre posthume Reise antreten kann. Duncan McDougall, der zu Anfang des Jahrhunderts im Massachusetts General Hospital arbeitete, wog die Körper bzw. Leichen unmittelbar nach dem Tod. Er befand, daß ein sofortiger Gewichtsverlust von ungefähr einer Unze (knapp 30 g) eintrat. Nach McDougalls Überzeugung entsprach dies genau dem Gewicht der scheidenden Seele oder des Geistes. Manchmal konnten Medien diese Geister dazu bewegen, Glocken zu läuten oder bei Séancen auf Tische zu klopfen und auf diese Weise ihre Existenz zu verifizieren. 1924 wurde vom *Scientific American* ein Komitee zur Untersuchung von Medien gebildet, zu dem auch der Zauberkünstler Harry Houdine gehörte. Man erwischte viele Medien dabei, wie sie selbst Glocken läuteten und auf Tische klopften. Allerdings war niemand in der Lage, eine von Woody Allen geschilderte Séance zu erklären, bei der «ein Tisch nicht nur schwebte, sondern sich überdies auch entschuldigte und nach oben zum Schlafen ging».

Julius Weinberger löste das Problem der unzuverlässigen Medien, indem er ein sensibleres und verläßlicheres «Gerät» verwendete: die Venusfliegenfalle. Julius stellte der Pflanze eine Frage und las die Antwort von einem Gerät ab, das die elektrischen Signale der Pflanze registrierte. Andere haben auf Medien, ob nun menschliche oder botanische, verzichtet und selbst die Stimmen der Toten aufgezeichnet. Als Friedrich Jurgenson 1959 auf seinem Hinterhof in Schweden den Gesang von Finken auf Band aufnahm, fing er auch die Stimme seiner verstorbenen Mutter ein, die rief: «Friedel, mein kleiner Friedel. Kannst du mich hören?»

Die einfachste Art, die Toten sprechen zu hören, besteht darin zu warten, bis sie anrufen. Der Autor Anthony Burgess behauptet, eine Reihe solcher Anrufe von seiner verstorbenen Frau erhalten und als Stoff für einen Roman verwendet zu haben. Zwar weiß niemand, was von solchen Anrufen zu halten ist – selbst manche Parapsychologen halten sie für zu phantastisch, um sie ernst zu nehmen –, doch gibt es einen Forscher, der behauptet, sie nähmen an Häufigkeit zu.

Und was haben all diese Geister und Seelen zu berichten? Ihre Beschreibung des Lebens nach dem Tode ähnelt auf geradezu gespenstische Weise Woody Allens Spekulation, wonach das jenseitige Leben nicht viel anders ist als das Leben in, sagen wir, Cleveland. Ein Geist behauptete, im Jenseits gäbe es genau siebenundfünfzig Prachtvillen, jede mit einem eigenen Park, doch seien viele Menschen gezwungen, in Ein-Zimmer-Appartements zu wohnen. Während das ein bißchen nach Überfüllung klingt, teilte ein anderer Geist seiner noch lebenden Ehefrau mit, es gäbe farbenprächtige Blumen und «einen Rasen, der jeden irdischen Golfclub beschämen würde». Glücklicherweise brauchen sich die Spieler weder zu Fuß noch per Caddie von Loch zu Loch zu bewegen, den Transport besorgen goldene Himmelswagen, die durch die Luft fliegen. Trotz solch himmlischer Annehmlichkeiten warnen die Geister davor, im See zu schwimmen – der sei mit Feuer und Schwefel gefüllt, was es zweifellos ratsam erscheinen läßt, Cleveland den Vorzug zu geben.

Meine Ansicht über diese «wissenschaftlichen» Berichte wird klar durch den Platz, den ich ihnen in meinen Bücherregalen zuwies. Ich stellte die Bücher mit Titeln wie *Telefonanrufe von den Toten* und *Reisen außerhalb des Körpers* neben die Werke von Woody Allen. Weit von diesem Regal entfernt befand sich eines der wenigen Bücher, die ich niemals las. Es handelte sich um einen Text über Mikrobiologie von einem Freund, den ich Horace Woods nennen möchte.

Professor Woods hatte sich als Psychonaut für meine Experimente zur Verfügung gestellt. Als junger Mann hatte er einige Zeit im Nahen Osten verbracht, wo er Haschisch probierte und eine Reihe eindrucksvoller halluzinatorischer Erlebnisse hatte. Jetzt wollte er sie als Versuchsperson bei meinen Experimenten erforschen. Das Komitee der medizinischen Fakultät, das meine Studien überwachte, gestattete jedoch nicht, daß ich ihn als Versuchsperson einsetzte, dafür sei er zu alt. Aber ich mochte ihn und legte Wert auf seine Freundschaft. Wir entdeckten, daß wir viele Dinge miteinander gemein hatten, unter anderem die Wertschätzung der Arbeit von Heinrich Klüver und des Humors von Woody Allen. Trotz des Altersunterschieds wurden «Ace» und ich gute Freunde.

Im Laufe der Jahre trafen wir uns häufig beim Essen im UCLA Faculty Center und tauschten Geschichten über die jüngsten Erkenntnisse in unseren Labors aus. Als er mir ein signiertes Exemplar seines Fachbuchs schenkte, räumte ich diesem einen Vorzugsplatz auf meinem Biologiebord ein. Aber es kam eine Zeit, in der ich daran dachte, das Buch zu der Woody-Allen-Kollektion zu stellen. Das war, als Ace mich anrief, um mir mitzuteilen, er sei gerade von den Toten zurückgekehrt. «Komm übers Wochenende zu mir, und ich erzähl dir alles», sagte er. Ich könne mein Tonbandgerät mitbringen.

Ace wohnte in Malibu in einem Haus an der Felsküste. An diesem Haus fuhr ich zweimal vorbei, bevor mir bewußt wurde, daß das Haus, das ich als grau in Erinnerung hatte, jetzt himmelblau gestrichen war. Als ich mich der Eingangstür näherte, fiel mir auf, daß die Maler oben nahe dem Dach einige Stellen grau gelassen hatten. Diese Stellen erinnerten mich an Sturmwolken.

Er begrüßte mich an der Tür mit dem gleichen knochenzermalmenden Händedruck, den ich jedesmal fürchtete, über den ich mich jedoch nie beklagte. Seine Augen funkelten, und sein Gesicht hatte einen Hauch von Sonnenbräune. Ein Zombie war er nicht. Doch es versetzte mir einen Schock, ihn in einem Rollstuhl zu sehen. Er manövrierte den Stuhl herum und fuhr voraus in sein

Wohnzimmer, bevor ich die Gelegenheit hatte, ihn zu fragen, was geschehen sei.

Ace schenkte mir ein Glas gekühlten Wein ein. Da es noch ein bißchen zu früh am Tage war, um zu trinken, hielt ich das Glas nur in der Hand und machte mich über die vor mir stehende Käseplatte her. Ich glaube, er wartete absichtlich, bis ich den Mund voll hatte, bevor er zu sprechen begann.

«Ich bin gelähmt», sagte er. «Werde nie wieder gehen können. Aber ich bin am Leben, und die alte Rübe ist so gut wie eh und je.» Ace erhob sein Glas, und ich erhob meines. «Auf die Überlebenden», sagte er.

«L'chaim!» sagte ich und nippte am Wein. Ace erzählte von seinem Unfall. Während er sprach, vergaß ich die Tageszeit und leerte allmählich mein Glas.

Beim Streichen seines Hauses war Ace von der Leiter gefallen. Während er nach hinten fiel, fühlte er, wie sein Körper verdunstete. Er schwebte. Seine Gedanken rasten. In welche Richtung fiel die Leiter? Was geschah mit der Farbdose? Die Zeit verlangsamte sich. Oder stürzte er über die Klippe, und das war der Grund dafür, daß es so lange dauerte, bevor er aufprallte? Er überlegte, wo er wohl landen würde. Jetzt bedauerte er, daß er das Gebüsch oben auf der Klippe beseitigt hatte. Es hätte seinen Sturz abfangen können. Aber am unteren Hang wuchs es noch immer sehr dicht. Wenn er die verfehlte, würde er wahrscheinlich sterben. Aber was, falls er fast parallel zum Hang auftraf? Würde er dann den Berg hinunterrutschen? Er wußte es nicht. Falls er überlebte, durfte er sich nicht sofort bewegen. Das beste wäre, still liegenzubleiben und um Hilfe zu rufen. Würde ihn irgend jemand hören? Dann dachte er an jene, die er zurücklassen würde, falls er nicht überlebte. Seine Söhne waren erwachsen und verheiratet, da gab's also keine Probleme. Seine Frau war stark genug, um sich von dem Schock zu erholen. Er hatte immer gesagt, daß sie ihn überleben werde. Auf der Bank war genügend Geld. Hoffentlich würde sie seinen letzten Gehaltsscheck finden, der noch in seinem Schreibtisch in der Universität lag. Bilder aus dem Familienfotoalbum zogen blitzartig an ihm vorbei: seine Hochzeit, eine Geburtstagsfeier, seine Mutter und sein Vater. Alles war eingebettet in Gefühle der Schönheit und der Liebe. In der Ferne vernahm er einen dumpfen Aufprall.

Der Sturz war vorbei. Ace lag auf dem Rücken und blickte zum Himmel. Es gab keinen Schmerz. Es gab kein Geräusch. Nichts bewegte sich. Es war wie die Stille vor einem großen Erdbeben, wenn alle Vögel schweigen und die Welt für einen Augenblick stillsteht. Plötzlich tauchte eine schwarze Gestalt vor ihm auf.

«Das war wohl der Moment, als ich das Bewußtsein verlor», sagte Ace.

Als er wieder zu sich kam, beugten sich die Leute vom Notarztteam über ihn. Sie schlugen ihn. Dann schoben sie etwas in sein Ohr, das weh tat. Ace bemerkte einen durchsichtigen Schlauch, der von einem Beutel bis zu seinem Arm lief. Er bewegte sich. Irgend etwas riß. Die schwarze Gestalt bedeckte seine Augen.

«In diesem Augenblick starb ich», sagte er und machte dann eine Pause, um uns beiden nachzuschenken. «Der nächste Teil wird dich begeistern.»

Er hatte recht. Ace schilderte ein klassisches Todesnähe-Erlebnis. Es begann mit einer Serie hoher Klänge, wie von Sirenen. Nur daß die Sirenen «Ave Maria» sangen.

«Es war die schönste Darbietung, die man sich vorstellen kann. Es erfüllte mich mit solchem Frieden. Ich konnte direkt fühlen, wie die Musik mich hochhob. Es war nicht ich, nur ein Teil von mir.» Auf der Suche nach den rechten Worten verzog Ace sein Gesicht. «Du weißt, was ich meine.»

«Nein», log ich. «Erzähl's mir.»

«Ich glaube, ich hatte eines von jenen ‹Außerhalb-des-Körpers›-Erlebnissen. Mein Bewußtsein schwebte über meiner Brust – nur wenige Zentimeter, verstehst du, aber doch getrennt von dem Rest. Irgendwie spürte ich, daß das Notarztteam noch immer an mir arbeitete, doch sehen konnte ich die Leute nicht. Ich blickte empor. Dort am Himmel war irgend etwas wie ein langer U-Bahn-

Tunnel. Er hatte glatte, kristallene Wände, die in einem Licht glänzten und schimmerten, das vom Ende kam.»

«Bist du sicher, daß du nicht gegen die Sonne auf den Infusionsschlauch geblickt hast?» fragte ich.

«Vielleicht. Aber seit wann singen Infusionsschläuche? Die Musik kam aus dem Tunnel, und sie zog direkt hierhin.» Ace klopfte mit der flachen Hand auf seine Herzgegend, dicht bei dem Bereich, wo angebliche Silberschnüre Gestalt annehmen.

«Die Musik zog mich in den Tunnel», fuhr Ace fort, «aber während der ganzen Zeit wußte ich, daß ich mich nur Zentimeter über meiner Brust befand. Doch diese Zentimeter schienen Lichtjahren gleich. In dem Tunnel war eine ganz neue Welt. Ich gelangte in das Reich der höchsten Macht. Nie zuvor hatte ich solchen Frieden und solche Ruhe gefühlt. Es war ... also verdammt noch mal, himmlisch. Okay, es war himmlisch!»

Offenbar war es Ace peinlich, dieses Wort auszusprechen. Er war ein stolzer Agnostiker, der alle religiösen Metaphern scheute. Doch er hatte ein unbeschreibliches Erlebnis gehabt und versuchte, die ausdrucksvollsten Worte zu finden. Er hatte noch nie so gesprochen, und ich war überrascht über das neue Vokabular. Ebensosehr überraschte mich, wieviel er trank. Ace öffnete jetzt die zweite Flasche Wein.

Bevor er sich nachschenkte, entschuldigte er sich und verschwand im Bad. Ich nutzte die Gelegenheit, um mit seiner Frau zu sprechen, die in der Küche das Essen zubereitete.

«Sind Sie noch immer Vegetarier?» fragte sie. Ich sah, daß sie ein Hühnchengericht vorbereitete.

«Hühnchen ist okay», sagte ich. Ich wußte nicht, ob ich auch zum Essen eingeladen war, und wollte keine Umstände machen.

Ruhig fragte mich Doris, ob ich meinte, daß Ace soweit in Ordnung sei. Ja, erwiderte ich. Er hatte ein sehr typisches halluzinatorisches Erlebnis gehabt, das charakteristisch ist bei Stürzen und beinahe tödlichen Unfällen. Unter diesen Umständen war auch seine neuentdeckte Liebe zum Wein nichts Ungewöhnliches. Die Tränen in Doris' Augen bewiesen allerdings, daß es ihr schwerfiel, sich mit dem Geschehenen abzufinden.

«Hat er Ihnen von seinem Bruder erzählt?» fragte sie.

«Ich wußte gar nicht, daß er einen Bruder hat.»

«Er ist schon lange tot, aber Ace sagt, er habe mit ihm gesprochen.» Langsam rollte eine Träne ihre Wange hinab. «Ist das normal?»

Ich gab keine Antwort.

«Fragen Sie ihn wegen Barbra Streisand. Die hat er auch gehört, und sie ist nicht einmal tot», sagte Doris. «Er kommt nicht einmal mit seinen Halluzinationen klar.» Sie biß sich auf die Lippen und schaltete dann um. «Mögen Sie Hühnchen?»

Sie stellte die Frage wegen Ace, der auf der Suche nach mir gerade in die Küche gerollt kam.

«Hühnchen ist okay», sagte ich.

Wir kehrten in den anderen Raum zurück, wo Ace seine Geschichte weitererzählte.

«Ich näherte mich dem Ende des Tunnels, als der Sirenengesang aufhörte», sagte Ace aufgeregt. «Dort war nichts. Aber es war nicht dunkel, wie man erwarten könnte. Es gab Licht! Milchiges, weißes Licht. Ich konnte nichts sehen. Doch ich spürte, daß es dort viele Erscheinungen gab.»

«Erscheinungen?» fragte ich.

«Erscheinungen, Geister, Seelen, was auch immer. Sie waren Teil des Lichts.»

«Und das Licht?» drängte ich ihn.

«Okay, zwing den Atheisten, es zu sagen – Gott. Das Licht war Gott. Bist du jetzt zufrieden? Jedenfalls versuchten diese Erscheinungen, mit mir zu kommunizieren. Ich hörte ihr Flüstern, doch verklang es im Licht, noch ehe ich es verstehen konnte. Aber ich vernahm meinen Bruder.»

«Was sagte er?»

«Ich weiß nicht. Jedenfalls erinnere ich mich nicht. Ich weiß nur, daß es für mich keinen Zweifel gab, daß es seine Stimme war. Ich drehte mich um und sah, wie er mir zuwinkte. Da ich wußte, daß er tot war, mußte es sein Geist sein.» Ich zog ein Gesicht.

«Du mußt verstehen, daß ich zu diesem Zeitpunkt glaubte, ich wäre tot, und bereit war, alles unter dieser Voraussetzung zu sehen.»

«Hast du nicht gedacht, du könntest einen luziden Traum gehabt haben?» fragte ich. In luziden Träumen erwacht das Bewußtsein, so daß der Träumende des Traums gewahr wird. Der Träumende kann sogar eine begrenzte Kontrolle über den Traum ausüben, indem er sich beispielsweise an einer Kreuzung der Traumlandschaft für die linke statt für die rechte Abbiegung entscheidet.

«Es war viel zu real und fast psychedelisch. Ich hatte das Gefühl, daß mir jeden Augenblick der Schlüssel zum Verständnis der Natur Gottes und des Universums gereicht werden würde. Ich habe solche Erlebnisse mit Haschisch gehabt, jedoch nie in einem Traum.»

Ace hatte mit mir häufig über seine Haschischerlebnisse gesprochen. Haschischintoxikationen enthalten viele Elemente, wie sie sich auch beim Erlebnis des Beinahe-Sterbens finden, dazu gehören akustische Eindrücke, Empfindungen von Frieden und Behaglichkeit, Trennung vom Körper, Lichttunnel, Begegnungen mit anderen und die Vorstellung großer Weisheit. Im Altertum gebrauchten Araber Haschisch, um den spirituellen Körper vom physischen Körper zu trennen und auf solche Weise zu «himmlischer Erkenntnis» zu gelangen. Als junger Mann hatte Ace ähnliche Ekstasen erlebt, mit Tunneln voll einfacher und komplexer Bilder, hellen Lichtern und einem Gefühl der Transzendenz. Ich fragte ihn, worin sich sein durch den Sturz bewirktes Erlebnis davon unterschied. Schließlich haben doch auch Drogenkonsumenten manchmal Träume, in denen sie high sind, oder im Traumzustand Flashbacks ihrer Drogenerlebnisse.

«Es gab kaum einen Unterschied. Außer daß ich natürlich nicht im Zustand der Intoxikation und daher nicht benommen war; also erschien alles sehr, sehr real. Das Gefühl von Heiligkeit war tiefergehend, als ich es von meinen Haschischerfahrungen her in Erinnerung habe. Ich hätte für alle Zeit dort bleiben können.»

«Warum hast du's nicht getan?» fragte ich. Die offenkundige Antwort lautete: weil er nicht wirklich gestorben war. Doch versteht sich von selbst, daß, wer immer von solchen Erlebnissen berichtet, nicht gestorben sein kann. Viele berichten, daß die Stimme Gottes zu ihnen sagt, es sei noch nicht an der Zeit. Manche hören, wie ein verstorbener Verwandter sie auffordert, zurückzukehren. Andere werden von einer übernatürlichen Macht errettet. Wieder andere ziehen ihre Silberschnur zurück, die manchmal wie ein Bungee-Seil funktioniert.

«Barbra Streisand hat mich zurückgebracht», rief Ace, ohne eine Miene zu verziehen. «Ich hörte, wie sie das Lied über Menschen sang, die Menschen brauchen, und als nächstes finde ich mich in der Notaufnahme des Krankenhauses wieder und übergebe mich.» Ace schüttelte den Kopf über die Absurdität dessen, was er gerade gesagt hatte, und nahm einen kräftigen Schluck aus dem Glas.

Ich schenkte mir selbst nach.

«Du weißt, daß ich sie nie gerne hab singen hören», fuhr er fort. «Jetzt spiele ich dauernd ihre Kassetten.»

Ich hatte von Menschen gehört, die aus diesen Todesnähe-Erlebnissen mit veränderten Einstellungen und Überzeugungen zurückgekehrt waren. Bei dem Professor erwartete ich allerdings etwas Anspruchsvolleres, Gelehrteres. Vielleicht ein wiedererwachtes Interesse an religiösen Studien oder den Wunsch, die Werke von Emanuel Swedenborg oder Elisabeth Kübler-Ross zu lesen. Aber Aufnahmen von Barbra Streisand?

Wir hatten schon einiges getrunken, als Doris endlich verkündete, das Essen sei fertig. Ace erlaubte mir, ihn ins Speisezimmer zu rollen. Ich war froh, mich auf den Rollstuhl stützen zu können. Doris servierte uns ein herrliches Mahl, Freilandhuhn, selbstgemachte Pasta und frisches Gemüse aus ihrem Garten. Es gab zwei verschiedene Weine, und wir tranken alle mehr, als wir hätten trinken sollen. Das Gespräch kreiste um die Ähnlichkeit von Todesnähe-Erlebnissen und anderen halluzinatorischen Erfahrungen.

Ich erklärte, daß es für diese Erlebnisse viele Auslöser gibt, darunter Drogen, Streß, Fieber, Einsamkeit, Isolation und Angst. Auf eine unendliche Vielfalt von Auslösern reagiert das Gehirn auf eine durchaus endliche, also begrenzte Weise – daher die Ähnlichkeit von Ace' Todesnähe-Visionen und seinen Haschischerlebnissen. Das Sterbebett ist ein weiterer Ort, von dem solche Erlebnisse berichtet werden. Menschen auf dem Sterbebett sehen sich einer sehr realen körperlichen Gefahr gegenüber. Dies löst Phantasien aus, z. B. die Erinnerungen und Phantasien der Kindheit. In diesem Sinn wendet sich ein Individuum von seinem (oder ihrem) kranken oder gebrechlichen Körper ab, minimalisiert seine Anwesenheit im Wahrnehmungsfeld und gelangt in einen Zustand, in dem die Bedrohung nicht existiert. Das Gefühl des Hinausschwebens aus dem Körper, der Loslösung, der Depersonalisierung – dies alles ist Teil der Abwehrreaktionen.

Die präzisen Aktionsmechanismen für diese Abläufe sind weitgehend unbekannt, wenn wir auch einiges darüber wissen, wie Drogen als Auslöser wirken. Visionäre Drogen wie Haschisch verursachen eine zerebrale Reizung, die die Umwandlung von Gedanken und Erinnerungen in sinnliche Eindrücke ermöglicht. Drogen, die den Körper anästhesieren und Schmerz betäuben, haben die Wirkung, die Wahrnehmung sinnlicher Eindrücke zu blockieren, was dem Gehirn erlaubt, sich auf den internen Bilderreichtum von Gedanken und Erinnerungen zu konzentrieren. Manche Forscher glauben, daß sich die emotionalen und physiologischen Prozesse beim Sterben oder bei beinahe tödlichen Unfällen gleichen. Tatsächlich hat eine Studie über Bergsteiger, die beinahe tödliche Abstürze überlebten, ergeben, daß ihre Reaktionen die gleichen waren wie bei Ace: ein Gefühl des Entrücktseins, blitzhaft auftauchende frühe Erinnerungen und ein mystischer Bewußtseinszustand in Verbindung mit Visionen eines jenseitigen Lebens. Und genau wie Ace berichteten alle von Dutzenden von Gedanken und Bildern, die in einem Zeitraum von nur wenigen Sekunden abliefen.

Zur Illustration dieses Prozesses bot ich Ace und Doris eine Analogie an. Ich bat sie, sich einen Mann vorzustellen, der in seinem

Wohnzimmer gegenüber dem Kamin an einem geschlossenen Fenster steht und in den Sonnenuntergang hinausblickt. Der Anblick der Außenwelt nimmt ihn völlig gefangen, und er nimmt vom Inneren des Zimmers nichts wahr. Während draußen die Dunkelheit hereinbricht, beginnen sich jedoch die Gegenstände im Zimmer hinter ihm undeutlich in den Fensterscheiben zu spiegeln. Während sich die Dunkelheit vertieft, erleuchtet das Feuer im Kamin den Raum, und jetzt sieht der Mann eine intensive Spiegelung des Zimmers, das sich außerhalb des Fensters zu befinden scheint. Wird diese Analogie auf todesähnliche Erlebnisse angewendet, so wird das Tageslicht (die sinnlichen Wahrnehmungen) reduziert, indes die innere Beleuchtung (der allgemeine Erregungslevel im Gehirn) sehr intensiv bleibt, so daß in den Räumen des Gehirns entstandene Bilder dergestalt wahrgenommen werden können, als kämen sie von außen durch die Fenster der Sinne herein. Wenn uns das Johannesevangelium also sagt: «Im Haus meines Vaters sind viele Wohnungen», oder wenn Ace uns sagt, es gebe viele Geister im Licht, so handelt es sich wahrscheinlich um die Wohnungen oder Geister, die in den Strukturen unserer eigenen Gehirne als Bilder vorhanden sind.

«Klingt wie ein Traum», sagte Doris und blickte, eine Reaktion erwartend, zu Ace.

«Es ist tatsächlich ein Wachtraum», sagte ich, «ausgelöst durch den Unfallschock und organisiert vom Nervensystem, damit die Persönlichkeit des Opfers intakt bleibt. So wie der physiologische Schock hilft, den Körper zusammenzuhalten, hält das Beinahe-Erlebnis des Todes die Kontrolle über die sich möglicherweise völlig auflösenden Emotionen aufrecht. Es ist eine Anpassungsmöglichkeit für uns, um eine lebensgefährliche Situation zu überstehen.»

«Mach's dir nicht zu einfach», warnte Ace. Er sprach mit professioneller Autorität. «Vielleicht erblickt jeder die gleiche Vision des jenseitigen Lebens, weil es wirklich da ist.»

«Natürlich ist es wirklich da», sagte ich. «Jedoch im mentalen, nicht im physischen Raum. Das wissen wir, weil du es mit deinen ganz persönlichen Bildern bevölkerst. Nicht einmal in einer Million von Beinahe-tot-Visionen könnte ich deinem Bruder begegnen, wenn ich nicht wüßte, wie er aussieht oder wie seine Stimme klingt. Und du könntest ebensowenig meinen verstorbenen Vater sehen oder hören.»

«Er hat mir geraten, niemals die shiksa zu heiraten», erwiderte Ace mit einem Zwinkern.

«Horace!» sagte Doris laut. Sie war dabei, den Tisch abzuräumen, und das Zwinkern war ihr entgangen.

«Du vergißt den wichtigsten Teil», sagte Ace. «Es war die feierlichste und schönste Erfahrung meines Lebens. In dem Licht hatte ich das Gefühl, in der offenen Hand Gottes zu liegen. Ich möchte glauben, daß er seine Hand schließt und mich zu sich nimmt, wenn es an der Zeit ist.»

«Das ist ein wunderschönes Bild, Ace», sagte ich. Es gab keinen Grund, warum er nicht daran festhalten sollte. Denn daß wir inzwischen herausgefunden hatten, daß es sich bei Ace' Erlebnis um eine Halluzination handelte, war noch längst kein Beweis gegen ein Leben nach dem Tod. Und ich wollte Ace seinen Glauben an ein jenseitiges Leben durch meine Analyse nicht einfach wegnehmen. «Da der Tod eine Vorbedingung für den Eintritt ins jenseitige Leben ist», fuhr ich fort, «werden wir Lebenden wohl niemals die Antwort kennenlernen.»

«Hätten die Lebenden vielleicht Lust auf einen Nach-dem-Tode-Nachtisch», witzelte Doris, als sie uns Schalen mit Beeren und Schlagsahne vorsetzte. Dann gab es noch dampfenden Café au lait.

Beim Kaffee ging das Gespräch zu meinen Forschungen an Tieren über. Ace und Doris waren schon immer von meinen Geschichten über betrunkene, berauschte oder auf andere Weise intoxikierte Tieren fasziniert gewesen, die sich genauso verhielten wie ihre menschlichen Entsprechungen. Eine faszinierende Geschichte drehte sich zwar um ein nüchternes Tier, doch erschien sie an diesem Abend höchst angemessen.

Ich schilderte, wie ein Team von Psychologen einem Gorilla beibrachte, mit Hilfe der amerikanischen Zeichensprache zu kommunizieren. Sobald er das Grundvokabular beherrschte, zeigte der Gorilla, daß er sich tiefgehende Gedanken über Leben und Tod machte. Aus seinen Zeichen sprach große Weisheit, zumal als er fragte: «Was ist Tod?»

Ich gestikulierte die Antwort, die er gab. Die Innenflächen meiner Hände waren nach oben gewandt, die Finger fortgestreckt von meinem Körper. Dann bewegte ich meine Hände zueinander, so daß sie sich berührten, ich rollte sie einwärts und bewegte sie dann auseinander, bis die Handteller – die Innenflächen – nach unten zeigten.

Das Zeichen bedeutete: *erledigt, zu Ende*.

Nachwort

Dies waren die Geschichten von mutigen Männern, Frauen und Kindern, die mit den Feuern des Gehirns konfrontiert wurden. Sie waren meine Forschungspatienten und Versuchspersonen, aber sie waren auch meine Lehrer. Sie gestatteten mir, in ihr Leben und in ihren Geist einzudringen, um die Faszination und den Schrecken ihrer Wahrnehmungen zu erforschen. Gemeinsam bestaunten wir visuelle und akustische Phänomene. Wir ergötzten uns daran. Und wir waren voll Furcht.

Irgendwie fand ich immer wieder meinen Weg hinaus. Hinterher konnte ich zurückblicken und über mich selbst lachen, über das, was ich gesehen und getan hatte. Ich entdeckte, daß dies oft die beste Methode war, die Feuer zu bekämpfen und endgültig zum Verlöschen zu bringen. Viele meiner Patienten lernten dieselbe Lektion. Sie lachten, weil ihnen endlich bewußt wurde, daß sie nicht verrückt waren. Ver-rückt waren vielmehr die Visionen. Es ist eine gute Lektion und ein guter Rat für alle Reisenden zum Hinterland des Geistes.

Bibliographie

Allgemein

ASAAD, G. 1990. *Hallucinations in Clinical Psychiatry*. New York: Brunner/Mazel.

BRIERRE DE BOISMONT, A. 1853. *Hallucinations: or, the Rational History of Apparitions, Visions, Dreams, Ecstasy, Magnetism, and Somnambulism*. Philadephia: Lindsay and Blakiston.

CAUGHEY, J. L. 1984. *Imaginary Social Worlds*. Lincoln: University of Nebraska Press.

CLARKE, E. H. 1878. *Visions: A Study of False Sight*. Boston: Houghton, Osgood.

EVANS, H. 1988. *Beweise: UFOs*. München: Droemer Knaur.

EVANS, H. 1987. *Gods, Spirits, Cosmic Guardians*. Wellingborough: The Aquarian Press.

EY, H. 1973. *Traité des Hallucinations*. Band 1 und 2: Paris: Masson et Cie.

GREEN, C. und McGREERY, C. 1975. *Apparitions*. London: Hamish Hamilton.

HOROWITZ, M. J. 1970. *Image Formation and Cognition*. New York: Appleton-Century-Crofts.

IRELAND, W. W. 1893. *The Blot Upon the Brain: Studies in History and Psychology*. New York: G. P. Putnam's Sons.

JOHNSON, F. H. 1978. *The Anatomy of Hallucinations*. Chicago: Nelson-Hall.

KEUP, W., Hrsg. 1970. *Origin and Mechanism of Hallucinations*. New York: Plenum.

KLÜVER, H, 1926. «Mescal Visions and Eidetic Vision.» *American Journal of Psychology* 37: 502–515.

KLÜVER, H. 1928. *The ‹Divine› Plant and its Psychological Effects*. London: Kegan Paul, Trench, Trubner & Co.

KLÜVER, H. 1965. «Neurobiology of Normal and Abnormal Perception.» In: *Psychopathology of Perception*, hrsg. von P. H. Hoch und J. Zubin, 1–40, New York: Grune & Stratton.

KLÜVER, H. 1966. *Mescal and Mechanism of Hallucinations*. Chicago: University of Chicago Press.

MAUDSLEY, H. 1887. *Natural Causes and Supernatural Seemings*. London: Kegan Paul, Trench & Co.

McKELLAR, P. 1957. *Imagination and Thinking: A Psychological Analysis*. New York: Basic Books.

MOREAU, J.-J. (1845) 1973. *Hashish and Mental Illness*, übers. von G. J. Barnett. New York: Raven Press.

PARISH, E. 1897. *Hallucinations and Illusions: A Study of Fallacies of Perception*. London/New York: Walter Scott/Charles Scribner's Sons.

RAWCLIFFE, D. H. 1952. *The Psychology of the Occult*. London: Derricke Ridgway.

RICHARDSON, A. 1969. *Mental Imagery*. New York: Springer Publishing.

SARBIN, T. R. und JUHASZ, J. B. 1978. «The Social Psychology of Hallucinations.» *Journal of Mental Imagery*. 2: 117–144.

SEGAL, S. J., Hrsg. 1971. *Imagery. Current Cognitive Approaches*. New York: Academic Press.

SHEEHAN, P. W., Hrsg. 1972. *The Function and Nature of Imagery*. New York: Academic Press.

SIEGEL, R. K. 1977. «Hallucinations.» *Scientific American* 237: 132–140.

SIEGEL, R. K. 1977. «Normal Hallucinations of Imaginary Companions.» *McLean Hospital Journal* 2: 66–80.

SIEGEL, R. K. 1978. «Cocaine Hallucinations.» *American Journal of Psychiatry* 135: 309–314.

SIEGEL, R. K. 1997. «Experimental Analysis and Modification of Hallucinations.» In: *Modification of Pathological Behavior*, Hrsg. R. S. Davidson, 69–108. New York: Gardner Press.

SIEGEL, R. K. 1980. «The Psychology of Life After Death.» *American Psychologist* 35: 911–931.

SIEGEL, R. K. 1984. «Hostage Hallucinations: Visual Imagery Induced by Isolation and Life-Threatening Stress.» *The Journal of Nervous and Mental Disease* 172: 264–272.

SIEGEL, R. K. und WEST, L. J., Hrsg. 1975. *Hallucinations: Behavior, Experience, and Theory*. New York: John Wiley & Sons.

SLADE, P. D. und BENTALL, R. P. 1988. *Sensory Deception: A Scientific Analysis of Hallucination*. London: Croom Helm.

SMYTHIES, J. R. 1956. *Analysis of Perception*. London: Routledge and Kegan Paul.

SULLY, J. 1887. *Illusions: A Psychological Study*. London: Kegan, Paul, Trench & Co.

TYRRELL, G. N. M. 1953. *Apparitions*. London: The Society for Psychical Research.

WATKINS, M. 1976. *Waking Dreams*. New York: Harper & Row.

WATKINS, M. 1986. *Invisible Guests: The Development of Imaginal Dialogues*. Hillsdale: The Analytic Press.

WEST, L. J., Hrsg. 1962. *Hallucinations*. New York: Grune & Stratton.

ZUBEK, J. P., Hrsg. 1969. *Sensory Deprivation. Fifteen Years of Research*. New York: Appleton-Century-Crofts.

Einzelne Kapitel

Einleitung

LILLY, J. C. 1988. *Das tiefe Selbst.* Basel: Sphinx.

LILLY, J. C. 1986. *Der Scientist.* München: Goldmann.

MCKELLAR, P. 1957. *Imagination and Thinking: A Psychological Analysis.* New York: Basic Books.

SIDGEWICK, H. A. et al. 1894. «Report of the Census of Hallucinations.» *Proceedings of the Society for Psychical Research* 26: 25–422.

SIEGEL, R. K. Dezember 1988. «Altered States.» *Omni*: 89.

WEST, D. J. 1990. «A Pilot Census of Hallucinations.» *Proceedings of the Society for Psychical Research* 57: 163–207.

Der Psychonaut und der Schamane

BERRIN, K., Hrsg. 1978. *Art of the Huichol Indians.* New York: Harry N. Abrams.

BURROUGHS, W. und GINSBERG, A. 1970. *Auf der Suche nach Yage.* Berlin: Limes.

EICHMEIER, J. und HÖFER, O. 1974. *Endogene Bildmuster.* München: Urban & Schwarzenberg.

HUXLEY, A. 1956. «Mescaline and the ‹Other World›.» In: *Lysergyc Acid Diethylamide and Mescaline in Experimental Psychiatry,* hrsg. von L. Cholden, 46–50. New York: Grune & Stratton.

JUNG, C. G. (1934–50) [8]1992. *Die Archetypen und das Kollektive Unbewußte.* Werke Bd. 9/I. Düsseldorf: Walter.

JUNG, C. G. und FRANZ, M. v. (Hrsg.). *Der Mensch und seine Symbole.* Düsseldorf: Walter.

LUMHOLTZ, C. Mai 1900. «Symbolism of the Huichol Indians.» *Memoirs of the American Museum of Natural History.* Band 3.

MOSS, T. 1974. *The Probability of the Impossible: Scientific Discoveries and Explorations of the Psychic World.* Los Angeles: J. P. Tarcher.

OSTER, G. Februar 1970. «Phosphenes.» *Scientific American* 222 (2): 83–87.

OTT, J. 1986. «Carved ‹Disembodied Eyes› of Teotihuacan.» In: *Persephone's Quest: Entheogens and the Origins of Religion,* R. G. Wasson, S. Kramrisch, J. Ott und C. A. P. Ruck, 141–148. New Haven and Lonson: Yale University Press.

POE, E. A. (1842) 1978. *Grube und Pendel und andere phantastische Erzählungen.* Frankfurt: Insel.

WASSON, R. G. 13. Mai 1957. «Seeking the Magic Mushrooms.» *Life*: 100–120.

Gespräche mit Gott in cis-Moll

BIRCHWOOD, M. 1986. «Control of Auditory Hallucinations through Occlusion of Monaural Auditory Input.» British Journal of Psychiatry 149: 104–107.

CRITCHLEY, M. und HENSON, R. A., Hrsg. 1977. Music and the Brain: Studies in the Neurology of Music. London: William Heinemann.

FEDER, R. 1982. «Auditory Hallucinations Treated by Radio Headphones.» American Journal of Psychiatry 139: 1188–1190.

GROSS, M. M., HALPERT, E., SABOT, L. und POLIZOS, P. 1963. «Hearing Disturbances and Auditory Hallucinations in the Acute Alcoholic Psychoses. I: Tinnitus: Incidence and Significance.» Journal of Nervous and Mental Disease 137: 453–465.

HAMMEKE, T. A., McQUILLEN, M. P. und COHEN, B. A. 1983. «Musical Hallucinations Associated with Acquired Deafness.» Journal of Neurology, Neurosurgery and Psychiatry 46: 570–572.

JAMES, D. A. E. 1983. «The Experimental Treatment of Two Cases of Auditory Hallucinations.» British Journal of Psychiatry 143: 515–516.

KAPLAN, J., MANDEK, L. R., STILLMAN, R., WALKER, R. W., VAN DEN HEUVEL, W. J. A., GILLIN, J. C. und WYATT, R. J. 1974. «Blood and Urine Levels of N,N,-Dimethyltryptamine Following Administration of Psychoactive Dosages to Human Subjects.» Psychopharmacologia 38: 239–245.

LEARY, T. 1966. «Programmed Communication During Experiences with DMT (Dimethyltryptamine).» Psychedelic Review, no. 8, 83–95.

MASTERS, R. E. L. und HOUSTON, J. [2] 1986. Bewußtseinserweiterung über Körper und Geist. München: Kösel.

McKENNA, T. K. 1984. True Hallucinations. Berkeley: Lux Natura.

McKENNA, T. K. und McKENNA, D. J. 1975. The Invisible Landscape. Mind, Hallucinogens, and the I Ching. New York: The Seabury Press.

MILLER, T. C. und CROSBY, T. W. 1979. «Musical Hallucinations in a Deaf Elderly Patient.» Annals of Neurology 5: 301–302.

MORLEY, S. 1987. «Modification of Auditory Hallucinations: Experimental Studies of Headphones and Earplugs.» Behavioural Psychotherapy 15: 240–251.

MYERS, F. W. H. (1903) 1975. Human Personality and its Survival of Bodily Death. Band 2. New York: Arno Press.

RICHARDSON, A. [5] 1994. Einführung in die mystische Kabbala. Basel: Sphinx.

ROSS, E. D. 1978. «Musical Hallucinations in Deafness Revisted.» Journal of the American Medical Association 240: 1715.

ROSS, E. D., JOSSMAN, P. B., BELL, B., SABIN, T. und GESCHWIND, N. 1975. «Musical Hallucination in Deafness.» Journal of the American Medical Association 231: 620–622.

SARAVAY, S. M. und PARDES, H. 1970. «Auditory ‹Elementary Hallucinations› in Alcohol Withdrawal Psychoses.» In: Origin and Mechanisms of Hallucinations. Hrsg. W. Keup, 237–244. New York: Plenum Press.

Schultes, R. E. und Hofman, A. 1980. *Pflanzen der Götter*. Bern: Hallwag.

Scott, M. 1979. «Musical Hallucinations from Meningioma.» *Journal of the American Medical Association* 241: 1683.

Semrad, E. V. 1938. «Study of the Auditory Apparatus in Patients Experiencing Auditory Hallucinations.» *American Journal of Psychiatry* 95: 53–63.

Stafford, P. 1983. *Psychedelics Encyclopedia*. Los Angeles: J. P. Tarcher.

Szara, S. 1956. «Dimethyltryptamine – Its Metabolism in Man; The Relation of Its Psychotic Effect to the Serotonin Metabolism.» *Experientia* 12: 441.

Szara, S. 1961. «Hallucinogenic Effects and Metabolism of Tryptamine Derivatives in Man.» *Federation Proceedings* 20: 885–888.

Vergewaltigung in einer Dalí-Landschaft

Collier, B. B. 1972. «Ketamine and the Conscious Mind.» *Anesthesia* 27: 120–134.

Cytowic, R. E. 1995. *Farben hören, Töne schmecken. Die bizarre Welt der Sinne*. Berlin: Byblos.

«Dart Soothes Game, Paints Pictures.» Juli 1971. *The Cap-Chur News* (Douglasville, Georgia): 8.

Fine, J. und Finestone, S. C. 1973. «Sensory Disturbances Following Ketamine Anesthesia: Recurrent Hallucinations.» *Anesthesia and Analgesia: Current Researches* 52: 428–430.

Hansen, G., Jensen, S. B., Chandresh, L. und Hilden, T. 1988. «The Psychotropic Effect of Ketamine.» *Journal of Psychoactive Drugs* 20: 419–425.

Khorramzadeh, E. und Lofty, A. P. 1973. «The Use of Ketamine in Psychiatry.» *Psychosomatics* 14: 344–346.

Kreuscher, H., Hrsg. 1969. *Ketamine*. Berlin: Springer-Verlag.

Meyers, E. F. und Charles, P. 1978. «Prolonged Adverse Reactions to Ketamine in Children.» *Anesthesiology* 49: 39–40.

Michaux, H. (1961) 1963. *Zwischen Tag und Traum*. Frankfurt: Suhrkamp.

Moore, M. und Altounian, H. 1978. *Journeys into the Bright World*. Rockport, Mass.: Para Research.

Perel, A. und Davidson, J. T. 1976. «Recurrent Hallucinations Following Ketamine.» *Anaestesia* 31: 1081–1083.

Rogo, D. S. 1984. «Ketamine and the NEAR-Death Experience.» *Anabiosis* 4: 87–96.

Siegel, R. K. 1978. «Phencyclidine and Ketamine Intoxication: A Study of Four Populations of Recreational Users.» In: *Phencyclidine (PCP) Abuse: An Appraisal*, hrsg. von R. C. Petersen und R. C. Stillman, 119–147. National Institute on Drug Abuse Research Monograph 21. DHHS Publication no. (ADM) 78–728. Washington, D. C.: Superintendent of Documents, U. S. Government Printing Office.

Smuts, G. L., Bryden, B. R., De Vos, V. und Young, E. 18. März 1973. «Some practical advantages of CI-581 (Ketamine) for the field immobilization of larger wild felines, with comparative notes on baboons and impala.» *The Lammergeyer:* 1–14.

«Women at His Mercy.» 5. Februar 1987. ABS News «20/20». Producer B. Lange, Correspondent S. Phillips.

Flashback und Deadball

FISCHER, R. 1976. «Hypnotic Recall and Flashback: The Remembrance of Things Present.» *Confinia Psychiatrica* 19: 149–173.

FREEDMAN, S. J. und MARKS, P. A. 1965. «Visual Imagery Produced by Rhythmic Photic Stimulation: Personality Correlates and Phenomenology.» *British Journal of Psychology* 56: 95–112.

HOLSTEN, F. 1976. «Flashbacks: A Personal Follow-up.» *Archiv für Psychiatrie und Nervenkrankheiten* 222: 293–304

KNOLL, M., KUGLER, J., EICHMEIER, J. und HÖFER, O. 1962. «Note on the Spectroscopy of Subjective Light Patterns.» *Journal of Analytical Psychology* 7: 55–69.

MATEFY, R. E., HAYES, C. und HIRSCH, J. 1978. «Psychedelic Drug Flashbacks: Subjective Reports and Biographical Data.» *Addictive Behaviors* 3: 165–178.

MATEFY, R. E. und KRALL, R. 1975. «Psychedelic Drug Flashbacks: Psychotic Manifestation or Imaginative Role Playing.» *Journal of Consulting and Clinical Psychology* 43: 434.

McGEE, R. 1984. «Flashbacks and Memory Phenomena: A Comment on ‹Flashback Phenomena – Clinical and Diagnostic Dilemmas›.» *The Journal of Nervous and Mental Disease* 172: 273–278.

SHICK, J. F. E. und SMITH, D. E. 1970. «Analysis of the LSD Flashback.» *Journal of Psychedelic Drugs* 3: 13–19.

SMYTHIES, J. R. 1959. «The Stroboscopic Patterns. I. The Dark Phase.» *British Journal of Psychology* 50: 106–116.

SMYTHIES, J. R. 1959. «The Stroboscopic Patterns. II. The Phenomenology of the Bright Phase and After-Images.» *British Journal of Psychology* 50: 305–324.

SMYTHIES, J. R. 1960. «The Stroboscopic Patterns. III. Further Experiments and Discussion.» *British Journal of Psychology* 51: 247–255.

WESSON, D. R. und SMITH, D. E. 1976. «An Analysis of Psychedelic Drug Flashbacks.» *American Journal of Drug and Alcohol Abuse* 3: 425–438.

Der Sukkubus

ALLEN, T. E. und AGUS, B. 1968. «Hyperventilation Leading to Hallucinations.» *American Journal of Psychiatry* 125: 84–89.

CRICK, F. und MITCHISON, G. 1983. «The Function of Dream Sleep.» *Nature* 304: 111–114.

DEMENT, W., HALPER, C., PIVIC, T., FERGUSON, J., COHEN, H., HENRIKSEN, S., McGARR, K., GONDA, W., HOYT, G., RYAN, L., MITCHELL, G., BARCHAS, J. und ZARCONE, V. 1970. «Hallucinations and Dreams.» In: *Perception and Its Disorders*, hrsg. von D. Hamburg, 335–359. Baltimore: Williams & Wilkins.

FISCHER, C., KAHN, E., EDWARDS, A. und DAVIS, D. M. 1973. «A Psychophysiological Study of Nightmares and Night Terrors.» *The Journal of Nervous and Mental Disease* 157: 75–98.

GOOCH, S. 1984. *Creatures from Inner Space*. London: Rider.

HARTMANN, E. 1975. «Dreams or Other Hallucinations: An Approach to the Underlying Mechanism.» In: *Hallucinations: Behavior, Experience and Theory*, hrsg. von R. K. Siegel und L. J. West, 71–79. New York: John Wiley & Sons.

HUFFORD, D. J. 1982. *The Terror that Comes in the Night*. Philadelphia: University of Pennsylvania Press.

JONES, E. 1951. *On the Nightmare*. London: Liveright.

JUNG, C. G. (1958) 1992. *Geheimnisvolles am Horizont. Von Ufos und ähnlichen Phänomenen*. Düsseldorf: Walter.

MELVILLE, H. 1992. *Moby Dick*. Frankfurt: Insel.

WALLER, J. 1816. *A Treatise on the Incubus, or Night-Mare, Disturbed Sleep, Terrific Dreams, and Nocturnal Visions. With the Means of Removing These Distressing Complaints*. London: E. Cox and Son.

UFO

AGGERNAES, A. und NYEBORG, O. 1972. «The Reliability of Different Aspects of the Experienced Reality of Hallucinations in Clear States of Consciousness.» *Acta Psychiatrica Scandinavica* 48: 239–252.

BAKER, R. A. 1989. «Q: Are UFO Abduction Experiences for Real? A: No, No, A Thousand Times No!» *Journal of UFO Studies* 1: 104–110.

EICHMEIER, J. und HÖFER, O. 1974. *Endogene Bildmuster*. München: Urban & Schwarzenberg.

EVANS, H. 1980. «Abducted by an Archetype.» *Fortean Times* 33: 6–10.

GREENLER, R. 1989. *Rainbows, Halos, and Glories*. Cambridge: Cambridge University Press.

ISAKOWER, O. 1938. «A Contribution to the Patho-Psychology of Phenomena Associated with Falling Asleep.» *International Journal of Psychoanalysis* 19: 331–345.

KEEL, J. A. 1970. *Strange Creatures from Time and Space*. Greenwich: Fawcett Publications.

KLASS, P. J. 1988. *UFO-Abductions. A Dangerous Game*. Buffalo: Prometheus Books.

LAWSON, A. H. 1979. «Hypnosis of Imaginary UFO ‹Abductees›.» *UFO Phenomena International Annual Review* 3: 219–271.

LORENZEN, C. und LORENZEN, J. 1976. *Encounters with UFO Occupants*. New York: Berkly Medallion Books.

ROGO, D. S., Hrsg. *UFO Abductions*. New York: Signet.

SCHACTER, D. L. 1976. «The Hypnagogic State: A Critical Review of the Literature.» *Psychological Bulletin* 83: 452–481.

TYNN, P. und SEKULER, R. 1975. «Moving Visual Phantoms: A New Contour Completion Effect.» *Science* 188: 951–952.

Tagmahr

BRADBURY, R. (1948) 1979. *Lange nach Mitternacht*. München: Goldmann.

HARTMANN, E. 1984. *The Nightmare: The Psychology and Biology of Terrifying Dreams*. New York: Basic Books.

MACNISH, R. 1834. *The Philosophy of Sleep*. New York: D. Appleton & Co.

Spectral Visitants, or Journal of a Fever: By a Convalescent. 1845. Boston: S. H. Colesworthy.

STILL, G. F. 3. Februar 1900. «Day-Terrors (Pavor Dirunus) in Children.» *The Lancet*: 292–294.

WOLFF, H. G. und CURRAN, D. 1935. «Nature of Delirium and Allied States.» *Archives of Neurology and Psychiatry* 33: 1175–1215.

Sheila und die Hakenkreuze

BABKOFF, H., SING, H. C., THORNE, D. R., GENSER, S. G. und HEGGE, F. W. 1989. «Perceptual Distortions and Hallucinations Reported During the Course of Sleep Deprivation.» *Perceptual and Motor Skills* 68: 787–798.

BELENKY, G. L. 1979. «Unusual Visual Experiences Reported by Subjects in the British Army Study of Sustained Operations, Exercise Early Call.» *Military Medicine* 144: 695–696.

BLISS, E. L., CLARK, L. D. und WEST, C. D. 1959. «Studies of Sleep Deprivation – Relationship to Schizophrenia.» *A. M. A. Archives of Neurology and Psychiatry* 81: 348–359.

BRAUCHI, J. T. und WEST, L. J. 1959. «Sleep Deprivation.» *Journal of American Medical Association* 171: 11–14.

FREED, S. A. und FREED, R. S. Januar 1980. «Origin of the Swastika.» *Natural History:* 68–74.

GILBERT, R. M. 1976. «Caffeine as a Drug of Abuse.» In: *Research Advances in Alcohol and Drug Problems*, Band 3, hrsg. von R. J. Gibbins, Y. Israel, H. Kalant, R. E. Popham, W. Schmidt und R. G. Smart, 49–176. New York: John Wiley & Sons.

GOWERS, W. R. 1904. *Subjective Sensations of Sight and Sound, Abiotrophy, and Other Lectures.* Philadelphia: P. Blakiston's Son & Co.

GUILLEMINAULT, C., BILLARD, M., MONTPLAISIR, J. und DEMENT, W. C. 1975. «Altered States of Consciousness in Disorders of Daytime Sleepness.» *Journal of Neurological Sciences* 26: 377–393.

KASS, W., PREISER, G. und JENKINS, A. H. 1970. «Inter-Relationship of Hallucinations and Dreams in Spontaneously Hallucinating Patients.» *The Psychiatric Quarterly* 44: 488–499.

KATZ, S. E. und LANDIS, C. 1935. «Psychologic and Physiologic Phenomena During a Prolonged Vigil.» *Archives of Neurology and Psychiatry:* 307–317.

KLEITMAN, N. 1927. «Studies on the Physiology of Sleep. V. Some Experiments on Puppies.» *American Journal of Physiology* 84: 386–395.

KOLLAR, E. J., PASNAU, R. O., RUBIN, R. T., NAITOH, P., SLATER, G. G. und KALES, A. 1969. «Psychological, Psychophysiological, and Biochemical Correlates of Prolonged Sleep Deprivation.» *American Journal of Psychiatry* 126: 488–497.

«Leonardo's Secret: Cat Naps.» 1990. *Science* 249: 244.

NICHOLSON, A. N., PASCOE, P. A. und STONE, B. M. 1990. «The Sleep-Wakefulness Continuum: Interactions with Drugs Which Increase Wakefulness and Enhance Alertness.» *Alcohol, Drugs and Driving* 5–6: 287–301.

WEST, L. J., JANSZEN, H. H., LESTER, B. K. und CORNELISON, F. S. 1962. «The Psychosis of Sleep Deprivation.» *Annals of the New York Academy of Sciences* 96: 66–70.

WILSON, T. 1896. *The Swastika.* Washington, D. C.: Government Printing Office/U. S. National Museum.

Das Mädchen mit den Drachenaugen

AMES, L. B. und LEARNED, J. 1946. «Imaginary Companions and Related Phenomena.» *The Journal of Genetic Psychology* 69: 147–167.

AUG, R. G. und ABLES, B. S. 1971. «Hallucinations in Nonpsychotic Children.» *Child Psychiatry and Human Development* 1: 152–167.

BENDER, L. und VOGEL, B. F. 1941: «Imaginary Companions of Children.» *American Journal of Orthopsychiatry* 11: 56–65.

BYRD, R. E. 1938. *Alone.* New York: G. P. Putnam's Sons.

HARVEY, N. A. 1918. *Imaginary Playmates and Other Mental Phenomena of Children.* Ypsilanti: State Normal College.

Manosevitz, M., Prentice, N. M. und Wilson, F. 1973. «Individual and Family Correlates of Imaginary Companions in Preschool Children.» *Developmental Psychology* 8: 72–79.

Nagera, H. 1969. «The Imaginary Companion: Its Significance for Ego Development and Conflict Solution.» *The Psychoanalytic Study of the Child* 224: 164–196.

Perky, C. W. 1910. «An Experimental Study of Imagination.» *American Journal of Psychology* 21: 422–452.

Ritter, C. 1978. *Eine Frau erlebt die Polarnacht.* Berlin: Ullstein.

Schatzmann, M. 1980. *The Story of Ruth.* New York: G. P. Putnam's Sons.

Singer, J. L. und Streiner, B. F. 1966. «Imaginative Content in the Dreams and Fantasy Play of Blind and Sighted Children.» *Perceptual and Motor Skills* 22: 475–482.

Stevenson, R. L. 1913. *Across the Plains with Other Memories and Essays.* London: Chatto & Windus.

Stevenson, R. L. 1923. *The Complete Poems of Robert Louis Stevenson.* New York: Charles Scribner's Sons.

Svendsen, M. 1934. «Children's Imaginary Companions.» *Archives of Neurology and Psychiatry* 32: 985–999.

Vostrovsky, C. 1895. «A Study of Imaginary Companions.» *Education* 14: 393–398.

Walter, W. G. 1960. *The Neurophysiological Aspects of Hallucinations and Illusory Experience.* London: Society for Psychical Research.

Channeling

Goodman, L. S. 1969. *Astrologie – sonnenklar.* München: Scherz.

Havens, L. L. 1962. «The Placement and Movement of Hallucinations in Space: Phenomenology and Theory.» *International Journal of Psychoanalysis* 43: 426–435.

Klimo, J. 1988. *Channeling: Der Empfang von Informationen aus paranormalen Quellen.* Freiburg: Bauer.

O'Mahony, M., Shulman, K. und Silver, D. 1984. «Roses in December: Imaginary Companions in the Elderly.» *Canadian Journal of Psychiatry* 29: 151–154.

Rees, W. D. 1975. «The Bereaved and Their Hallucinations.» In: *Bereavment: Its Psychosocial Aspects*, hrsg. von B. Schoenberg, I. Gerber, A. Wiener, A. H. Kutscher, D. Peretz und A. C. Carr, 66–71. New York: Columbia University Press.

Rogo, D. S. und Bayless, R. 1979. *Phone Calls from the Dead.* Englewood Cliffs: Prentice-Hall.

Tanous, A. und Donnelly, K. F. 1979. *Is Your Child Psychic?* New York: Macmillan Publishing Co.

TOMPKINS, P. und BIRD, C. [18] 1994. *Das geheime Leben der Pflanzen*. Frankfurt: Fischer.

Allein

CALLAHAN, S. 1987. *Sturm. Im Atlantik verschollen*. Zürich: Schweizer Verlagshaus.
GIBSON, W. 1953. *The Boat*. Boston: Houghton Mifflin.
KUSCHE, L. D. 1975. *The Bermuda Triangle Mystery – Solved*. New York: Harper & Row.
LINDEMANN, H. 1993. *Allein über den Ozean*. Berlin: Ullstein.
SLOCUM, J. 1990. *Allein um die Welt*. Berlin: Ullstein.

Macht ein Foto

BENDER, L. und LIPKOWITZ, H. H. 1940. «Hallucinations in Children.» *American Journal of Orthopsychiatry* 10: 471–490.
DRUFFEL, A. und ROGO, D. S. 1989. *The Tujunga Canyon Contacts*. New York: Signet/New American Library.
HAVENS, L. L. 1962. «The Placement and Movement of Hallucinations in Space. Phenomenology and Theory.» *International Journal of Psychoanalysis* 43: 426–435.
KLÜVER, H. 1931. «The Eidetic Child.» In: *A Handbook of Child Psychology*, hrsg. von C. Murchison, 643–668. Worcester: Clark University Press.
LUKIANOWICZ, N. 1960. «Imaginary Sexual Partner.» *Archives of General Psychiatry* 3: 429–449.
LUKIANOWICZ, N. 1969. «Hallucinations in Non-psychotic Children.» *Psychiatric Clinica* 2: 321–337.
SAGER, M. 15. Juni 1989. «The Devil and John Holmes.» *Rolling Stone*: 50–61, 150, 152.
SIMONDS, J. F. 1975. «Hallucinations in Nonpsychotic Children.» *Journal of Youth and Adolescence* 4: 171–182.

Sergeant Tommy

GOLDMAN, A. 1992. *John Lennon. Ein Leben*. Reinbek: Rowohlt.
HARRIMAN, P. L. 1937. «Some Imaginary Companions of Older Subjects.» *American Journal of Orthopsychiatry* 7: 368–370.
HUNT, U. 1914. *Una Mary: The Inner Life of a Child*. New York: Charles Scribner's Sons.
HUYGHE, P. 1985. «Imaginary Companions.» In: *Glowing Birds: Stories from the Edge of Science* 13–21. Boston: Faber and Faber.

SCHAEFER, C. E. 1969. «Imaginary Companions and Creative Adolescents.» *Developmental Psychology* 1: 747–749.

SIZEMORE, C. C. und PITILLO, E. S. 1977. *I'm Eve*, Garden City: Doubleday.

WICKES, F. G. 1988. *The Inner World of Childhood*. Boston: Sigo Press.

Der Käfig

COMER, N. L., MADOW, L. und DIXON, J. J. 1967. «Observations of Sensory Deprivation in a Life-Threatening Situation.» *American Journal of Psychiatry* 124: 68–73.

HERON, W. 1957. «The Pathology of Boredom.» *Scientific American* 196: 52–56.

HESLOP, J. M. und VAN ORDEN, D. R. 1973. *From the Shadow of Death: Stories of POWs*. Salt Lake City Deseret Book Company.

NOYES, R. und KLETTI, R. 1976. «Depersonalization in the Face of Life-Threatening Danger: A Description.» *Psychiatry* 39: 19–27.

ROBERTSON, J. W. 1923. *Edgar A. Poe: A Psychopathic Study*. New York: G. P. Putnam's Sons.

TERR, L. 1990. *Too Scared to Cry: Psychic Trauma in Childhood*. New York: Harper & Row.

VAN DER KOLK, B. A., Hrsg. 1984. *Post-Traumatic Stress Disorder: Psychological and Biological Sequelae*. Washington, D. C.: American Psychiatric Press.

VERNON, J. A. 1985. *Die geheime Kirche*. Weisenheim: Agape.

ZUCKERMAN, M. und COHEN, N. 1964. «Sources of Reports of Visual and Auditory Sensations in Perceptual-Isolation Experiments.» *Psychological Bulletin* 62: 1–20.

Doppelgänger

BAKKER, C. B. und MURPHY, S. E. 1964. «An Unusual Case of Autoscopic Hallucinations.» *Journal of Abnormal and Social Psychology* 69: 646–649.

DEWHURST, K. und PEARSON, J. 1955. «Visual Hallucinations of the Self in Organic Disease.» *Journal of Neurology, Neurosurgery and Psychiatry* 18: 53–57.

KOHLBERG, L. Frühjahr 1963. «Psychological Analysis and Literary Form: A Study of the Doubles in Dostoevsky.» *Daedalus* 345–362.

LIFTON, R. J. 1988. *Ärzte im Dritten Reich*. Stuttgart: Klett-Cotta.

LUKIANOWICZ, N. 1958. «Autoscopic Phenomena.» *A. M. A. Archives of Neurology and Psychiatry* 80: 199–220.

ROSENFIELD, C. Frühjahr 1963. «The Shadow Within: The Conscious and Unconscious Use of the Double.» *Daedalus* 327–344.

TODD, J. und DEWHURST, K. 1955. «The Double: Its Psycho-Pathology and Psycho-Physiology.» *Journal of Nervous and Mental Disease* 122: 47–55.

Der Schrei

BØE, A. 1993. *Edvard Munch*. London: Academy Edition/VCH.

LINKLATER, M., HILTON, I. und ASCHERSON, N. 1984. *The Nazi Legacy: Klaus Barbie and the International Fascist Connection*. New York: Holt, Rinehart and Winston.

Tod

ALLEN, W. 1981. *Ohne Leid kein Freud*. Reinbek: Rowohlt.

ALLEN, W. 1980. *Wie du dir, so ich mir*. Reinbek: Rowohlt.

BENAYOUN, R. 1985. *The Films of Woody Allen*, übersetzt von A. Walker, New York: Harmony Books.

BURGESS, A. 1987. *Rom im Regen*. Stuttgart: Klett-Cotta.

CROOKALL, A. 1961. *The Supreme Adventure: Analysis of Psychic Communication*. London: James Clark.

GIBBS, J. C. 1987. «Moddy's Versus Siegel's Interpretation of the Near-Death Experience: An Evaluation Based on Recent Research.» *Anabiosis* 5: 67–82.

KÜBLER-ROSS, E. [10] 1987. *Über den Tod und das Leben danach*. Neuwied: Die Silberschnur.

LABERGE, S. 1985. *Lucid Dreaming*. Los Angeles: J. P. Tarcher.

NOYES, R. und KLETTI, R. 1972. «The Experience of Dying from Falls.» *Omega* 3: 45–52.

RICKARD, R. und KELLY, R. 1980. *Photographs of the Unknown*. London: New English Library.

RING, K. 1980. *Life at Death: A Scientific Investigation of the Near-Death-Experience*. New York: Coward, McCann & Georghegan.

ROGO, D. S. 1986. *Life After Death: The Case of Survival of Bodily Death*. Wellingborough, England: The Aquarian Press.

ROGO, D. S. 1979. *Phone Calls from the Dead*. Englewood Cliffs: Prentice-Hall.

SIEGEL, R. K. 1980. «The Psychology of Life After Death.» *American Psychologist* 35: 911–931.

SIEGEL, R. K. und HIRSCHMAN, A. E. 1984. «Hashish Near-Death Experiences.» *Anabiosis* 4: 69–86.

SWEDENBORG, E. 1986. *Himmel und Hölle. Visionen und Auditionen*. Zürich: Swedenborg.

TART, C. T. 1969. The ‹High› Dream: A New State of Consciousness. In: *Altered States of Consciousness*, hrsg. von C. T. Tart, 169–174. New York: John Wiley & Sons.

WINBERGER, J. 1977. «Apparatus Communication with Discarnate Persons.» In: *Future Science: Life Energies and the Physics of Paranormal Phenomena*, hrsg. von J. White und S. Krippner, 465–486. Garden City: Doubleday.

Dank

Mein Dank gilt zunächst dem verstorbenen Heinrich Klüver für die Inspiration seiner Lehren. Der partielle Abdruck von Briefen an und von Klüver erfolgt mit Erlaubnis von Henry Schwenk.

Zu Dank verpflichtet bin ich Bethany Muhl, die mir bei Bibliotheksrecherchen half und viele nützliche und kritische Anmerkungen über das Manuskript machte. Danken möchte ich auch Reid Boates, meinem Literaturagenten, für seine Ermutigung und seinen Rat während der gesamten Arbeit an diesem Buch.

Für hilfreiche Diskussionen in dieser Zeit danke ich dem inzwischen verstorbenen Sidney Cohen, M. D.; Frank Ervin, M. D.; dem verstorbenen Henri Ey; Roland Fischer, Ph. D.; Allen Ginsberg; Eric Halgren, Ph. D.; John Hanley, M. D.; Ernest Hartmann, M. D.; Mardi J. Horowitz, M. D.; Oscar Janiger, M. D.; Murray E. Jarvik, M. D., Ph. S.; Joseph B. Juhasz, Ph. D.; Weston La Barre, Ph. D.; Martin H. Lebowitz, M. D.; John Lilly, M. D.; dem verstorbenen D. Scott Rogo; Theodore R. Sarbin, Ph. D.; C. Wage Savage, Ph. D.; Jan Silverton, M. D.; dem verstorbenen R. Gordon Wasson; Louis Jolyon west, M. D.; und Wallace D. Winters, M. D., Ph. D.

In meine Wertschätzung miteinbeziehen möchte ich die Patienten, das Pflegepersonal und die Ärzte des UCLA Center for Health Sciences, die für viele der klinischen Fälle Entscheidendes beisteuerten. Manche Namen sowie bestimmte Details sind zwecks Wahrung der Identität geändert worden.

Bei der Schreibweise einiger jiddischer Wörter im Kapitel 13 habe ich mich gestützt auf *A Dictionary of Yiddish Slang & Idioms* von Fred Kogos (Citadel Press, 1967) und auf *The Yiddish Dictionary Sourcebook* von Herman Galvin und Stan Tamarkin (Ktar Publishing House, Inc., 1986).

Meine Dankbarkeit und meine Liebe gilt Jane, Katherine, Emily und Christopher für die mannigfache Weise, auf die sie mich beim Schreiben unterstützt haben.